U0629671

BLUE BOOK

智 库 成 果 出 版 与 传 播 平 台

乡村振兴蓝皮书

BLUE BOOK OF RURAL REVITALIZATION

广东乡村振兴发展报告（2022）

ANNUAL REPORT ON RURAL REVITALIZATION OF GUANGDONG PROVINCE (2022)

主　编／郭跃文　　顾幸伟

副主编／刘　伟　　任志宏

社会科学文献出版社

SOCIAL SCIENCES ACADEMIC PRESS (CHINA)

图书在版编目（CIP）数据

广东乡村振兴发展报告.2022 / 郭跃文，顾幸伟主
编；刘伟，任志宏副主编.--北京：社会科学文献出
版社，2022.12
　（乡村振兴蓝皮书）
　ISBN 978-7-5228-0969-4

　Ⅰ.①广…　Ⅱ.①郭…　②顾…　③刘…　④任…　Ⅲ.
①农村-社会主义建设-研究报告-广东-2022　Ⅳ.
①F327.65

中国版本图书馆 CIP 数据核字（2022）第 195843 号

乡村振兴蓝皮书
广东乡村振兴发展报告（2022）

主　　编 / 郭跃文　顾幸伟
副 主 编 / 刘　伟　任志宏

出 版 人 / 王利民
责任编辑 / 陈　颖
文稿编辑 / 侯曦轩
责任印制 / 王京美

出　　版 / 社会科学文献出版社·皮书出版分社（010）59367127
　　　　　　地址：北京市北三环中路甲 29 号院华龙大厦　邮编：100029
　　　　　　网址：www.ssap.com.cn
发　　行 / 社会科学文献出版社（010）59367028
印　　装 / 天津千鹤文化传播有限公司

规　　格 / 开　本：787mm×1092mm　1/16
　　　　　　印　张：27.25　字　数：408 千字
版　　次 / 2022 年 12 月第 1 版　2022 年 12 月第 1 次印刷
书　　号 / ISBN 978-7-5228-0969-4
定　　价 / 188.00 元

读者服务电话：4008918866

主要编撰者简介

郭跃文 广东省社会科学院党组书记,广东省社会科学界联合会副主席,省政协委员。管理学研究员,主要研究方向为公共行政管理、广东改革开放史、党史。合作研究成果有《国家能力支撑下的市场孵化——中国道路与广东实践》(人民出版社,2019)、《中国经济特区四十年工业化道路》(社会科学文献出版社,2020)、《广东城乡融合发展报告(2021)》、《使命型政党塑造的有效国家》、《中国共产党百年理论武装研究》(社会科学文献出版社,2021)等。《粤港澳大湾区建设报告(2021)》(社会科学文献出版社,2021)同年在香港中和出版有限公司出版。

顾幸伟 中共广东省委农办主任,省农业农村厅厅长,省乡村振兴局局长,广州市天河区人大代表。主要研究"三农"政策。

刘 伟 经济学研究员,广东省社会科学院国际问题研究所所长。主要研究粤港澳合作、"三农"问题、产业与区域经济。相关研究成果有《广东改革开放百村探索》(广东省委宣传部专项理论研究课题2016);著作有《乡村振兴启示录》(2018)、《乡村振兴启示录:改革开放40年中山乡村高质量发展探索》(2019);国家专项规划编制《粤港澳大湾区文化和旅游发展规划》(2020)、《广东城乡融合发展报告(2021)》(社会科学文献出版社,2021)。

任志宏　经济学研究员，教授，财政部金融问题研究专家，广东省社会科学院港澳台研究中心主任。主要研究区域金融发展、"一国两制"与港澳台、粤港澳大湾区政策与制度。研究成果有《广东省建设珠江三角洲金融改革创新综合试验区总体方案》《飞地经济的理论与实践研究》《粤港澳大湾区数字经济发展报告》。

前　言

　　2021年2月25日，习近平总书记在全国脱贫攻坚总结表彰大会上庄严宣告，经过全党全国各族人民共同努力，我国脱贫攻坚战取得了全面胜利。现行标准下9899万农村贫困人口全部脱贫，历史性地解决困扰中华民族几千年的绝对贫困问题，创造了彪炳史册的人间奇迹，充分彰显了党的领导和我国社会主义制度能够集中力量办大事的政治优势。习近平总书记指出："脱贫摘帽不是终点，而是新生活、新奋斗的起点。"站在新起点上，"我们的使命就是全面推进乡村振兴，这是'三农'工作重心的历史性转移"①。在开启全面建设社会主义现代化国家新征程的历史节点，习近平总书记吹响了全面推进乡村振兴、推动几亿农民同步迈向全面现代化的号角，发出了进行人类现代化史上新的伟大创举的动员令。唯有以人民为中心的执政党才会毅然担当起这一崇高使命，"中国执政者的首要使命就是集中力量提高人民生活水平，逐步实现共同富裕"②。促进共同富裕最艰巨最繁重的任务在农村，中国共产党矢志举全党全社会之力推动乡村振兴，确保亿万农民在实现第二个百年奋斗目标新征途中不掉队、赶上来。全面建设社会主义现代化国家、实现中华民族伟大复兴，必须坚持把解决好"三农"问题作为全党工

---

①　习近平：《坚持把解决好"三农"问题作为全党工作重中之重 举全党全社会之力推动乡村振兴》，《求是》2022年第7期。这是习近平总书记2020年12月28日在中央农村工作会议上的讲话。

②　《习近平在华盛顿州当地政府和美国友好团体联合欢迎宴会上的演讲》（2015年9月22日），共产党员网（2015年9月23日），https：//news. 12371. cn/2015/09/23/ARTI144299 9601014717. shtml；最后检索时间：2022年9月19日。

作的重中之重，坚持农业农村优先发展，不断完善政策体系、工作体系、制度体系，加快农业农村现代化步伐，把农业高质高效、乡村宜居宜业、农民富裕富足的蓝图变成可拥抱的现实。

广东是人口大省、经济大省，做好"三农"工作，使命光荣而艰巨。习近平总书记对此寄予厚望，明确要求广东加快推动乡村振兴，着力破解城乡二元结构问题。近年来，广东牢记总书记的如山重托，认真统筹"五位一体"总体布局、"四个全面"战略布局，胸怀"国之大者"，沉着应对百年变局和世纪疫情，在持续优化和深入实施"1+1+9"工作部署时，全力以赴统筹打好省内脱贫攻坚与东西部扶贫协作两场硬仗，同全国一道如期打赢脱贫攻坚战，如期全面建成小康社会，踏上向第二个百年奋斗目标进军新征程。① 在"三农"工作重心历史性转向全面推进乡村振兴的新形势下，广东进一步把思想和行动统一到党中央的决策部署上，将做好新发展阶段的"三农"工作作为忠诚拥护"两个确立"、坚决做到"两个维护"的实际行动，大力弘扬"上下同心、尽锐出战、精准务实、开拓创新、攻坚克难、不负人民"的脱贫攻坚精神，把全面推进乡村振兴纳入"1+1+9"工作部署，把农业农村现代化放在全省现代化大局中统筹谋划、一体推进，集中力量抓重点、补短板、强弱项，推动"三农"工作不断取得新进展新成效，加快实现乡村振兴迈进全国第一方阵的阶段性目标。

实现宏伟目标需要遵循科学路径。在一个农业人口仍然占较大比重的大国推动乡村全面振兴、促进全体人民共同富裕，这在人类现代化史上从未有过，鲜有经验可以借鉴，必须走中国特色社会主义乡村振兴道路，探索农业农村现代化的"中国方案"。纵观世界历史，以工业化城镇化为内核的现代化在快速推进的同时，往往伴随农业农村的衰败凋敝，这已成为很多国家现代化过程中难以绕开的"铁律"②。有的国家虽然实现了高水平的农业现代化，但代价是农村空心化和农村不同人群收入差距扩大，形成

---

① 李希：《忠诚拥护"两个确立" 坚决做到"两个维护" 奋力在全面建设社会主义现代化国家新征程中走在全国前列 创造新的辉煌》，《南方日报》2022 年 5 月 31 日。
② 周立：《乡村振兴的中国之谜与中国道路》，《江苏社会科学》2022 年第 3 期。

"发展悖论"①。中国式现代化立足国情、走自己的路，抓住解放土地和劳动力要素、消灭不利于农业农村发展的"剪刀差"、促进城乡融合发展等历史逻辑②，能够不断破解农业农村现代化进程中的诸多难题、悖论。

广东是我国改革开放的先行地、排头兵、试验田，有责任、有条件、有能力率先探索好中国特色社会主义乡村振兴道路，为破解农业农村现代化进程中的诸多难题、悖论贡献有益经验。满怀做好"三农"工作的责任感、使命感，广东坚持加强党对"三农"工作的全面领导，坚定走中国特色社会主义乡村振兴道路，落实立足新发展阶段、贯彻新发展理念、构建新发展格局要求，以推动高质量发展为主题，以发展精细农业、建设精美农村、培育精勤农民为主攻方向，以"1+N"政策体系③为引领，聚焦"一个定位"、狠抓"两个关键"、咬定"三大目标"、主攻"四大重点"要求④，加快推动农业全面升级、农村全面进步、农民全面发展。2021年，广东锚定迈进乡村振兴全国第一方阵这一工作目标，强化以工补农、以城带乡，全面推进乡村产业、人才、文化、生态、组织"五大振兴"，脱贫攻坚成果持续巩固拓展，现代农业产业不断发展壮大，美丽乡村更加宜居宜业，农民生活水平稳步提升，城乡居民人均收入差距继续缩小，党组织领导的自治、法治、德治相结合的乡村治理体系不断健全，实现了"十四五"良好开局。

广东全面推进乡村振兴成绩来之不易，归根到底靠的是习近平总书记、党中央的坚强领导，靠的是习近平新时代中国特色社会主义思想的科学指引，靠的是坚定不移走中国特色社会主义乡村振兴道路。比如，坚持从"两个大局"出发，深刻认识到"从中华民族伟大复兴战略全局看，民族要

① 陈明：《农业农村现代化的世界进程与国际比较》，《经济体制改革》2022年第4期。
② 郭跃文、邓智平：《中国共产党乡村经济政策的百年演变和历史逻辑》，《广东社会科学》2021年第4期。
③ "1"即《中共广东省委广东省人民政府关于全面推进乡村振兴加快农业农村现代化的实施意见》；"N"是全域加快推进农业现代化、实施乡村建设行动等一批专项文件。
④ "一个定位"即"保供固安全，振兴畅循环"，"两个关键"即种子和耕地这一"关键要害"、科技和改革这一"关键创新"，"三大目标"即农业高质高效、乡村宜居宜业、农民富裕富足，"四大重点"即确保粮食安全和重要农副产品有效供给、推动农业从增产导向转向提质导向、实施乡村建设行动、巩固拓展脱贫攻坚成果同乡村振兴有效衔接。

复兴，乡村必振兴"①，"从世界百年未有之大变局看，稳住农业基本盘、守好'三农'基础是应变局、开新局的'压舱石'"②，有力凝聚起全党全社会全面推进乡村振兴的坚定意志。又比如，坚持"机遇更具有战略性、可塑性"③ 的战略思维和"中国人的饭碗任何时候都要牢牢端在自己手中，我们的饭碗应该主要装中国粮"④ 的底线思维，以历史主动精神登高望远，以忧患意识未雨绸缪，统筹发展和安全谋划"三农"工作，防范出现依赖外部的被锁定的现代化。再如，坚持发挥"中国特色社会主义制度的最大优势是中国共产党领导"⑤ "能够集中力量办大事"⑥ 的国家制度优势和国家治理能力优势，做到充分发挥市场决定性作用和更好发挥政府作用相统一，以党建引领破解制约乡村振兴的农村"散"的痼疾，推动党政军民学劲往一处使、东西南北中拧成一股绳，形成全面推进乡村振兴的强大合力。再比如，坚持"中国式现代化是全体人民共同富裕的现代化"⑦ 的要求，坚定不移走共同富裕导向的乡村产业发展之路，坚持农村土地集体所有制性质，发展新型集体经济，优化产业布局，完善利益联结机制，把增值收益更多留在县域，让农民更多分享产业增值收益。坚持既"使农村的生活奔向现代化"⑧，又"遵循乡村自身发展规律，充分体现农村特点，注意乡土味道，保留乡村风貌，留得住青山绿水，记得住乡愁"⑨，构建工农互促、城乡互补、协调发展、共同繁荣的新型工农城乡关系，避免出现城市与乡村不协调、农业与农村不协调、物的现代化与人的现代化不协调、现代与传统不协

① 《习近平谈治国理政》第四卷，外文出版社，2022，第192页。
② 《习近平谈治国理政》第四卷，外文出版社，2022，第194页。
③ 习近平：《新发展阶段贯彻新发展理念必然要求构建新发展格局》，《求是》2022年第17期，第4页。
④ 习近平：《论"三农"工作》，中央文献出版社，2022，第305页。
⑤ 《习近平谈治国理政》第二卷，外文出版社，2017，第43页。
⑥ 《习近平谈治国理政》第二卷，外文出版社，2017，第273页。
⑦ 《习近平总书记2022年8月16日至17日在辽宁考察时的讲话》，新华网（2022年8月18日），https://baijiahao.baidu.com/s? id = 1741487376351748718&wfr = spider&for = pc；引用日期：2022年9月19日。
⑧ 《习近平谈治国理政》第四卷，外文出版社，2022，第67页。
⑨ 习近平：《论"三农"工作》，中央文献出版社，2022，第64页。

调、人与自然不协调的发展悖论等等。

　　乡村振兴，道阻且长，行而不辍，未来可期。习近平总书记指出："全面实施乡村振兴战略的深度、广度、难度都不亚于脱贫攻坚。"① 如何更好地开拓中国特色社会主义乡村振兴道路的广阔前景？这既需要深化实践探索，也需要深化理论认识。广东省社会科学院作为新型智库，坚持以习近平新时代中国特色社会主义思想为指导，聚焦学习研究宣传阐释习近平新时代中国特色社会主义思想，立足国情省情持续深入开展前瞻性、基础性、储备性研究，努力以高质量的研究成果服务好政府科学决策，为实现总书记赋予广东的使命任务提供有力支撑。秉承理论自觉，记录时代之变，讲好广东乡村振兴故事，为时代和人民放歌，义不容辞，责无旁贷。为系统反映、总结广东"三农"工作新实践，深化对广东乡村振兴实践经验的认识，在广东省委农办、省农业农村厅的大力支持指导下，广东省社会科学院专项课题组在 2021 年编撰出版"乡村振兴蓝皮书"之《广东城乡融合发展报告（2021）》基础上，2022 年继续围绕全面推进乡村振兴这一主题，广泛收集数据资料，以专题推进研究，合众智编撰成本书。希望通过本书的编撰出版，让我们共同见证广东在全面建设社会主义现代化国家新征程中继续走在前列，创造新的辉煌，不断开创乡村振兴新局面。毋庸讳言，书中或有诸多不足，敬请专家批评指正，以便我们完善改进。

郭跃文　顾幸伟

2022 年 9 月

---

① 习近平：《论"三农"工作》，中央文献出版社，2022，第49页。

摘　要

　　本书全面呈现 2021 年广东乡村振兴工作的主要状况。全书围绕在 2021 年度以"三精"为主攻方向，加快推动广东迈入乡村振兴全国第一方阵展开论述，形成总报告、乡村发展篇、乡村建设篇、乡村治理篇、区域协调篇、实践创新篇六个篇章共 22 个专题报告，并附有大事记，全面、系统呈现广东乡村振兴的成效、特点，并分析问题、展望趋势、提出对策建议。

　　2021 年，广东根据国家提出的推进乡村振兴工作的年度重点，沿着"发展精细农业、建设精美农村、培育精勤农民"的主攻方向，加快推进农村重点领域和关键环节改革，抓重点、补短板、强弱项，推动农业全面升级、农村全面进步、农民全面发展，按照"3 年取得重大进展，5 年见到显著成效，10 年实现根本改变"的时间表，紧中有序、张弛有度地推动乡村振兴战略实施，取得显著成效，实现了"十四五"的良好开局，正阔步迈向乡村振兴全国第一方阵。

　　本书主要包括乡村发展、乡村建设、乡村治理、区域协调等四个方面，分别从以下重点展开论述：一是 2021 年广东粮食生产、现代农业产业园建设、农业科技成果转化与科技服务、数字农业发展、乡村人才振兴及全面促进农村消费等的成效、问题与对策；二是 2021 年广东防返贫监测机制与乡村基本公共服务建设成效；三是 2021 年广东乡村基层党建、镇级治理提升、新时代广东乡风文明建设、发展壮大农村集体经济等领域的举措、成效与新趋势；四是 2021 年广东城乡融合新格局与共同富裕、乡村振兴驻镇帮镇扶村的主要情况。最后选录了大量鲜活的实践案例，包括云浮、鹤山、廉江、普宁、罗洞等地乡村振兴的先进做法和显著成效，彰显着岭南特色乡村振兴的现代新活力。

关键词： 乡村振兴　粮食生产　乡村治理　城乡融合　广东省

Abstract

This book comprehensively presents the main situation of rural revitalization in Guangdong in 2021. The book focuses on Guangdong's efforts to accelerate its march towards the first array of rural revitalization in 2021, focusing on the "three essence" strategy. It forms six chapters, including the main report and the analysis of rural revitalization index, the chapter on rural development, the chapter on rural construction, the chapter on rural governance, the chapter on regional coordination, and the new model of rural revitalization in Guangdong. A total of 22 thematic reports are formed, with memorabilia attached. It comprehensively and systematically reveals the achievements and characteristics of rural revitalization in Guangdong, It also analyzes the problems, looks forward to the development trend, and puts forward countermeasures and suggestions.

In 2021, in accordance with the national annual priorities for promoting rural revitalization, Guangdong will speed up the reform of key areas and key links in rural areas along the main direction of "developing fine agriculture, building fine countryside, and cultivating diligent farmers", focus on key areas, complement weaknesses, and strengthen weak areas, and promote the overall upgrading of agriculture, the overall progress of rural areas, and the overall development of farmers, In accordance with the schedule of "three years of significant progress, five years of remarkable results, and ten years of fundamental change", we have promoted the implementation of the rural revitalization strategy in a tight, orderly and relaxed manner, and achieved remarkable results. We have achieved a good start to the "Fourteenth Five Year Plan" and are striding toward the first array of rural revitalization in China.

Rural revitalization includes four aspects: rural development, rural

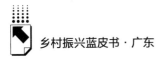

construction, rural governance, and regional coordination. This book focuses on the following aspects: first, Guangdone food production, construction of modern agricultural industrial parks, transformation of agricultural scientific and technological achievements and scientific and technological services, digital agriculture development, rural talent revitalization, and comprehensive promotion of rural consumption in 2021; second, the achievements of Guangdong's anti-poverty monitoring mechanism and rural basic public service construction in 2021; third, in 2021, Guangdong will take measures, achievements and new trends in rural grass-roots party building, town level governance improvement, rural ethics and civilization construction in a new era, and the development and expansion of rural collective economy; the fourth is the main situation of the new pattern of urban and rural integration, common prosperity and rural revitalization in Guangdong in 2021. A large number of fresh practices, advanced practices and remarkable achievements of rural revitalization in Puning, Yunfu, Luodong, Guangdong Mobile and Heshan highlight the modern new vitality of rural revitalization with Lingnan characteristics.

Keywords: Rural Vitalization, Food Production, Rural Governance, Urban-rural Composition, Guangdone Province

目 录 ↘

Ⅰ 总报告

B.1 以"三精"为主攻方向，加快推动广东乡村振兴

迈进全国第一方阵…………………… 郭跃文 刘 伟 陈世栋 / 001

一 广东乡村振兴发展再创新佳绩：厚积薄发，谱写新章

……………………………………………………………… / 002

二 广东推进乡村振兴的主要经验：全面统筹，重点突破

……………………………………………………………… / 020

三 广东深化乡村振兴的方略：深化改革，久久为功

……………………………………………………………… / 032

B.2 2021年广东乡村振兴指数评价报告 ………… 陈世栋 邓宏图 / 040

一 评价背景与意义 ……………………………………… / 041

二 乡村振兴指数设计 …………………………………… / 042

三 测评结果及分析 ……………………………………… / 049

四 发展建议 ……………………………………………… / 070

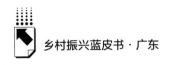
Ⅱ 乡村发展篇

B.3　2021年广东粮食生产发展报告 ·············· 周　鑫 / 077

B.4　2021年广东现代农业产业园建设报告 ·········· 朱前鸿 / 091

B.5　2021年广东农业科技成果转化与科技服务报告

　　　·························· 陈琴苓　兰可可 / 103

B.6　2021年广东数字农业发展报告 ·············· 夏　辉 / 117

B.7　2021年广东乡村人才振兴报告 ·············· 游霭琼 / 137

B.8　2021年广东全面促进农村消费发展报告 ······ 郑姝莉　胡学东 / 154

Ⅲ 乡村建设篇

B.9　2021年广东防返贫监测机制与成效报告 ······ 彭　彬　金芃伊 / 180

B.10　2021年广东乡村基本公共服务建设报告 ······ 符永寿　唐小菁 / 192

Ⅳ 乡村治理篇

B.11　2021年广东乡村基层党建报告 ··············· 万　磊　张　晶 / 207

B.12　2021年广东镇域治理提升报告 ··············· 邓智平　肖乙宁 / 222

B.13　2021新时代广东乡风文明建设报告 ··········· 詹双晖　张　勇 / 237

B.14　2021广东优化农村集体经济治理报告 ········ 范斯义　廖炳光 / 252

Ⅴ 区域协调篇

B.15　2021年广东推进城乡融合与共同富裕报告

　　　·························· 刘　伟　黄孟欣 / 267

B.16　2021年广东乡村振兴驻镇帮镇扶村报告 ············· 高怡冰 / 285

VI 实践创新篇

B.17 广东移动开创数智乡村振兴新模式 ………… 张峻恺 钱金保 / 299

B.18 云浮围绕"六力"打造"美丽圩镇"建设样板

………………………………………… 赵细康 曾云敏 / 317

B.19 鹤山立足县域构建"1+4"要素资源统筹体系

………………………………………… 廖胜华 刘艳辉 / 332

B.20 廉江塑造县域高质量发展的品牌体系 ……… 伍玉娣 赵恒煜 / 346

B.21 普宁打造"红色老区＋农业园区"双区驱动乡村振兴品牌

………………………………………… 李耀尧 李康尧 / 359

B.22 罗洞村激活非遗资源 打造文旅融合示范地

………………………………………… 方永钦 张亦弛 / 366

VII 附录

B.23 2021年广东城乡融合大事记 ………………… 蒋县平 胡 斌 / 377

皮书数据库阅读**使用指南**

CONTENTS ⤸

I General Report

B.1 With the Direction of "Three Essences", Accelerate the Promotion
of the Rural Revitalization in Guangdong to Enter the Country's
First Square   *Guo Yuewen, Liu Wei and Chen Shidong* / 001

   1. Guangdong Rural Revitalization and Development Achieves
      Again: Accumulation and Development Write a New Chapter   / 002

   2. Guangdong's Main Experience in Promoting Rural Revitalization:
      Overall Planning, Key Breakthroughs   / 020

   3. Guangdong's Strategy for Deepening Rural Revitalization:
      Deepening Reform and Making Contributions for a Long Time   / 032

B.2 Evaluation Report on Guangdong Rural Revitalization Index in 2021
                                             Chen Shidong, Deng Hongtu / 040

   1. Evaluation Background and Significance   / 041

   2. Rural Revitalization Index Design   / 042

   3. Evaluation Results and Analysis   / 049

   4. Development Suggestions   / 070

II Rural Development

B.3 Development Report of Guangdong Food Production in 2021
Zhou Xin / 077

B.4 Report on the Construction of Guangdong Modern Agricultural
Industrial Park in 2021 *Zhu Qianhong* / 091

B.5 Report on Transformation of Agricultural Scientific and
Technological Achievements and Scientific and Technological
Services in Guangdong in 2021 *Chen Qingling, Lan Keke* / 103

B.6 Development Report on Guangdong Digital Agriculture in 2021
Xia Hui / 117

B.7 Report on the revitalization of rural talents in Guangdong in 2021
You Aiqiong / 137

B.8 Report on Guangdong's Overall Promotion of Rural
Consumption Development in 2021 *Zheng Shuli, Hu Xuedong* / 154

III Rural Construction

B.9 Monitoring mechanism and effectiveness report on poverty
prevention in Guangdong *Peng Bin, Jin Pengyi* / 180

B.10 Report on the Construction of Basic Public Services in Guangdong
Rural Areas in 2021 *Fu Yongshou, Tang Xiaoqing* / 192

IV Rural Governance

B.11 Report on Grassroots Party Building in Guangdong Rural Areas in 2021
Wan Lei, Zhang Jing / 207

B.12 Report on the Improvement of Guangdong Town-level
Governance in 2021 *Deng Zhiping, Xiao Yining* / 222

B.13 Report on the Construction of Guangdong Rural Custom
Civilization in the New Era *Zhan Shuanghui, Zhang Yong* / 237

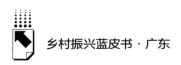

B.14　Report on Improving Rural Collective Economic Governance
　　　in Guangdong in 2021　　　　　　*Fan Siyi, Liao Bingguang* / 252

V　Regional Coordination

B.15　Report on Guangdong's Promotion of Urban Rural Integration and
　　　Common Prosperity in 2021　　　　*Liu Wei, Huang Mengxin* / 267
B.16　Report on Stationing Officials in Poor Villages to Boost Poverty
　　　Alleviation in Guangdong in 2021　　　　　*Gao Yibing* / 285

VI　Practice and Innovation

B.17　Guangdong Mobile creates a new model of digital intelligence
　　　rural revitalization　　　　　*Zhang Junkai, Qian Jinbao* / 299
B.18　Yunfu Creates a Model for the Construction of "Beautiful Market Town"
　　　　　　　　　　　　　　Zhao Xikang, Zeng Yunmin / 317
B.19　Heshan builds a "1+4" element resource planning system based
　　　on the county level　　　　　*Liao Shenghua, Liu Yanhui* / 332
B.20　Lianjiang builds a brand system for high-quality development
　　　in the county　　　　　　*Wu Yudi, Zhao Hengyu* / 346
B.21　Puning launched the brand of "Red Old Area+Agricultural Park"
　　　　　　　　　　　　　　Li Yaoyao, Li Kangyao / 359
B.22　Luodong Village Activates Intangible Cultural Heritage
　　　Resources to Build a Demonstration Site for Cultural
　　　Tourism Integration　　　　*Fang Yongqin, Zhang Yichi* / 366

VII　Appendix

B.23　Chronicle of Guangdong Rural Revitallization
　　　Events in 2021　　　　　　*Jiang Xianping, Hu Bin* / 377

总 报 告
General Report

B.1
以"三精"为主攻方向，加快推动广东乡村振兴迈进全国第一方阵

郭跃文 刘 伟 陈世栋*

摘 要： 2021 年广东以"发展精细农业、建设精美农村、培育精勤农民"为主攻方向，继续深化改革，抓重点、补短板、强弱项，乡村振兴发展再创新佳绩。农林牧渔业增速排在东部沿海省份第二名，实现了粮食播种面积、单产和总产量三连增，全国粮食安全省长责任制考核排名第一，撂荒地整治成效显著，以"富民兴村"为导向，推动产业高质量发展，实现了农民收入持续增长。从党建引领、协同推进和创新赋能三个方面，加强顶层设计，完善"五级书记抓乡村振兴"机制，实施"九大攻坚战"行动，统筹推进"驻镇帮镇扶村"，促进一二三产业融合发展，实现了"十

---

* 郭跃文，广东省社会科学院党组书记，研究员，主要研究方向为中国特色社会主义理论；刘伟，广东省社会科学院国际问题研究所所长，法学博士，研究员，主要研究方向为产业与区域经济；陈世栋，广东省社会科学院经济研究所研究员，博士，主要研究方向为城乡关系与区域发展。

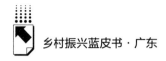

四五"的良好开局，正阔步迈向乡村振兴全国第一方阵。未来要深化城乡融合发展，深化市场体系建设，推动数字化赋能，深化主体功能区建设，走好绿色生态可持续发展之路，加速农业农村现代化进程。

关键词： 乡村振兴　农业农村现代化　广东省

2021 年以来，广东根据国家提出的推进乡村振兴工作的年度重点，沿着"发展精细农业、建设精美农村、培育精勤农民"的主攻方向，加快推进农业农村重点领域和关键环节突破，在制度性供给、治理机制选择上，持续推进深度改革。抓重点、补短板、强弱项，推动农业全面升级、农村全面进步、农民全面发展。乡村振兴是产业逻辑、社会逻辑、经济逻辑、生态逻辑、文化逻辑和政治逻辑的统一，广东在诸多方面做了系统探索，按照"3 年取得重大进展，5 年见到显著成效，10 年实现根本改变"的时间表，紧中有序、张弛有度地部署相关工作，实现了"十四五"的良好开局，取得了一系列富有价值和普遍意义的成果，正阔步迈向乡村振兴全国第一方阵。

一　广东乡村振兴发展再创新佳绩：厚积薄发，谱写新章

广东统筹推进农村疫情防控和社会经济发展，农业总体规模和增速再创历史新高，重要农产品供给保障有力，粮食、蔬菜、水果等主要农产品实现全面丰收。乡村振兴工作走向深化，农业实现转型升级，农村面貌显著变化，农民收入持续增长，农业农村发展更显勃勃生机。

（一）综合实力再创历史新高

1.广东农业农村经济综合实力再上新台阶

2021 年，广东"三农"领域主要发展预期目标顺利完成，农业总产值

和增速均创 1987 年以来最高水平。2021 年，广东地区生产总值为 124369.67 亿元，同比增长 8.0%，两年平均增长 5.1%。其中，第一产业增加值 5003.66 亿元，同比增长 7.9%，两年平均增长 5.8%，对地区生产总值增长的贡献率达到了 4.2%。① 广东农林牧渔业总产值从 2012 年的 4550.29 亿元增加到 2021 年的 8305.84 亿元，增长 82.5%②；增加值 5169.53 亿元③。农村居民人均可支配收入 22306 元，同比增长 10.7%，比城镇高 1.6 个百分点，城乡居民收入比缩小至 2.46∶1。2020 年，乡镇就业人员 3509.31 万人，占全国的 6.88%，其中，农林牧渔业从业人员 1282.67 万人，占全国的 7.24%。全省粮食播种面积由 2016 年的 3266.67 万亩、产量 1204.22 万吨，上升到 2021 年的面积 3319.5 万亩、产量 1279.9 万吨，分别增加 1.6%、6.3%④，全省粮食播种面积占总播种面积的近半，粮食基础保障作用明显⑤。耕地保有量为 2852.87 万亩⑥，占全国耕地的份额为 1.49%，划定永久基本农田 3214 万亩，永久基本农田储备区 66 万亩⑦，以常住人口计算的人均耕地面积为 0.24 亩。现有乡镇 1127 个，占全国的 2.91%，行政村 19430 个。⑧ 2020 年，农林水地方一般公共预算支出 1125.81 亿元，约为全国的 4.70%。乡村社会消费品零售总额 4303.42 亿元，为全国的 8.14%，农村消费能力较强。2021 年，广东以较小的农用地规模创造了全国第五的农林渔牧业产值，实现了农业投资较快增长，形成了较强的农村消费能力，广东的农业农村综合实力居全国前列（见表 1）。

---

① 资料来源：《2021 年广东省国民经济和社会发展统计公报》。

② 引自《广东奋力谱写乡村产业发展大文章——全省农林牧渔业总产值较 2012 年增长超 80%》，《南方日报》2022 年 9 月 23 日。

③ 引自广东省委常委叶贞琴同志在 2021 年度第十届南方智库论坛上的视频讲话。

④ 引自《广东奋力谱写乡村产业发展大文章——全省农林牧渔业总产值较 2012 年增长超 80%》，《南方日报》2022 年 9 月 23 日。

⑤ 引自《广东奋力谱写乡村产业发展大文章——全省农林牧渔业总产值较 2012 年增长超 80%》，《南方日报》2022 年 9 月 23 日。

⑥ 引自《广东省第三次全国国土调查主要数据公报》，《南方日报》2021 年 12 月 28 日。

⑦ 引自《广东省人民政府办公厅关于印发广东省自然资源保护与开发"十四五"规划的通知》，广东省人民政府官方网站，2021 年 11 月 3 日。

⑧ 《广东统计年鉴（2022）》。

表1　广东农业农村一般性指标与全国的对比

指标	广东		全国	广东/全国占比(%)
	2020 年	2021 年	2020 年	2020 年
农林牧渔业总产值(亿元)	7901.92	8305.84	137782.17	5.74
增速(%)	4.20	7.13	4.40	95.45
乡镇就业人员(万人)	3509.31		50992.00	6.88
#农林牧渔业	1282.67		17715.00	7.24
农作物总播种面积(万亩)	6677.71		251230.71	2.66
农林牧渔业投资额(亿元)	557.13		13302.00	4.19
农林牧渔业投资比重(%)	0.71		2.52	28.17
农林牧渔业投资增速(%)	43.54	31.8	19.10	227.96
乡镇数量(个)	1127	1127	38741	2.91
耕地总面积(万亩)	2852.87		191792.79	1.49
人均耕地面积(亩)	0.24		1.33	18.05
农林水地方一般公共预算支出(亿元)	1125.81	1108.69	23948.46	4.70
乡村社会消费品零售总额(亿元)	4303.42	5263.78	52862	8.14

资料来源:根据《广东统计年鉴(2021)》《中国统计年鉴(2021)》《中国统计年鉴(2022)》数据整理。人均耕地指标数据根据第三次全国土地利用调查数据和第七次人口普查数据测算得出。

2021 年,广东农林牧渔业规模居全国第四位、沿海省市第二位,优势领域突出。从全国比较来看,2021 年,广东农林牧渔业产值和增加值分别达到 8305.84 亿元(同比增长 7.13%)和 5169 亿元,总产值规模排在全国的第四位,在沿海省市中,超越江苏后,排在第二位。从产业内部结构来看,2020 年,广东农业、林业、牧业、渔业、其他(农业服务业)产值分别为 3769.26 亿元、414.29 亿元、1778.18 亿元、1581.5 亿元、358.6 亿元,占全国的比重为 5.25%、6.93%、4.41%、12.36%和 5.10%,分别排在全国的第六、第四、第十、第二和第七名,广东的渔业和林业在全国有相对突出的比较优势(见表2)。但农林牧渔专业及辅助性活动产值排名

表 2　2020 年全国农林牧渔业产值前十省份

单位：亿元，%

地区	农林牧渔业						占全国比重					
	总产值	农业	林业	牧业	渔业	其他①	总产值	农业	林业	牧业	渔业	其他①
全国	137782.17	71748.23	5961.58	40266.67	12775	7029.8	100	100	100	100	100	100
山东	10190.58	5168.36	214.20	2571.87	1432.1	804.1	7.40	7.20	3.58	6.38	11.20	11.44
河南	9956.35	6244.84	126.69	2855.83	117.6	611.4	7.23	8.70	2.12	7.09	0.92	8.69
四川	9216.40	4701.88	379.82	3613.81	287.5	233.4	6.69	6.55	6.35	8.97	2.25	3.32
江苏	7952.59	4102.16	172.85	1315.84	1774.0	587.8	5.77	5.72	2.89	3.27	13.87	8.36
广东	7901.92	3769.26	414.29	1778.18	1581.5	358.6	5.73	5.25	6.93	4.41	12.36	5.10
湖南	7511.96	3364.77	428.00	2721.63	477.5	520.0	5.45	4.69	7.16	6.76	3.73	7.39
湖北	7303.64	3492.54	245.37	1864.78	1156.8	544.2	5.30	4.87	4.10	4.63	9.04	7.73
河北	6742.49	3413.34	255.35	2309.72	243.2	520.9	4.89	4.76	4.28	5.74	1.90	7.40
黑龙江	6438.11	4044.15	192.35	1912.96	115.6	173.1	4.67	5.64	3.22	4.75	0.90	2.46
云南	5920.52	2902.24	429.50	2315.41	104.0	169.4	4.30	4.04	7.17	5.75	0.81	2.41

注："其他"主要为"农林牧渔业及辅助性活动"。"其他"＝总产值－农业－林业－牧业－渔业。
资料来源：《中国统计年鉴（2021）》，《农林牧渔业年鉴》。

靠后，这与广东作为第一经济大省的地位不匹配，表明广东的农业服务业发展需要加快。

2. 广东人均 GDP 高于全国水平，人均第一产业产值低于全国水平

2021 年，广东农林牧渔业产值为 8305.84 亿元，占全国农林牧渔业产值 147013 亿元的 5.65%。2021 年，广东的人均 GDP 为 87738.39 元，全国为 71999.59 元，广东比全国高 15738.80 元。以第一产业就业人数计，2020 年，广东人均第一产业产值为 37188.02 元，全国为 43891.68 元，广东低于全国平均水平（见图 1）。

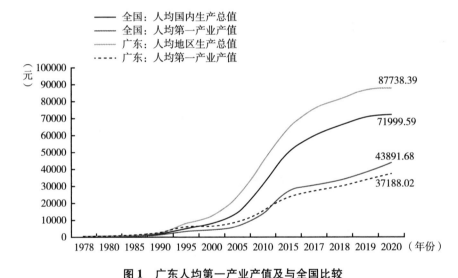

图 1 广东人均第一产业产值及与全国比较

资料来源：根据历年《广东统计年鉴》《全国统计年鉴》数据整理。

3. 广东农林牧渔业增速排在东部沿海省份第一

从农林牧渔业增速来看，2020 年，广东增长了 4.0%，增速排在全国所有省份的第 12 位，沿海省市的第 1 位，反映了广东农林牧渔业潜力较大，需求较大，综合生产能力较强。其中，渔业增速达到 5.7%，排在全国第二，但同时渔业总规模排在全国第二位，为 1581.5 亿元。在保障粮食安全的情况下，农业增长了 5.6%，牧业则萎缩了 3.2%（见表 3）。2021 年前三季度，

单位：亿元，%

表3 2020年全国各省市农林牧渔业产值及相对增速

地区	产值规模					增速*				
	农林牧渔业总产值	#农业	#林业	#牧业	#渔业	农林牧渔业总产值	#农业	#林业	#牧业	#渔业
全国	137782.2	71748.2	5961.6	40266.7	12775.9	3.4	4.1	4.3	2.0	2.2
山东	10190.6	5168.4	214.2	2571.9	1432.1	3.0	3.4	6.3	2.3	1.3
河南	9956.3	6244.8	126.7	2855.8	117.6	2.7	3.1	9.8	-0.1	1.9
四川	9216.4	4701.9	379.8	3613.8	287.5	5.6	4.5	2.9	7.8	4.6
江苏	7952.6	4102.2	172.8	1315.8	1774.0	2.0	2.8	4.3	0.7	0.6
广东	7901.9	3769.3	414.3	1778.2	1581.5	4.0	5.6	1.2	-3.2	5.7
湖南	7512.0	3364.8	428.0	2721.6	477.5	4.1	4.1	8.3	2.5	4.3
湖北	7303.6	3492.5	245.4	1864.8	1156.8	0.7	3.9	-2.9	-7.5	1.2
河北	6742.5	3413.3	255.4	2309.7	243.2	3.5	4.2	5.6	1.0	3.9
黑龙江	6438.1	4044.1	192.4	1913.0	115.6	2.6	1.4	4.7	5.2	3.9
云南	5920.5	2902.2	429.5	2315.4	104.0	5.8	7.0	6.4	3.6	3.4
广西	5913.3	3268.8	437.4	1423.8	508.3	5.0	6.5	7.7	2.1	1.1
安徽	5680.9	2525.4	387.5	1900.2	542.6	2.7	2.3	7.7	1.7	2.2
福建	4901.1	1818.2	390.6	1141.1	1373.1	3.3	4.0	3.2	3.9	1.9
辽宁	4582.6	2056.8	121.0	1604.7	617.5	3.0	2.0	5.4	5.3	3.5
贵州	4358.6	2781.8	293.7	1019.0	61.1	6.5	7.7	8.2	2.8	6.4
新疆	4315.6	2936.3	66.0	1038.1	27.2	4.7	5.8	8.3	0.9	-4.8

续表

地区	产值规模					增速*				
	农林牧渔业总产值	#农业	#林业	#牧业	#渔业	农林牧渔业总产值	#农业	#林业	#牧业	#渔业
陕 西	4056.6	2807.1	116.9	893.4	30.0	3.5	4.0	13.9	0.6	0.6
江 西	3820.7	1689.9	367.8	1125.4	473.5	2.7	3.9	5.5	0.1	0.3
浙 江	3496.9	1594.0	189.6	472.6	1130.6	1.7	2.4	0.1	-5.6	2.9
内蒙古	3472.4	1699.0	89.8	1603.4	27.8	1.8	0.3	-6.2	4.2	-0.5
吉 林	2976.0	1231.8	71.9	1547.4	41.4	1.8	3.0	12.4	0.2	2.9
重 庆	2749.1	1596.1	126.0	871.9	107.3	5.0	5.9	9.9	2.7	-0.8
甘 肃	2103.6	1423.8	31.7	495.3	2.0	5.2	5.5	-16.7	7.8	5.6
山 西	1935.8	1075.9	137.1	606.3	6.6	5.8	5.7	-8.6	9.2	1.2
海 南	1821.0	874.8	121.2	357.1	390.8	2.4	6.1	12.6	-8.1	-0.7
宁 夏	703.1	397.9	10.9	246.6	19.0	3.6	2.2	-12.6	7.3	1.4
青 海	507.1	188.6	11.9	295.1	3.9	4.7	5.1	5.4	4.5	-1.0
天 津	476.4	228.8	15.7	145.5	68.1	1.4	4.8	-34.1	0.6	2.4
上 海	279.8	138.0	15.2	55.1	51.0	-7.0	-6.3	-18.6	-9.2	-10.0
北 京	263.4	107.6	97.7	45.2	4.1	-6.7	5.9	-15.5	-11.1	-21.0
西 藏	233.5	104.0	3.7	119.7	0.1	8.2	8.0	2.5	8.8	-60.5

注：此处增速计算公式为：增速＝（末年产值绝对值－前年产值绝对值）／前年产值绝对值。

资料来源：根据《中国统计年鉴（2021）》数据整理。

广东农林牧渔业产值增速达到 7.1%，分行业看，农业上涨 4.7%；林业上涨 0.8%；畜牧业上涨 15.1%；渔业上涨 4.6%；农林牧渔专业及辅助性活动产值上涨了 11.8%，增长最快的是畜牧业，其次为农林牧渔专业及辅助性活动。

4. 广东三大功能区不平衡特征明显

一是"一核"地区、沿海经济带西翼、北部生态发展区、沿海经济带东翼的第一产业增加值规模依次递减。二是"一核"地区各市第一产业发展极不均衡。2021 年深圳市、东莞市、珠海市、中山市的第一产业规模较小，均低于 100 亿元，在各市中排名靠后；佛山市、惠州市、江门市的第一产业增加值规模在 200 亿~300 亿元，在各市中排名中上；肇庆市的第一产业增加值规模达到 458 亿元，为珠三角第一产业体量最大的地市，在广东省排名第三。由于地市数量多，珠三角成为广东第一产业增加值规模最大的地区。三是东翼的潮州市、汕头市、汕尾市、揭阳市在各市中排名中下，东翼地区的第一产业增加值规模在四大区域中最小。四是西翼的湛江市和茂名市呈现齐头并进的态势，拉动西翼地区的第一产业增加值规模逼近珠三角地区。五是北部生态发展区的第一产业增加值占到全省的 23%。其中，韶关市、梅州市、清远市的第一产业增加值规模在广东省各市中排名中上，河源市、云浮市的第一产业增加值在各市中排名中下（见图 2、图 3）。

（二）粮食等农产品保供有力

1. 广东省粮食产量再获丰收，创近9年最高水平

2021 年全省粮食总产量 1279.9 万吨，同比增长 1.0%，连续两年超额完成国家下达的年度任务（见图 4)[①]。作为全国最大的粮食主销区，广东省政府切实保障粮食安全，高标准农田建设连续三年获得农业农村部考核通

---

① 资料来自中国经济周刊，https：//baijiahao.baidu.com/s? id = 1730700495931273217&wfr = spider&for = pc。

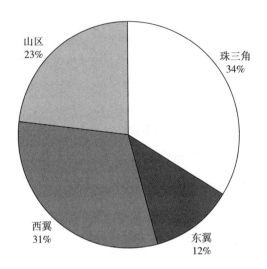

图2 2021年广东省各地区的第一产业增加值占比

资料来源：根据广东省各市2021年统计公报中的第一产业增加值数据自行计算。

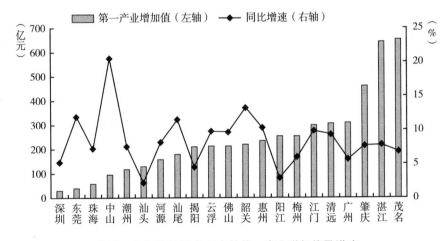

图3 广东省2021年各市的第一产业增加值及增速

资料来源：广东省各市2021年统计公报。

报表扬，2021年全省新建成高标准农田161.79万亩，超过国家下达的160万亩的建设任务①，耕地质量提升明显。截至2021年底，全省累计建成高

---

① 数据来自广东省农业农村厅：http://dara.gd.gov.cn/nyww/content/post_ 3816933.html。

标准农田 2519 万亩。建成后的高标准农田生产条件和生态环境明显改善，粮食综合生产能力平均提高 10%～20%①。广东连续 9 年将加快现代种业发展列为重点工作，截至 2021 年 12 月，持证农作物种子企业 240 家，年产值 1 亿元以上的涉种畜禽企业 252 家②。全省建立农作物种质资源库（圃）25 个、原生境种质资源保护圃（点）30 个，有国家级畜禽遗传资源保种场（保护区）10 个以及省级 21 个③。广东省农业科技进步贡献率高达 71.3%，主要农作物良种覆盖率为 98% 以上，主推技术到位率 98.5%，各指标均位于全国前列④。

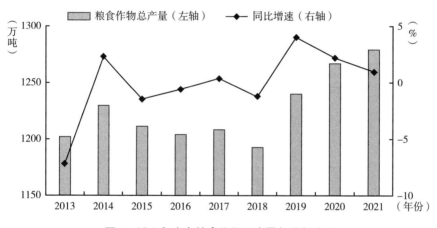

图 4　近 9 年广东粮食作物总产量与增长速度

资料来源：《广东统计年鉴（2021）》和《2021 年广东省国民经济和社会发展统计公报》。

2. 重要农产品供给保障有力

2021 年，全省蔬菜产量 3855.73 万吨，同比增长 4.0%；水果产量

---

① 引自《广东奋力谱写乡村产业发展大文章——全省农林牧渔业总产值较 2012 年增长超 80%》，《南方日报》2022 年 9 月 23 日。

② 数据来自中国人民政治协商会议全国委员会，http：//www. cppcc. gov. cn/zxww/2021/12/23/ARTI1640234088849328. shtml。

③ 数据来自《南方日报》，http：//news. sohu. com/a/510374767_ 161794。

④ 数据来自广东省农业农村厅，http：//dara. gd. gov. cn/mtbd5789/content/post_ 3880951. html。

1826.73 万吨,同比增长 4.0%,其中荔枝、龙眼、火龙果等岭南佳果产量同比分别增长 12.2%、12.0% 和 22.6%;茶叶产量 13.95 万吨,同比增长 8.8%;猪牛羊禽肉产量 451.75 万吨,同比增长 14.7%,扭转了 2020 年的下降态势,其中猪肉产量大幅增长了 36.8%;水产品产量 921.67 万吨,同比增长 5.2%,其中淡水产品增长 6.2%,海水产品增长 4.3%,增速分别比 2020 年高出 2.3 个、4.8 个百分点。得益于近几年重要农产品的供给总量以及质量上的改进,广东省城乡居民的消费规模和质量均有所提高,前者为后者提供了扎实的基础(见图 5)。

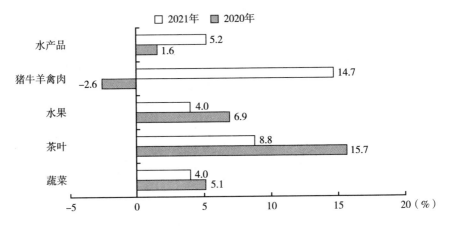

图 5 2020 年、2021 年广东省重要农产品供给产量的增长速度

资料来源:2020 年、2021 年广东省国民经济和社会发展统计公报。

为确保完成 2021 年的粮食生产任务,广东出台一系列政策文件和措施①。由于发生连旱天气,2021 年,早稻播种面积 1287.84 万亩,虽比 2020 年减少 15.86 万亩,但各地积极抗旱救灾,通过科学的管理,全省早稻产量 524.15 万吨,比 2020 年同期增加 5.63 万吨,再次实现丰收增产。单产显著提高,亩产达 407.0 公斤,增加了 9.3 公斤。早稻单产创 22 年来

---

① 如《2021 年广东省粮食生产行动方案》《2021 年广东省"虫口夺粮"保丰收实施方案》《2021 年广东省种业工作要点》等。

最高、总产创 16 年来新高，为全年粮食稳定增产奠定良好基础（见图 6）。

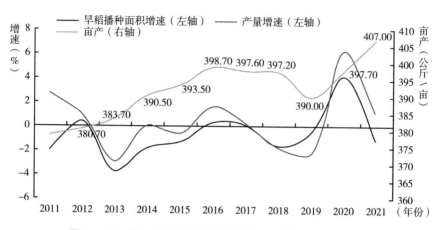

图 6 2011 年以来广东早稻播种面积、产量增速和亩产情况

资料来源：根据历年《广东统计年鉴》《2021 年前三季度广东农业经济运行情况分析》整理。

从主要农产品的自给水平来看，2020 年，各主要农产品的自给水平分别为粮食 78.32%、蔬菜及菜制品 259.83%、猪肉 58.71%、禽类 49.71%、水产品 231.21%（见表 4）。数据表明，广东的粮食自给率虽然超额完成省里设定的 60% 的目标，但尚有部分需要进口或者从国内其他省市调运，猪肉和禽类的自给率偏低，还需防范大宗农产品贸易领域供应链风险。

表 4 广东主要农产品自给水平

指 标	人均消费量（千克）			总需求量（万吨）			产量（万吨）	自给率（%）
	2015 年	2019 年	2020 年	2015 年	2019 年	2020 年	2020 年	2020 年
粮食	118.31	115.90	128.21	1381.57	1447.52	1618.46	1267.56	78.32
蔬菜及菜制品	98.94	109.45	113.01	1155.41	1366.91	1426.64	3706.85	259.83
猪肉	29.70	30.71	25.96	346.80	383.58	327.75	192.42	58.71
禽类	18.65	25.92	31.12	217.75	323.66	392.85	195.27	49.71
水产品	22.03	28.61	30.01	257.29	357.28	378.80	875.81	231.21

资料来源：课题组根据历年《广东统计年鉴》数据整理。

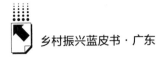

（三）巩固拓展脱贫攻坚成果

巩固拓展脱贫攻坚成果同乡村振兴有效衔接是党中央部署的"十四五"时期"三农"工作的重大任务。2021年3月，中共广东省委、省人民政府发布了《关于实现巩固拓展脱贫攻坚成果同乡村振兴有效衔接的实施意见》，重点推动以下几方面工作取得了显著成效。首先，巩固提升保障脱贫群众基本医疗、义务教育、住房安全与饮水安全，确保"两不愁三保障"动态清零，确保不发生规模性返贫。其次，加强防贫机制建设，配齐工作力量，聚焦脱贫不稳定户、易返贫致贫户等重点人群，完善快速发现和响应机制，确保早发现、早干预、早帮扶。强调做大做强脱贫地区特色产业、主导产业与优势产业，提升脱贫地区发展能力，促进脱贫群众多元化、持续化增收。聚焦加快项目建设，实现早投产、早创效、早受益，确保资产保值增值、群众长期受益。重视培养龙头企业、农户、合作社、农场的自生能力。通过积极培育龙头企业、合作社和农场，带动贫困户的就业；提高龙头企业的经营绩效，使农户获得承包地的租金甚至龙头企业的红利分配；通过农场的发展，提高土地收益率和劳动生产率；通过财政转移支付，提高贫困户的发展机会。通过层层压实责任，领导小组发挥牵头抓总作用，乡村振兴局做好统筹协调、督促检查，有关部门强化协调联动，各县（市、区）落实主体责任，党政"一把手"靠前指挥，确保各项工作落地落实。

（四）农业产业体系逐渐成形

在推进乡村振兴战略的过程中，广东完善农业支持政策，坚持农业农村优先发展，推动农村产业转型升级，促进一二三产业融合发展，以产业振兴引领乡村振兴。

1.注重加强政府引导，走好"小而精""优而特"的产业发展之路

发挥地方特色产业和自然资源禀赋的比较优势，通过政府引导、企业参与、市场运作的方式，推动一二三产业融合发展，打造集自然、风情、历史、人文于一体的"可游、可养、可居、可业"的特色小镇、乡村景观综

合体、多彩田园综合体，形成"农业+文化+旅游+教育+康养+互联网"的乡村新产业新业态，让人们在乡村体验农事耕作之趣、感受景区之美、享受购买特色农产品之乐。

2. 注重有效发挥平台带动作用，提高农民组织化程度，有效规避市场风险

截至2022年2月，广东共认定了87家国家级、1292家省级重点农业龙头企业，全省的国家、省、市、县四级农业龙头企业总数超5000家。农业龙头企业数量、质量稳居全国前列。各级农业龙头企业建设省内外各类农产品生产基地2261.95万亩，实现生产基地总产值达3196.29亿元，涉农营业总收入超7300亿元①。

3. 注重数字赋能，创新"互联网+乡村"模式改造乡村产业

借助"互联网+"，广东率先将抓农业生产向抓"农业生产—农产品流通—农产品消费"等全产业链转变，实现"线上+线下"新零售模式，畅通工业品下乡、农产品进城的通道。广东省农业科技进步贡献率从2012年的58%增长到2021年的71.3%，居全国前列②。2021年，广东以"12221"农产品市场体系建设为抓手，全力推进荔枝、徐闻菠萝、德庆贡柑、惠来鲍鱼等多品类农产品营销，利用农产品大数据平台、"网络节+云展会"模式等，推动"粤字号"农产品售往全国、销往全球。以荔枝为例，2021年广东荔枝出口20多个国家和地区，海外市场开拓取得好成绩，全年鲜荔枝出口量达到9254.8吨，同比增长56.8%，出口量位居全国第一③。

4. 注重专业镇村的辐射带动作用，"一村一品、一镇一业"提质扩面

自2019年起，广东省连续三年整合筹措省级以上财政资金超30亿元，用于支持"一村一品、一镇一业"的建设工程。计划三年扶持3000个村发展特色产业，形成200个特色农业专业镇，覆盖范围辐射粤东、粤西以及粤北地

---

① 广东省农业农村厅：《2021年国家级、省级农业产业化重点龙头企业专题发布会》，2022年3月18日，http：//dara.gd.gov.cn/gkmlpt/content 3/3886/post_ 3886404.html#3046。

② 引自《广东奋力谱写乡村产业发展大文章——全省农林牧渔业总产值较2012年增长超80%》，《南方日报》2022年9月23日。

③ 数据来自中国日报网，https：//baijiahao.baidu.com/s？ id＝1733592196954635437&wfr＝spider&for＝pc。

区。目前，广东已完成建设 3000 个"一村一品、一镇一业"专业村的立项审批，囊括种植、养殖特色产业。认定了首批省级"一村一品、一镇一业"专业镇 200 个（见图 7）。36 个农产品入选 2019 年全国名特优新农产品名录，总数跻身全国前列。农业农村部认定 442 个"一村一品"示范村镇，广东入选 24 个，位居全国第一。广东省未来将深入推动"一村一品、一镇一业"，走组织化发展、绿色发展、产业融合、品牌发展、产业园带动发展之路。

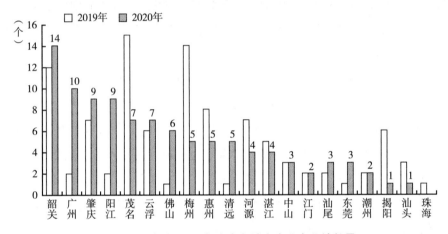

图 7　2019 年和 2020 年广东各地市农业专业镇数量

资料来源：根据广东省农业农村厅《2020 年申报专业镇资料信息汇总表》整理。

（五）新型帮扶行动规模空前

根据国家和省委、省政府乡村振兴工作部署，聚焦"产业兴旺、生态宜居、乡风文明、治理有效、生活富裕"总要求，广东牢牢抓住"驻镇帮镇扶村"这一抓手，开启史上规模最大的帮扶行动①。通过实施分类分级帮扶、驻镇帮镇扶村、组团结对帮扶，全域全覆盖推进全省乡镇和行政村全面振兴②。

---

① 2021 年 6 月 4 日中共广东省委、广东省人民政府印发《广东省乡村振兴驻镇帮镇扶村工作方案》。

② 资料来自南方杂志，https：//baijiahao. baidu. com/s？id＝1740555341998972765&wfr＝spider&for＝pc。

　　2021 年 6 月 24 日，广东召开驻镇帮镇扶村工作电视电话会议，部署推进全省 1127 个乡镇、近 2 万个行政村全面振兴。从以往的驻村帮村到驻镇帮镇扶村的转变是 2021 年广东乡村振兴工作的一大亮点。一是凝聚起各方共同推进乡村振兴的强大合力。截至 2022 年 2 月，广东有 7174 个组团单位、共 8099 名党政机关和企事业单位干部参与驻镇帮镇扶村工作，其中向乡村振兴任务重的村、红色村、集体经济薄弱村、党组织软弱涣散村选派驻村第一书记 3976 名。省人社厅、省科技厅、农行广东省分行共选派三支一扶、科技特派员、金融助理等专业人才 4000 多名，团省委招募 1030 名高校毕业生志愿者驻镇参与乡村振兴①。二是强化产业帮扶，因地制宜选准选好成长性强、与当地特色资源紧密结合、符合现代农业产业发展趋势的帮扶产业，多措并举寻找资金、资源、人才，全力抓住产业振兴"牛鼻子"。自 2021 年 6 月至 2022 年 2 月，全省共实施帮扶项目 8754 个，引导 2108 家企业到粤东粤西粤北地区投资，辐射带动低收入群众 6 万人。通过线上线下相结合，推动脱贫村农副产品产销对接，带动销售 4.05 亿元帮扶产品②。三是坚持同向发力、形成合力，努力当好乡村振兴参谋助手，帮助当地党委政府解决制约乡村振兴发展最为迫切的关键难题，探索建立可复制、可推广的乡村振兴长效机制，为当地留下一支带不走的工作队。四是突出文旅帮扶，以乡土文化自信推进乡村文化振兴，帮扶干部深入基层，挖掘优秀传统文化，写好村镇发展历史，讲好乡村振兴故事。例如，广州对口帮扶湛江工作中，将湛江"一横一纵一圈"总体发展格局落实成"施工图"；将 24 个镇的点点星光串成乡村振兴的版图，为深化广州湛江市"核心+副中心"区域协作发展提供充足的经济动力支持③。率先实施驻镇帮镇扶村行动，这是新阶段防止返贫返困的有效举措，是广东加快迈进全国乡村振兴第一方阵的重要路径选择。

---

① 数据资料来自广东省农业农村厅，http：//dara. gd. gov. cn/nyyw/content/post＿3817557. html。

② 数据资料来自广东省农业农村厅，http：//dara. gd. gov. cn/nyyw/content/post＿3817557. html。

③ 《省乡村调研组到湛江调研：着力推动广州对口帮扶湛江工作落地见效!》，《广州日报》2022 年 4 月 29 日。

（六）城乡融合发展提质增效

广东城乡融合发展不断取得新突破①。广东以全域化、特色化重塑城乡融合新格局，利用粤港澳大湾区资本、金融、科技、人才和体制机制集聚与外溢优势，发挥粤东西北资源禀赋优势，促进一二三产业融合发展。在实践中①，广东为了使各级群众在城乡各层级空间中得其所哉、各美其美，加快构建功能更为齐全、布局更为科学、运行更为协调的现代城镇体系，大大优化了空间优势。加快构建以城市群为主，城市、城镇与和美乡村协调发展的城镇化格局，将县城打造成为新型城镇化的重要载体，规范发展特色小镇，为吸纳农业转移人口和推进城乡产业融合提供平台，也加强了空间用途管制和功能分区，确保"三区三线""三线一单"等精准落地。推动开发模式由以生产力布局为中心向以人的全面发展为中心转变，围绕"人"来合理规划生产、生态、生活空间，形成承载田园乡愁、集约高效、宜居舒适的城镇化格局。提升产业基础能力与产业链水平，在更大的范围提供更多的优质岗位，将提高农业劳动生产率转换为城市释放劳动力资源，推动产业融合不断发展。

实践方面，广东依循城市产业扩散与乡村产业结构调整的路径双管齐下推进城乡融合。企业通过将生产制造等环节或整体从市区向城郊、城镇甚至广大农村地区迁移，推动了城乡产业布局重构。且消费结构不断升级，优质农产品需求快速增长，带动了休闲农业和乡村旅游的加快发展，从而推动就地城镇化和异地城镇化协同发展。广东打通农民变市民和市民变农民两条渠道来破解城镇化过程中遇到的问题，在推动农业转移人口在城市便捷落户的同时，建立健全返乡、下乡创业人员的激励机制，为他们的就地落户和依法享有各项权益创造条件，使乡村能够吸引人才、留住人才。此外，广东还通过充分盘活农村土地资源，以"同

---

① 详见 2020 年 5 月，广东省委、省政府印发实施的《广东省建立健全城乡融合发展体制机制和政策体系的若干措施》。

权同价"为目标探索推进农村集体经营性建设用地入市，推进城乡财产同权化，使农民拥有更多财产性收入，为城乡融合和乡村振兴注入强大动力。

（七）农民收入水平大幅提升

广东实施乡村振兴战略以来，城乡居民收入比持续下降，农村居民人均可支配收入的增长始终高于城镇居民，城乡居民收入比由 2020 年的 2.49：1 继续下降至 2021 年的 2.46：1，城乡发展失衡局面持续改观（见图 8）①。乡村振兴发展已成为广东破除二元经济结构的"政策利器"，但经济结构的二元性仍未完全消除，离城乡完全融合仍有不小距离。因此，拓展农村居民的就业面，提高农业、林业以及各种副业的生产经营绩效，依然是解决城乡二元结构、推动城乡融合向纵深发展的关键举措。此外，各地根据实际情况，推进城乡要素市场和公共服务均等化，共同推动实现农业农村现代化。

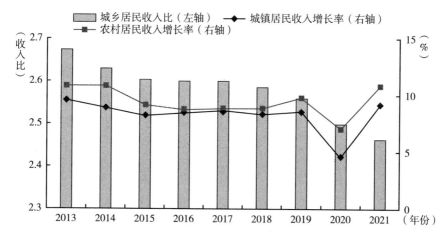

图 8　广东省城乡居民收入比和城乡居民收入的同比增速

资料来源：根据《广东统计年鉴（2021）》和《2021 年广东省统计公报》中数据计算。

---

①　资料来自南方 plus，https：//finance. southcn. com/node_ 07a8ce286a/d0499a6ef3. shtml。

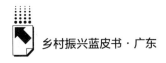

二 广东推进乡村振兴的主要经验：
全面统筹，重点突破

广东乡村振兴工作之所以成效显著，关键在于因地制宜、因势利导。在长期实践中，广东各级政府和各地农户、合作组织、龙头企业、各类农业经营者边干边学，边学边干，总结了许多行之有效的思路，形成了全面推进乡村振兴的多维路径，为全国积累了宝贵经验。

（一）广东省全面推进乡村振兴的多维特征

1. 以"三精"为主攻方向，加快各领域突破

2021 年 3 月发布的《中共广东省委 广东省人民政府关于全面推进乡村振兴加快农业农村现代化的实施意见》（简称《实施意见》）提出"以发展精细农业、建设精美农村、培育精勤农民为主攻方向"，努力把"三农"短板变成广东省的"潜力板"，走高质量发展道路。

一是立足优势禀赋，着力发展精细农业。山多地少、人口众多的资源禀赋特色使广东农民形成了精耕细作的传统。第一，以现代农业产业园为发展精细农业的重要载体。2021～2023 年广东省财政安排 75 亿元支持现代农业产业园建设，截至 2022 年 6 月 2 日，广东省两轮共创建了 288 个省级现代农业产业园。此外，还有 18 个国家级、73 个市级现代农业产业园，形成了国家、省、市三级农业产业园梯次发展格局，涵盖了粮食、水果、蔬菜、畜禽、水产等主导产业[1]。以 2021 年为例，广东重点建设"跨县集群产业园、特色产业园和功能性产业园"等三大类园区[2]，实现省级产业园在优势产业、农业县（市、区）及主要特色品种的全覆盖[3]。其中，跨县集群产业园

---

① 《潇湘晨报》，https://baijiahao.baidu.com/s? id=1735882097627945642&wfr=spider&for=pc。
② 黄进：《74 个产业园名单发布》，《南方日报》2021 年 12 月 29 日。
③ 2021 年 6 月 21 日，广东省政府办公厅印发《关于转发省农业农村厅 省乡村振兴局 2021～2023 年全省现代农业产业园建设工作方案的通知》（粤办函〔2021〕207 号）。

建设主要围绕粮食、肉禽、果蔬、茶叶、南药、花卉等优势产业①，实现优势产业跨县集群省级产业园全覆盖。一方面，特色产业园围绕特色主导产业，补齐产业短板，实现农业县（市、区）、主要特色品种全覆盖，支撑县域现代农业高质量发展；另一方面，功能性产业园围绕服务主导产业，按照"核心技术+产业融合+场景实践+示范推广"要求，探索建设现代种业、加工服务、数字农业等功能性产业园，提升主导产业整体效益。第二，激活农业生产的数字动能。广东各级政府在农业农村数字化方面主动作为。2020年1月，广东省搭建了"保供稳价安心数字平台"，引领了一批农业企业走进数字时代。汕尾、茂名、徐闻、蕉岭、新会等地党政领导干部纷纷走进直播间推介海鲜、荔枝、鸭蛋、陈皮等农产品，助力农户增收。2021年9月农业农村部信息中心联合中国国际电子商务中心发布的《2021全国县域数字农业农村电子商务发展报告》显示，2020年广东省县域农产品网络零售额超750.6亿元，排名全国第一②。2022年4月13日，广东省工业和信息化厅印发《2022年广东省数字经济工作要点》，明确了发展数字农业的总体要求④。为解决"果贱伤农"的现象，广东聚焦农产品销售途径，首创农产品"12221"市场体系③，成为广东乡村经验之一，有效提升了徐闻菠萝、惠来鲍鱼、翁源兰花、梅州柚子、茂名荔枝等广东特色农产品的知名度，不仅走向全国，还走向了世界。

2021年和2022年分别设立了74个和53个省级现代农业产业园。2021年12月，在74个园区中，共有跨县集群产业园5个、功能性产业园6个、特色产业园49个，另有珠三角自筹资金建设产业园14个，涵盖了粮食、蔬菜、水果、生猪、家禽、水产、茶叶、花卉、南药等多个类型，覆盖全省。除了上述三大类产业园外，还支持已经建设完成的特色产业园进一步发展壮

---

① 粤农轩：《广东认定74个省级现代农业产业园》，《农民日报》2022年1月6日。
② 资料来自南方农村报，https：//www.thepaper.cn/newsDetail_forward_17337879。
③ "12221"市场体系指建设"1"个农产品大数据平台，组建销区采购商和培养产区经纪人"2"支队伍，拓展销区和产区"2"大市场，策划采购商走进产区和农产品走进大市场"2"场活动，实现品牌打造、销量提升、市场引导、品种改良、农民致富等"1"揽子目标。

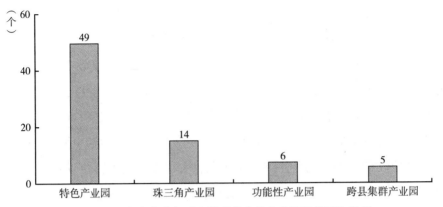

图9　2021年广东省级设立的现代农业产业园区类型和数量

资料来源：广东省《关于公布2021年省级现代农业产业园建设名单的通知》，2021。

大，74个现代产业园区中就包含了梅州平远脐橙产业园、汕头澄海蔬菜产业园、肇庆怀集稻蔬产业园、云浮郁南无核黄皮产业园等已有园区。2022年，新设立的53个省级现代农业产业园，突出了跨县集群产业园、预制菜产业园和扩容提质等类别的产业园。

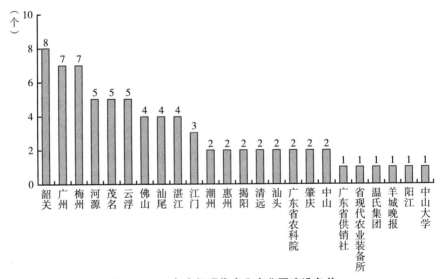

图10　2021年省级现代农业产业园建设名单

资料来源：根据广东省农业农村厅《关于公布2021年省级现代农业产业园建设名单的通知》（2021年12月28日）整理所得。

二是聚焦精美农村，提升环境质量。改善农村人居环境，建设美丽宜居乡村，是实施乡村振兴战略的一项重要任务。《实施意见》明确提出"实施农村人居环境整治提升五年行动""持续推进乡村风貌提升"①。通过旧村改造整治来改善村居环境是解决"空心房"难管理、街道狭窄等诸多村居问题的重点，也是难点。截至 2022 年 5 月，广东已创建特色精品村 1316 个、美丽宜居村 12214 个，其中 42 个村庄入选全国乡村旅游重点村，16 个生态宜居美丽乡村示范县已形成全域生态化与景观化。完成"三清三拆三整治"自然村 15.3 万个，覆盖率高达 99.8%。清拆破旧泥砖房 322 万余间，清理整治私搭乱建、残垣断壁等 1.3 亿余处；农村卫生户厕普及率超 95%，农村生活垃圾收运处置体系基本实现全覆盖，农村生活污水治理率达 47%。全省累计获评全国村庄清洁行动先进县 12 个。

东莞常平镇、道滘镇，广州增城区、从化区，肇庆四会市等就是打造精美农村的典型。2021 年以来，东莞漱旧村作为常平镇首批"绿色进家"美丽家园试点村之一，选取了中心公园、漱旧村三排民宅、老人活动中心等进行改造，推动总面积约 4000 平方米、68 户家庭，改造 2 个大型美观的"四小园"，并以此为示范，带动周边群众参与改造建设了 6 个"四小园"。②东莞市道滘镇的大岭丫村通过实施环卫保洁自聘模式来展开农村人居环境整治，以环境改善带动产业转型升级，实现了"旧貌换新颜"，打造出多处受市民喜爱的"打卡点"，带动了当地经济发展。广州市增城区大埔围村通过引进社会资本，盘活村前 80 多亩农田和闲置地，建设以花为主题的文化旅游花园，打造"花海"种植加工基地，以"公司+基地+农户"的方式发展特色生态农业，探索对村庄环境的改造与美化。广州从化区、肇庆四会市获得国务院农村人居环境督查激励①。广东打造乡村振兴标志性品牌、佛山"百里芳华"、茂名"精彩一百里"、汕尾"蚝情万丈"等 487 条乡村振兴示范带建设已经启动。随着乡村振兴战略的全面实施，广东和美乡村将连点成面，助推广东省乡村振兴迈向全国第一方阵。

① 资料来源：《南方日报》，https://www.sohu.com/a/547695979_ 121106875。

三是线上线下结合，培育精勤农民。培养精勤农民是乡村振兴的重要任务。线下培训方面，广东依托职业院校等各类培训主体，培育各类农业职业经理人、合作社管理人员、家庭农场主、创业致富带头人、专业技能和专业服务型高素质精勤职业农民，2022 年，基本实现 50 岁以下农业从业人员全员培训①。同时，持续实施"广东技工""粤菜师傅""南粤家政"等工程，让农民有更多的平台和渠道接受培训，培育一大批知识型、技能型、创新型复合人才。线上培训方面，为满足农民的差异化学习需求，广东精勤农民网络培训学院为农民设置了专门的培训课程，陆续推出 3000 多节培训课程，涵盖了农作物种植、畜牧养殖、水产养殖、农资植保、农产品加工、品牌营销、经营管理、乡村振兴等八大类多个领域，助力农民掌握农业种植经营管理技术。线上营销与推广方面，乘数字经济发展的东风，加紧围绕"数字农业"进行实践和探索。

2. 以"富民兴村"为导向，推动产业高质量发展

产业兴旺是乡村振兴的关键所在。广东省富民兴村、实现产业振兴有四大优势。其一是气候资源，广东是全国光、热与水资源最为丰沛的区域之一，一年四季都可以种植作物；其二是生物资源优势，广东生物种类繁多、品种多样；其三是消费市场优势，2021 年，广东常住人口为12684.00 万人，其中城镇常住人口 9466.07 万人，常住人口城镇化率74.63%，农产品需求量大，且广东人均 GDP 超 1.5 万美元，加之广阔的港澳与海外市场，广东具有更为显著的市场优势；其四是经济基础优势，广东省 GDP、财政收入位列全国第一，为农业农村现代化提供了强有力的经济支撑。

广东推动富民兴村产业向多元高质量发展主要体现在以下几个方面。其一是深化农业供给侧结构性改革，因地制宜发展特色农业。广东省立足资源禀赋，瞄准市场绿色化、优质化、特色化、品牌化的需求，精准规划定位，宜种则种、宜养则养、宜渔则渔、宜稻则稻、宜果则果、宜蔬则蔬，构建岭南现代农业产业体系。近年来数字农业快速发展，广东省大力推进"一县一园、一镇一业、一村一品"建设，打造菠萝、荔枝等特色优势产业带，唱响"粤字号"农业品牌。其二是加快推进一二三产业融合发展，延伸农业产业链。广东按照《全国乡村产业发展规划（2020－2025年）》要求，着力构建一二三产业融合发展的现代产业体系，增强乡村产业发展内生动力。推动农产品加工业发展，提升农产品附加值。广东省于2018~2025年持续扩大农产品加工业规模，并培育发展农业加工业主体，打造以农产品加工园区、现代农业产业园、农业科技园区、农村创业创新园区等为代表的农产品加工业平台（见表5）。

表5　2018~2025年广东农产品加工业发展规划主要指标

指标	现状值	目标值		指标属性
	2017年	2020年	2025年	—
规模以上农产品加工业主营业务收入（万亿元）	1.3	1.42	1.6	预期性
农产品加工与农业总产值比	2.44：1	2.50：1	2.60：1	预期性
省农业龙头企业数量（家）	820	1000	—	预期性
涉及农产品加工的省龙头企业比例（%）	50	55	60	预期性
农产品加工示范园区（个）	2	5~10	20~30	预期性

资料来源：《广东省农产品加工业发展规划（2018－2025年）》（粤农〔2018〕195号）。

为延伸农业产业链，广东省推动农资供应、农业产品生产与加工、物流配送等产供销环节紧密连接。支持合作社、家庭农场等新型农业经营主体发展农产品加工与直销，推广农超、农企等多种形式的产销对接。截至2022年，累计建设省级现代农业产业园288个、认定200个省级"一村一品"专业镇、支持2201个村发展乡村特色产业、跨界配置农业、工业、商贸以及文旅等现代产业要素，促进农业与其他产业多向融合，发掘农业多种功能和乡村多重价值。

3. 以"三位一体"为导向，形成多维政策联动

广东省从党建引领、协同推进和创新赋能三个方面加速乡村振兴发展。

（1）党建引领、群众参与，全面激发乡村振兴软实力。国家出台了多

个五年规划,作为阶段性重点任务推进。广东坚持将全面提升村民的道德素质和农村文明程度放在极为重要的位置。各级政府强化责任担当,加大对"村霸""乡霸"惩治力度。此外,广东省精心组织民风评议,在乡镇、村部层层成立民风评议小组,确定科学、公正、透明、切实可行的道德评议标准和评议流程。广东省各地实践表明,乡村振兴,党建引领是关键。压实党组织的思想建设、理论建设和组织建设责任,把中央和省市的乡村振兴方略、措施落实到田间地头,落实到每家每户,就能产生凝聚力和动员能力。

(2)协同推进系统性乡村振兴政策。广东坚持把握乡村振兴战略重点、难点和基点的关系,增强乡村振兴的协同性、关联性和整体性,从政策层面强化协同推进系统建设。一是强化乡村振兴理念引领。广东坚持高质量发展、农业农村优先发展、城乡融合发展等战略导向,深化体制机制改革,坚持走好乡村振兴这盘大棋、推进城乡融合、实现小农户和现代农业发展有机衔接,发挥国家规划战略导向作用,编制和实施本乡村振兴战略规划,丰富规划的战略思维和网络经济视角,努力把规划作为撬动体制机制改革的杠杆。努力规避战略问题战术化、发展目标浪漫化、振兴方式单一化、改革工程化、政策盆景化、"三农"配角化等倾向。二是强化乡村振兴目标引领。广东借鉴国际经验,省委、省政府专门印发《广东省实施乡村振兴战略规划(2018—2022年)》和《关于全面推进乡村振兴加快农业农村现代化的实施意见》等系列政策文件,以专栏形式细化工作重点、政策措施、推进机制,分别明确了2020年和2022年的目标任务,确保实施乡村振兴战略落实落地。以质量和效益为中心,推进农村一二三产业融合发展。到2022年,全省基本实现县(市、区)"一村一品、一镇一业"全覆盖。广东分别从实现巩固拓展脱贫攻坚成果同乡村振兴有效衔接、加快推进农业现代化、大力实施乡村建设行动、加快完善城乡融合发展的体制机制和制度体系、加强党对"三农"工作的全面领导等方面明确了34项主要任务。三是强化乡村振兴实操指南。针对"十四五"时期全面推进乡村振兴重点工作,印发了《广东省乡村振兴驻镇帮镇扶村工作方案》《广东省关于调整完善土地出让收入使用范围优先支持乡村振兴战略的贯彻实施意见》《关于新阶段加强东西部协作工作的实施方案》《广东省打好种业翻身仗三年行动方案》《2021年广东省粮食生产行动方案》《广东省农田整治提升行动方案（2021-2025年）》《广东省农村人居环境整治提升五年行动方案（2021-2025年）》等一批重点工作配套性实操文件，开展"党政机关+企事业单位+科研力量"组团式驻镇帮镇扶村活动，由珠三角地区广州、深圳、珠海、佛山、东莞、中山6市，省直和中直驻粤单位，属地市按4∶3∶3的比例分别结对帮扶粤东粤西粤北地区12市和肇庆市共901个镇，推进"千镇万村"同建同治同美。

（3）以创新为导向为乡村振兴注入强大动力。广东通过创新赋能为乡村振兴注入制度动力、技术动力、平台动力和人才动力。一是制度动力方面。广东出台了一系列政策文件，从科技制度、人才制度等方面为农业、农村现代化提供体制机制动力，以制度设计形式细化实化政策措施与各项工作推进机制，确保实施乡村振兴战略的创新赋能制度性抓手落实落地。二是技术动力方面。2021年，广东区域创新综合能力排名蝉联全国第一，实现了全国"五连冠"。同年，广东全省研发经费支出超3800亿元，占地区生产总值（GDP）比重为3.14%；发明专利有效量、PCT国际专利申请量等创新指标全国排名第一；"深圳—香港—广州"科技集群蝉联全球第二位，强劲的科技实力为广东乡村振兴注入强大动力。三是平台动力方面。广东利用珠三角技术力量雄厚及科技发达优势，开展平台型产业发展与技术创新载体搭建，以"大智移云"促进农村电子商务繁荣。积极对接"三区三园"建设，搭建特色农村产业平台，培育一批农民工返乡创业园区，同时还利用了互联网平台为创业者提供技术、人才、资金等创业要素，降低创业成本，促进农村电子商务的快速发展，有效消除了农产品与市场信息不对称的问题，农村市场已成为电商行业高速增长的一个新引擎。四是人才动力方面。广东全面激活农业、农村人才资源配置与运用，把具有种植、养殖、服装、建筑特长等技术人员，经营管理企业的人才、农村经纪人和农民专业合作经济组织带头人等，按照行政、管理、商务、机械、生产和旅游等不同类型进行选拔与分类培训。同时,加快农业先进适用技术推广与相关基础设施建设。为农民工返乡创业清障搭台,推动以"人才、创业、智力、资金"返乡为主的"人才回归工程",以"感情回引""政策回引""项目回引"吸引本土人才返乡创业。完善探索失业、医疗、养老等社会保险制度,解除农民工返乡创业的后顾之忧。

表 6　农业科研和技术开发机构经费收入与支出

单位:万元

项目	2016 年	2018 年	2019 年
经常费收入总额	218144.3	212921.7	253409.3
科技活动收入	171715.8	175375.0	207241.0
#政府资金	151235.2	160117.9	178635.1
经营活动收入	16039.4	6345.2	2244.9
其他收入	30389.1	31201.5	43923.4
经费支出总额	204384.9	198783.3	276617.8
科技经费内部支出	157153.9	149799.5	222030.9
生产性支出	13671.1	14092.4	14874.4
其他支出	33559.9	34891.4	39712.5

资料来源:《广东农村统计年鉴(2020)》。

(二)广东省全面推进乡村振兴的经验做法

广东省牢牢围绕"五个振兴",全力补短板、扬优势,加快推进农村重点领域和关键环节改革,激发农村资源要素活力。

1. 打造"1+N"规划引导体系,加强顶层设计引领

广东科学制定战略规划及其政策体系,乡村振兴战略实施有抓手、有路径、有依据。广东省于 2019 年 7 月率先发布《广东省实施乡村振兴战略规划(2018-2022 年)》,此后又出台了一系列政策文件,于 2021 年 7 月公开发布了《中共广东省委省政府关于全面推进乡村振兴加快农业农村

现代化的实施意见》①，明确了 2021~2025 年目标任务，形成了广东乡村振兴"1+N"规划体系②，指导各地市各部门分类有序推进乡村振兴。"1+N"规划体系从顶层设计上确立了"十四五"期间广东乡村振兴的发展思路、建设路径与政策整体框架，为全省乡村振兴指明了发展方向。形成了广东省乡村振兴七结合的重要实践经验，分别是顶层设计与问计于乡民相结合；政府引导、规划与群众意愿相结合；远景和理想目标与现实可能性相结合；发挥农户积极性与村集体带动相结合；理论指导、文件精神与群众实践相结合；党建引领、各经济主体和社会主体参与相结合；发展产业、搞活经济与乡风文明、村庄治理相结合。在长期实践中，涌现了清远的乡村振兴模式、韶关的特色产业模式、顺德的城乡融合模式、汕头濠江区的乡村治理模式、东莞的文旅带动乡村振兴模式以及河源的庄园经济共同体模式。

2. 完善"五级书记抓乡村振兴"机制，理顺传导路径

广东省努力提高乡村振兴干部队伍的思想水平、政策水平、工作水平，善于捕捉基层实践经验并进行理论总结，形成行之有效的工作思路和具体方案。坚持"五级书记抓乡村振兴"，采取有力举措，汇聚更强大的力量。认真落实《中国共产党农村工作条例》，形成全省组织推动、要素保障、政策支持、协作帮扶、考核督导等工作机制，建立健全省上下贯通、精准施策、一抓到底的五级书记抓乡村振兴工作体系，县委书记特别要把主要精力放在"三农"工作上，当好乡村振兴"一线总指挥"，开展县乡村三级党组织书记乡村振兴轮训。同时，实行省市两级抓统筹、抓规划、抓政策研究，县镇村三级抓实施、抓操作、抓落实，压实工作责任，形成工作合力。实现五级书记抓乡村振兴能确保党在农村工作中始终发挥总揽全局、协调各方的领导核心作用，为乡村振兴提供坚强有力的政治保障。在具体实施中，广东通过五级书记抓产业振兴，不仅防止农户返贫，

---

① 参见广东省人民政府，http://www.gd.gov.cn/gdywdt/gdyw/content/post_ 3338920.html。
② "1"即《中共广东省委省政府关于全面推进乡村振兴加快农业农村现代化的实施意见》，"N"是全域加快推进农业现代化、实施乡村建设行动等一批专项文件。

促进了农民增收致富，也支撑乡村全面振兴，更着眼于帮助农产品找准产业定位，提升市场竞争力。推进农业由增产导向转向提质导向，提高农业质量与效益。与此同时，加强党对乡村振兴人才工作的领导，将乡村人才振兴纳入党委人才工作总体部署，建设政治过硬、本领过硬、作风过硬的乡村振兴干部队伍。

3. 实施"九大攻坚战"行动，加快补短板强弱项

从2021年7月起，广东省实施"九大攻坚战"行动，突出抓重点、补短板、强弱项，确保乡村振兴持续走在全国前列。一是实施农村违法乱占耕地建房整治攻坚行动。遏制增量、整治存量，统筹推进农房管控，持续推进乡村风貌提升。二是实施高标准农田建设攻坚行动。开展撂荒耕地专项整治和新一轮垦造水田行动等，计划2022年新增建成高标准农田310万亩，完成75%存量撂荒耕地复耕复种任务。三是实施种业翻身仗攻坚行动。加强种质资源收集与保护，建设现代化种业基地，做大做强广东种业集团，建设省农业种质资源数据化共享平台等，提出了2022年底前完成75%已收集种质资源初步鉴评、育成具有自主知识产权的突破性农作物新品种16个、畜禽新品种（配套系）7个、水产新品种3个的目标。四是实施农村生活污水治理攻坚行动。统筹农村改厕和农村生活污水、黑臭水体治理，因地制宜推进农村生活污水治理，实现2022年底前全省农村生活污水治理率达到50%以上。五是实施农村供水保障攻坚行动。加强农村集中供水，强化硬件设施建设等，2022年底前实现自然村集中供水全覆盖，农村自来水普及率达到99%。六是实施村内道路建设攻坚行动。巩固自然村硬化路建设成果，推进农村公路建设项目由农民居住较为集中地区向全域自然村延伸，由主干道向田间地头延伸，打通到田头道路的"最后一公里"，2022年底前自然村符合要求的村内道路路面基本实现硬底化。七是实施美丽圩镇建设攻坚行动。开展圩镇人居环境综合整治，提升圩镇基础设施和公共服务水平，加快提升集聚辐射能力，促进镇村联动、全面发展。2022年底前全面完成镇域环境基础整治。八是实施渔港建设攻坚行动。推进渔港环境综合整治，打造渔港经济区，加快渔业转型升级。到

2022 年，推进若干个渔港经济区以及"平安渔港"建设，全省一级以上渔港落实"港长制"。九是实施金融支持乡村振兴攻坚行动。强化金融支农服务和创新，推动涉农贷款稳定增长，推动涉农保险扩面、增品、提标，推动政策性农业保险进一步覆盖全省种养业品种。

4. 统筹推进"驻镇帮镇扶村"，促进一二三产业融合

广东"以驻镇帮镇扶村"为抓手，实施分类分级帮扶、驻镇帮镇扶村和组团结对帮扶[1]。2021 年 6 月 24 日，广东动员部署全域全覆盖推进全省1127 个乡镇、近 2 万个行政村全面振兴[2]。从以往的驻村帮村到驻镇帮镇扶村这种帮扶机制的转变是广东 2021 年乡村振兴工作的一大亮点。一是做到既找准方向，又选对路子，充分、精准调动各方资源力量参与帮镇扶村，凝聚起推进乡村振兴的强大合力。二是强调经济优先，强化产业帮扶，因地制宜选准选好成长性强、与当地特色资源紧密结合、符合现代农业产业发展趋势的帮扶产业，围绕帮扶产业多措并举寻找资金、资源、人才，全力抓住产业振兴"牛鼻子"。截至 2022 年 2 月，全省共实施帮扶项目 8754 个，引导2108 家企业到粤东粤西粤北地区投资，辐射带动低收入群众 6 万人。通过线上或线下举办脱贫村农副产品产销对接活动，带动销售 4.05 亿元帮扶产品[3]。三是坚持同向发力、形成合力，努力当好乡村振兴参谋助手，帮助地方解决制约乡村振兴发展关键难题，探索建立可复制、可推广的乡村振兴长效机制，为当地留下一支带不走的工作队。紧盯群众"急难愁盼"问题，把党和政府的关怀及时传递到各家各户，增强群众的获得感、幸福感、安全感。四是突出文旅帮扶，帮扶干部深入基层，挖掘优秀传统文化蕴含的人文精神，讲好乡村振兴故事。广东省乡村振兴的实践充分说明：对口帮扶是手段、是策略、是抓手，重要的是培养各个乡村的自我发展能力和创新精神。

---

[1] 2021 年 6 月 4 日中共广东省委办公厅、广东省人民政府办公厅印发《广东省乡村振兴驻镇帮镇扶村工作方案》。

[2] 资料来自广东省人民政府，http：//www.gd.gov.cn/gdywdt/bmdt/content/post_ 3329369. html。

[3] 数据资料来自广东省农业农村厅，http：//dara.gd.gov.cn/nyyw/content/post_ 3817557. html。

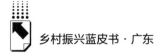

帮扶首先是理念的帮扶、人才的帮扶、知识的帮扶、产业发展的帮扶，更重要的是体制机制的塑造与产业振兴。广东省各个地区、各级政府创建了诸多乡村振兴模式，如湛江模式、清远模式、顺德模式、肇庆模式，各县镇乡村振兴的规模不断扩大，质量不断提升。

三　广东深化乡村振兴的方略：深化改革，久久为功

广东要继续深化实施乡村振兴发展战略，通过深化改革，持续激发乡村的内生动力。加速推动城乡融合发展，形成以城带乡、以工促农的新型城乡和工农关系，深化市场体系建设，加快融入全国统一大市场；借助数字经济第一大省的优势，推动智慧农业智慧农村建设。持续深化主体功能区建设，走好绿色生态可持续发展之路，为农业农村现代化增添新的加速度。

（一）深化综合改革，激发乡村内生动能

1. 深化"三块地"制度改革

第一，深化承包地"三权"分置改革，创新土地承包权、经营权实现形式，实现适度规模经营，充分释放现代农业生产手段的技术效率、提高农业经营效益，激发农业经营主体的积极性，促进农业高质量发展。第二，深化宅基地"三权"分置改革，盘活闲置宅基地，提高土地利用效率，增加村集体和农民收入。第三，深化农村建设用地制度改革。产业振兴既包括农业振兴，也包括非农产业振兴，而非农产业振兴必须使用建设用地。乡村非农产业规模相对较小，获得建设用地难度大，深化农村建设用地制度改革，通过增减挂钩、异地置换整合分散及破碎的小块建设用地，能够满足乡村非农产业建设用地需求，支撑非农产业兴旺发展。

未来应持续深化承包地"三权"分置改革。其一，扎实开展承包地确权登记颁证工作，做到应确尽确，维护农民土地承包权益，为土地流转创造良好条件。其二，以放活经营权为重点，规范土地流转行为、完善土地流转

服务体系、提升土地流转质量和效益，引导农村土地经营权有序流转。其三，以规范农民合作社、培育家庭农场为抓手，培育农业产业化联合体，探索土地股份合作、土地托管半托管、联耕联种、土地银行等多元化新型农业服务模式，发展多种形式适度规模经营，推进小农户与现代农业的有机衔接，增强农业发展内生动力。在保障户有所居前提下，聚焦"一户多宅"、闲置宅基地等低效用地，探索有偿使用与腾退。同时，确保农户资格权，因地制宜采取自营、出租、入股等多种方式盘活宅基地使用权，使闲置的农村宅基地和农房能够有效利用，增加村集体和农民收入。建立宅基地拆旧复垦指标收储制度；严格农村宅基地管理，最大限度挖掘土地资源，推进土地收储供应，保障产业发展用地。

2. 深化农村集体产权制度改革

不断加强基层治理，按照重点内容和改革路径完成农村集体产权制度改革。将集体经营性资产量化给成员管理，建立"确权到人、发证到户、户内共享、社内流转"的静态股权管理制度，全面推进农村集体经济融合发展，探索资金入股、资产租赁、资源合作、劳务输出、产业发展、村企共建、抱团发展等多种模式，实施村建制调整，全面推行村党组织书记担任村民委员会主任再兼任村股份经济合作联合社负责人，推动村党组织、村民委员会、村集体经济组织"三元合一"，构建"党支部管全面、村委会管治理、集体经济组织管发展、监督委员会管纪律"的架构体系。通过差异化的村规民约、常态化的联防联控机制以及精细化的"五会"治理，变单项管理为多元治理，提升基层治理自治自管能力。创新建立"宅基地+集体经济组织+投资公司+设计运营公司"的"四方共建"模式，实行跨村合作实现抱团发展，通过以强带弱、以大托小促进集体经济薄弱村发展。开展"百企兴百村·建设村企共富共同体"行动，推动以企带村、以村促企，建立"企业+村集体+农户+经营主体"等多方合作的利益联结机制，形成一村一特色、一镇一产业新格局，实现集体经济发展与农业产业壮大融合。

3.改革乡村治理机制

乡村治理是乡村振兴的关键环节，关系农民的幸福感和安全感，关系农村社会稳定。广东应优化治理机制、培育多元共治模式，不断完善农村"三治"体系建设。加强农村群众性自治组织建设，健全农村基层民主选举、协商、决策、管理、监督机制。深入实施"四议两公开一监督"机制，探索推行民选、民议、民建、民管的村级公益项目建设新模式。探索建立农村德治体系，把德治贯穿乡村治理全过程，深入实施公民道德建设工程，引导农民爱党爱国、向上向善、孝老爱亲。建立道德激励约束机制和道德评议机制，开办文化礼堂、道德讲堂等，引导农民自我管理、自我教育、自我提高。推行村级事务阳光工程，推进城乡社区公共服务综合信息平台建设，保障村民合法权益和村集体利益。推进"雪亮工程"建设，完善县、乡、村三级综治中心功能和运行机制，建立集维稳、综治、信访、法治、民生于一体的网格化服务管理模式。加强农村社区治理体系建设，探索构建村党组织领导下的农村居民自治服务管理机制。健全以群众满意度为主要衡量指标的评价体系，建立严格规范的治理责任考评和追责机制。深入推行依法治村，扎实推进"法律七进"，加强法律援助服务，培养乡村法律明白人，提高农民群众尊法守法、学法用法和依法办事、依法维权的法治意识。完善农村社会治安防控体系，强化预防和化解农村社会矛盾机制建设。依法打击和惩治黄赌毒、黑拐骗等违法犯罪活动，加大对"村霸"和宗族恶势力的惩治力度。开展建村标、立家风、讲家训等活动，推进农村传统文化、家风文化与民风文化百花齐放。健全农村集体经济组织制度，探索农村集体所有制经济的有效组织形式、经营方式和发展路径。制定农村集体经济组织登记配套政策，适时出台农村集体经济组织地方性法规。总结推广扶持发展村级集体经济改革试点经验，推广资源变资产、资金变股金、农民变股东的"三变"改革模式，用好用活贫困村产业扶持基金，探索"四荒"资源开发的新模式。加强农村集体资产管理，加快农村集体资产监督管理平台建设，推动农村集体资产财务管理制度化、规范化、信息化。建立稳定、便捷、畅通的民情上达新通道，形成覆盖县、乡、村的民情收集网络。整合优化公共服务和行政审批职责，打造"一门式办理""一站式服务"的综合服务平台。在行政村普遍建立网上服务站点，逐步形成完善的乡村便民服务体系。

（二）推动机制创新，加快城乡融合发展

城乡融合发展不仅是解决农村人口收入长期偏低问题的一剂良方，更是推动全国经济高质量发展的一大动力源泉。畅通融合发展的要素流动机制，提升农村土地及其他资源要素在城乡间的高效流通。在工业化和城市化为农业农村人口提供广泛的非农就业机会前提下，集体土地是进城务工人员的一种生活保险，其在入城生活的同时拥有着相当规模的农村土地和宅基地，导致农村土地和宅基地长期处于闲置状态，形成一种奇特的"土地—劳动力—资本"分离现象，造成土地及其他生产资源的极大浪费，阻碍农业专业化、规模化和现代化发展。各地根据长期发展需要，综合考虑未来城镇化和城乡人口分布，合理布局城市化所需要的产业和社会服务规模及发展方向。在农村地区，科学布局农业生产和生态环境建设，既要保障粮食和经济作物生产用地，也要不断提高森林、水域和草地面积。在确保粮食及其他农产品供应安全和质量的同时，把农村建设成为城市的后花园、生态涵养防护墙和高品质宜居地。和美的乡村不仅是农村居民的乐园，也是城市居民的休闲之地。

鼓励农民进城落户，同时解决好离开农村后的耕地撂抛荒问题。鼓励有条件的农民工家庭出让农村宅基地和农用土地的经营权和使用权。推进人口适当集中于当地县城、中心镇域和地理条件比较好的乡村。合理布局幼儿园、小学、中学、职业中专和医院，集中资源不断提高农村教育和医疗水平及质量，缩小城乡社会服务差距。鼓励城乡生产要素双向自由流动，推进"土地—资本—人才"融合发展，激活城乡融合发展的各类生产要素。在广东省范围内，要分区域、分城市集群，形成"国家级中心城市—城市副中心—地级市—县城及中心镇—自然村"层次分明、有机融合的城乡现代化发展格局，为高质量可持续发展提供发展空间和回旋余地。

（三）完善市场体系，提振农业发展效率

1. 加强市场监管，着眼市场主体痛点堵点难点，持续深入提升营商环境质量，营造良好的市场环境，激发市场活力

坚守质量安全底线，加大市场监管执法力度，为实现竞争公平有序、企业优胜劣汰营造良好市场环境。要强化企业主体责任，改革完善质量标准体系，提高产品供给质量，创新对新产业新业态的监管，加大反垄断、反不正当竞争执法力度，加强网络市场、广告市场监管，把线上线下监管结合起来。要持续推进涉企收费监督检查，将公平竞争审查作为约束政府行为、优化营商环境的重要手段，强化外部监督，打破行政性垄断。要完善监管方式，建立公正简约监管机制，深入推进"双随机、一公开"监管改革。要建立违法严惩、巨额赔偿、保护内部举报人、风险分担的社会保险等制度，解决违法成本低、维权成本高、监管难度大的问题。要紧紧围绕科技创新优势，加大知识产权保护力度，激发全社会的创新活力。

2. 以构建新型农业经营体系为抓手完善市场体系

一是加快培育新型农业经营主体。构建新型农业经营体系，重点是加快培育新型农业经营主体这支骨干力量，注重发挥各类主体的比较优势以及对小规模农户的带动作用。专业大户、家庭农场作为规模化生产主体，承担着农产品生产尤其是商品生产的功能，以及发挥着对小规模农户的示范效应，注重引导其向采用先进科技和生产手段的方向转变，增加技术、资本等生产要素投入，提高集约化水平。龙头企业是先进生产要素的集成，具有资金、技术、人才、设备等方面的比较优势，应主要在产业链中更多承担农产品加工和市场营销的作用，并为农户提供产前、产中、产后的各类生产性服务，加强技术指导和试验示范。二是积极稳妥发展规模经营。推进规模经营，重要的是把握两点。首先，立足国情走有中国特色的规模经营道路；其次，逐步、稳妥地推进规模经营。三是加强农业社会化服务。既要重视培育各类社会化服务组织，也要充分发挥各类组织的比较优势。着力培育服务主体、拓宽产后服务、创新服务模式。在主体培育上，要把农机服务队、专业合作

社、资金互助合作社等纳入政策支持范围，作为各级政府加强社会化服务的重要抓手；在服务领域上，要补上产后服务这一短板，重点加强农产品加工、储藏、包装、品牌创立和宣传、农业综合信息提供、金融保险等服务领域；在服务模式上，要挖掘实践中农民最喜欢、成本最低的服务模式，重点发展"农民专业合作组织+社会化服务组织+农户""龙头企业+农户+基地"等服务模式，开展形式多样、内容丰富的社会化服务。四是探索组织模式创新。建立各类农业经营主体协同发展的组织模式，是构建新型农业经营体系的重要内容。创新组织模式关键要把握两点：其一，提高小农户的组织化程度，特别要重视农民专业合作社的规范发展，使之成为农民真正的合作社，选好、培养好合作社带头人；其二，完善利益联结关系，推动龙头企业与专业合作社深度融合，推广"龙头企业+专业合作社（专业协会、集体经济组织）+农户"的带动模式，鼓励龙头企业以利润返还、股份分红等多种方式，带动农民增加收入。

（四）紧抓数字化趋势，赋能农业农村发展

强化数字化赋能乡村振兴，推动农业产业的数字化、乡村空间的数字化和新农人的数字化发展。通过大数据、人工智能、5G等数字化手段来进一步降低产业发展的风险，提升收益，提高效率；同时形成产业链上中下游更加快速的联动，通过大数据判断和预测市场价值和供销关系，为供应链的金融服务提供依据。对乡村建筑进行一些数字化的保护，体现新时代的地方乡土风貌，同时融入现代功能，打造满足高品质生活的居住环境、消费空间。

针对农业农村数字化与基础设施依然薄弱、数字技术与农业农村融合不够、开发不足、产业化水平断档等问题，要加快补齐数字化不足的"短板"。推进数字农业农村科技创新，以数据赋能农业农村现代化。要以"数据—知识—决策"为主线，突破核心关键技术、装备和集成系统，厚植数字农业农村发展根基。其一，加强精准感知和数据采集技术创新，构建"天空地"一体化的农业农村信息采集技术体系，开展数据采集、输入、汇

总、应用、管理技术的研究，提升原始数据获取和处理能力。其二，加强数据挖掘与智能诊断技术创新，构建农业大数据智能处理与分析技术体系，加强人工智能、"区块链+农业"、大数据认知分析等战略性前沿性技术超前布局，解决"数据如何处理与分析"等关键问题。其三，加强精准管控与信息服务技术创新，构建数据赋能农业农村智能化决策与管理技术体系，加快行业管理与服务流程的数字化改造，解决"数据如何服务"等出口问题。其四，重点加强农业农村专有软件与信息系统的整合集成研究，研发环境智能控制系统、农产品质量快速检测与冷链物流技术、农产品可信追溯技术；加强智能装备自主研发能力，创制一批农业智能感知、智能控制、自主作业等物质装备，重点突破农业机器人、数控喷药、智能检测、智能搬运、智能采摘、果蔬产品分级分选智能技术难题；制定数字农业标准，建立数据标准、数据接入与服务、软硬件接口等标准规范。以期构建数字农业农村科技创新体系，提升数字农业农村自主创新能力，发挥政府作用，调动各方力量，合力推进。

（五）推进绿色发展，走环境友好型农业农村现代化新路

牢固树立新发展理念，以农业供给侧结构性改革为主线，以绿色发展为导向，以体制改革和机制创新为动力，走出一条产出高效、产品安全、资源节约、环境友好的农业农村现代化道路。准确把握农业绿色发展的深刻内涵，更加注重资源节约。推进农业绿色发展，加快农业环境突出问题治理，重显农业绿色的本色。更加注重生态保育，加快生态农业建设，培育可持续、可循环的发展模式，将农业建设成为美丽中国的生态支撑。推进农业供给侧结构性改革，把增加绿色优质农产品供给放在突出位置，增加优质、安全、特色农产品供给，促进农产品供给由主要满足"量"的需求向更加注重"质"的需求转变。优化农业科技资源布局，推动科技创新、成果、人才等要素向农业绿色发展领域倾斜，研究提出适应不同区域、不同产业的绿色发展技术集成创新方案。支持规模种养企业、专业化公司、农民合作社等建设运营农业废弃物处理和资源化设施，采取政府统一购买服务、企业委托

承包等形式，推动农业废弃物第三方治理。建立农业绿色发展的监测评价体系。探索建立农业绿色发展指标体系，推动将监测评价结果纳入地方政府绩效考核内容，建立财政资金分配与农业绿色发展挂钩的激励约束机制。

参考文献

习近平：《论"三农"工作》，中央文献出版社，2022。

习近平：《习近平谈治国理政》第四卷，外文出版社，2022。

李希：《忠诚拥护"两个确立"，坚决做到"两个维护"，奋力在全面建设社会主义现代化国家新征程中走在全国前列创造新的辉煌——在中国共产党广东省第十三次代表大会上的报告》，《南方日报》2022 年 5 月 31 日。

温铁军：《以"三新"思想全面引领乡村振兴》，《重庆行政》2021 年第 2 期。

温铁军：《推进农业农村现代化的关键抓手》，《中国生态文明》2021 年第 2 期。

徐勇、陈军亚：《国家善治能力：消除贫困的社会工程何以成功》，《中国社会科学》2022 年第 6 期。

党国英：《对我国县域共同富裕的理论辨析与现状考察》，《国家治理》2022 年第 10 期。

刘守英：《农业农村投资要兼顾经济效益和社会责任》，《经济导刊》2022 年第 7 期。

（汉）崔寔：《新编诸子集成续编：四民月令校注》，石声汉注，中华书局，2013。

石声汉：《氾胜之书今释——辑徐衷南方草物状》，中华书局，2021。

B.2
2021年广东乡村振兴指数评价报告

陈世栋　邓宏图[*]

摘　要： 本报告以"五位一体"总要求为主方向，构建包含"产业兴旺、生态宜居、乡风文明、治理有效和生活富裕"五大层面共24个指标的综合评价体系，[①] 对2018~2020年广东乡村振兴发展绩效进行综合评价。[②] 2018~2020年，全省层面乡村振兴指数逐渐升高，但三大功能区和各城市指标分化明显。从地市来看，以2020年为例，各城市指数分异特征明显，广州、深圳和东莞名列前三。总体上，珠三角传统工商业大市和强市，指数数值位居全省前列。从三大功能区来看，"一核"地区整体走在前列，"一带"和"一区"地区则在特色化方面部分指标领先。从分领域来看，"产业兴旺"方面，工业化能力和城镇化较强的城市对农业农村的带动能力较强，农村产业发展引领全省；在强调粮食安全情况下，粤东西北传统农业大市在粮食供应方面也具有优势。"生态宜居"方面，"一核"地区城市因具有较好的公共服务而排名靠前，粤北地区则由于生态环境优越，排名也相对靠前。"乡风文明"、"治理有效"和"生活富裕"三大方面，珠三角核心城市均位居前列。总体来看，工业化城镇化水平较高地

---

[*] 陈世栋，广东省社会科学院经济研究所研究员，博士，研究方向为城乡关系与区域发展；邓宏图，广州大学新结构经济研究中心主任，经济学教授，博士生导师，研究方向为农村经济。

① 张挺、李闽榕、徐艳梅：《乡村振兴评价指标体系构建与实证研究》，《管理世界》2018年第8期，第99~105页。
② 本报告是学术研究成果，虽对乡村振兴实践工作具有参考价值，但不作为考核指标参考使用。

区，对农业农村的反哺和带动情况较好。

关键词： 乡村振兴 "五位一体" 综合评价 广东省

从指数评价结果来看，广东乡村振兴发展还整体处于工业带动农业、城镇带动乡村的发展阶段，乡村的自发内生动力还需进一步加强。基于乡村振兴发展的阶段性，我们建议应进一步加强工业化和城镇化对农业农村发展的带动，推动农业农村围绕新型工业化和新型城镇化发展趋势，加快三产融合化发展，形成新型的工农互促新型工农关系、城乡互补的新型城乡关系。在力守"两大底线"前提下，努力推动农业业态多样化，加快提升传统农业的价值。奋力推动粤强种芯工程，紧抓数字化发展趋势，加快智慧农业农村建设。推动农业规模化、集约化、数字化发展，建设特色现代化农业体系，加强融入和引领全国统一大市场发展。根据三大功能区发展要求，优化农村公共服务，提升城乡融合水平。"一核"地区重点加快形成城乡统一的要素市场，进一步活化乡村集体资源价值。"一带"地区加快农业特色化发展，加强融入大湾区大市场，在承接"一核"地区产业转移过程中，加快工业对农业的帮扶，提升农业规模化产业化价值。"一区"地区推动乡村振兴绿色化发展，在坚持"两山"理论前提下，走绿色高效农业发展道路。探索乡村生态环境补偿新机制，推动区域间协调，提升乡村绿色化发展能力。着力提升农民的工资性收入、财产净收入。综合来看，本报告可以为相关地区对乡村振兴工作进行总结提供参考，也可以为各省（区市）优化和完善乡村振兴政策提供依据与借鉴。

一 评价背景与意义

乡村振兴工作乃我党我国当前各项工作的重中之重。[①] 21 世纪以来，我

[①] 李国鹏：《以城乡融合发展推动乡村振兴的路径探析》，《农业经济》2019 年第 3 期，第 33~34 页。

党坚持农业农村优先发展，自 2004 年始，年度一号文件均涉"三农"主题。党的十九大报告提出了实施乡村振兴战略，按照"产业兴旺、生态宜居、乡风文明、治理有效、生活富裕"总要求，建立健全乡村振兴发展体制机制，加快推进农业农村现代化。[①] 国家和广东每年均出台落实乡村振兴发展战略的政策和重点任务，广东 2022 年制定了乡村振兴领域的工作重点；同时，广东省第十三次党代会在提出未来 5 年推动的九项重点工作任务中，其中一点便是"全面推进乡村振兴，加快农业农村现代化"，强调了"广东推进现代化建设，最艰巨最繁重的任务在农村，最广泛最深厚的基础也在农村"。[②] 发展成效评价是综合评估乡村振兴发展水平、制定发展战略、部署乡村振兴各要素以及强化实践的重要依据。但评价工作的涉及面广、工作量大，需要构建合理的指标体系来反映。

构建科学的乡村振兴评价指标体系一方面有利于掌握乡村振兴的进展，为分类指导各地及各部门工作提供量化管理依据；另一方面，可以利用评价指标体系对不同乡村地区进行监测和评价，有利于总结乡村振兴实践经验和发现问题，并提出相应改善对策。[③]

二 乡村振兴指数设计

广东乡村振兴指标体系构建以习近平总书记关于全国乡村振兴及农业农村现代化指示精神为指导，围绕落实国家任务和突出广东实际情况，结合可操作性和数据可获得性，形成科学合理的指标评价体系。

① 《进入新时代 谱写新篇章》：《人民日报》2017 年 10 月 19 日，第 9 版。
② 李希：《忠诚拥护"两个确立" 坚决做到"两个维护" 奋力在全面建设社会主义现代化国家新征程中走在全国前列 创造新的辉煌————在中国共产党广东省第十三次代表大会上的报告》（2022 年 5 月 22 日），南方日报网络版，http：//www.gd.gov.cn/gdywdt/zwzt/sdsscddh/ddhyw/content/post_ 3940551. html。
③ 张挺、李闽榕、徐艳梅：《乡村振兴评价指标体系构建与实证研究》，《管理世界》2018 年第 8 期，第 99~105 页。

（一）设计原则

本报告既根据国家乡村振兴的战略规划及年度计划，体现和落实相关考核指标，同时要反映广东的主要特色。如广东在全国的经济区位特征、经济发达、工商业全国领先、对农业农村带动较好等特征，在指标设置上应有所体现。还要兼顾数据的可获得性和可比较性，以争取在多个维度上能够对多个评价对象进行同等比较。

第一，思想性与政治性相统一。确立乡村振兴指数评估指标，需要充分体现乡村振兴的内涵、实质，遵循乡村发展演进规律和城乡关系演化要求。课题组以习近平新时代特色社会主义思想为指导，以政治经济学和系统思维，从乡村振兴的影响要素之间的相互关系着手，从"五位一体"角度，综合考虑多维度选择相应的评估指标。

第二，前瞻性与现实性相结合。乡村振兴的评估要结合现实情况，特别是应与当前乡村振兴与扶贫攻坚成果有效衔接及与九大攻坚战中心任务相结合。同时，还要考虑未来趋势，即评价指标要具有一定的前瞻性，对今后的发展起到预测和指导作用。

第三，科学性与简洁性相统一。指数的设计在兼顾系统性、导向性的前提下，在数据可得性基础上，强调评估指标的可比性，以利于横向对比以及长期跟踪评估。由于一致可比的数据指标有限，课题组通过筛选，从76个初选指标中筛选出40个备选指标，并最终提炼出五大类24个具有代表性的指标，从不同侧面考察广东各地市乡村振兴发展水平。

综上，本报告围绕"产业兴旺、生态宜居、乡风文明、治理有效、生活富裕"5个层级的目标，经综合各类研究，构建本课题的"指标池"，运用多种方法进行对比检验，并对评价结果进行细化分析（见图1）。

（二）指标体系构建

本课题指标体系充分衔接国家和广东"五位一体"相关要求，按照指

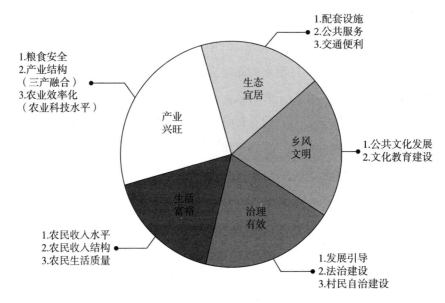

图1　"乡村振兴"指数评价的"五位一体"结构

标的重要性和数据可获得性，将一级指标再分解为 24 个三级指标，从各个不同层面系统地反映乡村振兴状况（见表1）。

第一，产业兴旺。主要考虑粮食安全、产业结构（三产融合）、农业效率化（农业科技水平）等因素。经综合比较，粮食安全方面，主要通过粮食产量占比（本市占全省比重）和粮食自给率来反映。产业结构（三产融合）主要通过农产品加工产值占农业总产值比重（林业第二产业总产值/林业总产值）、各市过夜旅游者人均消费水平、农林牧渔服务业总产值占比三个指标来反映。农业效率化（农业科技水平）主要通过农业劳动生产率（人均从业人员产值）和亩均机械动力两个指标来反映。

第二，生态宜居。主要考虑利用配套设施、公共服务、交通便利等因素来反映。首先，配套设施宜居性包含农村无害化卫生户厕普及率和自来水普及率两个指标。公共服务宜居性包含专职教师数量占比、卫生技术人员数量占比两个指标。交通便利性主要用交通网密度（每平方公里的公里长度）

来表征。

第三，乡风文明。由公共文化发展程度、文化教育建设情况两个因素来反映。公共文化发展方面包括各市文化站数量占比、县级以上文明村和乡镇数量（文明村镇/村镇总数）等指标。文化教育建设情况以"拥有高中及以上学历人数占比"来表征。

第四，治理有效。包括发展引导、法治建设、村民自治建设等三个层面。发展引导反映政府引导水平，用农机服务组织机构数占全省比重来表征。法治建设方面主要用每万人各类案件结案数量、每万人刑事案件立案数量两个指标来表征。村民自治建设方面，由于指标数据有限，考虑到可比较性，主要通过村民经济组织化程度，即用集体经济强村占比（经营收益10万元以上的村占比）指标来表征。

第五，生活富裕。包括农民收入水平、农民收入结构和农民生活质量三大方面。[1] 农民收入水平主要包含农村居民人均可支配收入/全市人均GDP、城乡居民收入比两个指标。农民收入结构包括工资性收入占总收入比重、财产净收入占总收入比重。农民生活质量，以农村居民恩格尔系数指标来表征。

表1 指标体系及选择依据（五位一体，24个指标）

总指数	一级指标	二级指标	序号	三级指标	单位	选择依据
	产业兴旺	粮食安全	A1	粮食产量占比（本市占全省比重）	%	考察各地粮食生产处于全省的水平
			A2	粮食自给率	%	在国家强调粮食安全情况下,考察各地的粮食供给与需求的匹配程度（粮食产出量/粮食需求量×100%）

---

① 衡杰：《安徽省新型城镇化与农业现代化关系研究》，安徽财经大学硕士学位论文，2013。

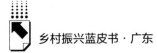

续表

总指数	一级指标	二级指标	序号	三级指标	单位	选择依据
产业兴旺		产业结构（一二三产业融合）	A3	农产品加工产值占农业总产值比重（林业第二产业总产值/林业总产值）	%	考察农业与工业的结合情况[缺数据,用（林业第二产业总产值/林业总产值×100%）替代]
			A4	各市过夜消费者人均消费水平	元/人	考察农业与第三产业（旅游）的结合情况（缺数据,用"各市过夜旅游者人均消费水平"替代,即各市旅游业收入/各市过夜旅游者人数×100%）
			A5	农林牧渔服务业总产值占比	%	考察农林牧渔业中的服务行业发展情况（农林牧渔服务业产业/农林牧渔总产值×100%）
		农业效率化（农业科技水平）	A6	农业劳动生产率（人均从业人员产值）	万元/人	考察劳动生产率（农林牧渔业总产值/农业从业人员数量×100%）
			A7	亩均机械动力	千瓦/公顷	考察各地农业机械化投入情况（农业机械总动力/农业用地总面积×100%）
生态宜居		配套设施	B1	农村无害化卫生户厕普及率	%	考察农村卫生发展情况（具有卫生厕所的行政村/行政村总数×100%）
			B2	自来水普及率	%	考察农村自来水供给情况（通自来水行政村/行政村总数×100%）
		公共服务	B3	专职教师数量占比	%	考察农村教育供给情况[缺数据,用（各市专职教师数量/常住人口×100%）替代]
			B4	卫生工作人员数量占比	%	考察农村卫生供给情况[缺数据,用（卫生工作人数/常住人口×100%）替代]
		交通便利	B5	交通网密度（每平方公里的公里长度）	公里/平方公里	考察农村的交通通达情况（缺数据,用各市公路通车里程/各市面积×100%替代）
乡风文明		公共文化发展	C1	各市文化站数量占比	%	考察农村公共文化设施数量占全省份额情况
			C2	县级以上文明村和乡镇数量占比（文明村镇/村镇总数）	%	考察文化平台载体数量占比（县级以上文明村/乡镇总数×100%）
		文化教育建设	C3	高中及以上学历人数占比	%	考察农村居民文化程度

总指数	一级指标	二级指标	序号	三级指标	单位	选择依据
治理有效		发展引导	D1	农机服务组织机构数占全省比重	%	考察引导农村农业生产机械化发展情况
		法治建设	D2	各类案件结案数量	件/万人	考察农村治安情况（缺数据,用每万人各类案件结案数量替代）
			D3	刑事案件立案数量	件/万人	考察农村治安情况（缺数据,用每万人刑事案件立案数量替代）,负向指标
		村民自治建设	D4	经营收益10万元以上的村占比	%	考察集体经济组织发展情况（集体经济收入高于全省平均水平的行政村/行政村总数×100%）
生活富裕		农民收入水平	E1	农村居民可支配收入占比	%	考察农村居民收入水平,农民可用于自由支配的收入水平（农村居民可支配收入/全市人均GDP×100%）
			E2	城乡居民收入比	——	考察城乡收入差距（城市居民收入水平/农村居民收入水平）,负向指标
		农民收入结构	E3	工资性收入占总收入比重	%	考察农村居民收入中来自打工部分的收入占比（工资性收入/总收入×100%）
			E4	财产净收入占总收入比重	%	考察农村居民收入中来自资产增值部分的收入占比（财产净收入总数/总收入×100%）
		农民生活质量	E5	农村居民恩格尔系数	%	考察农村居民用于食品消费的支出占总支出的比重,负向指标

本报告首先使用熵权法和层次分析法初步确定权重与得分，最后经课题组检验对比综合确定权重（见表2）。基于科学性和权威性要求，本报告主要采用官方公布的数据，数据主要来源于《广东省统计年鉴（2021）》《广东农村统计年鉴（2021）》，部分是广东省农业农村厅、自然资源厅等与乡村振兴相关部门公布的相关数据。

表2 指标权重

一级指标	权重	二级指标	权重	序号	三级指标	单位	权重
产业兴旺	0.23	粮食安全	0.10	A1	粮食产量占比（本市占全省比重）	%	0.55
				A2	粮食自给率	%	0.45
		产业结构	0.60	A3	农产品加工产值占农业总产值比重（林业第二产业总产值/总产值比重）	%	0.15
				A4	各市过夜旅游者人均消费水平	元/人	0.45
				A5	农林牧渔服务业总产值占比	%	0.40
		农业效率化（农业科技）	0.30	A6	农业劳动生产率（人均从业人员产值）	万元/人	0.45
				A7	亩均机械动力	千瓦/公顷	0.55
生态宜居	0.19	配套设施	0.50	B1	农村无害化卫生户厕普及率	%	0.44
				B2	自来水普及率	%	0.56
		公共服务	0.35	B3	专职教师数量占比	%	0.51
				B4	卫生工作人员数量占比	%	0.49
		交通便利	0.15	B5	交通网密度	公里/平方公里	1
乡风文明	0.19	公共文化发展	0.4	C1	各市文化站数量占比	%	0.6
				C2	县级以上文明村和乡镇数量占比（文明村镇/村镇总数）	%	0.4
		文化教育建设	0.6	C3	高中及以上学历人数	%	1
治理有效	0.17	发展引导	0.20	D1	农机服务组织机构数占全省比重	%	1
		法治建设	0.45	D2	每万人各类案件结案数量	件/万人	0.61
				D3	每万人刑事案件立案数量	件/万人	0.39
		村民自治建设	0.35	D4	经营收益10万元以上的村占比	%	1

续表

一级指标	权重	二级指标	权重	序号	三级指标	单位	权重
生活富裕	0.22	农民收入水平	0.35	E1	农村居民可支配收入/全市人均GDP×100%	%	0.60
				E2	城乡居民收入比	—	0.40
		农民收入结构	0.35	E3	工资性收入占总收入比重	%	0.55
				E4	财产净收入占总收入比重	%	0.45
		农民生活质量	0.30	E5	农村居民恩格尔系数	%	1

三 测评结果及分析

（一）总体情况分析

依据前述评价指标体系及方法，本课题搜集了广东 21 个地级及以上市各项数据，测算得到 2018~2020 年全省和各地市的乡村振兴指数。

一是省级指数逐年升高，城际年度分化明显。从全省整体来看，2018~2020 年，广东省乡村振兴综合指数从 0.3657 增长至 0.3846，呈现逐年增高的趋势。[①] 从各城市来看，年际分化比较明显，大部分城市 2019 年的指数比 2018 年高，两个年份基本呈现相同的空间分布特征；2020 年与 2019 年相比，城市分化趋势明显，排名前九的城市，2020 年指数数值比 2019 年均有增长，特别是排名前六的城市，有大幅度增长。排名第 12~21 的城市，2020 年的指数数值比 2019 年有所下降，排名上升的城市均位于珠三角，下降的城市均位于粤东西北，表明广东"一核"地区乡村振兴发展速度加快，"一带"和"一区"地区有所徘徊，需加快发展（见图2）。

---

① 满分为 1 分，分值越高，表示发展效果越好。

图 2　2018~2020 年各城市指数分异演化

资料来源：课题组绘制。

从 2020 年各城市指数比较来看①，广州指数得分最高，为 0.6469 分，深圳、东莞分别以 0.6449、0.5833 分位居第二和第三，前十名的其余城市分别为珠海、佛山、中山、江门、惠州、汕头和肇庆（见表 3）。值得注意的是，由于深圳已经实现 100% 的城市化（不包括深汕合作区），三农领域的大部分指标，深圳并无相关统计，本课题利用深圳市相关指标的全市平均水平来表征，如无全市数据，则用全省平均水平替代，因此，深圳排名也较高，但与其他城市的禀赋和发展阶段并不一致，深圳作为特区城市，经济快速发展，目前，已处于工业化后期至后工业化时期前半段，其乡村振兴在提升自身城中村及集体经济效益同时，还在对口帮扶其他地区乡村发展方面起着先行示范和共同富裕的带头作用。

表 3　2018~2020 年各城市综合指数演化

城市	2018 年	2019 年	2020 年
广州	0.5712	0.5881	0.6469
深圳	0.4383	0.4416	0.6449

① 以下分析，如无说明，均以 2020 年数据为基础进行地市和功能区比较。

城市	2018 年	2019 年	2020 年
东莞	0.5021	0.4971	0.5833
珠海	0.4313	0.4602	0.5542
佛山	0.4826	0.4797	0.5308
中山	0.4601	0.4461	0.5116
江门	0.3990	0.4110	0.4173
惠州	0.3527	0.3483	0.3787
汕头	0.3357	0.3358	0.3570
肇庆	0.3317	0.3597	0.3523
梅州	0.3402	0.3421	0.3185
清远	0.3400	0.3689	0.3104
韶关	0.3235	0.3449	0.3094
云浮	0.2762	0.3066	0.2958
茂名	0.3393	0.3330	0.2899
河源	0.2944	0.3005	0.2883
湛江	0.3349	0.3474	0.2695
阳江	0.2789	0.2927	0.2652
揭阳	0.3008	0.2909	0.2589
汕尾	0.2759	0.2795	0.2469
潮州	0.2706	0.2619	0.2462
广东省	0.3657	0.3732	0.3846

二是广深双核引领，全省呈"金字塔"形结构。总体来看，21 个地级及以上市中，广州、深圳 2 个城市乡村振兴指数综合得分在 0.60 分以上，乡村振兴进入了相对优化的阶段。5 个城市乡村振兴指数综合得分大于 0.40 分小于 0.60 分，分别为东莞、珠海、佛山、中山和江门，均为珠三角工业化相对发达的城市。6 个城市乡村振兴指数综合得分在 0.30 分到 0.40 分之间，乡村振兴水平有待进一步提升，分别为惠州、汕头、肇庆、梅州、清远、韶关。8 个城市乡村振兴指数综合得分低于 0.30 分，处于乡村振兴的初级阶段，分别为云浮、茂名、河源、湛江、阳江、揭阳、汕尾和潮州，属于粤东西北地区城市，表明粤东西北地区在乡村加快产业化发展、优化乡村建设、提升农民生活水平等方面尚存在较大的改进空间。从区域看，得分较高的城市集中在珠三角地区，前 10 名中除了汕头外，其余 9 城均为珠三角城市，反映了广东乡村振兴发展具有鲜明的区域格局，即以广州、深圳、东

莞、珠海、佛山等珠三角核心城市为主，有效发挥了这些城市在资源整合、产业集聚和功能提升中的引擎作用，辐射带动粤东西北地区乡村振兴发展。

1. 第一梯队：广州、深圳

广州（0.647）、深圳（0.645）的乡村振兴指数得分都在0.60分以上（见表4），领先于其他城市，位列第一梯队。广深两市位于珠三角核心区，是广东省域"双核心"城市，乡村振兴进入相对优化的阶段。如图3、图4所示，广州的综合排名位居第一，多个指标位居前列，各方面相对均衡，其产业兴旺、生态宜居、乡风文明三大分项指标均排在第1位，治理有效排在第2位，生活富裕排名全省第6位。深圳则在生活富裕方面排名全省第1，产业兴旺和乡风文明两项排在第2位，生态宜居和治理有效分居全省第12和第6位。第一梯队两个城市乡村振兴发展主要特征表现为以下几点。

表4　2020年广东21个地级及以上市乡村振兴指数得分及排序

城市归类	城市	产业兴旺	生态宜居	乡风文明	治理有效	生活富裕	总指数
一核	广州	0.129	0.139	0.167	0.104	0.107	0.647
一核	深圳	0.123	0.106	0.139	0.077	0.199	0.645
一核	东莞	0.094	0.112	0.130	0.085	0.162	0.583
一核	珠海	0.094	0.129	0.107	0.099	0.125	0.554
一核	佛山	0.104	0.108	0.088	0.107	0.125	0.531
一核	中山	0.084	0.112	0.062	0.099	0.154	0.512
一核	江门	0.063	0.084	0.073	0.096	0.101	0.417
一核	惠州	0.041	0.136	0.060	0.052	0.090	0.379
一带（东翼）	汕头	0.075	0.113	0.036	0.052	0.080	0.357
一核	肇庆	0.065	0.112	0.057	0.055	0.063	0.352
一区	梅州	0.047	0.118	0.061	0.038	0.055	0.319
一区	清远	0.062	0.084	0.047	0.054	0.064	0.310
一区	韶关	0.042	0.111	0.055	0.042	0.060	0.309
一区	云浮	0.060	0.083	0.025	0.051	0.077	0.296
一带（西翼）	茂名	0.060	0.087	0.041	0.035	0.067	0.290
一区	河源	0.047	0.111	0.026	0.038	0.067	0.288
一带（西翼）	湛江	0.085	0.063	0.027	0.065	0.030	0.269
一带（西翼）	阳江	0.050	0.087	0.030	0.039	0.060	0.265
一带（东翼）	揭阳	0.053	0.106	0.023	0.037	0.040	0.259
一带（东翼）	汕尾	0.055	0.104	0.000	0.041	0.047	0.247
一带（东翼）	潮州	0.032	0.096	0.022	0.040	0.056	0.246

注：总指数为各分项指数的汇总之和。

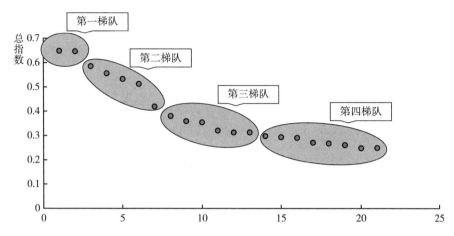

图 3　2020 年广东 21 个地级及以上市乡村振兴发展指数得分散点图

资料来源：课题组绘制。

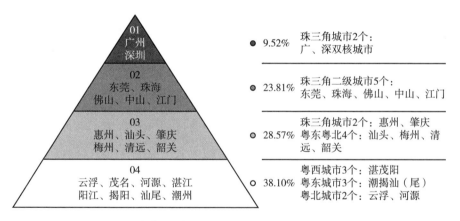

图 4　广东 21 个地级及以上市乡村振兴发展梯队

（1）广州：综合实力较强，多项指标领先全省。广州作为广东省省会城市，各方面实力相对优越，而且相对综合均衡。优势指标如农林牧渔服务业总产值占比、农村无害化卫生户厕普及率、自来水普及率、卫生工作人员数量占比、县级以上文明村和乡镇数量占比、每万人各类案件结案数量、城乡居民收入比等数值均排在第一。拥有高中及以上学历人数占比、工资性收入占总收入比重等指标也接近于 1，反映了广州在多个指标上引领全省发展，同时，乡村的基层公共服务较好，工业化和城镇化也为农民农村提供了较多的非农机会。

（2）深圳：特区先行示范，深化帮扶显特色。深圳市（不包括深汕合作区部分）已实现100%城市化，乡村振兴的重点跟其他城市不一样，其发展重点一方面在于发挥特区的对口帮扶的先行示范作用，第二方面是着力提升深汕合作区的农业农村现代化水平。深汕特别合作区以提升宜居水平为重点，以生活垃圾处理、污水治理、"厕所革命"等方面为主攻方向，实施"三清三拆三整治""九大攻坚"行动，改善乡村环境。目前，深汕合作区基本建成了农村生活垃圾收运体系，全面完成农村危险破旧泥砖房清拆工作，生活污水基本实现全收集，农村无害化卫生户厕普及率达100%。完成了"五光十色"都市农村示范带规划设计工作。北大深汕人民医院门诊部、南外深汕西中心学校等重点项目建成使用，城乡公共服务均等化水平进一步提高。在农业高质高效发展方面，陆续制定了《关于打造农业科技创新先行示范区的若干措施》《深圳国际食品谷发展规划（2021-2035年）》等方案，农业农村部也批复支持深圳市建设中国（深圳）农业食品创新产业园区。深圳借助现代生物产业发达的优势，育种成果显著，多家企业的水稻、玉米等新品种通过国审及省审。另外，深圳作为特区城市，对口帮扶工作取得了显著的成效，党的十八大以来，累计投入帮扶资金超434亿元，推动42个贫困县摘帽、230万贫困人口脱贫，彰显了特区的担当作为。

小结：第一梯队的两大城市推动乡村振兴发展的成效非常显著。多个分项指数分居全省前三位。第一梯队城市乡村振兴发展已经由传统的城乡二元化情况下的各自发展，走向了城乡融合化发展新阶段，改革开放以来，快速工业化和城市化发展，为农业农村带来了较多的外部机会，农民实现了由原来的经营性收入为主向工资性收入为主、生活质量较优的转变，在广东省内属于以城带乡、以工促农、城乡融合发展的典范。

深圳具有特殊性，虽然其农业产值占比低、城市化率极高，但其技术指标仍具有深刻含义。推动城乡融合和乡村振兴，最终目标就是要破除城乡二元结构，实现乡村向现代化生产方式和生活方式的全面转型。深圳可以借助于人力资本密集优势和高科技优势构建都市农业生产经营体系，在种业研究和种业安全上做出特殊贡献。

2. 第二梯队：东莞、珠海、佛山、中山、江门

第二梯队的5个城市指数的得分在 0.40～0.60 分，包括东莞、珠海、佛山、中山、江门5个城市，均为珠三角城市。这5个城市的乡村振兴发展取得了较大的成效，但与第一梯队的城市相比，除了东莞相对靠近第一梯队外，其他4个城市仍然有差距，乡村振兴仍需加速发展。第二梯队城市乡村振兴发展具有以下特征。

（1）珠三角城市乡村建设、乡村治理及带动农民致富水平较高。总体来看，5个城市工业化对农业生产和生活的带动能力较强。在产业融合方面，东莞、珠海和佛山和中山农产品加工产值与农业总产值比指标数据较高，提升了本地工业化对农业的带动能力；在乡村建设领域，4市的农村无害化卫生户厕普及率和自来水普及率两大指标均等于1或接近于1，表明乡村建设效果较好。在乡村治理方面，反映治理效果的每万人各类案件结案数量和每万人刑事案件立案数量两大指标数值均较高，反映珠三角乡村治理能力较强。城市带动农民生活富裕方面是珠三角城市的传统优势领域，珠三角城市的农村居民人均可支配收入较高，而城乡收入比较低，农民的工资性收入占总收入比重较高。值得一提的是，佛山农民的财产净收入占总收入比重全省第一，表明佛山在以民营经济为主的带动下，通过"六个轮子一起转"，激发基层活力，早期通过社队企业和乡镇企业发展，走上了快速工业化道路，并带动了城镇化发展，为农民带来显著的非农就业和收益机会，农民通过物业出租获得了较高的收益，为农村资产活化提供了较好的路径，这也是在市场化程度较高的地区，农民提升收入水平的重要方式。

（2）东莞以乡风文明和生活富裕引领全省。东莞依托其世界先进制造业基地以及全省第3个千万级人口总量城市和第4个 GDP 万亿级城市

的规模优势，通过农业现代化与工业化及城镇化的融合，推动了乡村三次产业融合化发展，形成了较好的工业带动农业、城镇带动乡村发展格局。2020年，东莞的农产品加工产值占农业总产值比重（林业第二产业总产值/总产值）排在全省第一，农村无害化卫生户厕普及率、自来水普及率两大指标也排在全省第一，农村宜居水平较高。各市文化站数量占比、经营收益10万元以上的村占比指标排名全省第一，表明乡风文明及乡村治理水平较高。工资性收入占总收入比重排名全省第一，表明农民生活富裕程度较高，工业化和城镇化为农民带来了切实的带动效应（见表5）。

3. 第三梯队：惠州、汕头、肇庆、梅州、清远、韶关

第三梯队的6个城市乡村振兴发展指数的得分在0.30~0.40分，包括2个珠三角地区城市肇庆和惠州，3个粤北地区城市梅州、清远和韶关，1个粤东城市汕头。上述城市的乡村振兴发展水平具有一定基础，但与珠三角城市核心地区相比，处于较低水平。值得注意的是，粤北地区除了云浮和河源外，3个地级市均进入第三梯队，表明粤北农业农村整体发展处于比较低端均衡化发展状态。而作为特区城市的汕头入选，表明粤东整体发展有待提速。主要特征如下。

（1）汕头和惠州乡村宜居性较强，汕头在农业科技、节水灌溉等方面工作取得显著成效。汕头总体拥有较多的科普示范社区，农业节水灌溉发展较好，农业发展和科技结合度较高，科技助农效果较好。农业发展的节水用水水平较高，农业发展质量较高，农业生产对水资源的依赖程度相对较轻。同时，农村无害化卫生户厕普及率、自来水普及率等指标表现较好。汕头的农村社会零售总额较高，农村购买能力较强，汕头农民的可支配收入相对较高。农村无害化卫生户厕普及率、自来水普及率指标数据较好，表明其农村建设水平也较高。惠州的乡村建设情况与汕头类似，农村无害化卫生户厕普及率和自来水普及率两大指标均排名相近。

（2）韶关、肇庆、梅州等粮食自给率较高。在这3个城市中，粮食自给率均高于90%，同时，梅州的粮食综合生产能力排名全省第一，肇庆和

表 5 第二梯队城市主要优势指标值（2020 年）

三级指标	标准化值				
	珠海	佛山	东莞	中山	江门
农产品加工产值占农业总产值比重	0.00	0.99	1.00	0.89	0.77
各市人均过夜旅游者消费水平	0.53	0.47	0.64	0.25	0.22
农林牧渔服务业总产值占比	0.77	0.53	0.18	0.09	0.20
农业劳动生产率	0.36	0.40	0.14	0.23	0.10
农村无害化卫生户厕普及率	1.00	0.75	1.00	1.00	0.25
自来水普及率	1.00	1.00	1.00	1.00	0.71
专职教师数量占比	0.22	0.13	0.09	0.14	0.21
卫生人员数量占比	0.80	0.40	0.25	0.31	0.51
交通网密度	0.30	0.59	1.00	0.66	0.38
县级以上文明村和乡镇数量占比（文明村镇/乡镇总数）	0.72	0.76	1.00	0.76	0.23
高中及以上学历人数占比	0.93	0.62	0.58	0.50	0.49
各类案件结案数量	0.87	0.82	0.56	0.84	0.64
刑事案件立案数量	0.22	0.38	0.00	0.13	0.49
经营收益 10 万元以上的村占比	0.86	0.96	1.00	0.94	0.75
农村居民人均可支配收入与人均 GDP 之比	0.00	0.23	0.60	0.90	0.29
城乡居民收入比	0.42	0.64	0.94	1.00	0.40
工资性收入占总收入比重	0.66	0.52	1.00	0.62	0.72
财产净收入占总收入比重	0.71	1.00	0.80	0.87	0.41
农村居民恩格尔系数	0.69	0.49	0.63	0.70	0.59

韶关该指标数据也较高，分别达到了0.95和0.90。上述城市均为农业大市，一方面农地规模较大，同时，是全省重要的生态保护区，担负着重要的农产品供给功能。但作为传统农业大市，部分城市农地的产出率较低，韶关和清远仅为8.31万元/公顷和8.72万元/公顷，产出水平较低，低于全省14.54万元/公顷的水平，远低于珠三角广州、深圳、佛山、中山等城市的35.23万元/公顷、42.90万元/公顷、35.63万元/公顷和31.06万元/公顷的水平。

（3）清远相对均衡，主要指标相对落后，后续还需努力。清远没有指标排在全省第一名，相对自身而言，城乡居民收入比标准化值最高，表明其城乡差距相对较小，但全省来比，则清远农民人均收入较低。另外，清远的乡村民风淳朴，乡村建设相对较好，但产业发展、农民富裕程度等均有待进一步发力追赶（见表6）。

4. 第四梯队：云浮、茂名、河源、湛江、阳江、揭阳、汕尾、潮州

第四梯队8个城市的指数得分大于0.20小于0.30，包括2个粤北城市云浮和河源，3个粤东城市揭阳、汕尾和潮州，乡村振兴水平较低，3个粤西城市湛茂阳，乡村振兴发展有待发力。第四梯队城市主要的共性特征表现为以下几点。

（1）乡村宜居性较好，但产业发展滞后，生活水平有待提高。从该层次指标数值高低情况来看，作为反映乡村物质性设施建设水平的农村无害化卫生户厕普及率和自来水普及率两个指标数值较高，可能在全省统一的乡村环境治理提升行动要求下，各地市相关设施均得到一定程度的提升，但也可能是跟随式建设的结果。另外，反映乡村产业兴旺和农民生活水平的指标数值相对较低，农业与加工业和旅游业等的结合度较低，三产融合化情况有待提升，产业发展动力不足，直接在指标上的反映就是人均农业从业人员的产出率和地均产出率均较低，农民的人均收入水平不足全省最高水平的一半。

（2）粤西（茂名湛江）粮食及绿色生产等能力较强。茂名和湛江是广东传统的农业大市、产粮大市，反映在指标方面，就是其粮食综合生产能力

表6 第三梯队城市主要指标值（2020年）

三级指标	标准化值					
	汕头	韶关	梅州	惠州	肇庆	清远
粮食产量占比	0.30	0.48	0.73	0.39	0.79	0.47
粮食自给率	0.31	0.90	0.98	0.35	0.95	0.57
农产品加工产值与农业总产值比	0.73	0.19	0.24	0.31	0.59	0.20
休闲农业和乡村旅游接待人数（各市人均过夜旅游者消费水平）	0.41	0.27	0.20	0.31	0.19	0.32
农村无害化卫生户厕普及率	0.88	0.37	0.75	1.00	1.00	0.12
自来水普及率	0.87	0.58	0.41	0.91	0.41	0.42
专职教师数量占比	0.62	0.55	0.68	0.47	0.50	0.54
卫生工作人员数量占比	0.15	0.73	0.49	0.40	0.40	0.37
交通网密度	0.82	0.32	0.54	0.47	0.35	0.40
县级以上文明村和乡镇数量占比	0.15	0.10	0.16	0.24	0.18	0.26
高中及以上学历人数占比	0.28	0.34	0.25	0.37	0.23	0.16
各类案件结案数量	0.09	0.43	0.19	0.45	0.29	0.50
刑事案件立案数量	0.83	0.56	0.82	0.41	0.69	0.55
农村居民人均可支配收入与人均GDP之比	0.48	0.49	1.00	0.41	0.44	0.53
城乡居民收入比	0.61	0.41	0.64	0.49	0.68	0.89
农村居民恩格尔系数	0.30	0.49	0.39	0.52	0.35	0.34

和粮食自给率指标均较高，茂名是第该梯队城市最高水平；同时，湛江的经济作物产值占全省比重较高，与茂名相差不大。湛江的农业生产中农机服务组织机构数指标全省第一，化肥使用强度较高，表明农业科技投入较高，组织化程度也较高，农业科技与农业生产结合程度较紧密。相比之下，湛江农村居民人均可支配收入指标数值较低，而其中的财产净收入占总收入比重仅为 1.19%，表明湛江农民的收入水平较低，同时，农村缺乏发展非农业机遇，农民仅能通过外出打工来获取收益，农村资产无法获得市场青睐，也侧面反映了湛江的工业化发展需要提速，以进一步为农业农村带来非农化机遇。

（3）基础禀赋不足，本地动力不足，珠三角溢出带动有待增强。本梯队城市各自的经济规模较小，工业化程度不高，对本地农民农业带动能力不强。加上本地的农业资源禀赋有限，规模不足，难以形成规模效应，因此，自主化发展的能力较弱。但总体而言，云浮、汕尾处于广州和深圳都市圈影响范围内，可以进一步通过都市圈经济的辐射带动作用，形成较好的要素对流渠道，增强后续发展动力。揭阳、潮州距离珠三角市场较远，本地中心城市的带动能力不足，因此，乡村振兴发展应进一步走特色化、精致化的道路，以自身的特色文化和资源嵌入珠三角市场，形成远距离区域协作和辐射带动发展模式。

（二）"五位一体"分项测评

1. 产业兴旺

产业兴旺指标反映了广东 21 个地级及以上市乡村产业发展的总体状况，是乡村振兴内生发展的主要动力。产业兴旺分项指标体现了 21 个地级及以上市对粮食安全、产业结构升级、农业发展效率情况。从排名来看，广州的产业兴旺分项指数为 0.129，在 21 个地级及以上市中处于领先位置。珠三角核心城市此指标在排名中位居前列，在长期工业化积累下，带动本地农业提升价值的能力较强，农业的结构升级效应更加明显（见图 5）。

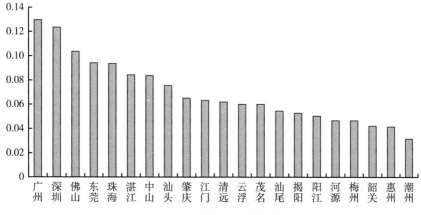

图5　广东各城市产业兴旺指数排名

资料来源：课题组绘制。

近年来，广东一直非常重视粮食安全，在保持工商业快速发展基础上也保障了粮食生产任务的落实。从全省总体水平来看，广东近年来粮食总产量及亩产再创新高。2021年，广东省粮食生产大丰收，粮食产量创近9年最高水平，实现了面积、单产、总产三增长①。虽然2021年上半年发生秋冬春连旱，下半年也受到台风天气影响，粮食总产量依然高达1279.90万吨，比上年增加12.34万吨。2021年1月，广东提出全省水稻种植面积达到2600万亩以上，产量1000万吨以上，稻谷自给率60%左右，薯类、豆类和玉米产量保持稳定；全省粮食种植面积不减、产能有升、产量不降②。2021年3月广东发布了《2021年广东省粮食生产行动方案》，全年粮食播种面积不低于3308万亩（约束性指标），总产不低于1267.56万吨（参考性指标），完成2021年国家下达的160万亩高标准农田建设任务③。根据国家统计局广东调查总队数据，广东完成了2021年的粮食生产目标，并实现了播种面积、总产和单产再创新高（见表7）。

---

① 《2021年广东粮食生产再获丰收》，国家统计局广东调查总队网站（2021年12月10日），http://gdzd.stats.gov.cn/ggl/202112/t20211210_179041.html。

② 《广东省人民政府办公厅关于印发广东省防止耕地"非粮化"稳定粮食生产工作方案的通知》，广东省人民政府网（2021年1月21日），http://www.gd.gov.cn/gkmlpt/content/3/3181/post_3181841.html#7。

③ 《2021年广东省粮食生产行动方案》。

表 7　广东粮食播种面积、总产量及单产情况

作物名称	广东 2020 年			广东 2021 年			全国 2021 年		
	播种面积（万亩）	亩产（公斤）	总产量（万吨）	播种面积（万亩）	亩产（公斤）	总产量（万吨）	播种面积（万亩）	亩产（公斤）	总产量（万吨）
粮食作物	3307.03	383	1267.56	3319	385.6	1279.90	176400.00	387.00	6828.5
稻谷	2751.65	400	1099.58	1287.84	407	524.15	448818.00	474.23	21084
早稻	1303.70	398	518.52		399.3				2802
晚稻	1447.95	401	581.06				1296892.5	392.38	50888
小麦	0.57	244	0.14						1369.5
早粮	201.56	305	61.45						
#玉米	184.71	315	58.15				110001.00	276.68	2725.5
薯类（折粮）	304.33	320	97.29						3044
大豆	48.92	186	9.10						164

资料来源：广东省 2020 年资料来源于《广东省统计年鉴（2021）》；2021 年资料来源于国家统计局广东调查总队发布的相关数据。全国资料来源于网络查询的国家统计局公布数据。

2. 生态宜居

改善农村人居环境是乡村振兴战略的重点任务之一，生态宜居指标表征了广东21个地级及以上市在乡村振兴过程中农村人居环境整治提升情况，反映了乡村建设以及各种公共服务提供的能力。从全省最新进展来看，2021年，广东在上年完成了村级公共服务中心、集中供水、无害化户厕、垃圾收运处理体系全覆盖、"四好农村路"建设攻坚目标任务基础上，围绕《农村人居环境整治提升五年行动方案（2021—2025年）》，本年度重点完成了以下人居环境整治工作。

率先全国制定村内道路建设指南并推动实施。2021年，广东省财政厅与省农业农村厅共同制定了村内道路建设的财政补助标准及投入指引，并由省农业农村厅牵头，与交通运输厅、住建厅、自然资源厅、发展改革委等部门，共同研究完善了"村内道路建设指引"。

完成农村集中供水全覆盖。2021年，推动各县市区将涉农资金优先投向农村集中供水、生活污水治理、农业保险等重点领域。由省水利厅牵头推进全省实施农村集中供水全覆盖攻坚行动，通过信息系统实现精准到户、到自然村，全面摸清了全省尚未实现集中供水覆盖的自然村和农房的基本情况。以自然村为单位，推进集中供水进村入户，推进标准化建设和管理，完成了有关市县农村人口集中供水全覆盖任务。

推动黑臭水体治理。省生态环境厅联合水利厅、农业农村厅，开展了农村黑臭水体排查，确定了国家和省级监管农村黑臭水体清单，明确农村黑臭水体治理任务和清单。2021年11月30日，已有1626个自然村动工建设，其中1313个已完工（对照省政府工作报告下达任务，完成率131.3%），已超额完成任务①。

从排名来看，广州的生态宜居指数为0.139，在21个地级及以上市中居首位。第二和第三位分别为惠州（0.136）、珠海（0.129），前三位城市

---

① 《广东省生态环境厅关于2021年农村人居环境整治工作进展情况的复函》，广东省生态环境厅网站，2022-01-11，http：//gdee. gd. gov. cn/gkmlpt/content/3/3757/mpost_ 3757401. html #3199。

的生态宜居性相对接近（见图6）。整体来说，由于珠三角的生活便利程度较好，公共服务质量较高且可达性较好，宜居性优于省内其他地区。其次为粤北地区，粤北地区由于主要是生态发展区，其生态环境优越，宜居性较强。粤东粤西地区相对滞后，但珠三角城市中的东莞和中山排名相对滞后，主要是每千人口专职教师数、基本医疗保险参保率两大指标数值得分较低，这两大城市具有一定的相似性，均为没有下属区县（地级市之下为镇街）的地级市，又是外来人口流入的大市，尤其是东莞市，2021年常住人口规模已经突破千万大关，但下属镇街基本公共服务的配置受到行政级别的限制，难以提供足够的公共服务。该指标揭示需着重提升的主要领域。

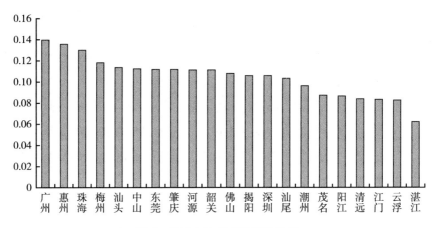

图6 各城市生态宜居指数排名

3.乡风文明

乡风文明指标测度了广东21个地级及以上市乡村公共文化及文化教育发展情况。从排名来看，广州的乡风文明指数为0.167，在21个地级及以上市中居首位，第二名为深圳，指数为0.139，第三名为东莞，指数为0.130，两者差距不大，第一位城市与其他城市拉开了较大的距离，处于遥遥领先的位置。整体来说，珠三角城市总体处于领先的位置，其次为粤北城市，粤西和粤东城市排名总体靠后（见图7）。在主要指标中，反映公共文化建设情况的各市文化站数量占比、县级以上文明村和乡镇数量（文明村镇）的数量占比两项指标，东莞均排在第一位。

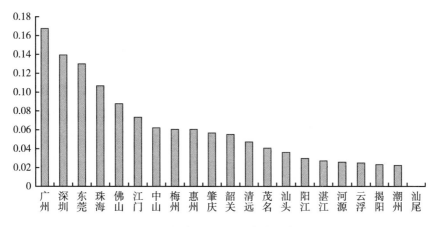

图7　各城市乡风文明指数排名

4. 治理有效

治理有效指标测度了广东 21 个地级及以上市乡村基层治理的成效，反映了发展引导、法治建设和村民自治总体情况。从排名来看，佛山市和广州市的治理有效指数分别为 0.107 和 0.104，两者几无差距，分居全省的第一和第二位。其他城市均位于 0.100 以下。主要指标有集体经营强村占比、农机服务组织机构数，表明发展引导和农村经济组织化程度较高。广东发挥典型示范的引领作用，有力推动了治理能力现代化，形成了多个可复制和推广的典型案例。法治建设方面，典型如惠州市首创的"一村一法律顾问""一村一辅警"模式。自治建设方面，典型如梅州市蕉岭县创新"六事"治理方式、肇庆市的"六大行动"。德治方面，典型如清远市建立的乡村新闻官制度、惠州市惠阳区的"百姓欢乐舞台"文化品牌等。方式方法创新方面，典型如汕头市推行的村级"五小清单"制度、东莞虎门镇组建的专业的农村财务队伍、佛山三水区的"清单制"等（见图8）。

5. 生活富裕

课题利用 5 个指标从农民收入水平、农民收入结构和农民生活质量三大

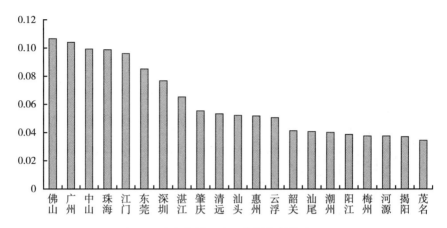

图 8 广东各城市治理有效指数排名

方面反映乡村振兴发展过程中的农民生活富裕程度。首先，广东农民已实现收入非农化，收入结构优于全国水平。从收入结构来看，2015～2020 年，广东农民的工资性收入：经营净收入：财产净收入：转移净收入从 1.87：1.00：0.09：0.75 演化为 2.31：1.00：0.13：0.94。在四大类收入中，2015 年，工资性收入与其他三类收入之和持平，2020 年，工资性收入大于其他三类工资收入之和，工资性收入主要为农民外出务工收入，工资性收入远高于其他三大收入之和，表明广东农民已经实现收入的非农化。其次，四大类收入均实现了快速增长，其中，2020 年的工资性收入是 2015 年的 1.58倍，经营性收入是 1.28 倍，财产净收入是 1.83 倍，转移净收入是 1.60 倍，其中，财产性收入增长最快，也侧面表明了广东农村资源价值的市场需求较大。第三，从 2015～2020 年广东与全国的年均增速比较来看，广东农民工资性收入与财产净收入增速分别为 9.64% 和 13.80%，均高于全国 8.60% 和11.08% 的水平，表明广东快速的工业化和城镇化使农民工资性收入提高的机会高于全国水平，广东由于更靠近消费市场，农民获得来自农地农资出租的财产性的机会和需求高于全国水平。同时，广东农民的经营性收入和转移净收入年均增速分别为 4.62% 和 9.96%，低于全国的 5.82% 和 12.87% 的水平，反映了广东农民不依赖农业经营获取收入，农民与农地分离的程度更高，对比全国而言，由于广东总体是发达地区，农民获得的转移支付水平较低，也反映了广东未来应加大对农民和农村的财政转移支付力度。

从排名来看，深圳的生活富裕指数为 0.199，在 21 个地级及以上市中居首位，第二名为东莞，指数为 0.162，第三名为中山，为 0.154，排在第一位的城市处于遥遥领先的位置（见图 9）。但考虑到深圳（除深汕合作区外），已经实现全域城市化，乡村振兴的任务较轻，主要为城中村改造和公共服务配套，其发展模式与全省其他城市乃至与其所在的珠三角地区的城市均有较大的差别，因此，如只考虑排在第二位的城市东莞，则发现其具有珠三角传统自下而上工业化地区的乡村振兴发展特征，具有一定的代表性。

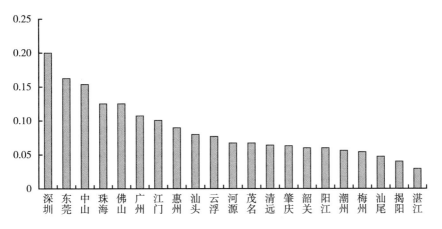

图 9　广东各城市生活富裕指数排名

即改革开放以来，珠三角城市快速的工业化和城镇化发展，为农业农村提供了较多的外部发展机遇，特别是佛山和东莞，在 1980 年代和 1990 年代，走的是自下而上的工业化和城镇化道路，大量的乡镇企业和外资外企进驻，不仅为本地农民提供了较多的非农就业机会，也将农村的集体性资源变成资产，从而为农民获取资本性收入提供了机会，大量的集体性物业得以建设起来，农民的收入也从以往的经营性收入，逐渐过渡到以工资性收入和财产净收入为主，以东莞市为例，农民工资性收入占比达到了 83.12%，排名最高，而财产净收入占比也达到了 10.71%，排在第二位，仅次于佛山市的 13.28%，远高于粤东西北城市。

（三）"一核一带一区"功能区综合测评

"一核一带一区"三大功能区的指数出现了较大的分化。"一核"地区综合指数逐年升高；"一带"地区从 2018 年的 0.3052 增长至 2019 年的 0.3059，略有增长，2020 年则下降至 0.2762，出现了较明显的下降；"一区"地区与"一带"地区类似，呈现先升后降的趋势，但 2018 年至 2019 年增长的幅度高于"一带"地区。总体上，三大功能区表现出较大的异质性演化过程（见表8）。

表8　2018~2020 年广东三大功能区指数演化

功能区	2018 年	2019 年	2020 年
"一核"	0.4410	0.4480	0.5133
"一带"	0.3052	0.3059	0.2762
"一区"	0.3149	0.3326	0.3045

从五位一体各大指标的变化来看，2020 年，"一核"地区的五大方面的指数均远高于"一带"和"一区"地区，表明"一核"地区的乡村振兴远远走在前列，处于较高的发展阶段。从"一带"地区和"一区"地区的比较来看，"一带"地区在产业兴旺方面指数优于"一区"地区，"一区"地区则在乡风文明方面远优于"一带"地区，治理有效方面两者分值相同，而"一区"地区的生态宜居性优于"一带"地区（见表9）。表明除了"一核"地区外，在坚守两条底线要求下，"一带"和"一区"地区要着重防范发生规模性返贫。

表9　2020 年三大功能区五大方面指数比较

功能区	产业兴旺	生态宜居	乡风文明	治理有效	生活富裕
"一核"	0.259	0.279	0.334	0.208	0.214
"一带"	0.059	0.094	0.026	0.044	0.054
"一区"	0.051	0.101	0.043	0.044	0.065

"一核"地区：工业化城镇化带动产业兴旺，生活富裕。"一核"地区得益于工业化和城镇化起步早，所处发展阶段较高，形成了规模庞大的城市资本和产业资本，借助空间邻近性，市场能较好发挥对乡村振兴的带动及扶持作用，乡村振兴发展取得显著的效果（见表10）。

表10 "一核"地区乡村振兴测度情况

总排名	城市	产业兴旺	生态宜居	乡风文明	治理有效	生活富裕	总指数	梯队
1	广州	0.129	0.139	0.167	0.104	0.107	0.647	第一梯队
2	深圳	0.123	0.106	0.139	0.077	0.199	0.645	第一梯队
3	东莞	0.094	0.112	0.130	0.085	0.162	0.583	第二梯队
4	珠海	0.094	0.129	0.107	0.099	0.125	0.554	第二梯队
5	佛山	0.104	0.108	0.088	0.107	0.125	0.531	第二梯队
6	中山	0.084	0.112	0.062	0.099	0.154	0.512	第二梯队
7	江门	0.063	0.084	0.073	0.096	0.101	0.417	第二梯队
8	惠州	0.041	0.136	0.060	0.052	0.090	0.379	第三梯队

"一带"地区：借助相对便利的交通条件和拥有优势的农海资源，激活市场，加快农业农村价值显化。"一带"地区地处沿海，农海产品丰富，交通相对"一区"地区便利，但"一带"地区的东西两翼核心城市湛江和汕头总体带动能力不足，总体而言，工业能力有限，城镇服务功能相对一般，在"一核"地区的虹吸效应下，区域中心城市难以发挥对本区域的带动作用，难以形成工业带动农业、城镇带动乡村发展的有利局面（见表11）。

表11 "一带"地区乡村振兴测度情况

总排名	功能区	城市	产业兴旺	生态宜居	乡风文明	治理有效	生活富裕	总指数	梯队
15	一带（西翼）	茂名	0.060	0.087	0.041	0.035	0.067	0.290	第四梯队
17	一带（西翼）	湛江	0.085	0.063	0.027	0.065	0.030	0.269	第四梯队
18	一带（西翼）	阳江	0.050	0.087	0.030	0.039	0.060	0.265	第四梯队
9	一带（东翼）	汕头	0.075	0.113	0.036	0.052	0.080	0.357	第三梯队

续表

总排名	功能区	城市	产业兴旺	生态宜居	乡风文明	治理有效	生活富裕	总指数	梯队
19	一带（东翼）	揭阳	0.053	0.106	0.023	0.037	0.040	0.259	第四梯队
20	一带（东翼）	汕尾	0.055	0.104	0.000	0.041	0.047	0.247	第四梯队
21	一带（东翼）	潮州	0.032	0.096	0.022	0.040	0.056	0.246	第四梯队

"一区"地区：生态宜居领先，生态产品供给丰富，但产业化能力有限，农民收入较低。"一区"地区虽然具有较好的生态宜居性和良好的乡风，但地处内陆，山地较多，交通不便，本地核心城镇的产业发育能力不足，还未能对农业农村形成有效的辐射带动作用，因此，内生发展动力不强，外部动力进入所依靠的交通改善有限，影响了农民收入水平的提高（见表12）。

表12　"一区"地区城市乡村振兴测度情况

总排名	城市	产业兴旺	生态宜居	乡风文明	治理有效	生活富裕	总指数	梯队
11	梅州	0.047	0.118	0.061	0.038	0.055	0.319	第三梯队
12	清远	0.062	0.084	0.047	0.054	0.064	0.310	第三梯队
13	韶关	0.042	0.111	0.055	0.042	0.060	0.309	第三梯队
14	云浮	0.060	0.083	0.025	0.051	0.077	0.296	第四梯队
16	河源	0.047	0.111	0.026	0.038	0.067	0.288	第四梯队

四　发展建议

未来，广东应扬长避短，结合国家要求，加快农业农村现代化步伐，着力提升"一核"地区的发展优势，激活粤东粤西粤北地区发展的内生动力，将"三农"突出短板逐步转化为潜力板，走出一条独具岭南特色的乡村振兴之路。

（一）坚持力守"两条底线"，巩固拓展发展成果

审视新发展阶段特征，统筹抓好发展和安全，围绕耕地和种子"两个关键"，严格保护耕地，坚决杜绝耕地"非农化"和"非粮化"现象，加快农业科技创新，推动"粤强种芯"工程深化发展，[①] 提升重要农产品供给能力，强化粮食安全保障。此外，着力巩固拓展脱贫攻坚成果，加强与乡村振兴的有效衔接，加大新型驻镇帮镇扶村力度，增强农业农村内生动力和风险抵御力，严防规模性返贫。

（二）加强科技创新赋能，深化农业科技支撑

提升创新能力，深化对乡村振兴的赋能。激发高新技术人才创新活力，健全科创体系，加速科技成果转化和推广，促进农业科技自立自强，为农业农村现代化提供动力支撑[②]。

第一，借力"广深双核联动"效能，打造全省农业科技协同创新体系。一是支持深圳建设农业科技创新先行示范区，搭建大型农业综合性研究基地。围绕岭南优势农业升级需求，加快与之匹配的现代农业科学与技术实验室建设，促进全省农业实验室体系加快升级。二是建设广州国家现代农业产业科技创新中心，搭建产学研深度融合的实验室平台。[③] 三是深化粤强种芯工程。整合广深两市生物育种方面的科技优势，加强优势科研机构、种业企业、社会资本、知识产权机构协同，组建大湾区生物育种创新中心。提升种质资源保护力度，加快种源开发，推动"卡脖子"核心技术攻关，培育新品种，提升科技创新水平，做强优势企业；建设现代种业基地，推动广东省种业高质量发展引领全国。四是加快农业关键核心技术攻关，提升基础和应

[①] 《走出全面推进乡村振兴的"广东路径"》，《南方日报数字报_ 南方网_ 理论周刊 新论》2022 年 7 月 11 日，第 A11 版。

[②] 《全力推进种业振兴 打造农业科技自主创新高地》，《广东科技报》2021 年 9 月 10 日，第 002 版。

[③] 《全力推进种业振兴 打造农业科技自主创新高地》，《广东科技报》2021 年 9 月 10 日，第 002 版。

用基础研究协同水平。

第二,建设农业科技社会化服务体系,加快推动农业科技成果转移转化。一是支持广东省农业技术推广中心现代农业综合技术示范基地建设,建设全省农业技术示范推广基地"示范点"。支持高校和科研院所建设"院地合作基地""科技小院""校地产业技术研究院""牛哥驿站"等服务平台,创新服务模式。支持各类社会力量参与建设提升基层农业科技服务体系,重点建设1个省级推广驿站和100个县级农业技术推广服务驿站。二是依托珠三角国家科技成果转移转化示范区建设,支持省级及以上龙头企业与科研教学机构共建区域农业科技成果孵化平台,构建"众创空间—孵化器—加速器—产业园"全链条孵化育成体系。建设全国农业科技成果转移服务中心华南中心和国家种业科技成果产权交易中心华南中心,完善农业科技成果综合服务。

第三,紧抓数字化趋势,全面加速智慧农业建设。分别在广东各地建设数字农业农村大数据分中心、农产品跨境电商试验区。鼓励农业产业园建设运营"一县一园一云展会"。壮大广东农产品"保供稳价安心"数字平台和广东线上农博会"优农云展"平台。建设农业人工智能装备研究中心,建设大湾区无人农场,建设5G智慧农业试验区以及科创园。[1][2]

(三)夯实农业产业根基,打造特色产业体系

第一,推动农业规模化发展。一方面,着力解决农业小规模、高成本和低竞争力问题,壮大优势特色产业,打造特色农副产品精深加工产业集群,提速培育休闲、康养、生态等新业态,向科技创新要新动力、向产业融合增效益、向规模经营提效率、向品牌提升树口碑,重塑乡村产业价值体系。另一方面,持续壮大农业龙头企业、农民合作社、家庭农场、农业社会化服务

---

[1] 杨杰:《广东将打造10个粤港澳大湾区无人农场》,《中国农机监理》2021年第10期。

[2] 广东省人民政府:《广东省人民政府关于印发〈广东省推进农业农村现代化"十四五"规划〉的通知》(粤府〔2021〕56号),2021年8月20日。

组织等新型经营主体，完善农户利益联结机制，加快农业发展新旧动能有效转换。①

第二，推动农业集约化发展。建设高水平现代农业产业园。围绕粮食、生猪、家禽、岭南水果等优势特色产业带，按照构建大区域、引进大企业、依靠大科技、做强大品牌、形成大产业的要求，建设特色鲜明的现代农业平台。加快国家级和省级产业园区建设速度，提升现代农业园区建设水平。②实施优特产业集群培育工程，建设若干个国家级优势特色农业产业集群及区域性优势特色产业集群。

第三，提升农业全产业链现代化水平。积极拓展农业社会功能和生态功能，用工业化、园区化理念发展现代农业。立足县域发展特色农产品产地初加工和精深加工，延长产业链、提升价值链，突出区域特色打造"粤字号"农业品牌。完善农业物流体系，打造农业供应链。创新金融支农服务模式，推动涉农金融稳定发展。加快培育新产业新业态，推进文旅融合发展乡村美丽经济，挖掘乡村价值培育新经济新业态，推动产业融合发展。

第四，全面融入国内统一大市场，畅通农业要素的国际国内双循环。支持建设一批农业国际贸易高质量发展基地。支持农业企业参与重要境外展会，提升"粤字号"农产品国际影响力，支持农业"走出去"企业融入全球农产品供应链。建设广州粤港澳大湾区菜篮子示范工程、粤港澳大湾区（江门）高质量农业合作发展平台、惠州粤港澳绿色农产品生产供应基地、肇庆（怀集）绿色农副产品集散基地等。③支持发展深水网箱养殖业、休闲渔业及水产加工、流通、冷链、销售等相关行业。

---

① 《走出全面推进乡村振兴的"广东路径"》，《南方日报数字报》，2022年7月11日，第A11版。

② 《国务院关于印发"十四五"推进农业农村现代化规划的通知》，《中华人民共和国国务院公报》2022年第6期。

③ 古小东：《粤港澳大湾区农业合作发展：现状、问题与对策》，《政法学刊》2019年第4期，第5~11页。

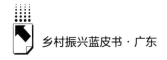

（四）优化乡村公共服务，加快城乡融合发展

以推进县城建设为重要城镇化载体，增强综合承载能力，加快引产聚人。推进扩权强镇改革，推动城乡基本公共服务等值化发展，推动城乡居民生活质量同等化发展。发挥"双区"和三个合作区引擎带动作用，加快农民市民化步伐，增强都市圈对周边农业地区辐射传导效应，以全省"一核一带一区"新格局，去除行政边界阻隔，为城乡融合发展提供新动能。

第一，加快建设美丽圩镇与和美乡村。深化美丽圩镇建设攻坚行动。开展圩镇人居环境综合整治，提升圩镇基础设施和公共服务水平，加快提升集聚辐射能力，促进镇村联动、全面发展。全域部署实施乡村建设行动，促进乡村宜居宜业，在农村全面进步中展现岭南特色精美农村风韵。开展村庄人居环境整治。持续开展以"三清三拆三整治"为主的村庄清洁行动，加快生活垃圾分类、农村改厕、黑臭水体及生活污水治理、开展村庄清洁和绿化行动，推进示范建设。创建农村生活垃圾分类与资源化利用示范县，建设农村生活垃圾回收利用体系。

第二，保护和修复农村生态环境。在粤北生态发展区，建设南岭生态功能区核心区域，科学划定生态特别保护区范围，实行强制性保护措施，增强乡村水源涵养及生物多样性保护等功能，完善生态保护补偿机制。加快美丽海湾建设，促进近海养殖绿色化发展。推进渔港环境整治，打造渔港经济区，推动传统渔业升级。积极开展保护性耕作技术推广，减少土壤侵蚀退化。组织开展农业农村碳达峰、碳中和专项研究，推进农业农村碳中和示范创建。

第三，加快农村公共设施建设。实施通乡镇三级及以上农村公路改造，实现全省建制村通双车道公路，推动创建"美丽农村路"。加快完成农村集中供水全覆盖工作，推进农村供水规模化、城乡供水一体化。建设农村智能电网，打造一批配网新技术应用试点。建设一批电气化试点，提升乡村电气化水平。实施宽带乡村工程，推进5G网络乡村全覆盖。

第四，着力提升农村公共服务能力。提升乡镇寄宿学校及乡村小规模学校办学条件，推动普惠性幼儿园建设。加强公有产权村卫生室标准化建设。完善县镇（乡）村集中供养机构和服务设施。开展农村社区一站式综合服务示范创建，探索建设乡村生活圈的"社区中心"和"邻里中心"。

（五）保障农民持续增收，改善农民生活质量

提升农民收入水平，夯实城乡共同富裕基础。加快发展县域富民产业，强化龙头企业，建立"企—农"利益链接机制，消除集体经济弱村，着力提高农民经营性收入水平。利用广东超大体量的产业与超大规模市场优势，从需求侧入手，开展农民新型技能培训，增加农民工资性收入。深化农地制度改革，健全农村产权交易市场，激活农村土地资产权能，有效拓展提升农民财产性收入途径。[1]

健全巩固拓展脱贫攻坚成果的长效机制。严格落实"四不摘"要求，稳定兜底救助政策，落实好教育、医疗、住房等民生保障普惠性政策，巩固"两不愁三保障"成果。建立健全易返贫致贫人口快速发现和响应机制，分层分类及时纳入帮扶政策范围，实行动态清零。[2] 健全扶贫资产管理台账和制度体系，探索创新多层次、多样化运营管护机制。建立低收入人群及地区帮扶机制，完善乡村振兴领导体制和工作体系，加快推进脱贫地区乡村产业、人才、文化、生态、组织等全面振兴，实现巩固拓展脱贫攻坚成果同乡村振兴有效衔接。

在"一核一带一区"的战略框架下，要使农业区"姓农"、工业区姓"工"、商贸区姓"商"，根据各地资源禀赋优势，发展具有竞争优势的特色农业。农业区要形成绿色农业产业带，构建农业规模化、集约化和特色化产业发展格局，形成以县城、乡镇为载体的城乡产业分工体系，强化、壮大集体经济，有效引导国有资本和社会资本下乡，实现资本与土地的有效结合，构筑以集体经济为基础的数字农业平台，培育农村一二三产业融合发展内生

---

① 《走出全面推进乡村振兴的"广东路径"》，《南方日报》2022年7月11日，第A11版。

② 《中共中央 国务院关于实现巩固拓展脱贫攻坚成果同乡村振兴有效衔接的意见》，《中华人民共和国国务院公报》2021年第10期。

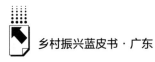

动力机制，以财政为支撑，以开发农村土地和各类资源（产）为手段，建立健全农业农村内部的信贷（金融）体系，激活城乡要素，推动农业农村现代化转型，全面开创广东省乡村振兴新局面。

乡村发展篇

Rural Development

B.3
2021年广东粮食生产发展报告

周 鑫[*]

摘 要： 2021年，广东深入贯彻习近平总书记关于粮食生产、粮食安全和耕地保护的重要讲话和重要指示精神，坚决扛起粮食安全政治责任，克服疫情防控、历史罕见旱情等多种不利因素影响，主动打好党政同责牌、耕地保护牌、产业提升牌、科技支撑牌、惠农政策牌，做到保良种、保面积、保投入、保科技、保效益，不仅坚决守住粮食安全生命线、牢牢把住粮食安全主动权，而且扎实推动粮食生产的资源、技术、政策、产业等方面创新，千方百计提高农民种粮的积极性和收益。报告从政治责任、耕地保护、产业提升、科技支撑、惠农政策等五方面翔实总结2021年广东粮食生产发展情况，旨在为未来几年广东粮食生产工作提供经验借鉴，努力为保持农业农村经济发展好形势发挥重要作用。

---

[*] 周鑫，博士，广东省社会科学院科研处处长，研究员，2019~2021年间任驻村工作队队长兼第一书记，主要研究方向为现代小农经济与乡村振兴。

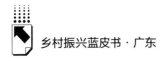

关键词： 乡村振兴　粮食安全　粮食生产　广东省

党的十八大以来，习近平总书记从我国发展全局出发，深刻阐述了粮食安全的重大理论与实践问题，多次强调"解决好吃饭问题始终是治国理政的头等大事"[1]。近年来，以习近平同志为核心的党中央把粮食安全作为治国理政头等大事，提出"确保谷物基本自给、口粮绝对安全"的新粮食安全观，确立了以我为主、立足国内、确保产能、适度进口、科技支撑的国家粮食安全战略。[2] 广东是全国第一常住人口大省，也是最大的粮食主销区，粮食年均产量虽超过 1200 万吨[3]，但粮食自给率仅为 24%[4]。粮食生产与粮食安全问题成为广东全面推进乡村振兴的短板和潜力板。

2021 年，广东各级党委政府深入贯彻习近平总书记关于粮食生产、粮食安全和耕地保护的重要讲话和重要指示精神，坚决扛起粮食安全政治责任，克服疫情防控、历史罕见旱情等多种不利因素影响，主动打好党政同责牌、耕地保护牌、产业提升牌、科技支撑牌、惠农政策牌，做到保良种、保面积、保投入、保科技、保效益[5]，不仅坚决守住粮食安全生命线，牢牢把住粮食安全主动权，把中国人的饭碗牢牢端在自己手中，而且扎实推动粮食生产的资源、技术、政策、产业等方面创新，千方百计提高农民种粮的积极性和收益，"农民兄弟心中乐开了花"，为全面推进乡村振兴注入强劲动力。

---

① 习近平总书记较早在 2013 年中央农村工作会议上提出这一重要论断，见兰红光：《中央农村工作会议在北京举行》，《人民日报》2013 年 12 月 25 日，第 1 版。相关论述可参见任正晓《解决好吃饭问题始终是治国理政的头等大事》，《求是》2015 年第 19 期；瞿长福、乔金亮《把饭碗牢牢端在自己手上（治国理政新实践）——党的十八大以来全面实施国家粮食安全战略综述》，《人民日报》2016 年 3 月 1 日，第 6 版。

② 《实施国家粮食安全战略，把饭碗牢牢端在自己手上》，载习近平：《论"三农"工作》，中央文献出版社，2022，第 45 页。

③ 段凤桂：《广东"三农"非凡十年》，《南方农村报》2022 年 8 月 25 日，第 4 版。

④ 侯梦菲、任宣：《农户收储环节每年损失约 80 万吨稻谷，广东加快立法制止餐饮浪费》，《羊城晚报》2020 年 10 月 20 日，第 A03 版。

⑤ 伍素文：《广东连续两年超额完成粮食生产任务，打好六张牌以保粮食安全》，《中国经济周刊》2022 年 4 月 21 日。

据统计，2021年，广东粮食播种面积3319.5万亩，比2020年增加12.0万亩，同比增长0.4%；粮食作物单产385.6公斤/亩，比2020年增加2.3公斤/亩，同比增长0.6%；粮食总产量1279.9万吨，比2020年增加12.4万吨，同比增长0.9%，实现连续3年增长。[①] 超额完成国家下达全年粮食种植面积3307.5万亩的约束性指标和粮食总产量1268万吨（253.6亿斤）的指导性指标任务。[②]

一 打好党政同责牌，全面扛起粮食安全政治责任

2021年是实施粮食安全党政同责考核第一年。广东省委、省政府深入贯彻落实习近平总书记关于"地方各级党委和政府要扛起粮食安全的政治责任，实行党政同责，'米袋子'省长负责，书记也要负责"的重要指示精神，以前所未有的重视程度和政治高度保障粮食安全。

一是各级党委政府坚决扛起粮食安全政治责任。省委省政府领导主持召开省委常委会议专题研究部署，对粮食安全问题多次作出指示批示，在春耕期间到育种基地和田间地头开展调研；多次召开省政府常务会议研究部署粮食生产，到省农业农村厅和生产现场调研，强调要守住粮食安全底线。分管省领导亲自抓落实，出席全省春耕生产现场会、全省推进粮食生产视频会议并讲话，深入一线调研指导抗旱。2021年8月，《广东省推进农业农村现代化"十四五"规划》出台。9月，《广东省粮食安全和应急物资保障"十四五"规划》制定出台；《广东省推进农业农村现代化"十四五"规划》辟专章规划广东"十四五"时期粮食等农产品生产未来方向，强调立足战略需求、资源禀赋和市场发展，坚持藏粮于地、藏粮于技，深化农业结构调

---

① 广东省农业农村厅市场与信息化处：《2021年广东省粮食产销形势分析》，2022年1月29日，http://dara.gd.cn/cxxsfx/content/post_3802551.html，最后检索时间：2022年2月1日。

② 叶香玲：《"四大亮点"联动，广东农业农村旺起来活起来》，《南方农村报》2022年2月17日，第1版。

整,保数量、保多样、保质量,有力履行国家粮食安全广东责任,分类推进粮食等重要农产品、特色农产品稳产保供。《广东省粮食安全和应急物资保障"十四五"规划》系统谋划"十四五"时期广东粮食安全的发展目标、重点任务及保障措施等,是实施粮食市场调控、夯实粮食安全的重要依据,是未来五年做好广东省粮食安全工作的行动指南。省委农办和省农业农村厅向各地级及以上市党委、政府和有关部门印发《2021年广东省粮食生产行动方案》。省委编办、省发展改革委、财政厅、农业农村厅等15个单位建立省粮食安全保障工作联席会议制度,协调解决粮食安全相关重大事项和重大问题。各级党委、政府强化粮食安全党政同责落实,把全省粮食播种面积不低于3307.5万亩、总产量不低于1268万吨的目标任务逐级分解落实到市、到县、到镇、到村。[①]

二是全力抗旱保粮食生产。2020年10月以来,广东大部分地区遭遇历史罕见大范围秋冬春连续干旱,东江、韩江流域旱情达到60年一遇[②]。面对严重旱情,各级党委、政府和相关部门把抗旱保粮食生产作为"我为群众办实事"的头等大事抓实办好。省农业农村厅靠前推动压实责任,成立农业防灾减灾夺丰收领导小组和工作专班,派出由厅领导带队的5个专家组深入17个地级及以上市的田间地头进行驻点指导,推广节水栽培技术,强化田间管理促增产。在早稻面积因旱减少的情况下,仍实现单产和总产增加(见图1)。发出《给农民的一封信》,印发《2021年早稻抗旱田间管理技术指导意见》等,通过组织发动农民、生产经营主体投工投劳,动员政策性保险承保单位、社会团体捐赠物资设备等方式齐力抗旱。省纪委监委驻农业农村厅纪检监察组主动介入督查工作,助推抗旱保春耕各项工作责任落实。省委农办、省农业农村厅及时向部分因干旱未完成早稻播种面积地区的市委、市政府发出责任提醒函,要求根据旱情、雨情变化,落实"以晚(稻)

---

① 黄进、陀艳、何雪峰:《广东农业农村现代化迈出崭新步伐》,《南方日报》2022年8月8日,第A10版。

② 邓正波、刘春祥、曾浦君:《韩江流域和粤东地区遭遇历史罕见旱情,韩江局——科学调度水工程让有限的水资源发挥更大效益》,《中国水利报》2021年4月27日。

补早（稻）、以旱（粮）补水（稻）"措施，全力抓好秋粮生产，确保全年粮食面积和产量只增不减。

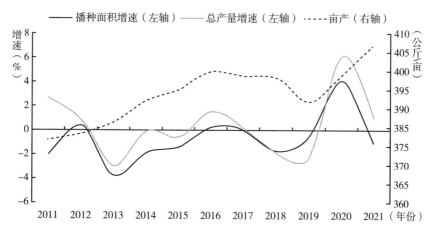

图1　2011~2021年广东早稻播种面积、产量增速和亩产情况

资料来源：根据《广东统计年鉴（2021）》《2021年前三季度广东农业经济运行情况分析》整理。

农业农村部门还主动与气象、水利等部门协调沟通，争取条件开展人工增雨作业，用好山塘、水库等的水资源，采取人力、机械动力等有效手段抽水到田，推进科学抗旱。并投入中央和省级农业生产救灾资金1.1亿元，带动各地市财政投入3.37亿元、生产主体投入4亿元资金抗旱保生产。调拨省级应急救灾玉米种子6.7万公斤，支持农民改种和扩种玉米，增加旱粮播种面积，实现以旱粮补水稻的目标。①

通过强化粮食安全党政同责和抓实抗旱保粮食生产，全面保护和调动农民种粮积极性，实现粮食面积和产量"三连增"。2021年，全省粮食生产取得近9年最好成绩（见图2）；粮食播种面积3319.5万亩、同比增加12万亩，粮食总产量1279.9万吨、同比增加12.4万吨。分季来看，春粮和早稻产量分别为64.6万吨和524.2万吨，比2020年增长0.6%和1.1%；秋粮产

---

① 粤应宣：《粤已投入抗旱资金3.3亿元》，《南方农村报》2021年4月13日，第5版。

量 691.1 万吨，比 2020 年增长 0.9%。实现春粮、早稻、秋粮产量的"三季增"。分品种来看，水稻产量 1104.4 万吨，比上年增加 4.8 万吨，增长 0.4%；其他品种粮食作物产量 175.5 万吨，比上年增加 7.5 万吨，增长 4.5%。[1] 其中，早稻单产达到 407 公斤/亩和全年粮食单产达到 385.6 公斤/亩，同时创近 22 年最高水平，是唯一获农业农村部通报表扬的早稻增产成效突出的粮食主销区省份，也连续三年超额完成国家下达的年度粮食生产任务。[2] 在国家粮食安全省长责任制考核中连续 5 年获得优秀等次。

图 2　2013~2021 年广东粮食作物总产量及同比增速

资料来源：根据《广东统计年鉴（2021）》和《2021 年广东省国民经济和社会发展统计公报》整理。

二　打好耕地保护牌，全面夯实粮食生产基石

习总书记多次强调："保障国家粮食安全的根本在耕地，耕地是粮食生产的命根子，耕地红线要严防死守。"广东坚决贯彻藏粮于地战略，切实保

---

① 王彪、黄进：《广东粮食产量达近 9 年最高水平》，《南方日报》2021 年 12 月 11 日，第 A07 版。

② 王彪、黄进：《广东粮食产量达近 9 年最高水平》，《南方日报》2021 年 12 月 11 日，第 A07 版。

护好耕地、农田，保障有粮有田。一是守牢耕地保护红线。广东将防止耕地"非粮化"、稳定粮食生产列入粮食安全政府责任制考核重要内容，通过坚持最严格的耕地保护制度，采取"长牙齿"的保护硬措施，确保粮食生产耕地红线。为贯彻落实《国务院办公厅关于防止耕地"非粮化"稳定粮食生产的意见》，2021年1月5日，省政府办公厅印发《广东省防止耕地"非粮化"稳定粮食生产工作方案》。《工作方案》从加强耕地种植用途管控、强化粮食生产基地建设、切实保护种粮积极性、大力推进农田基础设施建设、提升粮食综合生产能力、加强耕地种粮情况监管等六方面提出具体任务，全面压实各级地方党委和政府耕地保护责任。同时，紧盯高标准农田建设。2021年是广东高标准农田工程质量建设年。广东大力推动高标准农田试点示范，布局17个宜机化改造试点项目、4个绿色农田试点项目，同时还选取10个县（市、区）打造20万亩以上土壤酸化耕地治理试点示范区。全年共建成高标准农田161.79万亩，超过国家下达的160万亩建设任务。①已建成高标准农田2519万亩，建成后的高标准农田，亩均粮食产能增加10%~20%。②

二是抓牢撂荒耕地复耕复种。实行撂荒耕地复耕复种双指标考核：2020年底各地级及以上市上报的撂荒耕地面积要完成复耕复种50%以上，对连片15亩以上撂荒耕地必须完成复耕。利用卫星遥感等技术开展撂荒耕地核查，分解下达撂荒耕地复耕复种任务，全省完成撂荒耕地复耕复种85.89万亩，超额完成计划复耕32.1万亩撂荒地的任务。③ 在全国率先利用卫星遥感等高新技术，对全省连片大于15亩以上的疑似撂荒耕地进行精准识别和动态监测。④ 各地实地核查疑似撂荒地块图斑99331个，可复耕的撂荒耕地

---

① 《藏粮于地！广东聚力打造"升级版"高标准农田》，《南方农村报》2022年2月19日，第1版。

② 黄进、杨建雄、杨金凤等：《2519万亩"良田"守护广东"米袋子"》，《南方日报》2022年8月6日，第A02版。

③ 谢晓莉、李国华、段凤桂等：《奖补唤醒撂荒地 亏损经营"行政田"》，《南方农村报》2022年6月25日，第3版。

④ 段凤桂：《广东"三农"非凡十年》，《南方农村报》2022年8月25日，第4版。

157.33 万亩，不具备耕种条件的有 122.19 万亩，已改变耕地用途的有 27.78 万亩。

推进撂荒地经营权流转。加强撂荒地土地经营权流转工作，规范土地经营权的流转管理，推进农村集体产权制度改革。在全省 8 个县（市、区）和 91 个乡镇开展土地流转省级奖补试点。开展社会化托管服务。支持新型农业经营主体开展生产托管服务推进撂荒地复耕复种，建立健全农业专业化社会化服务体系和运营机制，建设农业生产托管服务示范基地，搭建广东现代农业服务平台，提高社会化服务科技水平和助农服务能力。2021 年生产托管服务支持撂荒地整治复垦复种 6.8 万亩。

各地还探索运用股份制、阶梯奖补制等办法鼓励复耕复种。陆丰市探索将撂荒地变成"股票田"。城东镇磨海村以每年每亩 389 元的价格，以"一亩折 10 股"的量化比例，共流转土地 106 亩，实现每股每年创收 35 元，村集体每年增收 2791 元①。梅州市五华县则规定在 2020~2021 年，对于自行复耕复种的，水稻一年两造奖补每亩 240 元，同时为鼓励开展水田流转集约承包经营种植，对连片复耕水田面积 200~400 亩、400~600 亩、600 亩以上的分别叠加奖励 1 万元、2 万元、3 万元，并对取得一定成绩的镇、村给予一定的资金奖励②。

三 打好产业提升牌，全链条提升粮食生产产业化水平

习近平总书记指出："要在提高粮食生产能力上开辟新途径、挖掘新空间、培育新优势。"我国大力发展粮食产业经济，建设粮食产业强国。广东运用产业链思维，将生物技术、大数据、物联网、人工智能等最新科技成果引入粮食生产经营，尤其是运用大数据、区块链技术，使粮食库存监管、库存大清查、粮食质量追溯更加智能化、精准化，使粮食物流流量、流向、物

---

① 莫郅骅：《让种芯更自强 让农业更智慧》，《南方都市报》2022 年 1 月 12 日，第 A07 版。
② 段凤桂：《广东"三农"非凡十年》，《南方农村报》2022 年 8 月 25 日，第 4 版。

流方式、资金流、信息流更加清晰，打造食品安全从田间到餐桌的全产业链，实现粮食产供销上下游利益"帕累托最优"境界。

一是大力推动粮食产业全链条适度规模经营。通过社会化服务生产托管、土地流转等方式，2021 年广东建设丝苗米跨县集群产业园 1 个、粮食类特色产业园 7 个、丝苗米特色产业园 28 个，其中珠三角自筹资金建设丝苗米产业园 3 个，全省粮食产业园累计达到 34 个；丝苗米专业镇村 276 个，其中省级粮食专业镇 29 个、村 262 个，粮食类国家农业产业强镇 2 个，全国"一村一品（水稻）"示范镇 2 个。蕉岭省级丝苗米特色产业园整合蕉城等 4 个镇 398 平方公里土地，连片发展水稻种植 10.5 万亩。同时通过土地流转，实现规模化生产，实现主导产业年总产值达 14.44 亿元。[①]

二是加速打造"广东丝苗米"区域公用品牌。召开纪念《中国水稻栽培学》发行 60 周年暨广东丝苗米产业高质量发展大会，开展优质丝苗米食味品鉴，举办广东丝苗米文化节、广东云浮·罗定稻米节、"广东丝苗·籼米珍宝"醉美稻田时尚秀等活动，发布广东丝苗米广州地铁公益广告，启动广东丝苗米、"六好稻田"标准制定和认定，将广东丝苗米团体标准由 6 项增加到 14 项，覆盖从种到加工、产品的全产业链标准，营造"南有丝苗、北有五常"的优质稻米市场效应。通过丝苗米品牌创建，聚力做大做强丝苗米产业，实现优质优价，提高种粮综合效益。2021 年 12 月，广东还出台《关于金融支持全面推进乡村振兴的实施意见》，对丝苗米等地理标志农产品和特色农业产业开发产业链专属信贷产品，支持其提质增效。

四 打好科技支撑牌，全力支撑粮食生产提质增效

习近平总书记指出："农业的出路在现代化，农业现代化关键在科技进步"，"必须比以往任何时候都更加重视和依靠农业科技进步，走内涵式发

[①] 叶石界、史成雷：《"一粒粮"的产业之旅》，《南方》2022 年第 7 期。

展道路","让农业插上科技的翅膀"。科技是粮食生产的助推器，广东坚决贯彻藏粮于技战略，依靠科技力量做好"粮头食尾、农头工尾"这篇大文章。2021年，广东农业科技进步贡献率达到71.3%，水稻等主要农作物良种覆盖率98%以上，各项指标均居全国前列。①

一是加强种质资源保护和利用。进行种子库建设，开展种源"卡脖子"技术攻关，牢牢掌握粮食种业的自主权。先后出台《广东省种业振兴行动实施方案》《2021年广东省种业工作要点》，为种业保驾护航。积极推动"粤强种芯"工程。在全国推广面积最大的6个籼型常规稻中，有4个由广东育成，另2个含有广东品种血缘，或为"广东造"，或有"广东芯"。② 广东省农业科学院"水稻所现代种业产业园"入选2021年省级现代农业产业园建设名单。广州市洋田村的黄埔区"国家双季稻超高产攻关项目"试验基地双季稻亩产1509.5公斤，是2020年袁隆平院士提出"3000斤工程"后，早稻和晚稻同一个30亩以上规模地块测产后双季亩产达3000斤在广东省首次实现。③ 双季香稻亩产创1367.3公斤世界纪录，具备大面积双季优质丝苗水稻亩产超900公斤平衡生产的能力。④

二是启动农技推广乡村行。创建"1+20+100+1000"农技推广模式，即1个总队、20个支队、100个大队、1000个小分队，覆盖全省范围的广东农技服务乡村行轻骑兵，借助农业技术服务驿站和乡土专家队伍，结合疫情防控开展线上线下咨询培训，破解农技推广"最后一公里"问题，推进水稻良种良法示范推广。开展粮食绿色高质高效创建活动。丝苗米品种青香优19香创优质稻双季亩产1360.7公斤高产纪录，成功突破"优质难高产，

---

① 史成雷：《农业科技下乡记》，《南方》2022年第7期。
② 许悦、粤农轩：《全国推广面积最大的6个籼型常规稻或是"广东造"或有"广东芯"》，《羊城晚报》2021年10月26日，第A04版。
③ 莫郅骅：《双季稻亩产3019斤黄埔圆梦背后》，《南方都市报》2021年12月1日，第EA08版。
④ 伍素文：《广东连续两年超额完成粮食生产任务，打好六张牌以保粮食安全》，《中国经济周刊》2022年4月21日。

高产不优质"瓶颈制约。①

三是开展农业生产环节节约减损行动。针对人工散直播种、简单机收、稻谷晾晒不及时造成粮食损失率高的难题，大力推广水稻精量直播技术，减少种子用粮；开展机收减损大比武，培养熟练机收能手，减少田间收获损耗；新建79个稻谷烘干中心，有效减少因晾晒不及时产生的损失。探索综合种养新模式。在推广稻鱼、稻鸭等综合种养的基础上，利用沿海咸淡水资源，开展人工繁育禾虫与水稻共生模式获得成功，有利于增加沿海滩涂水稻种植面积，提高种粮效益。全省农机总动力达2500万千瓦，主要农作物耕种收综合机械化率为67%，水稻耕种收综合机械化率为77%，实现农业机械化在"十四五"开好局、起好步。②

四是以数字化赋能农业发展。一方面是农业数字化，让传统农业通过数字化的手段进行表达，利用传感器、大数据、算法等技术开展工作，如启动"数字农田"建设，持续推进农田建设管理信息系统升级改造及运营，以实现对全省新建高标准农田工程设施及已建的高标管护、耕地撂荒与种植分布情况进行有效监测③；另一方面是数字农业，通过大数据、人工智能、5G、8K等数字化手段来进一步降低产业发展风险，提升收益，提高效率。同时形成产业链上中下游更加快速的联动，通过大数据判断和预测市场价值与供销关系，为供应链的金融服务提供依据。

五　打好惠农政策牌，全方位保护种粮农民积极性

习近平总书记强调，"要解决好'谁来种地'问题，培养造就新型农民队伍，确保农业后继有人；要以解决好'地怎么种'为导向，加快构建新

---

① 史成雷：《农业科技下乡记》，《南方》2022年第7期。
② 莫郅骅：《解密广东粮食总产量创近9年新高：让种芯更自强、农业更智慧》，《南方都市报》2022年1月12日，第A07版。
③ 《藏粮于地！广东聚力打造"升级版"高标准农田》，《南方农村报》2022年2月19日，第1版。

型农业经营体系。"农民是粮食生产主体。广东积极创新粮食种植的惠农补贴机制、政策和办法,支持粮食种植业高质量发展,激发种粮农民和新型农业经营主体的积极性。

一是贯彻落实惠民惠农财政补贴资金"一卡通"管理工作。财政、民政、人社、农业农村、审计、乡村振兴、政数、银保监等八部门联合制定进一步加强惠民惠农财政补贴资金"一卡通"管理实施方案,以建设广东财政惠企利民服务平台为抓手,推动财政补贴资金查询、申报、审核、监督等功能"一网式"办理,统筹推进惠民惠农政策快速落地兑现。①

二是增加发放惠农补贴。增加粮食生产特别是适度规模生产补贴。发放耕地地力保护补贴资金25.1054亿元,发放中央财政对实际种粮农民一次性补贴资金3.7777亿元。②整合中央和省级财政资金3.7亿元支持双季稻生产,双季稻轮作补助范围从2020年的40万亩扩大到100万亩,增幅150%。③

三是创新惠农水稻保险。2021年广东将"推进农业保险扩面、增品、提标"列入"十大民生实事",水稻保险覆盖率已达80%。④大力推动农业保险高质量发展。创新水稻政策性保险品种,探索完全成本保险。6月16日,太保产险广东分公司在广州市从化区落地的水稻区域产量保险,是全国首单水稻区域产量保险。⑤9月7日,太保财险汕尾中支公司专门制定政策性农业保险专属化方案,成功办理汕尾市首单"区域水稻产量保险"试点项目。该项目在传统水稻种植保险的基础上,主动探索水稻产量更高保障险种的落地方案,提高水稻保险金额,积极试点水稻产量保险,解决了高价值

---

① 《广东省"三个一"加快惠民惠农财政补贴落地兑现》(广东省财政厅2021年9月24日发布),http://www.gdmx.gov.cn/mzmxczj/gkmlpt/content/2/2226/mpost_2226465.html#4671,最后检索时间:2022年9月1日。

② 李竹、陈行:《超25亿元!广东耕地地力保护补贴资金金额定了》,《深圳特区报》2022年4月21日。

③ 温柔:《广东粮食"三增"的背后》,《南方》2022年第7期。

④ 梁煜:《广东农业保险扩面工作成效显著 水稻保险覆盖率已达80%》,《南方农村报》2021年12月9日,第4版。

⑤ 郑展能:《广东水稻区域产量险落地从化》,《南方农村报》2021年6月19日,第12版。

水稻保额不足的问题。① 引导社会各界主体参与粮食生产开发经营，形成全社会重农抓粮良好氛围，使得广东粮食产业发展跃上新台阶。

2021年广东粮食生产取得优异成绩，是省委牢记习近平总书记嘱托，感恩奋进，团结带领广大党员干部群众，深入贯彻习近平总书记关于粮食生产、粮食安全和耕地保护的重要讲话和重要指示精神，坚决扛起粮食安全政治责任，用辛勤和汗水浇灌出来的。当然，我们也看到，困扰粮食生产的几个长期问题依然存在。如在撂荒地复耕复种上，复耕费用较高、道路水利等配套设施不完善、复耕地适种性有待提高、复耕复种收益偏低等问题比较突出，直接影响复耕复种。在粮食生产模式上，虽然有科技和政策的加持，但小农户靠天吃饭的模式仍未完全摆脱。丝苗米产业在规模和品牌价值上还不能望东北大米项背。据调研，省名牌产品企业中年生产量达1万吨以上的企业不足1/3，而东北哈尔滨大米企业中，加工能力在30万吨以上的有13家，加工能力在10万吨左右的达到483家。② 最为重要的是，如果仅计算粮食种植成本和收益，农民辛苦一年有可能还是亏本。据统计，2021年广东水稻种植成本增加，早稻亩均生产成本1408元，同比上涨14.4%；晚稻亩均生产成本1450元，同比上涨15.4%。而在收益方面，早稻常规稻亩均产值为1190元，杂交稻亩均产值为1335元；晚稻常规稻亩均产值为1415元，杂交稻亩均产值为1518元。水稻亩均效益总体亏损。③

广东要在未来一段时间内切实抓好粮食生产，统筹解决上述问题，必须以习近平总书记关于粮食生产、粮食安全和耕地保护的重要讲话和重要指示精神为指导，按照《广东省推进农业农村现代化"十四五"规划》《广东省

---

① 《汕尾市首单区域水稻产量保险成功落地》，汕尾市人民政府门户网站2021年11月29日发布，http://www.shanwei.gov.cn/swny/ywyw/nyzx/content/post_779083.html，最后检索时间：2022年9月1日。
② 赵启旭、张植宏：《广东丝苗米端牢"一碗饭"》，《南方农村报》2021年9月28日，第1版。
③ 广东省农业农村厅市场与信息化处：《2021年广东省粮食产销形势分析》，2022年1月29日，最后检索时间：2022年9月1日。

粮食安全和应急物资保障"十四五"规划》的部署安排,守正创新,继续主动打好党政同责牌、耕地保护牌、产业提升牌、科技支撑牌、惠农政策牌。要压实粮食安全党政同责,将粮食生产任务完成情况纳入推进乡村振兴战略实绩考核,及时将国家下达的粮食生产目标任务分解到生产单位,全力完成国家任务;要坚持"藏粮于地",继续采取"长牙齿"的保护硬措施,牢牢守住粮食生产耕地红线,加强高标准农田建设,以敢啃硬骨头的精神推进撂荒地复耕复种,挖掘粮食耕地面积潜力,推进灌区现代化改造,促进粮食稳产增产;要坚持产业振兴,全链条建设粮食产业,做大做强丝苗米产业园和跨区域粮食产业集群,全方位培育丝苗米品牌,提高粮食产业综合效益;要坚持"藏粮于技",强化科技支撑,深入实施"粤强种芯"工程,打造广州、深圳种业创新高地,推广节水农业技术和耐旱品种,继续组织广东"百团万人"农技服务乡村行,建设一批新"三品一标"示范基地;要坚持政策惠民,继续创新粮食种植的惠农补贴机制、政策和办法,创新金融支持粮食种植方式、产品,鼓励粮食种植大户、合作社、农场、专业公司等新型农业经营主体带动个体农户开展规模化、机械化、专业化种植,调动农民种粮积极性,让农民种粮有钱挣;要深入践行大食物观,向森林、江河湖海、设施农业要食物,向更丰富的生物资源拓展,更好地满足人民群众日益多元化的食物消费需求。

2021年广东现代农业产业园建设报告

朱前鸿*

摘　要： 2021年，广东现代农业产业园建设取得新成效，积累了党建引领乡村振兴、政策兜底利农惠农、科技创新提质增效、财政金融筑基助力、城乡融合利益联结、数智建设大有作为等新经验。然而，广东现代农业产业园建设仍然存在发展不平衡不充分、配套措施不到位、发展质量不够高等问题。要着力发展乡村特色产业、着力提升科技支撑水平、着力推进全产业链发展、着力推动落实配套措施、着力创新党管园区机制。

关键词： "三农"问题　现代农业产业园　乡村振兴　广东省

习近平总书记指出，"三农"问题是全党工作的重中之重，全面建设社会主义现代化国家、实现中华民族伟大复兴，最艰巨最繁重的任务依然在农村，最广泛最深厚的基础依然在农村。广东省委、省政府始终把落实农业农村优先发展的方针扛在肩上，将农业农村现代化作为在全国率先实现现代化的优先发展战略，以现代农业产业园建设为龙头促进农业农村现代化，以产业振兴为突破带动乡村振兴促进城乡融合，努力把短板变为"潜力板"，农村农业发展质量和现代化水平稳步提升。广东省农业农村厅、广东省科技厅等政府部门齐抓共管协同推进，以园区带乡村，以产业促就业，以科技提质效，使现代农业产业园建设驶上高质量发展快车道。

＊ 朱前鸿，哲学博士，法学博士后，国务院特殊津贴专家，企业管理研究员（正高级），广东省机场管理集团有限公司党委委员、副总经理。

一　广东现代农业产业园的发展态势

2021年是"十四五"的开局之年，也是以乡村振兴巩固脱贫攻坚成果的衔接之年，广东始终把现代农业产业园建设作为促进农业农村现代化和乡村振兴的"牛鼻子"，精准发力，现代农业产业园建设呈现高质量发展的新气象。

（一）现代农业产业园建设新成效

广东现代农业产业园的建设继续走在全国前列，成为广东乡村振兴和县域经济发展的重要引擎。截至2021年底，广东全省累计创建18个国家级、235个省级现代农业产业园，6个国家级优势特色产业集群，56个国家级农业产业强镇，116个国家级"一村一品"示范村镇。扶持2201个村发展农业特色产业，建成1322个专业村和200个专业镇，农产品加工业与农业总产值比达到2.44∶1，休闲农业与乡村旅游年收入超过1500亿元，数字农业、智慧乡村等新产业新业态新模式呈现蓬勃发展之势。[①] 2021年广东申请认定的8个国家级现代农业产业园全部通过认定，约占农业农村部拟认定的43个国家现代农业产业园的1/5。广东省级现代农业产业园覆盖全省主要农业县，"一县一园、一镇一业、一村一品"的现代农业产业体系基本形成。广东的现代农业产业园覆盖丝苗米、蔬菜、生猪、茶叶、家禽、渔业、水产、水果等产业，产业布局越来越符合地方生态特点，为守护"米袋子"、丰富"菜篮子"、享用"果盘子"、品尝"茶罐子"，保障重要农产品稳定有效供给发挥了支撑作用。

（二）现代农业产业园建设新经验

广东现代农业产业园建设坚持党建引领、问题导向、创新驱动，形成了

---

① 陈泽云、许悦、周聪：《广东今年如何推进乡村振兴？15.3万个自然村分类建设，打造一批跨县集群产业园》，《羊城晚报·羊城派》2022年1月23日。

一套可复制、可推广的做法。主要有六个方面。

1. **党建引领乡村振兴**

广东建立了省—市—县—乡（镇）—村五级书记抓落实机制。省委书记、省长带头，省市县各级党政"一把手"担任实施乡村振兴战略领导小组组长、副组长，带头挂点联系涉农县镇村，督导帮助基层推进乡村振兴，把重农强农利农决心和举措层层落实，传导带动全社会参与。广东省委还建立了"抓一把手"工作机制，把乡村振兴战略实施情况作为抓基层党建述职评议的重要内容，每年组织对全省21个地级及以上市和62个省直部门进行分片区、分类型考核，考核结果作为领导干部选拔任用以及省级资金安排的重要参考。深入实施基层党组织"头雁"工程，统筹选派第一书记4998名，推动基层党组织对"三农"工作领导的能力和水平全面提升。广州成立了由市委、市政府主要负责同志分别任组长和常务副组长的市委农村工作领导小组（实施乡村振兴战略领导小组），按照五级书记抓乡村振兴的要求，在全省率先建立了市四套班子成员和法检两长联系乡村振兴等工作机制，确保乡村振兴各项任务落地生效。2021年广州市农林牧渔业总产值551亿元，增长7.1%，农村居民人均可支配收入34533元，增长10.4%，继续高于城镇居民收入增速。

2. **政策兜底利农惠农**

为了促进现代农业产业园高质量发展，加快推进农业农村现代化，广东省委、省政府注重根据形势发展需要，创新政策体系，兜底引领现代农业产业园建设（见表1）。

这一系列托底政策"组合拳"，明确了现代农业产业园的发展路径，加快推进了广东以园区建设为龙头带动乡村振兴、城乡融合的进程。

3. **科技创新提质增效**

广东在全国率先搭建了"广东农业科技创新大比武"竞技融智平台，在全国率先开展乡村工匠专业人才职称评价，推进科研力量大联合大协作，促进科技创新成果加速转化，产业园科技元素随处可见，全省农业科技贡献率达到71.3%。全省农业龙头企业、农民合作社、家庭农场分别达5000家、

表1 2021 广东省现代农业产业园支持政策一览

时间	文件名称	文件要点	印发机构
2021 年 3 月	《2021 年省〈政府工作报告〉重点任务分工方案》	建设若干跨县集群、特色产业和功能性现代农业产业园。支持河源灯塔盆地创建国家农业高新技术产业示范区。加快建设国家级优势特色产业集群、农业产业强镇、国家级"一村一品"示范村镇。推进省农业农村大数据中心和数字农业产业园建设	省政府
2021 年 3 月	《中共广东省委广东省人民政府关于全面推进乡村振兴加快农业农村现代化的实施意见》	探索建设现代种业、设施装备、数字农业等功能性产业园，强化现代渔业产业示范区和林业产业示范园区建设，推进深圳国际食品谷、中国(深圳)农业食品创新产业园区等建设	省委、省政府
2021 年 6 月	《农业农村部 广东省人民政府共同推进广东乡村振兴战略实施 2021 年度工作要点》	深入推进国家、省级现代农业产业园和"跨县集群、一县一园、一镇一业、一村一品"现代农业产业体系建设，并明确了部省责任分工	省政府办公厅
2021 年 6 月	《2021—2023 年全省现代农业产业园建设工作方案》	建设省级产业园 100 个左右，实现优势产业、农业县(市、区)、主要特色品种省级产业园全覆盖，争创一批国家级产业园，打造一批全产业链、在国内外具有竞争力的优势产业区(带)	省农业农村厅、乡村振兴局制定、省政府办公厅转发
2021 年 8 月	《广东省推进农业农村现代化"十四五"规划》	打造一批跨县集群产业园，拓展一批特色产业园，创建一批功能性产业园，建设 5～10 个国家级优势特色农业产业集群、30 个国家级农业产业强镇、一批"一村一品、一镇一业"农业产业强镇、特色专业镇和农业特色专业村	省政府
2021 年 8 月	《广东省 2021～2023 年中央财政农机购置补贴实施方案》	将粮食、生猪等重要农畜产品生产所需机具全部列入补贴范围，应补尽补。将育秧、烘干、标准化猪舍、畜禽粪污资源化利用等方面成套设施装备纳入农机新产品补贴试点范围，加快推广应用步伐	省农业农村厅、省财政厅

资料来源：政府公开信息。

4.8万家、13万家，基本建成广州国家现代农业科技创新中心、岭南现代农业科学与技术广东省实验室等重大科技助农平台。白羽肉鸡"广明2号"配套系列通过国家新品种审定，种源实现国内零的突破。大埔柚通柚美公司研发60余种柚子产品种类，1吨鲜果由4000元价值提升到13万元①。广东省第十三届党代表陈慧依靠科技，帮助果农复种贡柑，用了近9年时间在德庆建了9个果场，面积达3000亩，2021年帮助果农每亩增收4000元，果农享受到了科技创新带来的丰硕成果。②

4. 财政金融筑基助力

持续加大财政投入，是广东促进乡村振兴实现高质量发展的一个重要因素。广东省乡村振兴局提供的数据显示，2021年广东"三农"投入力度之大前所未有，中央和省级财政投入专项资金总额456.06亿元，同比增长31.1%。金融服务既是现代农业产业园建设的源头"活水"，更是现代农业产业园建设的基底。2021年11月，为了引导更多金融资源投向"三农"，广东省农业高质量发展板更名为"广东乡村振兴板"。广东农行与广东省农业农村厅签订支持产业园建设合作协议，安排信贷资金500亿元，助力现代农业产业园建设。被誉为"中国荔枝之乡"的高州，就是金融助力的一个缩影。到2021年7月，高州荔枝种植面积达55万亩，荔枝年产量超过20万吨，荔枝品牌价值过百亿元。有关方面统计数据显示，农行广东分行为高州荔枝产业园332户荔枝农企、农户提供贷款余额达1.53亿元。

5. 城乡融合利益联结

广东现代产业园建设注重建立联农带农机制，强化与农民的利益联结，产业园的带动力越来越强，一二三产业加速融合，农业增加值显著提升，城乡居民收入差距不断缩小，城乡融合发展加速推进。农民通过土地出租、土地入股等方式参与园区项目建设，实现利益共享。据统计，2021年广东农村居民人均可支配收入22306万元，同比增长10.7%，城乡居民收入比下降

① 张曦文：《广东：建设现代农业产业园 引领乡村振兴》，《中国财经报》2021年9月23日。
② 张璐瑶、周聪、王雷：《党建引领，广东乡村振兴跑出"加速度"》，《羊城晚报》2022年5月22日。

到 2.46：1。粤东粤西粤北地区 131 个省级产业园实际总投资 362.2 亿元，省级财政资金撬动社会资金的比例为 1：4.8；主导产业总产值 3031 亿元，第二、第三产业产值超过 50%；园内农民人均可支配收入达 2.7 万元，比建设前增长 26.7%。广东每 10 个柚子有 9 个产自梅州，全国每 5 个柚子有 1 个产自梅州，梅州柚直接带动农民增收 5 亿多元，柚子成了"摇钱树""致富果"，主要在于梅州 1 个国家级和 3 个省级现代农业产业园的带动。连南稻鱼茶产业园推出"稻田鱼+旅游"模式，通过"公司+基地+农户"等合作方式，与农民利益捆绑，稻田鱼成了农民"致富鱼"。利用联农机制参与园区建设的 9237 户农户，农民人均可支配收入高于全县平均水平的 20% 以上。茂名市电白区 2020 年丝苗米产业园区域内水稻种植面积 20.84 万亩，产量 8.19 万吨，产业总产值 10.7 亿元，其中第一产业产值 2.66 亿元、第二产业产值 8.04 亿元。预计 2023 年，稻米种植面积在 21 万亩以上，稻米总产值达到 12.84 亿元以上，二三产业产值占产业园总产值 79% 以上。①

6. 数智建设大有作为

广东现代农业产业园数字化建设一直走在全国前列，从 2019 年开始，在广东省委、省政府的指导下，广东省农业农村厅在徐闻率先启动农产品"12221"市场体系建设：建立"1"个农产品的大数据，以大数据指导生产引领销售；组建销区采购商和培育产区经纪人"2"支队伍；拓展销区和产区"2"大市场；策划采购商走进产区和农产品走进大市场"2"场活动；实现品牌打造、销量提升、市场引导、品种改良、农民致富等"1"揽子目标。从徐闻县 11 个菠萝主产镇的邮政储蓄数据来看，2019 年末为 21.1 亿元，2020 年末为 23.8 亿元，2021 年 1~7 月为 26.5 亿元，已超过 2020 年一整年的储蓄。在"12221"市场体系的加持下，翁源兰花、徐闻菠萝、英德红茶、凤凰单枞、茂名荔枝、梅州柚子等广东特色农产品，通过"网络节+云展会"销往全国，卖向全球。2021 年 9 月发布的《2021 全国县域数字农业农村电子商务发展报告》显示，2020 年，全国县域农产品网络零售额为

---

① 《茂名：电白区丝苗米省级现代农业产业园加快建设》，《南方农村报》2022 年 4 月 14 日。

3507.6 亿元，其中广东以 750.6 亿元的成绩位列榜首。[①] 特别是在新冠肺炎疫情影响下，产业园数字平台发挥了不可替代的作用。通过"保供稳价安心"数字平台，广东荔枝产值不断提升，2021 年上半年荔枝实现产值 140.8 亿元，出口量增长 79.8%，农村网络零售额达到 306.4 亿元，增长 19.8%。广东菠萝从 2018 年每斤低于 0.5 元飙升至每斤 1.8~2.5 元，增值 2.6~4 倍，峰值时更是达到 5 倍。

二 广东现代农业产业园建设面临的主要问题

广东现代农业产业园建设继续走在全国前列，但是发展不平衡不充分、配套措施跟不上、发展质量还不高、科技支撑不够等制约产业园高质量发展的问题依然突出，亟须高位推动，加大力度，全力破解。突出问题主要有三个方面。

1. 发展不平衡不充分

一是产业结构不平衡不充分。

从表 2 统计数据看，2021 年第一产业增加值有所增加，与 2019 年相比贡献率也有所增加，但在三次产业结构中的占比却持平，与 2020 年相比贡献率及在三次产业结构中的占比均有下降。可见，以现代农业产业园建设为龙头，加速带动乡村全面振兴和农业农村现代化任重而道远。二是城乡发展不平衡不充分。统计数据显示，2021 年广东城镇居民人均可支配收入为 54854 元，农村居民人均可支配收入为 22306 元，收入比虽然下降到 2.46：1，但是城乡居民收入差距依然巨大。就农村居民平均收入而言，珠江三角洲地区 9 个城市除深圳外，农村居民人均可支配收入为 3.3 万元，是全省农村居民人均可支配收入 2.23 万元的 1.48 倍。揭阳市农村居民人均可支配收入只有 18016 元，约为深圳居民人均可支配收入的 25%，低于全国农村人均的 18931 元。农村居民人均可支配收入连续 37 年居全国各省区第一的浙江省，2021 年农村居民平均可支配收入为 35247 元，收入比小于 2 为 1.94。

---

① 《2021 全国县域数字农业农村电子商务发展报告》，农业农村部网站（2021 年 9 月 11 日）。

可见，农业农村发展不平衡不充分，是广东作为经济大省亟须加快补齐的一块短板。

表2　2019~2021年广东三次产业对经济增长贡献率

年份	经济总量（亿元）	第一产业		第二产业		第三产业		产业结构
		增加值（亿元）	贡献率（%）	增加值（亿元）	贡献率（%）	增加值（亿元）	贡献率（%）	
2019	10767.01	4351.26	2.6	43546.33	33.6	59773.38	63.8	4.0：40.5：55.5
2020	110760.94	4769.99	6.4	43450.17	33.7	62540.78	59.9	4.3：39.2：56.5
2021	124369.67	5003.66	4.2	50219.19	43	69146.82	52.8	4.0：40.4：55.6

资料来源：政府公开信息。

2. 配套措施还不到位

一是资金投入与实际需求相比还远远不够。近年来虽然广东对现代农业产业园的投入力度空前，但是两期现代农业产业园的财政投入共150亿元，形象地说，就是"小马拉大车"。二是土地供给滞后难以满足园区一二三产业落地对土地的实际需求。虽然近些年在产业园用地供给上取得重大突破，但是由于涉及集体用地、宅基地、留用地，土地"碎片化"严重，存在统一规划管理难、土地利用程序办理难、农民利益诉求满足难、跨部门统筹协调难等实际问题，导致土地供给难以满足产业园发展需求。三是产业园配套基础设施跟不上产业园产业发展的节奏。产业园路网、管网、电力、基站等基础设施建设滞后，一定程度上影响了供应链的畅通、生产加工的效率和产业数字化的效果，制约了产业链的延伸、产业的集聚和高质量发展。四是产业园对高层次管理人才的吸引力不足。产业园人才的薪资待遇总体偏低，难以招揽急需的高层次管理人才，导致园区的总体管理水平不够高，从而影响了产业的整体发展。

3. 发展质量还不够高

一是产业园主导产业同质化严重。根据公开信息，对广东截至2021年底，235个现代农业产业园主导产业同质化情况分析见表3。

表3 广东235个省级现代农业产业园主导产业集中度

单位：个，%

省级现代农业产业园主导产业	数量	占比
丝苗米	25	10.6
蔬菜	13(不含迟菜心、菜心、果菜茶)	5.5
茶叶	10(不含红茶、稻鱼茶、凤凰单丛、果菜茶)	4.3
生猪	10(不含土猪)	4.3
荔枝	6	2.6
花卉	6	2.6
南药	6	2.6
水产	5	2.1
渔业	5	2.1

资料来源：政府公开信息。

从表3可以看出，广东235个现代农业产业园中，5个以上主导产业相同的产业园共有9个品种86个，超过总产业园数量的1/3，约占36.6%；10个以上主导产业相同的产业园有4个品种58个，接近总产业园数量的1/4，约占24.7%；相同程度最高的丝苗米产业园共有25个，超过总产业园数量的1/10，约占10.6%。低水平重复、雷同，在一定程度上制约了产业园的高质量发展。二是龙头企业还比较少。由于产业园投资大、周期长、回报慢、回报率低，投资现代农业产业园的企业较少，规模大的也不多，影响了现代农业产业园对农业产业化的引领带动和辐射。三是带动农民增收动力不足。现有产业园普遍大而不强，无论是粤东的青梅、金柚，还是粤西的菠萝、荔枝，粤北的红茶、清远鸡，总体上产品初加工多、精深加工少，产业链条短、附加值较低，带动农民增收动力不强。

三 加快推进广东现代农业产业园建设的对策建议

习近平总书记指出，农业要振兴，就要插上科技的翅膀，就要靠优秀的人才、先进的设备、与产业发展相适应的园区。建设现代农业产业园是广东深入贯彻习近平总书记关于"三农"工作的重要论述和对广东工作系列重要指示精神,全面促进乡村振兴的先手棋,也是稳经济、稳增长的重要抓手,必须从全局和战略的高度优先抓好落实。

一是要着力发展乡村特色产业。要依托广东现有主导特色产业,因地制宜补齐产业发展短板,实现主要特色品种覆盖全省农业县(市、区),筑牢县域现代农业高质量发展的底部支撑。要立足粮食、生猪、家禽、岭南水果、蔬菜、南药、茶叶、花卉、油茶、水产、橡胶、农产品冷链物流等本地优势产业,贯通生产加工销售,融合农业文化旅游,打造特色产业集聚区和生产原料基地,培育农产品大品牌、大产业、大集群,提升农产品附加值,打造"生态优先、项目优质、品牌优秀、效益优良、环境优越"的特色产业园,将其作为优势特色产业发展先行区、示范区,引领带动乡村产业振兴、农民增收致富。

二是要着力提升科技支撑水平。要加强与高校和科研院所协同创新,打好科技牌,促进农科教、产学研深度融合和科研成果转化,进一步提高农产品加工转化率,挖掘提升农产品价值,彰显农产品的科技含量。利用科技赋能,培育乡土专家,努力打造农产品标准化生产基地,促进初加工、精深加工流水作业,推进加工产能集聚发展。充分利用广东数字化建设走在全国前列的优势①,抢抓机遇,大力促进现代农业产业园推广应用数字化、智能化等先进技术和装备,推动农业装备转型升级,率先在全国发展数字农业,利用"5G+智慧农业"平台让农产品出村、进城、上天,卖得出、卖得远、卖得好,打造"技术先进、效益突出"的现代农业产业园,加快转变产业园发展方式,促进现代农业产业园提质增效、可持续发展。

三是着力推进全产业链发展。围绕主导产业,构建集生产、加工、收

---

① 2020年,广东数字经济增加值规模约5.2万亿元,占GDP比重46.8%,规模居全国第一。在5G建设上,截至2021年,广东已建成5G基站17.1万个(占全国12%),有5G移动电话用户4096万户(占全国12%),规模均为全国第一。中国工程院院士、国家农业信息化工程技术研究中心主任赵春江认为,广东有条件在全国率先实现农业农村数字化。

储、物流、销售、旅游、品牌、科技于一体的产业链，促进一二三产业深度融合发展，让农民在生产加工销售、贸易工业农业的融合发展中获得更多产业增值收益。围绕服务主导产业，按照"核心技术+产业融合+场景实践+示范推广"等全产业链打造要求，挖掘产业链价值，加快推进集现代种业、加工服务、装备制造、数字技术、品牌培育等于一体的功能性产业园，提升产业园整体效益。推广"公司+农户"合作模式，打造农业产业化联合体，促进农户与产业园开发主体有机衔接共同发展。以创新为驱动，创新"12221"市场体系，挖掘农业生态价值、旅游休闲价值、文化价值，延伸产业链拓展价值链，促进"产业、市场、科技、文化"有机联动，实现农业文化旅游融合发展，培育"农文商旅"一体化发展新业态。以产业集聚发展为导向，以大企业为龙头，以科技为手段，突破园区行政区划界限，深化推进跨县产业园建设和产业集群打造，提升现代农业产业园对乡村振兴的辐射带动能力。

四是着力推动落实配套措施。加强规划引领，保障土地供给，坚持绿色发展，将习近平的生态文明思想落实在现代农业产业建设的全过程，切实保护好产业园生态环境。继续加大财政投入，发挥财政资金"四两拨千斤"的作用，创新"政府+金融+保险"保障机制，加快形成财政优先保障、金融重点倾斜、社会积极参与的多元投入格局。加快产业园配套基础设施建设，打通影响产业园发展的路网、管网，稳定电力供应，加快建设5G基站，畅通供应链联结产业链。创新土地利用模式与联农机制，简化土地流转程序，提高土地流转效率，尊重农民意愿，创新"租金+股金+薪金"收益机制，依法引导农民通过土地入股、租赁、托管等形式与产业园合作，实现土地与产业园发展利益捆绑，促进农民就业和稳定增收。以产权为纽带，积极引导农业龙头企业、物流企业、互联网企业、农民合作社、金融机构、供销社、家庭农场等有竞争力的经营主体入股园区创业创新。完善人才入园创业机制，招揽高层次管理和科技人才入园创业，引导农民工、退役军人和大学毕业生回乡入园创业。以产业园为载体，完善农村产权制度与要素市场化配置，盘活资源、激活主体、活跃市场，激发广

大农民积极性和创造性，汇聚社会支农助农兴农力量，促进城乡融合乡村振兴。

五是着力创新党管园区机制。深入贯彻落实习近平总书记要加强党对"三农"工作的全面领导的指示要求，创新党管产业园工作机制。落实好各级党委对产业园建设的政治责任，切实发挥现代农业产业园对促进全面乡村振兴的带动作用。县（市、区）委书记要亲自抓产业园建设，当好产业园建设的"一线总指挥"。要发挥城市党组织在党建工作方面的经验和优势，选派信得过、靠得住的优秀党务工作者驻园帮园联农带农，促进城乡融合乡村振兴。创新激励机制，加大基层党务工作者使用力度，拓宽交流渠道，提高生活待遇，确保基层党务工作者工作有奔头。加强园区基层组织教育培训，全面提升基层党务工作者政治素质和业务能力。发挥党员干部先锋模范带头作用，突出把基层组织体系建设作为固本强基工程，为现代农业产业园高质量发展提供政治和组织保障。及时总结产业园建设过程中的党建经验，不断促进党建和产业园发展深度融合。

参考文献

习近平：《论"三农"工作》，中央文献出版社，2022。

李希：《忠诚拥护"两个确立"，坚决做到"两个维护"，奋力在全面建设社会主义现代化国家新征程中走在全国前列　创造新的辉煌——在中国共产党广东省第十三次代表大会上的报告》，《南方日报》2022 年 5 月 31 日。

郭跃文、顾幸伟主编《广东城乡融合发展报告（2021）》，社会科学文献出版社，2021。

肖琴、罗其友：《国家现代农业产业园建设现状、问题与对策》，《中国农业资源与区划》2019 年第 11 期。

蒋黎、蒋和平、蒋辉：《"十四五"时期推动国家现代农业产业园发展的新思路与新举措》，《改革》2021 年第 12 期。

B.5
2021年广东农业科技成果转化
与科技服务报告

陈琴苓　兰可可*

摘　要： 农业科技是广东省落实构建以国内大循环为主体、国内国际双循环相互促进新发展格局的重要抓手。目前科技成果转化存在系列问题，包括传统农业科技推广难以适应新时代要求、传统的农业科技供给方式存在不足、碎片化的单项技术不能满足产前产中产后全链条技术服务的需求。广东省科研机构与农业高校创新科技服务模式，探索"院校与地方合作发展"的多种模式，融入乡村振兴主战场；深化拓展校企、院企合作，打造产业高质量发展新引擎；创建人才精准对接产业发展模式，提升农民素质。通过农业科技成果转化与科技服务提升，加速科技成果转化为生产力，成为农业农村现代化和城乡融合的重要支撑。

关键词： 农业科技　乡村振兴　广东省

党的十九大提出实施乡村振兴战略的重大历史任务，广东是农业大省、农业强省，作为我国改革开放的排头兵和试验田，始终是我国创新发展大潮的引领者和带动者。乡村振兴与城乡融合离不开强有力的科技支撑，针对广东农业科技成果转化与服务存在的问题，省内科研机构、高校积极探索提升

---

* 陈琴苓，广东省农业科学院科技条件部主任，研究员，主要研究方向为农业科研管理；兰可可，广东省农业科学院科技条件部平台科科长，主要从事科技条件平台建设与运行管理工作，主要研究方向为科研管理。

农业科技成果转化与科技服务的新模式，通过推广院地合作、校地合作模式提升区域乡村振兴；通过深化拓展校企、院企合作打造产业高质量发展新引擎；建立科技人才精准对接产业发展模式，培训精勤农民，成为引领全国乡村振兴和城乡融合的先锋。

一 广东省农业科技成果转化与科技
服务模式探索及成效

近年来，广东省农科院深入贯彻落实习近平总书记关于"三农"工作重要论述和省委、省政府"1+1+9"工作部署，主动融入乡村振兴主战场，与有关市县立足各自优势、合作共建科技平台，打造乡村振兴的农业科技新引擎，推动产业兴旺。

（一）推广院地合作、校地合作模式，提升区域乡村振兴

1. 以广东省农科院为代表的"院地合作"模式

一是建设 17 个地方分院。2015 年以来，省农科院围绕服务现代农业产业发展、打破农技推广"最后一公里"，与地方政府共建广东省农业科学院分院，打造了以地方分院为支点、企业为载体、专家服务团为纽带、现代农业产业园为抓手的院地企联动的科技支撑体系。自 2015 年 12 月省农科院首个分院——省农科院佛山分院在佛山成立起，省农科院共在佛山、河源、梅州、韶关、湛江、茂名、江门、惠州、清远、汕尾、肇庆、汕头、揭阳、阳江、云浮建了 15 个分院，在潮州、东源建了 2 个促进中心，截至 2022 年 6 月，省农科院与地方政府合作共建了 17 个分院（促进中心），形成了覆盖广东省主要农业发展区域的立体化科技服务体系，成为广东省基层农技推广体系的重要科技力量。

二是形成了"共建平台、下沉人才、协同创新、全链服务"的院地合作新模式。建设地方分院是省农科院深入实施创新驱动发展战略、全面投入乡村振兴主战场的重大举措。通过强化顶层设计、完善工作机制、找准工作

抓手，省农科院与地方政府合作共建地方分院、促进中心，积极推动科技资源和人才下沉，全面铺开科技服务"三农"工作。2020年3月，《中共广东省委 广东省人民政府关于加强乡村振兴重点工作 决胜全面建成小康社会的实施意见》提出"强化涉农院校、科研院所科技支撑作用，巩固推广省农科院'院地合作'模式"。

2. 以华南农业大学为代表的"校地合作"模式

为大力推进高等学校农业科技创新与推广服务，2012年教育部、科技部印发了《高等学校新农村发展研究院建设方案》。高校新农村发展研究院通过创新校地合作机制，深入研究"三农问题"，与地方政府建立科技合作关系。

一是在广东率先建设新农村发展研究院。2014年，华南农业大学新农村发展研究院正式挂牌成立，至今仍是广东唯一的国家级新农村发展研究院。目前共有39所高等学校成立了新农村发展研究院。

二是与地方政府合作共建研究院分院，建设校地合作的新样板。通过产业技术协同，推动乡村产业转型。分院围绕当地区域特色优势产业不同环节的技术需求，整合高校多学科、多领域资源优势，深化校地合作，建立科研实训基地、成果推广转化、技术培训等平台及示范基地，有效推动地方农业全产业链技术升级。华南农业大学新农村发展研究院成立至今，与地方政府合作共建珠海分院、汕头分院、顺德分院和现代农业总部经济研究院、茂名现代农业研究院，组建40个全产业链的专家服务团队，深入粤东、西、北开展科技对接活动，与38个产业园签订43份合作协议。

3. 以广州市为代表的"校区合作"模式

为促进乡村振兴，加速城乡融合，广东省各地市高度重视发挥科研院校在科技创新和成果供给方面的重要作用，促进科研成果在农村转化、推广和应用。最具代表性的是广州市"校区合作"模式，其为推动广州农业全面升级、农村全面进步、农民全面发展提供人才保障。

"一重点涉农区对一牵头院校。"广州市综合考虑7个重点涉农区农业发展的基础、需求导向和广州地区科研院所的实际情况，按照"一重点涉农区对一牵头院校"原则，确定相对固定的合作关系。具体为：从化区对接华南农业大学；增城区对接广东省农业科学院；花都区对接仲恺农业工程学院；南沙区对接中山大学；黄埔区对接华南理工大学；白云区对接广东省科学院；番禺区对接广东工业大学。通过建立对接合作关系，发挥研究机构的优势，突出科技引领，加快成果转化，形成长效合作共赢机制，推动农业高质量发展，促进农民稳定就业和持续增收。

建立"两级挂职机制"。广州市主动要求由华南农业大学、广东省农业科学院、中山大学、华南理工大学、广东省科学院、广东工业大学、仲恺农业工程学院等科研院校选派政治素质好、业务能力强的干部挂任相关涉农区的副区长。在此基础上，各涉农区可根据工作需要，商请科研院校选派业务骨干挂任镇街党政科技副职。科研院校共选派 5 名副处职挂职镇副职、3 名博士交流锻炼并设立专家工作站。此外，省农业科学院还选派 54 名专家对口挂点服务增城 54 个村。

自校区合作关系建立以来，专家团队躬身田间地头、深入乡村，秉持服务"三农"的初心，取得了 138 项科技下乡成果，惠及全市 35 个镇街、100 余家企业（合作社）和 1300 多家农户，促进了广州农业生产增量提质。广州市"校区合作"模式充分利用当地农业科技资源导入涉农区域，形成了农业科技成果转化与科技服务的共同体，具有可复制、可持续性，为广东省各地市提供了样板。

（二）深化拓展校企、院企合作，打造产业高质量发展新引擎

习近平总书记在 2016 年的全国科技创新大会上对科技创新中企业和科研院校的定位及发展方向进行了全面论述。企业是科技和经济紧密结合的重要力量，应该成为技术创新决策、研发投入、科研组织、成果转化的主体。科研院所和研究型大学是我国科技发展的主要基础所在，也是科技创新人才的摇篮。科学研究既要追求知识和真理，也要服务于经济社会发展和广大人民群众。

1. 以广东省农科院为代表的院企合作模式

近年来，广东省农科院围绕产业发展和企业需求，通过搭建平台、成果转化、专家进企、科技孵化等院企合作方式，多措并举为企业发展注入科技动力，支撑企业做大做强做优，带动产业兴旺、助推乡村振兴，逐步形成了"需求导向、资源共享、联合研发、强企兴业"的院企合作模式。

一是联合企业打造产学研合作平台提升企业造血功能。省农科院以产业需求为导向，以"企业出题，农科院答题"的形式开展科技创新工作，支撑企业做大做强。针对地方特色产业发展面临的关键技术瓶颈，主动联系企业和新型农业经营主体，全方位了解科技需求，并通过共建产业研究院、技术研发中心及专家工作站等合作平台，促进产学研深度融合。先后建成或完善新会陈皮研究院、广东农科海纳农业研究院、省农科院德庆柑橘研究所、热带亚热带花卉产业园技术研发中心及省农科院翁源、乐昌、郁南、恩平等专家工作站等。"十三五"以来，省农科院累计与企业合作共建了95家研发机构、441个示范基地，技术入股40家企业，新增投资参股2家企业。

二是建设孵化器为企业提供全面专业的孵化加速服务。省农科院集聚创新资源和科技力量，组建了金颖农科孵化器。该孵化器按照"政府推动、院所主导、企业支撑、国际合作、市场运作"的理念，充分发挥省农科院科技资源优势，打造了集"科技企业孵化、关键技术研发、科技人才创业、成果技术转化"四大功能于一体的农业科技孵化器平台，全力建设"农业科技创新硅谷"，为社会提供全面而专业的科技支撑与孵化服务。2021年1月，省农科院认定为国家级科技企业孵化器，实现了广东省农业领域国家级科技企业孵化器零的突破。截至2021年底，累计引入240余家涉农企业入驻，孵化企业27家，入驻企业年产值超60亿元。

在省农科院院企合作模式的推动下，通过共建产学研平台、引进专家入企、加速科技孵化等方式，加强与企业的产学研协同创新合作，激发释放了企业科技创新主体潜能。科技成果转化取得了显著成效，农业企业委托的技术研发项目大幅度增加，近3年涉农企业委托广东农科院技术研发项目达2309项，项目经费超过4亿元，项目数量和经费额位居全省科研院校前列。

2. 以华南农业大学为代表的校企合作模式

早在 1992 年，温氏集团就以技术入股的形式，诚邀华南农业大学动物科学系进行全面技术合作，由华南农业大学长期派出人员指导和开展科研工作。华南农业大学与广东温氏食品集团股份有限公司打造了享誉全国的校企协同创新模式，促使温氏集团成为国内最大和深交所市值最大的畜牧企业。华农与广东温氏集团合作创建的"校企产学研合作模式"曾获广东省科学技术特等奖；华农与温氏集团开展全方位的深度合作，不断创新校企产学研合作模式——"温氏模式"。"温氏模式"概括为"两个捆绑"，已成为协同创新的典范。

一是责任、权力和利益捆绑。研究院由高校与企业共同管理，共同承担风险，共同分享利益。广东省温氏集团研究院是 2007 年经广东省科技厅批准组建的第一家农业企业研究院，研究院以温氏股份为依托，由校企共建，是温氏的核心研发机构。同时开创了高校以技术入股加盟企业的先例，创新了"产学研"校企合作新模式。研究院成立至今，温氏集团每年为研究院提供不少于 1 亿元的研发经费，华南农业大学则以技术入股形式参与。研究院实现了校企责任、权力和利益捆绑，企业出资，高校出技术，风险共担、利益分红。

二是人才捆绑。高校派出专家、教授兼职担任企业技术骨干，实现校企共用人才。"温氏模式"通过人才捆绑策略，在高校与企业中充分利用科技人才，实现科技人员、企业和高校互惠共赢，充分融合技术、资本和市场，校企逐渐形成"你中有我、我中有你"的捆绑式合作关系。校企还进一步通过制度创新留住科技人才，恰当地协调处理院系内部教师职工和待遇。华南农业大学通过设立相关科技成果转化及资金管理办法等政策，进一步提高人才补贴待遇，激励科研人员。温氏集团不仅给予兼职科研人员福利，而且对科研人员课题经费进行补助。校企实施的一系列政策，为落实人才捆绑提供了支持和保障，促进"温氏模式"协同创新。

3. 以广州市为代表的政府推动模式

近年来，广州市委、市政府高度重视农业龙头企业培育工作，广州市国家级、省级、市级农业龙头企业分别达到 11 家、124 家、254 家，形成各级农业龙头企业梯度发展格局。其中，海大集团市值突破千亿元，2 家企业销售额超过百亿元，涉农上市农业龙头企业 13 家；国家级龙头企业、上市农业龙头企业数量位居全省第一。广州市以项目为纽带，推动科技成果转化应用。

一是自筹资金支持产业园建设。截至 2021 年底，广州市已累计自筹资金创建 22 个省级现代农业产业园，充分发挥财政资金保障引领作用，制定市、区两级财政奖补政策，撬动吸引社会资本。首批建成的 7 个产业园共投入各类资金 13.7 亿元。同时广州市按照"一个链条谋划产业"思路，依托绿色优质蔬菜、特色水果、名优花卉、现代渔业、生态畜禽等广州优势特色产业，推动研发、种养、加工、物流、销售等全链条开发与融合发展，逐步形成特色明显、产品丰富、三产融合的全链条产业链，实现产业园产业链转型升级。园区主导产业总产值超过 90 亿元，累计带动 4.9 万农户增收致富。

二是支持企业建立研发机构。海大集团在广州市委、市政府支持和鼓励下，为提高企业竞争力成立海大畜牧兽医研究院，旨在通过前沿新产品、新技术的研究开发推动后端生产的技术升级；创建"科技+企业+研究院（国家级企业技术中心）"企业科技成果转化平台，围绕岭南特色产业开展技术创新，推动农业高质量发展。"十三五"期间，海大集团先后组织实施一批畜牧水产行业核心技术研发项目，成功解决了一批制约产业发展的关键技术难题，支撑集团市值突破千亿元，快速占领行业制高点，引领行业转型升级。

（三）科技人才精准对接产业发展模式，培训广东精勤农民

近年来，广东省积极发挥涉农科研院校、产业技术体系创新团队、农技特派员的作用，推动省农科院、华南农业大学、仲恺农业工程学院等科研院校在基层建立农技推广示范基地，使科研院校专家教授沉得下去、良种良法推得下去。

1.广东省农业农村厅构建基层新型农业技术推广服务体系

随着农村经济改革的深入及社会主义新农村建设的推进，原有的农业技

术推广服务体系已难以适应现代农业发展的需要。为提升农技推广服务成效，助力现代农业产业高质量发展，广东省积极探索基层农技推广体系改革与建设途径，构建"1+51+100+10000"四维一体的金字塔式农技推广服务创新体系。

一是创建农技推广服务驿站。依托市级以上现代农业产业园，在全省范围内创建县级农技推广服务驿站。农技推广服务驿站按照"科技创新、技术集成、生态环保、推广示范、培训孵化、指导服务"六大功能，定位成为促进产业发展的推进器、51个省级现代农业产业技术体系创新团队与科技特派员在基层的工作站、农村电商网红的孵化器以及农民群众寻求技术支撑的服务台。目前，全省已创建省级驿站1个（省农技推广中心），县级驿站70个，涌现出了汕尾陆丰、江门新会、茂名电白、肇庆怀集、韶关翁源等一批优秀农技服务驿站。计划在2021年内完成100个县级驿站的创建工作，有效推动各地主导产业与特色产业的发展。

二是启动百万农民培训工程。2021年省农业农村厅、省人社厅联合印发了百万农民技能培训实施方案。省农业农村厅通过启动"百万农民培训工程"，结合现代农业产业园、"一村一品、一镇一业"和"12221"农产品市场体系建设等涉农重大工作的推进，加强与高校、农业科研技术推广机构、新型媒体的合作。"百万农民培训工程"采取线上线下相结合的培训方式，线上培训主要依托"粤农通""田头课""广东精勤农民网院"等平台免费开展。线下培训推出"高素质农民市场体系建设培训班""广东乡村工匠专项培训"等专场培训。以由广东省农业农村厅开办的广东精勤农民网络培训学院为例，截至2021年其注册人数超过107万人，上线3500多项农业技术课件，浏览量超过2亿人次，平均学习时长每周3.5小时。截至2021年12月，"粤农通"小程序推出在线课程超过600个，浏览数超过50万人次，各平台直播培训在线学习人数超过2372.3万人次。①

① 《广东"百万农民培训工程"让农户增产增收》，中国报道网（2021年12月30日），http：//cxzg. chinareports. org. cn/plus/view. php? aid＝35073。

2021年度"农技推广服务驿站"预计实现产值1200多万元，推动农业转型升级，辐射带动附近村集体经济发展，创造了良好的经济效益，实现社会效益和经济效益双丰收，为探索农业生产与休闲观光旅游的深度融合提供了有效路径和方法。"百万农民培训工程"推出的各项新举措，有效地提升了农民增收致富技能，培养了一大批高素质的农民队伍，进一步带动广大农民群众脱贫致富。

2.广东省科技厅全力推行农村科技特派员制度

广东省以农村科技特派员服务农业科技成果转化为抓手，引导农业科技人员以科技特派员的身份，重点围绕农业科技创新、产业发展、经营管理、人才培养、科普宣传等方式，服务农业农村，加快农业先进实用技术推广和应用，促进农业科技成果转化。特派员"广东模式"，取得了显著成效。据统计，20多年来，全省累计选派1.4万余名农村科技特派员和1000多个农村科技特派员团队，覆盖全省1300多个乡村产业，实现了对全省2277个省定贫困村、3个少数民族自治县全覆盖；示范推广农业新品种和新技术6805个（项），在推动科技服务发展和助力农民脱贫致富、促进农业现代化特别是提升农村科技水平方面发挥了重要作用。

一是建立人才下沉、科技下乡农业科技推广模式。广东省科技厅组织广东省农业科学院，按照国家和省的科技兴农工作部署积极参与农村科技特派员工作，围绕农村科技特派员"服务谁，谁服务，怎么做"三大核心问题，通过整合全院科技力量，坚持面向农业一线下沉资源，以农业农村产业需求为导向选派人才，在农村科技特派员中抽调人员组建田园专家服务团，在全省各现代农业产业园开展面向全产业链条的技术服务，成为广东乡村振兴的科技推广与服务的主力军，为促进脱贫攻坚、乡村振兴发挥重要作用。广东省农业科学院每年派出80多名农村科技特派员常驻地方，借助院地合作平台联结全院科技人员全力服务地方和产业，成为地方农业科技工作的领头羊。近5年来，广东省农业科学院农村科技特派员累计开展院地企对接837场，推介各类成果3467个次，科技服务基层企业超过2000家，示范推广应用新品种983个次、新技术722项次，使一大批农业新品种、农村先进适用技术成果得到广泛推广应用。2019年10月，在农村科技特派员制度推行20周年之际，广东省农业科学院农村科技特派员工作受到肯定，成为广东省唯一一个受到国家科技部通报表扬的单位。

二是推广链条式多层级全程化大学农技推广服务新体系。华南农业大学利用其下属广东省唯一一所国家级新农村发展研究院，与地方共建新农村服务基地，努力建强乡村振兴智库和乡村建设服务链；同时，华农大发挥综合学科优势，整合学校乡村振兴人才、科技、平台等资源，成立乡村振兴研究院。学校以此汇聚服务乡村振兴的优势力量，在乡村振兴规划、治理、评估建设等方面提供全方位支撑。学校还牵头共建广东农业科技创新联盟，构建协同创新机制，有效整合广东省优势农业科技资源，加快农业科技创新和成果转化应用。学校聚力聚智，建立乡村振兴服务站，通过组建"广东高校服务乡村振兴共同体"等方式，形成"大学农技推广服务联盟+科研试验基地+区域示范基地+基层农技推广站点+农户"链条式多层级全程化大学农技推广服务新体系。结对帮扶、打造样板、示范带动是高等农林院校助力乡村振兴的重要途径。2018年选派208位教师作为省农村科技特派员，直接对接"三区"贫困村实施技术帮扶，为贫困村产业发展提供技术指导。华农大连续两轮被广东省扶贫开发领导小组授予广东省扶贫开发"双到"（规划到户、责任到人）工作优秀单位荣誉称号，被中共广东省委教育工委授予"扶贫攻坚"先进基层党组织荣誉称号。

二 广东农业科技成果转化与服务存在的问题

（一）传统农业科技推广队伍技术薄弱，难以适应新时代要求

首先，目前广东的推广机构中，基层农业技术推广人员存在"在编不在岗""在岗不在位"等问题，其主要承担土地流转服务、"三清三拆三整治"、新农村建设、村级换届选举、人居环境整治、民事协调及维稳等行政事务工作。其次是知识老化，知识面不广，难以胜任新时代农技推广工作。

条件艰苦,晋升受限,基层农技推广队伍缺乏活力,导致基层农业技术人员招不来、留不住的现象比较突出,愿意奔赴粤东西北乡镇地区开展农业技术工作的本科生少之又少。

(二)单一的公益性农技推广模式不适应多元化的农业生产经营需求

随着新型农业经营主体的快速发展,对农业科技成果需求的内容、方式、质量发生了根本改变。基层农技部门所提供的服务项目少,质量也不够高,服务内容空泛,缺少针对性。服务不够及时,滞后于农民的生产经营活动。服务效果不够好,在农民心目中信誉较低。有些服务组织商业化倾向太严重。各级农业行政推广部门与科研单位在成果推广应用上衔接不够,与各类农业经营主体在成果选择应用上衔接不紧。

(三)碎片化的单项技术不能满足产前产中产后全链条技术服务的需求

现阶段的农民对社会化服务的要求越来越高,不仅包括种子、种苗、肥料、农药,还包括加工、物流、质量、销售渠道等,亟待整合成为产前、产中、产后相结合的全链条配套技术。新型农业经营主体在生产中对新技术、新机械、新模式需求更为旺盛,对综合性技术解决方案的需求更为迫切。单一的公益性农技推广模式与多元化的农业生产经营需求不相适应。

三 农业科技成果转化与服务推进城乡融合的对策

(一)聚焦区域不平衡问题,有效提升省内农业科技成果供需区域融合水平

全省80%的优势农业科技资源都集中在珠三角核心城市,作为全省现代农业发展主战场的粤东西北地区科技资源相对缺乏,依托现有"院地合作""校地合作""农技驿站"等模式的广泛深入推广,打造以省农科院、

华南农业大学、仲恺农业工程技术学院等为科技成果转化服务龙头，通过与粤东西北地区农科所、院校等建设合作平台模式，深入粤东西北农业发展实地，为农业发展提供丰富的科技成果和服务源泉，通过项目带动、专家服务团等具体操作方式重点进行良种、技术的示范推广，并对农民进行引导和培训，全面提高粤东西北地区农民的科技文化水平和农业科技含量，重点提升珠三角地区优势农业机构研发农业科技成果的转化率，提升农业科技成果供给与需求的区域融合程度，走出农业科技成果促进现代农业区域一体化发展的"广东道路"。

（二）聚焦乡村振兴人才需求，有效提升了科技人才在城乡融合中的作用

围绕农业科技人才"想下去、下得去、留得住、用得好"的思路，推动科技人才下乡。继续深入推行科技特派员制度，引导科技特派员深入村镇，进一步提高全省涉农科研院校科技特派员覆盖乡村产业的点和面。鼓励农业科研院所和高校通过地方分院等平台整合一批全产业链科技服务专家团队向基层增派农业科技服务专家，支撑全省各地乡村振兴建设。通过各种政策鼓励科技人员以技术、资金入股等形式，与农民专业合作社、家庭农场、农业企业结成经济利益共同体，激发科技人员和合作方的科技成果转化应用热情；发挥全省涉农高校人才和科技资源作用，对各级农业管理干部、农民专业合作组织负责人、种养大户和技术能手等开展科技培训，支撑科技入村。依托"孵化器""院企合作""校企合作"等模式，在提供科技成果和服务的同时，培养一批农村创业致富带头人。

（三）聚焦经营主体的需求，提高农民和新型生产经营主体承接成果转化的主动性

加大宣传培训力度，引导农民树立农业科技是农业第一生产力的意识，加强农业科技下乡宣传和高素质农民培育，提高农民的科学文化素质和接受最新科技成果的能力。同时，加大农业技术成果推广应用补贴，提高农民转

化和应用科技成果的积极性。推动建立农业中小企业、合作社和新型农业经营主体技术创新公共服务平台，构建成果转化载体，促进农业科技成果的转化应用。鼓励市县建设长期稳定的农业科技试验示范基地，打造"千亩方""万亩区""特色带"，示范展示农业重要新品种、重大关键技术和特殊种养模式等，加速最新科技成果转化应用。建立成果供给与需求有效对接机制，广泛组织开展农业科技成果发布会、网上展示、成果推介、成果路演等线上线下结合的方式，搭建多种形式的宣传展示平台，加快农业科技成果供需双方精准对接。

（四）聚焦体系化建设，加强基层农业科技成果推广机构和队伍建设

进一步理顺基层农技推广机构管理体制，使基层农技推广人员专心从事推广工作，让基层农技推广站发挥应有作用。加大基层农技推广体系建设的资金投入力度，改善基层农技推广机构的工作条件，提高农技推广人员的待遇。加大扶持力度，鼓励涉农院校的毕业生到基层、到一线从事农技推广工作，改善基层农技人员整体文化素质水平不高、人才流失严重等问题。着力构建公益为主、一主多元的技术推广体系。引导农资企业、专业合作社等市场主体参与农技推广，围绕良种育繁、测土配方施肥、农业机械应用等，探索"产品+技术""社会化服务+技术"等市场化农技推广服务供给模式。

参考文献

广东省农业科学院、南方农村报社编著《农科耀南粤——广东省农业科学院服务"三农"纪实》，广东人民出版社，2020。

王斌伟：《人才"金钥匙"开启乡村振兴之门》，《中国教育报》2021年11月29日。

晏育伟、何秀古、刘建峰等：《人才下沉 科技下乡 为脱贫攻坚和乡村振兴提供科技

支撑——广东省农业科学院农村科技特派员工作探索与实践》,《广东农业科学》2020年第11期,第264~270页。

郭明亮、叶雪辉、李展群:《关于推进广东省农技推广体系改革和建设的思考》,《农机科技推广》2021年第11期。

B.6
2021年广东数字农业发展报告

夏　辉*

摘　要： 广东在推进数字农业中，农业生产数字化转型、农产品生产流通体系和乡村产业链与供应链的数字化水平不断推进。作为中国数字农业探索的风向标和引领者，广东也在探索自身的路径和特色，例如将数字化深度嵌入产销贯通的农产品市场体系建设，以产业园为农业产业数字化的孵化器和加速器，以系统化体系化方式推进农业电商发展。但也存在着农产品"上行"能力不足、县域农产品电商大而不强、人才严重匮乏等问题，需要持续深化农产品出村进城工程，坚持在市场端发力，以数字技术赋能农产品市场化体系建设，以城乡互动新格局新视野，破解乡村振兴的人才瓶颈。

关键词： 农业数字化　农产品电商　市场体系建设

2021 年，广东围绕"三创建 八培育"的总体目标①，推进数字农业农

---

* 夏辉，广东省社会科学院精神文明研究所所长，副研究员，主要研究方向为文化社会学、文化产业、文化发展研究。

① "三创建 八培育"是广东省 2019 年首次提出的关于数字农业农村建设的做法和设想，并在 2020 年被写入《广东数字农业农村发展行动计划（2020~2025 年）》。"三创建 八培育"即创建广东数字农业发展联盟，创建广东数字农业试验区，创办大湾区数字农业合作峰会；建设一批数字农业现代农业园区，推动一批"一村一品、一镇一业"建云上云，培育一批数字农业科技示范创新团队，培育一批数字农业重大项目，培育一批数字农业示范龙头企业，培育一批数字农业农民合作社，培育一批数字农业新农民，推广一批数字农业重大应用场景（模式）。

村发展行动计划。结合农产品"12221"市场体系建设，推进农业农村数字经济发展，用数字化引领驱动农业农村现代化，为实现乡村全面振兴提供有力支撑。

一 广东数字农业发展现状

数字农业是指21世纪以来，在互联网、大数据、云计算、人工智能等技术飞速发展的背景下，将数字信息技术与现代农业产业体系及生产经营体系全面深度融合，从而使传统农业发展呈现出的新业态。通过对传统农业各领域各环节的数字化改造，数字农业为我国农村发展注入了新的数字动能。随着国家层面发布《"十四五"数字经济发展规划》，以及数字农业"十四五"计划出炉，当前农村的"数字化"正助力乡村振兴和乡村产业发展。广东正在大力推进数字农业的进程，目前的发展状况如下。

（一）数字科技与农业生产基地逐步融合，农业生产数字化转型方兴未艾

农业生产的数字化，包括种植业数字化、设施栽培数字化、畜禽养殖数字化和水产养殖数字化等。2021年广东农业生产数字化突出表现在如下方面。

一是农机化信息化、智能化发展呈现良好势头。目前，我国在精准耕种、智能灌溉、智能温室和精准饲养等领域中，已经应用了数字化物质技术装备。广东作为制造业大省，正在继续发挥自身优势，瞄准地域性农业生产的特殊需求（小田块、山地和丘陵的机械应用），以发展智慧农业机械和山地机械为重点，着重推进水稻耕、种、收的综合机械化水平。在农业机械化基础上，推进农机化向信息化、智能化方向发展，开展农业全过程无人作业的试验和实践探索，取得了突出的成效。广东也有得天独厚的科技研发优势和资源基础。位于深圳的大疆创新是我国无人机研发的龙头企业，而广州极飞科技公司则是国家乡村振兴战略重点高新企业，也是全球最大的农业无人机企业，中国农用无人机绝大部分出自广州极飞科技公司，广东省农用无人

飞机研发和生产居国内首位。

二是积极探索无人（智慧）农场，数字技术在农业生产中的示范应用加速推进（见表1）。在广东省，物联网技术的应用已经广泛布及稻谷主产区、粮食产业示范区和果菜茶菌类园艺生产基地。2021年，省农业农村厅在汕头、韶关和江门试点建设三个水稻智能农机示范基地，在广州、茂名建设两个丘陵山地果园智能农机示范基地。此外，农机信息化实践逐渐深化，北斗定位技术被运用于农机作业的实时监测，从而将作业的过程、状态、面积、轨迹等内容记录下来，并进行可视化展示。截至2020年，全省累计利用农机智能信息化监测农机作业面积超过500万亩。为引导数字农业技术的推广运用，广东省围绕农业主导产业，将真正适合农业应用场景的数字技术甄别集成，落地转化，使"产、学、研"真正获得整体上的良性发展。

表1　广东部分无人（智慧）农场建设示范项目

项目	数字技术特色	时间、地点
智慧果园	按照"品种优质化、防控绿色化、水肥智能化、生产机械化、管理数字化"的五化标准建设智慧果园，构建了智慧种植生产体系，实现了精准智能作业，具备监测、远程控制、调度、可视化等功能，智慧果园模式在全省多个产区复制	2018年，茂名市水果试验场
水稻生产全程机械化信息化管理示范基地	实现了水稻种植全程机械化、信息化和智能化。建立了现代粮食产业综合服务平台，覆盖种苗繁育、农机作业、加工存储、环境监控预警、农机调度等环节和领域	2019年，兴宁
水稻无人农场	华南农业大学罗锡文院士团队，基于5G技术和北斗系统，在广州增城区建成国内首个"无人农场"，实现耕、种、管、收全程、高效无人作业和智能管理。在高明吉田村实现首个商用无人水稻农场应用	2020年，2021年增城、高明
"世界幸福田园"智慧农场示范基地	广东最大规模的现代农业产业园——"世界幸福田园"通过与极飞科技合作，实现了蔬菜标准化规模化生产，特别是其无人机测绘与AI识别技术可为园区农田建立高清地图，其高精度定位技术能为农机设备精准导航，为标准化的农事服务提供了技术基础	2020年，广州增城

资料来源：根据广东省农业农村厅关于省政协十二届四次会议第20210185号提案答复的函等相关资料整理。

三是畜禽水产养殖智能化取得新的进展。广东省近些年在畜禽牧水产机械化、信息化、智能化发展方面频频发力，取得了明显的成果。探索运用集成增氧、投饵、水质监测技术智能化控制系统，以及用机械化技术进行"楼房养猪"等。在智慧养殖方面，推进省级生猪产业园数字化，运用人工智能、物联网技术实现生猪生产管理数字化。广东最大的畜禽养殖企业温氏集团近年来一直在坚持数字化转型，建立了一套智慧养殖云产品——欣牧云和欣牧通。作为我国水产养殖最大省份和消费及出口大省，广东近年来积极推动水产养殖智能化，启动实施"精准农业"重点专项——水产绿色养殖及加工，大力推广深海大型智能养殖平台（渔场），加大深水抗风浪养殖网箱和深远海大型智能养殖装备示范推广及投产工作，如在湛江开展"5G+"智慧水产示范应用，以数字化理念驱动水产产业提效能、激活力。湛江"全联集采"依靠大数据打造全球冻品供应链公共服务平台，目前已全面汇聚国内外对虾购销数据，全球近1/10的对虾交易都在该平台进行，2022年以来交易额近80亿元。

（二）农产品生产流通体系和乡村产业链与供应链的数字化水平有效提升

广东从市场端发力，以云营销为突破口，从田间地头到供应链管理乃至消费终端，实现数字技术的全面切入和融合，全方位数字化赋能物流、营销、人员培养等诸多环节，大大提高了农业经济效益。

一是数字平台经济线上大卖场取得重大突破。广东"农产品保供稳价安心数字平台"（2020年），作为应对新冠肺炎疫情，探索数字化助农保供稳价机制的产物，不仅让政府有了工作抓手，还助推一批农业企业迈入数字时代，全省1800家农产品供应商、采购商、流通商因此进驻保供平台开展互联网营销，并催生了一套社会化助农的机制与模式。依托这一数字平台，广东组织年宵花、荔枝、菠萝、龙眼、香蕉、柚子等应季大宗农产品上市。通过线上线下、国内国际相结合的数字化云端营销推广，打造广东"粤字号"农产品大卖场。广东农产品"保供稳价安心"数字平台，在继续承担保供给、稳价格、安民心功能的同时，已经演化成为广东农产品电商平台新业态。

二是以"田头智慧小站"为代表的田头预冷保鲜数字化综合服务功能不断完善。广东聚焦鲜活农产品产地"最先一公里"，加强农产品产地冷藏保鲜设施建设，创新探索"田头智慧小站"模式。广东的田头智慧小站，作为集仓储保鲜、加工包装、检测、直播电商等多个功能于一体的田头仓储保鲜服务设施，是连接生产与市场的桥梁纽带，从源头解决农产品上行"最先一公里"问题。广东茂名高州、广州增城等地农产品仓储保鲜冷链物流建设取得积极进展。并在"高州模式"和"增城模式"的基础上，进一步优化功能、细化分级，形成衔接紧密、功能互补的智慧小站，建立全省田头智慧小站线上服务平台，统一推进全省田头预冷保鲜工程建设。2022年广东打造先行试点县，形成田头智慧小站整县覆盖。在粤东西北地区蔬菜、水果、畜牧产品、水产品等鲜活农产品产业重点县（区），建成一批田头智慧小站全域的覆盖县（区）。

三是以农技"轻骑兵"打通基层农技推广"最后一公里"。为提高农技推广服务成效，助力现代农业高质量发展，广东省积极探索基层农技推广体系改革与建设途径，构建"1+51+100+10000"四维一体的金字塔式农技推广服务创新体系。[①] 农产品电商发展中，人才和技术是最关键的制约因素。为创新农技推广服务驿站电商孵化模式，省农技推广中心组建农技服务"轻骑兵"队伍，深入田间地头提供农技服务指导，并充分发挥数字农业平台作用，培育孵化更多的本土电商网红和专业人才，提高农民对电商的认知度、参与度。"轻骑兵"农技服务方式特点体现在"轻"与"骑"上，能够快速响应农民生产经营的技术需求。广东已组建水稻、荔枝、柑橘、蔬菜、南药、畜牧、渔业、农机作业等24个产业技术服务"轻骑兵"，有效促进了农业高质量发展。

[①] 《农技推广服务驿站为农村电商提供新动能》，南方农村报（2022年4月13日），http：//dara. gd. gov. cn/%E6%8A%A5%E9%80%81%E5%86%9C%E4%B8%9A%E5%86%9C%E6%9D%91%E9%83%A8%E6%8E%A5%E5%8F%A3/content/post_ 3909234. html。

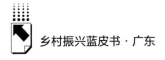

（三）"农村电商"提质增效

农产品电子商务是我国数字农业发展最为成功和成熟的领域。自 2015 年起，中央"一号文件"均强调了农村电子商务在农业农村发展中推动产业发展、农民增收乃至精准脱贫方面的积极作用。2021 年、2022 年中央"一号文件"更加明确提出，要推进电子商务进乡村，推动城乡生产与消费有效对接。

近年来，广东省大力推进"农村电商"工程扩容、提质、增效。在"百园强县、千亿兴农""三农"工作基础上，2021 年广东启动了农村电商"百园万站"工程。这是现代农业产业园建设的重要配套工程，也是促进广东农产品电商发展提质升级的最重要抓手。目前各市、县、镇村重点扶持建成 29 个农村电商产业园、17 个培训和创业就业基地，以及 3082 个"E网兴农"基层示范站，全省农村电商"百园万站"实现良好开局。农业农村部信息中心联合中国国际电子商务中心发布《2021 全国县域数字农业农村电子商务发展报告》（下称《报告》），《报告》显示，2020 年，全国县域数字农业农村电商保持良好发展势头，其中，广东县域农产品网络零售额排名全国第一。广东省东莞市中堂镇充分利用数字经济促进农村电商发展，通过组织辖区电商企业参加直播带货观摩活动，提升电商企业直播带货能力；开展"乐购东莞，缤 Fun 中堂"直播专场活动，挑选优质企业在数字平台中开展直播带货，拓宽商家营销渠道；引导和鼓励辖区电商企业抱团发展，积极推动电商协会成立；新增"互联网+农产品销售"项目，培育基层农村电商示范站，拓宽农产品销售渠道。

二　广东数字农业发展的思路与特色

广东在中国数字农业的探索过程中锐意创新，成为风向标和引领者，走出了自身的路径和特色，体现出广东担当，交出了亮眼的广东答卷。

（一）数字化深度嵌入产销贯通的农产品市场体系建设

对广东来说，农业的重点和难点问题之一是几大经济作物形成的支柱产业的销售问题。广东菠萝、荔枝、龙眼、香蕉、柑橘、柚子等六大水果种植业的从业者超过 500 万人，其是广东农民增收的主要渠道，因此也是广东的"民生产业"。2018 年，徐闻的菠萝和广东的荔枝都出现严重的滞销，农产品"滞销难卖"的困境再一次出现，为了更有效地解决这一销售难题，广东 2019 年启动了"12221"农产品市场体系建设行动（所谓 12221，指"1"个农产品市场大数据，"2"支销区采购商和产地采购商队伍，销区和产区"2"大市场，采购商走进产区和农产品走进大市场"2"场活动，实现品牌打造、农民致富等"1"揽子目标）。"12221"的最重要创新点和特点是政府从市场端切入，把解决销售问题而不是像之前那样把生产问题作为工作的重心，市场先行，用销售促生产，找到了破解农产品销售难题的广东答案。与工业化生产相比，农业生产主体分散弱小，生产无序，几无营销，信息不畅。因而政府以产销贯通来做市场，推动产供销融合、农文旅融合，十分必要。东莞市麻涌镇充分利用京东亚洲一号，加快"互联网+物流·麻涌电商生态圈"建设，大力打造"全国电商专业镇"，为群众带来"睡前下单、醒来收货""24 小时达"的便捷物流服务体验。在政府做市场的过程中，数字技术深度嵌入、高度赋能，数字技术找到了农业的用武之地。技术推广有两个动力，一个是技术系统内部的研究驱动力，另一个来自信息环境与社会需求的外部驱动。技术发展史表明，外部动力要比内部驱动力更强。数字技术在农业中运用和推广也遵循这一规律。此前农业数字化滞后于工业和服务业，根本原因还是没有发掘出具有商业前景支撑的需求和运用场景。广东通过深度嵌入市场体系建设，农业数字化技术运用大大拓展了应用场景。广东的"12221"体系也不断从无到有、从 1 到 N，市场体系日臻成熟，诸多产业纷纷引入市场体系建设。"12221"市场体系建设成为可复制推广的"广东经验"。

前面提到的农产品保供稳价安心数字平台也是基于"12221"市场体系

建设的逻辑建立起来的,是市场先行理念的产物,也是"12221"的成果之一。平台凭借大数据,对市场需求进行精准分析,使供需两端得到及时的调度和有效对接;同时以线上平台为依托,组建起采购商、产区经纪人两支队伍,举办走出去与引进来两场活动、打通产区与销区两个市场,实现农民增收农业增效等一揽子目标。2021年春,严峻的新冠肺炎疫情导致多个地方的实体花市取消,往年不可或缺的群众传统生活节目以"云上花市"的形式进行。为了打造市民掌上的年货节及农民指尖的大卖场,广东省农产品采购商联盟及省快递行业协会联合起来,以"保供稳价安心数字平台"为核心,集结供应、采购、经销一系列链条,依靠互联网平台和物流快递等,将花市及广东特色农产品集中搬到了网上,线上逛花市、买年货,一键下单即可采购。疫情下广东农产品"保供稳价安心"数字平台应运而生,然后在后续的保供给、稳价格、安民心方面持续释放强大功能,加快了广东数字农业的转型升级,催生出广东数字农业的新业态,在"三个创建、八个培育"中也做出了有益探索,成为服务抗疫"六保"、服务广东、影响全国的农业数字平台。

(二)产业园成为农业产业数字化的孵化器和加速器

规模化、集群化的现代农业产业园,是数字农业发展的载体和加速器。广东把推进工业化的产业园区经验复制迁移到农业领域,发挥产业园这一数字农业示范载体的引领作用,推进数字农业产业园、"互联网+农业"产业园和现代农业产业园数字化建设,建设一批国内先进的现代农业智慧园区,成为驱动数字农业创新发展的"领头雁"。

广东在2018年启动省级现代农业产业园建设,把现代农业产业园建设作为实施乡村振兴战略、推动产业兴旺的重要抓手,并以"广东速度"快速推进,至2020年底共建立国家级、省级现代农业产业园177个①,全面覆

---

① 《划重点!多项乡村产业任务写入2022年广东省〈政府工作报告〉》,南方plus,http://static.nfapp.southcn.com/content/202203/15/c6306988.html。

盖主要农业县。这其中就包括一批突出主导产业、数字设施装备先进的数字农业产业园区。之后又设置了功能性产业园，比如羊城晚报数字农业产业园；定位为广东现代农业产业园数字化升级枢纽、数字农业农村应用示范窗口、大湾区数字农业农村"千人"智库平台、全国数字农业硅谷；突出特色是聚焦本省现代农业产业园优势主导产业的数字化，既能够纵向贯通全产业链，打通生产、加工、品牌、营销、质保、物流、追溯等主要环节，又能够横向联通广东主要产业，如粮食、蔬菜、岭南水果、畜禽、水产、茶叶、南药、花卉、油茶、现代种业等等，这实际上为广东农业主要产业搭建了一个全产业链通用性操作界面。与此同时，"百园万站"行动不断推进，全省122个农村电商产业园及19732个农村电商示范站工程逐步建立。为了支持企业发展数字农业，广东还在5000万元省级农业产业园建设资金中拿出300万元即至少6%的资金用于发展数字农业。按照6%的建设资金，1：4.36的资金撬动比例计算，省级财政将投入4.5亿元，总共撬动近20亿元用于发展数字农业。①

产业园区平台大大促进了广东农业数字化进程。在5G+农业大数据平台的帮助下，广东大埔蜜柚实现了精准化管理，成为"中欧100+100"地理标志互认互保产品。新会陈皮国家现代农业产业园打造的智慧农业大数据平台，覆盖全区6000家种植主体和基地及162家加工流通主体，实现了全产业链的数字化。

（三）系统化体系化推进农村电商

农产品电商市场销量小、利润薄，涉农电子商务平台虽已经超过3万家，但专业农产品电商平台几无一家盈利。一些公司自营农产品电商交易平台，绝大多数还处于"烧钱经营"阶段。农产品电商难以盈利，说明仅仅依靠现有商业模式和市场力量乃至数字技术的赋能，还不能充分解决农产品

---

① 《广东发展数字农业关键一招 汇聚磅礴之力赋能"人"》《南方农村报》（2020年12月17日），https://static.nfapp.southcn.com/content/202012/17/c4453687.html

销售的难点痛点问题。中国发达的电商扮演了通过市场和技术驱动解决中国农产品销售问题的探路先锋角色。在现有农产品商业模式下，在市场主体发育不全、中小规模农户占大多数的情况下，政府抓市场是十分必要的，但农产品电商行业不能单纯依靠市场和技术驱动。自2020年起，广东省每年都举办农村电商工作推进会，通过平台载体、人才培养、品牌创建、资源对接、就业创业五大体系，推动农村电商工作取得积极成效。

广东建立了4级联动的平台载体，省一级设立农村电商在线培训和服务平台"广东农村电商网络学院"，至今为全省在线培训16.3万人次。市、县级建设电商产业园，村镇建设"E网兴农"基层示范站。人才培养突出3个层次队伍建设，完成农村电商常规性培训8.09万人次；其中通过全省123所技工院校电子商务专业培养6.9万在校生，其中高级工以上学生达45.1%；"一村一品"项目培训了1.27万名经营管理人才，659人通过省级精英训练。由此广东拥有一批农村电商达人，100万电商从业者有力助推了全省乡村振兴发展。在品牌创建中，广东重点实施了三方面的工作：打造"一村一品"；塑造"粤字号"农产品品牌；开展农村电商与"粤菜师傅""南粤家政"等特色产业对接，取得"1+1>2"的效果。①

为了进一步系统化体系化推进农产品电商的发展，广东着力推进农村电商产业园、基层示范站在产销对接、仓储物流、就业服务等方面的达标赋能；尤其注重金融和物流等方面的配套支撑，完善进村入户"最后一公里"，使物流配送体系的专业化、信息化、规模化程度不断提高；探索"农产品供应商+联盟+销售方"模式，组建本地区农村电商联盟。同时，加快完善人才评价标准，通过职业资格评价、职业技能等级认定、专项职业能力考核等多元评价方式，形成具有广东特色的农村电商人才评价体系。

---

① 《广东推动农村电商工作取得积极成效》，《南方农村报》（2021年9月17日），http://dara.gd.gov.cn/mtbd5789/content/post_ 3524550.html。

三 广东数字农业发展中存在的问题

随着物联网、智联网、大数据、云计算等新一代信息技术在各行各业的加快应用，一些主要发达国家纷纷出台了"大数据研究和发展计划"（美国）、"农业技术战略"（英国）和"农业发展4.0框架"（德国）等战略，并在国家整个数字化战略中占据优先发展的重要地位。我国在工业化、城市化、信息化一体推进的过程中，也制定了数字乡村战略，为数字农业农村提供政策支持。埃森哲报告认为，制造业、农业和零售业将是获益最多的三大行业。[①] 然而中国的数字经济在当前农业中的占比远低于工业和服务业，2020年我国农业、工业、服务业数字经济渗透率分别为8.9%、21.0%和40.7%，约为1:2:4，分别同比增长了0.7个、1.5个和2.9个百分点（见图1）。可见，数字经济在农业领域渗透率偏低，农业领域的数字化进程大大滞后于其他行业。在此背景下，广东的数字农业也存在着一些发展问题。

（一）广东农村农产品"上行"能力有待提升，县域农产品电商大而不强

一个地方县域电商的发展情况可以印证当地农村农产品"上行"能力。《2021全国县域数字农业农村电子商务发展报告》显示，2020年广东省县域农产品网络零售额排名全国第一。广东、浙江、江苏位列前三，农产品网络零售额占比分别为21.4%、13.5%和11.0%，三省合计占县域农产品网络零售额的45.9%。[②] 相比起其他一些省份，广东的粮食产量、耕地面积并不占先，获得县域农产品网络零售额的第一，十分难能可贵。但是也要看清广东县域农产品电商大而不强的现实。

---

① 中新经纬客户端2017年8月8日电。
② 农业农村部信息中心、中国国际电子商务中心：《2021全国县域数字农业农村电子商务发展报告》，2021。

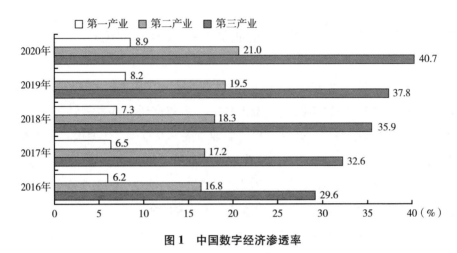

图 1　中国数字经济渗透率

资料来源：中国信息通信研究院发布的《中国数字经济发展白皮书（2021）》。

2020 年农产品电商销售百强县数量，山东有 20 个县，其次是江苏 14 个县，福建 13 个县。上述三省合计占百强县近半数。广东仅 2 家。① 2021 年全国"农产品数字化百强县"榜单中，广东增加到 6 家（普宁、饶平、化州、高州、开平、惠来），有了明显的进步，但是与山东（17 个县市上榜）、江苏（14）、福建（9）相比，仍然存在不少差距。② 《2021 全国县域数字农业农村电子商务发展报告》显示，全国县域农产品网络零售 TOP100 强中，广东仅占 6 家，贡献的销售额占比仅为 1.32%，同期浙江省有 14 家，贡献的销售额占比为 8.8%，江苏省有 23 家，贡献的销售额占比为 8.17%，相比差距较大，说明广东县域农产品网络零售大而不强。③ 广东农产品电商存在的主要问题如下。

一是农产品电商经营主体小散乱杂。农产品电商供给侧一端的生产者一般是小农户或新型经营主体，这类主体规模小、分布散、种类杂、档次低、

① 农业农村部管理干部学院、阿里研究院：《农产品电商出村进城研究：以阿里平台为例》，2021。
② 农业农村部管理干部学院、阿里研究院：《"数商兴农"：从阿里平台看农产品电商高质量发展》，2022。
③ 以上数据根据《2021 全国县域数字农业农村电子商务发展报告》统计分析。

带动和创新能力较弱，缺乏有影响力的农村电商龙头企业。

二是农村农产品电商经营成本较高。要经营好一家网店，需要聘请专业人才运营，还要购买流量导购，往往费用年超 10 万元，乃至 100 万元，网上销售效果却一般。经营农产品电商，对品控要求高，风险较大，只有规模种植企业才善于做品控，但该类企业更愿意对接收购商等大量收购企业，通过电商销售的少。农产品电商仓储、冷链等基础设施建设投入需要大量资金，从事农产品电商经营主体的资金实力有限，能够为小农户和各类新型经营主体提供标准化仓储、冷链物流的公共服务平台又非常少。

三是农产品电商信息、金融等服务十分缺乏。农产品电商交易数据统计非常困难，大数据等先进技术在农产品电商领域应用较为滞后，且数据信息分散在不同平台、各个部门，电商平台各自为战，缺乏有效的信息统筹。相对于日趋完善的农产品电商交易平台而言，农产品电商信息、金融、法律等公共服务平台建设则明显滞后。小规模的农产品电商不可能设置专门的大数据、互联网金融、法务等部门，这就需要有第三方平台提供服务，导致经营主体一般不知道"市场缺什么、价格卖多高"。银行等金融机构难以全面掌握农产品电商经营主体的实际经营情况，针对农产品电商的金融服务落后。

四是农村物流建设滞后。县乡村三级农村物流体系还没有彻底打通，即使在国家级电子商务进农村综合示范县的农村物流体系建设也未能达到广覆盖。例如大埔县在 245 个行政村建设了 182 个电子商务服务和物流配送点，网点覆盖率 74.2%，只在 57 个省定贫困村 100% 覆盖。农村地区的综合交通运输体系，特别是粤东西部地区，运输结构有待进一步完善，路网密度不够，物流节点少，抬升了农产品的运输成本。农村地区物流服务体系不健全，农村物流主体数量较多，发展迅速，但普遍规模小，层次低，组织化程度低，服务水平低下，服务效率不高；农产品产地预冷严重滞后。由于预冷库建设成本很高，对普通农户和农业合作社来说无法承受，农产品最先 1 公里冷链物流还存在巨大的缺口。

（二）农业数字化生产成本高，技术、经营模式难以支撑

广东产业数字化发展水平一直领先于兄弟省区市，2020 年产业数字化规模为 3.5 万亿元，大大高于排名之后的江苏、山东、浙江等地区（见图 2）。但是广东的农业生产数字化水平与广东其他行业如零售业和汽车业相比，十分滞后。如果说一个产业的数字化要经过导入期、大规模商业化运用期和成熟期的话，那么广东农业的产业数字化目前正处于导入期。当前农业物联网应用项目，主要是农业主管部门和运营企业做的示范性项目，以及少数大型农场的商业项目，尚未大规模商用。农业的数字化趋势虽不可避免，但是仍然处于示范推广阶段，大规模的应用和普及遇到一系列困难。面临的主要问题，包括技术瓶颈、应用场景需求不清晰、产生规模效应的前期投入困境、商业模式不成熟等。

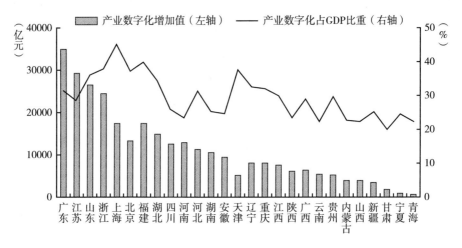

图 2　部分省区市产业数字化规模及占 GDP 比重

资料来源：中国信息通信研究院。

一是农业物联网应用基础设施建设成本高，技术和制度支撑不足。被用于土壤、空气、水质监测的农用传感器是数字农业的基础设施，其初始的购置成本和后期维护成本都比较高。一些基础设施如物联网元器件造价不菲，

而且由于此类设备需要长期暴露在自然环境之下，后期运营维护成本高企。再加上农作物的利润率普遍较低，投入产出比不高，而目前农用传感器的可靠性、稳定性、精准度等也达不到实际应用要求，农民的购置意愿并不强。从政策和制度层面上看，我国在传感器与数据平台的人机交互接口方面，还没有出台统一的国家技术标准，研发企业难以规模化量产，导致生产成本和市场价格都居高不下。此外，物联网技术在农业中的应用是一个系统工程，纷繁复杂，涉及面广，需要有效整合多个部门的信息及功能，比如信息采集就需要气象、环境检测等部门、企业与农户的多方协作，政府管理机制需要相应的配合适应和调整，而这个任务不是短期内可以完成的。

二是现有农业生产经营模式和耕地条件制约了物联网规模化的应用。目前，我国农村人均占地少，土地承包分散经营，缺乏连成大片的田地，难以大面积规划和管理，不适合物联网应用的大规模推广。广东耕地条件相比全国更是不佳。数字农业系统适合运用在大田，广东多丘陵山地，农田呈碎片化分布。传统的大型农业机械无法满足广东丘陵山地农作物的耕种需求。根据全国第三次土地利用调查数据，广东用于农业生产的土地规模为1545.46万公顷，占全国的2.16%，其中，耕地190.19万公顷。农业机耕面积38.26万公顷，仅占耕地20.12%，机播面积5.05万公顷，仅占耕地2.66%。给对农业生产的数字化推广带来一定的制约。

三是农业应用场景需求不明。当前我国数字农业的承建主体大多不懂农业，缺少农业专业知识，不能真正识别农业应用场景的真实需求，仅按照"输入—计算—输出"的套路对工业、农业均等复制。这就导致一些"非真需求的"数字农业项目，从表面上似乎建立了数字化、信息化平台，但并未深入数字化的内核和功能变革，只停留在"环境数据屏幕化""表格数据可视化"的初级阶段。

（三）支撑农业数字化建设的人才严重匮乏

农民是发展和建设现代农业农村的主体力量。由于我国大部分农村地区经济不发达，科技发展水平低下，农民的科技观念和市场意识相对滞后，农业新技术的推广普及相比更为困难。第三次全国农业普查综合资料显示，农村居民中初中及以下文化程度者占到85.06%。农业生产者当中，受过专业电子商务培训的占比更低。当前大多数从事电商经营的农民，仅仅是上网开网店，不懂电商经营和商业知识，对产品包装、产品质量、安全检查、品牌塑造和维护、运营推广、售后服务等环节都缺乏充分的认识。

急需农业跨界复合型人才。数字农业是现代高科技和传统农业的融合，其发展高度依赖高素质的人才，既要掌握物联网和数字技术，还要有丰富的农业生产经验，同时熟谙农产品经营，这样的人才非常稀缺，高端人才更是凤毛麟角，而且农村产业报酬低、职业吸引力不强、人才引进难度大、相关人才的培养和培训也都存在短板。现代农业发展和农村振兴急需大批专业技术人才、经营管理人才及乡村规划人才。涉农学科的信息技术融合类学科还处于起步阶段，学科规模偏小，毕业生数量少，亟须在这方面做出突破。

四 广东农业数字经济发展对策

（一）持续深化"数商兴农"，深入推进"互联网+"农产品出村进城工程

建立完善适应农产品网络销售的供应链体系、运营服务体系和支撑保障体系，促进农产品产销顺畅衔接。一是整合县域物流资源，打通县、乡、村三级农村物流体系，打通县域农产品上行物流通路。坚持"市场主导、政府统筹，多方协同、资源整合，因地制宜、创新发展"的原则，深入推进农村物流快递发展。改变原本由各大快递企业分别负责物流仓储配送和"最后一公里"的局面，围绕村网络节点共建共享、运力资源互用互补、标准规范统一等方面，合并精简整合提升物流快递公司资源，降低农产品上行的物流成本。建立县级人民政府统筹协调的工作机制，解决农村物流涉及部门多、涵盖领域广、各部门各自为政、站场重复建设与利用率不高的矛盾，统筹利用各部门的支持政策，推动各方资源整合、优势互补、融合发展，共

同构建县乡村三级农村物流服务体系；统筹利用交通运输与邮政快递、商务、供销、农业等各方资源，盘活供应链上下游、产业前后项资源，探索"基地+生产加工+商贸流通+物流运输+邮政金融"一体化的供应链服务模式，实现产、运、销一体化的农村物流服务。

二是提升政府电商综合服务能力。以广东益农信息公共服务平台为基础，组建省、市、县、镇、村五级管理，涉农企业及农民高度集中统一的大平台。打造线上农产品交易集散地，继续拓展和完善"保供稳价安心"数字平台，使之成为广东独具特色的重要的农产品电商平台，营造互联网时代农产品交易新商都。探索以大数据引领拓展农产品销售渠道的新模式。以县为实施主体，实现"一县一重点产业一营销大数据"。以佛山、茂名、德庆、徐闻农业大数据应用为重点和示范，探索建设花卉、水果、水产品等生产营销大数据，以营销大数据引领市场服务生产。营造农业农村电商人才创业创新氛围。强化农产品直播电商培训，建立低门槛、智能化的新型数字农民学习平台，开展农业数字化技能培训，提升新型职业农民数字化水平。

（二）坚持在市场端发力，以数字技术赋能农产品市场化体系建设

在农业发展中，由市场端发力，以销售促生产，是广东市场体系建设的重要经验，也是推进数字农业的法宝。

一是建设农产品市场化高地。探索电子商务 B2B 模式、P2G2B2C 模式（农户+政府+企业+消费者），提高信息流通、信息匹配、商务交易的效率。建设特色农产品（食品）电子商务基地，并与农业生产基地、农产品营销大户、大型超市、大型餐饮连锁企业、农产品加工企业对接，构建"农户+农村销售合作组织+平台+网上零售商+消费者"的新型电子商务流通链，积极发展以销定产模式，促进大批量农产品网上交易。

二是建设农产品市场国际化高地。我国农产品国际化随着 RCEP 正式签署，将进一步明显提高。广东面临 RCEP 农产品出口重大机遇，要积极开展农产品跨境电子商务，围绕农产品跨境贸易生态产业链打造，促进跨境电商健康快速发展。广东省目前有广东（澄海）、广东（里水）两大"农产品跨

境电子商务综合试验区",承担着以数字科技模式推动广东把优质农产品带入国际市场的使命;致力于打造成广东省农产品跨境电商产业新高地和农产品跨境电商的集散地。强化 RCEP 专项培训,培育 RCEP 领军人才,以"数字+"帮助 RCEP 农产品走出去和引进来。

三是建设农产品食品化高地。农产品食品化是解决农产品产销深层次矛盾的战略性创新性举措。有利于一二三产业融合发展,解决产销矛盾,提升价值链。但要加强对预制菜市场的监管。近年来,农业、餐饮、电商等各类企业抢滩涌入预制菜这个万亿市场,广东省制定了国内首个省级预制菜的产业政策《加快推进广东预制菜产业高质量发展十条措施》,让广东预制菜再度迎来了"风口"。广东要建设"数字+预制菜"产业高地。以数字技术赋能预制菜,以田头(塘头)智慧小站等为载体,建立预制菜专供农产品源头检测追溯制度;利用数字技术区块链技术建立预制菜产业链供应链常态化质量安全评估体系。利用大数据选品和研发预制菜产品。

(三)坚持"政府+市场"的推进机制,培育农产品电商市场

目前我国涉农电子商务平台已超 3 万家,其中农产品电子商务渠道平台已达 3000 家。据估计,开展在线经营农产品业务的企业和商户达到 100 万家。从全国的情况看,经营农产品电商交易平台,绝大多数还没有摸索出一个持续赢利的商业模式。农产品电商市场表现为销量小、利润薄,专业农产品电商平台几乎无一盈利。农产品电商不赢利,说明纯粹依靠现有商业模式和市场力量乃至数字技术的赋能,还不能充分解决农产品销售的难点痛点问题。在现有农产品商业模式下,与工业化生产相比,农业生产主体普遍弱小、生产无序、信息不畅,农产品品牌营销大多数小打小闹、不成气候。在以中小规模农户为市场主体的情况下,农产品要"卖得好",需要处理好生产与销售、市场与政府的关系。就是说农业要在市场端发力,政府要有所作为,"将市场挺在生产前面,生产与市场两手抓、两手硬",充分吸收广东"12221"市场体系建设的经验,把解决销售问题放在政府农业工作的重点,而不是只注重种植养殖的生产端的公共服务供给,应以"产销贯通做市场"

的核心理念，推动产供销融合、农文旅融合，改善农产品产销对接不紧密、供需关系不平衡、利益连接不稳定等老大难问题。

一是建立产区和销区大数据监测体系。运用大数据分析，针对广东规模农产品的产区种养殖规模及变动态势、价格波动情况，主销区的市场分布和需求变化等情况，开发和建立长期动态的监测体系，通过智能化产销匹配算法，调整农产品种植品种、面积，据此引导农民进行种植，制定销售预案，协助开拓销售渠道，打通跨区域产销堵点。

二是建立产销对接衔接机制。以大数据分析为基础，调度和对接供需；建立采购商、产区经纪人联盟组织，主产区和销售区主管部门积极举办展览、洽谈、交易等各类形式的产销对接会议和营销活动，搭建线上线下产销对接平台；提升供销合作社县域城乡融合综合服务平台的功能，延伸服务网点，辐射脱贫村。鼓励生鲜电商、垂直型生鲜电商与当地农产品生产主体建立产销优势互补、风险利益共担共享的投资合作关系，建立"产地+中心仓+前置仓"等生产服务体系，促进当地农产品分级、包装、预冷标准化。

三是建设特色农产品电子交易平台。通过从化花开新谷电子交易平台、广东特质农产品交易平台的运行经验来看，特色农产品电子交易平台可以重构交易流通体系，带动相关特色农产品的电子交易、智能仓储、供应链金融、信息服务。广东是农产品消费和农产品批发集散大省，在与大型电商平台合作之外，还要鼓励大型农业企业（供应商、采购商、流通商）搭建特色农产品交易平台。

四是建立大数据驱动的订单农业，形成产销一体的电商经营模式。运用基于分布式人工智能"农地云拼"体系，形成产销匹配的新模式。通过政企合作方式，通过"拼购"模式，为本地小散农产品寻找相对集中的订单，带动农产品大规模上行。鼓励电商企业签订长期农产品采购协议，大力发展订单农业。

（四）以城乡互动新格局新视野，破解乡村振兴的人才瓶颈

城乡融合发展的关键是塑造基于市场力量驱动的城乡之间要素双向自由

流动格局，在新的水平上形成城乡供给需求的经济循环。当前，在需求端的消费升级和高铁等快速交通系统的塑造下，广东城乡要素双向流动的格局和势能已经初步确立。经过四十多年的发展，珠三角产生了庞大的中等收入群体，进入了消费升级阶段。在供给端，农村的价值已经远远超过作为农产品和工业原料供给地的属性，具有生态、文化、休闲、健康生活等多重价值属性，成为一种新的区别于城市的生活空间。广东以珠三角广深为核心向周边300公里辐射的高铁网络重塑了全省的区域空间结构，大大拓展了乡村作为生活空间的辐射范围，珠三角和粤东西北居民理论上可以同时在两地生活。在这种城乡融合发展的大趋势下，迫切需要通过数字经济的赋能，促进农村和城市链接方式的创新，推动市民广泛参与"社会化生态农业"，塑造城乡之间基于市场驱动的经济循环。

在这一新的空间格局下，乡村发展的人才困境理应拓展思路，向城市要人才。为"生活在城市工作在乡村"和"生活在乡村工作在城市"的双栖工作—生活模式提供政策支持。在此新的基础和前提下开展"市民下乡、能人回乡"引导工程。引导能人、企业家、知识分子、城镇居民去农村居住生活，推进现代青年农场主培育计划和农民工、大学生返乡创业致富"领头雁"培养计划。开辟第二生活工作空间，使他们成为以城带乡、以工促农、城乡融合发展的中坚力量。

（五）加强数字农业农村发展的统筹协调和引导

健全数字农业农村建设发展统筹协调机制，加强部门协同和上下联动，组织实施各类数字农业农村发展行动计划；推动数字农业机制创新。搭建一个地方特色数字农业智库和资源聚合平台，凝聚数字农业领域政企学研各界力量，探索数字农业广东方案。组织开展数字农业先进装备、技术、模式目录遴选；组织开展广东数字农业评价工作，衡量地区农业农村信息化发展状况，为各地市和县（市、区）自我查找发展差距、明确努力方向提供数据支撑。

2021年广东乡村人才振兴报告

游霭琼*

摘　要： 乡村振兴，人才振兴是关键。广东深入贯彻落实党中央有关决策
部署，聚焦乡村振兴，创新乡村人才工作体制机制，在推进乡村
人才量质双升、激发各类人才投身乡村振兴活力方面取得了显著
成效，探索出具有广东特色的乡村人才振兴路径，同时也面临乡村
人才总量不足、结构不优、分布不均，人才"招不来""留不住"
等问题，需要持续深化改革创新，加大优质政策供给，充分激发乡
村本土人才活力，引导更多城市人才融入乡村振兴时代大潮。

关键词： 乡村振兴　乡村人才　广东省

2021年，广东深入贯彻落实习近平总书记关于推动乡村人才振兴的重
要指示精神，落实《关于加快推进乡村人才振兴的意见》，围绕全面推进乡
村振兴战略任务，持续深化乡村人才发展体制机制改革，扎实有序推进乡村
人才振兴各项工作，人才队伍稳步发展，人才成长环境进一步改善，为全面
推进乡村振兴开新局、应变局、稳大局发挥了重要作用。

一　广东乡村人才振兴成效显著

随着全面推进乡村振兴战略的深入实施，脱贫后的广东乡村发展更

---

* 游霭琼，广东省社会科学院省人才发展研究中心主任、研究员，主要研究方向为区域经济、
人才发展理论与政策研究。

具活力、前景更加广阔，对人才的渴求也更为迫切。广东坚持党对乡村人才工作的全面领导，把人才振兴作为全面推进乡村振兴的基础和关键，多措并举，加大乡村本土人才培育开发，引导城市人才下乡入乡，专业人才扶乡帮困，统筹推进各类乡村人才队伍建设，全省乡村人才振兴取得显著成效。

（一）以高素质农民为主体的农业生产经营人才队伍发展壮大

以全面推进乡村振兴和农业农村现代化发展需求为导向，以农民合作社带头人、农业经理人、新型农业经营主体带头人、现代青年农场主等为重点，深入实施农村实用人才带头人培训工程、百万职业农民培训计划、高素质农民培育计划、新乡贤返乡工程，稳步推进"粤菜师傅""广东工匠""南粤家政"三项工程高质量发展，全省农业生产经营人才队伍建设加速。截至2020年，全省农业经营管理人才达23.74万人。截至2021年底，培育高素质农民115051人[①]，全省龙头企业从业人员达146.2万人。随着农业龙头企业培育行动深入实施，全省各类联农带农新型农业经营主体和服务主体培育加快，涉农龙头企业、农民合作社、家庭农场等快速成长，带动效能显著，经营主体规模、质量均居全国前列，成为推动乡村全面振兴的中坚力量。截至2021年底，全省培育认定省级以上重点农业龙头企业1292家，其中国家级87家，国家、省、市、县四级农业龙头企业总数约5000家，涉农营业总收入超7300亿元[②]。全省农民合作社数量达5.3万家，其中县级及以上示范社4644家[③]，培养了一批带动示范作用强的农民专业合作社带头人。

[①] 《实施高素质农民培育计划 广东紧抓人才振兴赋能乡村全面振兴》，南方网，2022年3月22日。

[②] 《实录 | 2021年国家级、省级农业产业化重点龙头企业专题发布会》，广东省农业农村厅网站，2022年3月18日。

[③] 《助力合作社外贸，广东农民合作社培育推广巡回讲座第三站启程到达湾区站 | 合作社培育推广系列报道⑤》，《南方农村报》2021年9月19日。

表1　2018年、2021年广东主要新型农业经营主体发展比较

年份	农业龙头企业（家）	省级以上重点农业龙头企业（家）	农民合作社（万家）	家庭农场（万家）
2018	4260	915	4.67	1.72
2021	5000	1292	5.3	15.9

资料来源：马汉青等：《广东省统计局：广东新型职业农民已达74万人》，金羊网（2019年9月26日）；《实录丨2021年国家级、省级农业产业化重点龙头企业专题发布会》，广东省农业农村厅网站（2022年3月18日）；《省农业农村厅：擘画"三农"蓝图 阔步走向振兴》，《南方日报》2022年5月22日。

（二）以"双创"人才为主体的农村二三产业发展人才队伍成长加快

出台《广东省农村创新创业带头人培育行动实施方案》，加大农村创业创新带头人培育，提升创业创新服务。坚持问题导向，以促进各类人才返乡入乡创新创业为抓手，出台支持返乡入乡创业创新政策措施，着力缓解制约返乡入乡创业创新面临的用地、融资、服务、人才、风险应对等问题，不断优化农村创业创新环境。鼓励引导进城务工人员、大学毕业生、退役军人、科技人员、能工巧匠等各类人才返乡入乡创业创新，乡村"双创"人才队伍持续扩大，成为助力乡村振兴、促进城乡融合发展、助农增收的生力军。据广东省农业农村厅2020年的调查结果，在全省高素质农民中，超过1/3为进城务工返乡人员[1]。据广东省人力资源和社会保障厅数据，在2021年"三支一扶"的岗位征集中，支农和帮扶乡村振兴岗位占比71.42%[2]。

为全面提升全省农村电商应用水平，推动"农村电商"工程高质量发展，广东全面深入实施农村电商提质增效工程，设立"广东农村电商网络学院"，将农村电商培训纳入全省职业技能提升行动，以农村电商领军人

[1] 《广东城乡居民收入比连续两年保持在2.5∶1以内 打破"二元结构"壁垒 推动城乡全面融合发展》，《南方日报》（网络版）2022年5月20日。

[2] 《广东城乡居民收入比连续两年保持在2.5∶1以内 打破"二元结构"壁垒 推动城乡全面融合发展》，《南方日报》（网络版）2022年5月20日。

物、行业带头人和复合型人才为重点，线上线下相结合开展农村电商各类培训超过 11 万人次，培育市级农村电商带头人 2400 名、省级农村电商精英人才 150 名，建设 29 个农村电商产业园、3100 个基层示范站，带动电商从业超过 100 万人。① 在全国率先启动"乡村工匠"认定，首创乡村工匠专业人才职称评价标准，乡村工匠挖掘培养成效凸显，截至 2021 年，全省认定乡土专家 6879 名。② 推动"粤菜师傅""广东技工""南粤家政"工程高质量发展，三项工程累计培训 797 万人次，带动就业创业 247 万人次③，形成"德庆管家""丹霞月嫂"等家政服务特色品牌，在促进乡村人力资源开发、提升就业创业技能、助力乡村人才振兴方面发挥独特和重要作用，一大批传统农人通过技能培训、现代农业理论学习，成为"新农人"。

（三）外引内育乡村公共服务人才队伍建设成效凸显

1. 乡村教师队伍建设成效明显

针对基础教育师资区域发展不均衡，非珠三角地区优质教师留不住、引进难问题，聚焦建设下得去、留得住、教得好的乡村教师队伍，出台《广东省推动基础教育高质量发展行动方案》，持续实施、完善粤东粤西粤北地区中小学教师公费定向培养计划和高校毕业生到农村从教上岗退费政策，为粤东粤西粤北农村学校补齐音乐、体育、美术等紧缺学科教师和特殊教育教师短板。持续实施中小学教师"县管校聘"，促进县域内教师有序流动，优化了教师队伍结构。2020 年底，全省所有县（市、区）实现区域内义务教育教师平均工资收入水平不低于或高于当地公务员平均工资收入水平，有效稳定乡村教师队伍。全面落实农村教师满年限晋升职称政策，极大地激发教师队伍工作热情。启动"三区"（原中央苏区、革命老区、民族地区）教师

---

① 《广东："农村电商"工程已带动电商从业人员超 100 万人》，《羊城晚报》2022 年 4 月 21 日。
② 《涉农企业、合作社、家庭农场都可以，2022 广东乡土专家你申报了吗》，《南方农村报》2022 年 5 月 5 日。
③ 广东省人力资源和社会保障厅：《建人才集聚和民生保障新高地》，《南方日报》2022 年 5 月 22 日。

全员轮训计划，采取"一对一"和"定制式"精准培训方式，2020年完成8万余人次培训任务，2021年完成17万人次的教师轮训任务①，有效提升了教师队伍素质。

2. 乡村卫生健康人才量质双升

围绕健康广东建设、卫生强省打造，全面加强基层卫生人才队伍建设，人才短板进一步补齐，基层医疗卫生服务水平得到提升。"十三五"期间，全省招收培训21435名全科医生、5724名定向医学生，10245名医务人员实现学历提升，平均为粤东粤西粤北地区乡镇卫生院、社区卫生服务中心培养全科医生15~20人，平均为每个县区培养定向医学生60余人。2021年，全省基层医疗卫生机构卫生技术人员具有中级以上职称的占比从2020年的17.2%提高到18.5%，本科以上学历占比从23.5%提高到25.3%，全省具有大专及以上学历的乡村医生有5200名，比2020年提高了4.5%②；实施订单定向培养医学大学生项目，支持粤东粤西粤北地区基层招收培训全科医生3777人、定向医学生2090人。实施高校毕业生到基层从医上岗退费计划，2018~2020年，有280多名医疗卫生专业本科毕业生按协议到粤东粤西粤北地区乡镇卫生机构服务；实施百名卫生首席专家下基层计划，自2018年以来，面向全国二级以上医院选聘了100名具有高级职称且符合岗位条件的退休医生，到基层中心卫生院全职担任首席专家，培养带动基层医疗卫生机构专科团队；在全省经济条件较弱的乡镇卫生院和社区卫生服务中心设置了2728个全科医生特设岗位，聘用了2576名优秀医疗卫生人才到基层医疗卫生机构从事全科医疗工作③，促进基层卫生人才队伍能力水平提升。建立健全符合艰苦边远地区和基层一线实际"定向评价、定向使用"人才评价机制，完善乡村医生落实多渠道补偿政策，改善了乡村基层卫生机构的留住人才环境。

---

① 《打造"一对一""订制式"精准培训，粤"三区"教师全员轮训》，《南方都市报》，2021年1月26日。

② 《去年典型案例数居全国之首！2022年广东基层卫生健康工作6项重点工作》，南方PLUS，2022年4月13日。

③ 《广东省卫生健康委关于广东省第十三届人大五次会议第1433号代表建议协办意见的函》，广东省卫生健康委员会网站，2022年4月6日。

3.乡村文化旅游体育人才队伍建设取得新进展

为更好满足乡村文体旅游发展对高学历人才需求，持续组织开展全省文化站站长轮训、群众文艺骨干培训、非遗传承人培训以及乡村文化和旅游能人培训。近两年从全省67个公共文化机构选派了92人参加全国基层文化队伍示范性培训，组织开展了11期1400多人次的专题培训班、4批29场5000多人次的"种文化"培训①。同时采取引进创新科研团队、与高校和科研院所合办乡村文旅智库工作站等方式，推动乡村文化旅游体育人才队伍建设。深化人才分类评价机制改革，加大向粤东西北和基层一线倾斜，评选表彰一批基层文化工作先进单位、先进工作者，选拔推荐一批乡村文化和旅游能人，激发乡村文化人才扎根乡土、干事创业。全省有15人入选国家级2020年度乡村文化和旅游能人支持项目，有701项省级非遗代表性项目和729名省级非遗代表性传承人。乡镇（街道）社会体育指导员队伍建设得到加强，截至2021年底，全省建有乡镇（街道）社会体育指导员服务站1317个，占镇街总数的87%，建有服务点超过1万个、社会体育指导员服务队伍1.41万支②。

（四）乡村治理人才基础得到稳固夯实

1.乡镇党政人才队伍建设进一步加强

深入落实"第一书记""大学生村官"制度，推动"三支一扶"项目扩容提标，实施乡村紧缺人才招募计划、"志愿服务乡村振兴行动"，2016~2021年，累计派出1112个驻镇（街道）工作组、1.2万个驻村工作队，向省定贫困村选派4454名第一书记、6.5万名驻村工作干部③，2021年，招募2730名"三支一扶"高校毕业生、1000名服务乡村振兴志愿者④，为乡镇党政人才队伍建设提供了新鲜血液和后备力量，推动基层人才队伍结构优

---

① 《南方观察｜广东：文旅赋能开拓乡村振兴新路径》，《文旅中国》2022年2月23日。
② 《立足优化软环境 聚焦服务硬实力 推动全民健身服务展新篇开新局》，《体育生活报》2022年4月28日。
③ 《省农业农村厅：擘画"三农"蓝图 阔步走向振兴》，《南方日报》2022年5月22日。
④ 《广东：扎实推进2021年高校毕业生"三支一扶"计划 在广阔天地挥洒青春》，《中国组织人事报》2022年1月13日。

化。实行乡镇编制专编专用，加大乡镇公务员考录、乡镇事业编制人员招聘，提高乡镇机关工作人员收入，有效稳住了乡镇党政人才队伍。全面加强村组干部、农民专业合作组织负责人、大学生村官等乡村振兴急需的"带头人"队伍培育，有力提升了基层干部人才治理水平。

2. 村党组织带头人队伍得到优化提升

针对基层党组织弱化、虚化、边缘化问题，深入实施基层党建"头雁工程"。以村"两委"换届为契机，从致富能手、外出务工经商返乡人员、本乡优秀大学毕业生、退役军人党员中选拔一批政治素质好、带富能力强、组织协调力突出的优秀党员担任村党组织书记，有力推动了村党组织带头人队伍的年轻化、专业化、多学科、多背景化发展，提升了基层党组织的组织力。2021年，完成换届后的村（社区）"两委"干部平均年龄由上届的44.4岁下降到41.1岁，大专及以上学历占比由上届的33.7%提升到56.4%，村党组织书记储备人选4.6万名[1]。

3. 以"双百社工"为主体的农村社会工作人才队伍不断壮大

为补齐基层服务短板，提高兜底民生服务水平，2017年率先探索以专业社工提升基层服务效率和质量，2020年11月，将"双百计划"[2] 上升为"双百工程"，到2021年底，1.4万名"广东兜底民生服务社会工作双百工程"社工人才队伍，驻村入户为困难群众、特殊群体提供政策落实、社会融入等专业化、精准化服务，实现全省1629个乡镇（街道）社工站建设运作全覆盖[3]。

4. 以村（社区）法律顾问为重点的农村法律人才队伍建设加快

将"法律明白人"培养作为乡村人才振兴的重要内容，实施乡村"法律明白人"培养工程。在全国率先落实一村（社区）一法律顾问政策，并实现全省全覆盖，村（社区）法律顾问已成为广东农村法律人才队伍的重

---

① 《广东这五年 丨 党建引领促发展 强基铸魂守初心》，《南方日报》2022年5月22日。
② 省民政厅在经济欠发达地区资助建设乡镇（街道）社工站，每站招聘3~8名社工，由这些专业社工为困难群众和特殊群体提供服务。原计划第一批、第二批分别建200个社工站，所以叫"双百"。
③ 《省民政厅：力行民之所盼 保障基本民生》，《南方日报》2022年5月22日。

要组成部分，是推动基层良治的重要支撑。同时，依托各级司法部门，大力开展专题培训、以案释法，培养乡村法律咨询与矛盾纠纷调解等相关法律人才，提升乡村法律人才队伍服务能力和水平。

（五）农业农村科技人才队伍服务能力增强

1. 农业领军人才队伍已具规模

紧扣现代农业产业技术体系建设，以"广东特支计划""扬帆计划""杰出人才（南粤百杰）""珠江学者岗位计划"项目为依托，结合本土优势农产品培育和特色农业发展需要，引进和培养了一批农业农村高科技领军人才、学科带头人才。到2020年，广东有涉农两院院士5人、国家杰青9人、农业领域科技创新领军人才7人、国家优秀青年科学基金4人、其他国家级人才3人，国家现代农业产业技术体系首席科学家3名、岗位科学家84名、综合试验站站长46名。现代农业产业人才体系更加健全，构建了51个省级现代农业产业技术体系创新团队，选聘创新团队首席专家51人、岗位（专题）专家442人、示范基地负责人146人，辐射带动核心团队成员3000余人。

2. 成长出一支基层农业农村科技人才队伍

持续加大县农技推广服务驿站建设投入力度，实施特聘动物防疫专员计划，稳妥推进"1+N"农业科技职称评价体系改革，增设正高级职称，拓宽基层农技人才职业发展空间。挖掘一批长期活跃在乡村一线的"土专家""田秀才"，2020年，认定了首批2513名农村乡土专家。实施农业科技人员素质提升计划，依托省内涉农高校，开展农业技术推广人员学历提升教育、知识更新培训。"十三五"时期，以短期业务培训、中长期脱产培训、定向培训、继续教育、访问进修、跟班学习等形式，全省培训基层农业技术人员1.7万余人次，培育基层农业技术推广骨干人才1000余人[1]，成长出一批基层农业技术推广骨干人才、"双师型"推广人才、农业技能人才。2020年，

---

[1] 《"三农"工作将进入全面推进乡村振兴新阶段，广东农技推广未来这样做!》，《南方农村报》2022年4月26日。

全省有农业专业技术人才（技能服务型）21.91万人、高技能人才（技能带动型）16.44万人、农技推广人才14706人，其中县区、乡镇基层农技推广人才占99.4%。基层农技推广服务数字化方式达到90%，全省推广农业和农村先进适用技术达4615项，一大批农业新品种、农村先进适用技术成果得到推广应用。2021年，全省农业科技进步贡献率由2015年的63%提高到71.3%，水稻等主要农作物良种覆盖率98%，主推技术到位率98.5%，以上指标均居全国前列①，科技人才为全省农业农村经济稳步发展提供了强有力的科技支撑。

3. 科技特派员队伍不断发展壮大

出台《广东省农村科技特派员管理办法》，坚持人才下沉、科技下乡、科技兴农、省市协同、院校和科技人才积极参与，实现了科技服务、创业带动全覆盖。截至2021年底，共选派902个省级农村科技特派员团队，2767名农村科技特派员驻镇帮扶，分别比2020年新增24个团队、709名科技特派员，实现农村科技特派员600个重点帮扶镇、301个巩固提升镇全覆盖。②科技特派员制度实施20多年来，广东共选派农村科技特派员1.4万多名、1000余个团队，覆盖全省1300多个乡村产业，培训农村基层技术人员和农民63万人次，带动9.4万户农户增收，辐射带动824万人受益，探索出可复制推广的农村科技特派员管理运行机制。

二 广东乡村人才振兴政策与实践特色

作为农业大省，广东紧紧围绕全面推进乡村振兴战略任务，党建引领、产才融合、科技助力，建机制、搭平台、拓渠道，形成乡村本土人才队伍提质扩容、活力激发，城市人才返乡入乡创新创业春潮涌动，政府、企业、社会和人才协同发力的乡村人才振兴广东经验。

①《广东2021年农业科技进步贡献率达71.3%》，《深圳特区报》2022年3月9日。
②《广东2815名农村科技特派员参与乡村振兴驻镇帮镇扶村》，《广州日报》2022年4月21日。

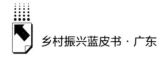

（一）注重衔接，不断完善政策体系

自 2017 年以来，围绕乡村人才振兴，广东省委省政府及相关部门累计出台了 60 余份文件，全方位做好国家相关政策的落实、衔接、细化和延伸。特别是 2020 年以来，按照国家《关于加快推进乡村人才振兴的意见》《中华人民共和国乡村振兴促进法》等部署要求，结合广东农业农村人才工作实际，先后出台了《广东省关于加快推进乡村人才振兴的实施意见》《关于进一步鼓励引导人才向粤东粤西粤北地区和基层一线流动的实施意见》《广东省乡村振兴促进条例（草案）》等，以及与政策相配套的系列人才工程，覆盖了人才培训、就业帮扶、"双创"扶持、人才评价、人才激励保障、人才返乡入乡引导等乡村人才振兴发展全过程、全链条，为乡村人才振兴营造了良好的制度环境和社会氛围。

（二）党建引领，壮大乡村人才"带头人"队伍

2018 年以来，广东先后部署实施了两轮基层党建三年行动计划、村（社区）后备人才三年培养计划，以"党建+人才"全面强化乡村人才主力军培养。实施"头雁"锻造工程，同时以村（社区）"两委"换届为契机，从致富能手、返乡人员、大学毕业生、退伍复员军人中，遴选一批优秀人才充实到基层党组织和村（社区）"两委"班子，推动基层党组织和村（社区）班子青年化、专业化和高学历化，造就一批有干劲、能力强、素质高的乡村振兴"带头人"。如广州市白云区实施"党员人才回乡计划"[1]，将致富能手、大学毕业生、复员退伍军人中敢担当、素质好、懂经济的年轻党员人才，纳入村级后备人才干部库；选派优秀科级干部担任驻村第一书记，向全社会公开招聘大学生村级组织员。

（三）产才融合，建强现代农业产业人才队伍

乡村振兴，产业是基础，人才是关键。近年来，围绕现代农业产业体系

---

[1]　汤南：《"人才+"模式助力乡村振兴》，《广州日报》2021 年 2 月 22 日。

建设，广东以产业园为牵引，实施"一县一园、一镇一业、一村一品"工程，到2021年，全省已创建18个国家级、288个省级、73个市级现代农业产业园。以产业园为人才引育、集聚的重要平台和基地，鼓励引导各类人才向乡村振兴一线聚集、发展，打造了一大批产才融合示范园（镇、基地），形成以产会才、以才兴产，产才互动发展良好生态。清远市以丝苗米产业园为平台，依托省农科院水稻研究所等科研单位，与赵春江院士、罗锡文院士等团队建立科技创新战略合作，不仅成长了一支丝苗米种业人才团队，而且形成了区域产业技术特色，提高了丝苗米的单产和品质。深圳市将4个省级现代农业产业园作为深入实施"鹏城英才计划""鹏城孔雀计划"的重要平台和载体，与中国农业科学院、中国农业大学、清华大学、中山大学等科研机构和高校合作，加大"高精尖缺"农业科技人才和创新团队引育，推进现代生物育种、数字农业、现代生猪种业、优稀水果等涉农重点领域关键核心的技术攻关[①]。

（四）科技助力，增强乡村人才振兴外生动力

建立健全促进人才下沉、结对帮扶、对接乡贤和外出务工人员机制，推动人才由城市向农村流动。开展农村科技特派员"百团千人大下乡"活动，实施"广东省万名高校毕业生志愿服务乡村振兴行动"和科技工作者"上山下乡"助力乡村振兴行动计划，鼓励引导涉农科研院校人才和大学毕业生向现代农业产业园、高素质农民培育示范基地、农产品出口示范基地、农业龙头企业和基层一线流动、集聚，提供专业技术服务。支持引导返乡入乡人才进入各类园区、创业服务平台开展农业科技创新创业服务。培养一批助农科技人才队伍，引导创新成果、科技人才等向乡村汇集，创新科技助力乡村人才振兴模式。2021年，全省农村科技特派员培训农村基层技术人员和农民63万人次，仅省农科院就开展了8189人次的人才培训。

---

① 《实录｜广东2022年省级现代农业产业园新闻发布会顺利举办》，广东农业农村网站（2022年6月2日）。

广州市白云区深入实施科技特派员制度，将全区 105 名农村科技工作者备案为市农村科技特派员，依托 29 个市级以上科技特派员项目，为 30 个村提供服务。同时，通过与省科学院、省农科院等专业团队合作，一方面扩大助农科技人才队伍，另一方面针对蔬菜、花卉等特色优势产业开展 15 个科技帮扶项目。

三 广东乡村人才振兴的方向和重点

当前，"三农"工作重心已进入全面推进乡村振兴新阶段，确保粮食安全和种业安全、持续巩固拓展脱贫攻坚成果、促进共同富裕、守住不发生规模性返贫底线等，都离不开人才支撑，全面振兴乡村人才比任何时候都更迫切、更需要。尽管全省乡村人才发展基础得到了显著改善，乡村人才队伍面貌发生巨大变化，但仍面临诸多发展问题，如乡村人才总量不足、结构不优，高层次人才特别是领军人才、农业战略科学家、创新团队比较匮乏，具有较强科技应用转化能力和科研能力的科技人才缺口较大；农业农村人才培养平台需扩容提质，需强化各项扶持激励保障政策集成配套，放大其叠加效应并落地见效，乡村人才评价渠道需进一步拓宽，服务管理体制机制需进一步完善，等等。这就要求各级党委政府要牢牢把握乡村振兴战略总目标，以只争朝夕、时不我待的使命感、责任感、紧迫感，把乡村人才振兴工作作为"三农"工作的重大任务抓紧抓实抓到位。

（一）培育壮大农业产业科技战略人才力量

1. 培养农业战略科学家

聚焦农业科技创新重大需求和重大任务，凝练一批农业共性技术和关键核心技术攻关项目，采用"揭榜挂帅""赛马"等机制，在产业发展和重大科技突破中发现和培养农业战略科学家。

2. 培育农业科技领军人才和创新团队

实施"粤农英才"计划，统筹涉农科技项目，优化项目和经费管理，创新完善项目考核评价机制，强化综合保障，加大经费支持力度，通过重大科研项目联合攻关、实战历练，培育一流的农业科技领军人才和创新团队。充分利用农业农村部"农业科研杰出人才培养计划"，借助国家平台，加快具有国际影响力的高端农业科研人才和创新团队培育。发挥广州国家现代农业产业科技创新中心和岭南农业重点实验室、农业类国家级和省级重点实验室及工程技术研发中心，以及省农科院、华南农业大学等涉农科研院所和高校平台作用，围绕粮食安全、绿色低碳、智慧农业等重点领域，进一步加大科技人才培养、引进力度，打造粤港澳大湾区农业科技人才高地和创新中心。

3. 壮大青年科技人才队伍

围绕"新农科"建设需要，顺应智慧农业发展趋势，抓住青年思维活跃、知识多元、学习能力强、创新激情高等特点，以农业基本技能、信息技术、农业工程技术等多学科交叉融合的创新型和复合型青年科技人才培养为重点，支持建设重要科研平台，鼓励院校企各方共建试验示范基地、农业技术和信息技术培训实训基地等，为青年科技人才成长提供优质平台。支持更多具有发展潜力的青年人才主持重大科技项目，加大稳定支持力度，以稳定的科研条件和潜心研究的环境，扶壮青年科技人才队伍。

4. 培养涉农卓越工程师

实施农业领域卓越工程师成长计划，引导省内高校主动对接现代农业发展需求，突出高校学科优势，对接乡村需求，开设各类涉农林卓越工程师班。采取"政校企合作班"、共建工程实践教育基地等方式，多方主体同育涉农卓越工程师。组织开展各类涉农大赛，以赛促培，通过赛事发现、展示人才。

（二）培强培优农业龙头企业家人才队伍

1. 建强农业龙头企业家队伍

加强统筹谋划，将农业企业家培育与农业产业化发展同步部署、一体推进。进一步加大、提升省、市、县级农业龙头企业认定工作力度和质量，壮大省级以上农业龙头企业规模，争取更多企业入列农业产业化国家重点农业龙头企业。支持农业龙头企业参与优势特色产业集群、现代农业产业园、农业产业强镇、"一村一品一镇一业一县一园"等项目建设。进一步健全扶持政策，加大扶持力度，优化"三农"营商环境，创新联农带农机制，多管齐下促进有潜力企业做强做大，成为农业龙头企业后备军。

2.强化后备企业家培养

深入实施"百千万"农业企业家培育工程，加大高素质农民培育计划、乡村产业振兴带头人培育等"头雁"项目实施力度，对发展潜力大、带动能力强的家庭农场、农民合作社带头人、返乡入乡农村创业带头人等进行系统性培育和综合性扶持，着力打造一支有技能、有活力、有潜力的年轻农业企业家队伍。建设一批农业企业家培育实训基地，建立农业企业家数据库，通过摸查，发现一批懂农业、懂经营且具有创新创业潜质的年轻涉农企业经营者，开展专业性培养培训和实训辅导，使之成为农业龙头企业队伍储备力量。

（三）打造高素质综合化基础基层人才队伍

1.选优建强农村基层组织负责人队伍

围绕乡村治理体系和治理能力现代化目标要求，坚持正确的用人导向，拓宽选人视野，选优配强村"两委"班子。继续向重点村选派驻村第一书记和工作队，适当扩大高校毕业生"三支一扶"计划招募规模。健全"定制村官"机制，公开选招、选派优秀人才，作为农村基层组织的后备力量。实施农村基层干部素质能力持续提升计划，高质量组织好基层组织负责人轮训；实施学历提升计划，以灵活多样形式支持村干部、年轻村党员就地就近接受高等学历教育。

2.加快培育各类农业社会化服务组织带头人队伍

以顺应农业生产方式变化趋势、建设农业社会化服务体系为目标，以重要农资农产品供应、防虫防病、农机服务等农业生产性服务领域人才为重点，出台农业社会化服务组织及其带头人培育政策，实施农业社会化服务组织带头人培育工程①。加快各类服务组织的培育，强化服务人才培养，推动农业社会化服务加快发展。

3.优化管理服务人才队伍

加强农业综合执法人才队伍建设，深化农业综合行政执法改革，明晰职责分工、职责边界，按需配足配齐执法人员。加强渔政执法队伍和能力建设。实施农业综合行政执法能力提升行动，强化执法人才技能培训，提升农业综合行政执法队伍的专业化、职业化、现代化素质。拓宽渠道、灵活机制、丰富方式，加强农村改革服务人才队伍建设，并通过强化培训历练，提升其政策理论和业务水平。实施农业公共服务能力提升行动，加强农业公共服务人才队伍建设。继续用好深入推行科技特派员制度，实施农技推广服务特聘计划，鼓励引导高校毕业生、技术人员等向基层农业公共服务机构流动。②

（四）进一步健全覆盖乡村人才发展全链条的政策体系

1.需求导向，创新完善人才培育政策体系

统筹谋划，加大投入，设立农村实用人才培养专项资金，专项用于农业农村人才培养。提升培育质量，扩大教育培训覆盖面。贴近乡村发展实际需求，提高学历教育、技能培训、实践锻炼等的针对性、精准性、实践性。开展"百千万"培育能力建设，加大对乡村振兴各类带头人、"头雁"的培育培训力度。持续深化实施高素质农民培育工程，以"学识+技能+创业"为导向，高质量推进"百万高素质农民学历提升行动计划"。实施农业农村技能人才培育工程，壮大农村技能服务型人才队伍。实施农业技术推广人才培育工程，全面推进农技推广人员知识更新培训。

2.补齐短板，创新完善人才外引政策体系

公开招聘、组织选调、组织委派等方式相结合，广渠道宽领域选聘高素

---

① 农业农村部：《"十四五"农业农村人才队伍建设发展规划》，农业农村部官网（2021年12月17日）。

② 农业农村部：《"十四五"农业农村人才队伍建设发展规划》，农业农村部官网（2021年12月17日）。

质人才充实到乡村振兴人才队伍。用好人才驿站、科技特派员、"专家服务团"、"三支一扶"、人才返乡入乡等政策，配之以良好配套措施和生产生活服务保障，引导城市各类优秀人才下沉服务乡村振兴。实施农业科技高端外引工程，加大"珠江人才计划""广东特支计划"等重大人才工程对现代农业高端人才的资助和扶持力度。紧扣现代种业、精准农业、食品安全和智能农机装备等重点领域需求，依托各级各类载体平台，引进高精尖缺团队和领军人才。

3. 产才一体，完善人才使用政策体系

树立产才融合理念，同步谋划各类产业、产品园区、基地建设与乡村人才振兴发展，将人才发展业绩纳入各级各类现代农业产业园、优势特色产业集群、农业产业强镇等重大工程、项目以及人才驿站、"双创"基地、人才孵化基地等的考核验收指标，发挥产业、平台聚才育才的功能作用。进一步完善创新创业各类要素支持服务体系，为人才服务乡村振兴搭建各类平台。完善"县聘镇用"专业人才统筹配置使用机制。

4. 激发活力，完善人才激励政策体系

深化农业农村人才评价改革，遵循乡村人才成长规律和行业属性，完善人才分类评价制度体系。在工资待遇、职务职称晋升、职业资格评价和职业技能等级认定等方面，实施向乡村基层人才倾斜政策，激励人才扎根乡村振兴一线建功立业。拓宽乡村人才发展空间，适当提高乡村人才在县乡公务员和企事业单位招聘比例。

（五）进一步优化人才兴农强农环境

1. 强化人才发展平台建设

汇集多方力量，优化提升各级各类产业园、重点实验室、农业类工程技术研发中心、农业产业科技创新及转化平台、返乡创业孵化基地等乡村人才发展平台。建设乡村人才对接服务平台，鼓励各地建设产业研究院、联合实验室、科技小院、人才工作站、人才驿站、博士博士后科创平台等载体，打造专业人才到乡村服务的落脚点。

2. 加大政策扶持力度

设立培养专项资金，专用于乡村人才培养。安排涉农贷款，以"政府+银行+保险"融资模式，为各类乡村人才和返乡入乡人才"双创"提供低利率、免抵押担保的普惠金融支持。落实落细、完善配套国家给予乡村人才的有关项目审批、信贷发放、土地使用、税费减免等方面的倾向政策。逐步建立健全农业农村人才合法权益保护制度。

3. 进一步浓厚社会氛围

继续开展"广东省十大杰出高素质农民"认定，百佳优秀新型职业农民评选活动、农业创业致富大赛等活动，选树一批长期扎根基层、敬业奉献、业绩突出的农业农村优秀人才典型，通过各类媒体和网络媒介，大力宣传各类优秀人才的成长历程和典型事迹，在全社会营造重视、关爱、支持乡村人才发展的良好氛围。

参考文献

王彪、黄进等：《广东城乡居民收入比连续两年保持在 2.5：1 以内　打破"二元结构"壁垒　推动城乡全面融合发展》，《南方日报》2022 年 5 月 20 日。

《广东省农村科技特派员：以科技助力乡村脱贫攻坚》，广东科技网站（2021 年 4 月 12 日）。

《中共中央办公厅 国务院办公厅印发〈乡村建设行动实施方案〉》，新华网，2022 年 5 月 23 日。

农业农村部：《"十四五"农业农村人才队伍建设发展规划》，农业农村部官网（2021 年 12 月 17 日）。

B.8
2021年广东全面促进农村消费发展报告[*]

郑姝莉　胡学东^{**}

摘　要： 2021年，广东全面促进农村消费工作走在全国前列，农村消费
促进工作将物流、冷链、农贸市场等方面的"中介端"与耐用
品消费的"需求端"、城市下乡消费的"供给端"结合起来，建
构成集"消费需求—中介—供给"于一体的消费发展系统，反
映出我国新时代农村消费工作开始从消费需求刺激的单点发展向
全面促进转变。然而，仍然存在农村尚未形成多样化的消费方
式、消费结构有待优化升级、农村物流基础设施建设不平衡、农
村售后服务体系不够完善、农村消费维权体系不健全、消费供给
端有待完善、消费帮扶可持续发展新模式有待构建等问题。需要
综合施策提高农村消费能力、系统化建设农村消费中介系统，让
政府、市场、社会协同发力，助推农村消费发展。

关键词： 农村消费　消费发展系统　消费中介系统　广东省

　　2021年2月21日，中共中央、国务院发布的中央"一号文件"《关于
全面推进乡村振兴加快农业农村现代化的意见》明确提出要"全面促进农
村消费"，这是自2004年以来国家首次以二级标题的形式将"农村消费"

---

　　* 基金项目：本文为广州市哲学社会科学规划羊城青年学人课题"广州农村的消费分化问题与消
费升级策略研究"（2019GZQN34）阶段性成果。
　** 郑姝莉，博士，广东省社会科学院助理研究员；胡学冬，广东省农业农村厅政策法规与改革
处处长。

列为中央"一号文件"的重点类目；也是继 2009 年、2010 年以来，相隔十年第三次明确在"类目内容"中对农村消费进行部署安排。国家高度重视农村消费，将其摆在重要位置，其实质是将乡村振兴战略与国家构建新发展格局、构建国内外经济双循环体系一起来。消费是筑牢新发展格局的战略基点，也是构建我国国内外经济双循环的重要支点。在开启向第二个百年奋斗目标迈进的年份提出推进农村消费，其实质在于充分发挥"三农"的潜力后劲，畅通城乡经济体系，发挥消费对于推进乡村振兴的全面带动作用。在当前我国面临全球新冠肺炎疫情延宕、产业链供应紧张、大宗商品价格大幅反弹和国内经济下行压力明显增大的背景下，切实加大消费端维稳促增长是应对经济社会冲击的重要突破口。

2021 年的中央"一号文件"从农民、农村及农业三个角度入手，从消费需求端、消费中介端、城市消费供给端三个层次为农村消费提质升级进行了系统谋划。在消费需求端上，要求促进农村居民耐用消费品更新换代，完善农村生活性服务业支持政策，发展线上线下相结合的服务网点，推动便利化、精细化、品质化发展，满足农村居民消费升级需要；在消费中介端上，要求重视基础的储存与物流设施建设，加快实施农产品仓储保鲜冷链物流设施建设工程，推进田头小型仓储保鲜冷链设施、产地低温直销配送中心、国家骨干冷链物流基地建设，加快完善县乡村三级农村物流体系，改造提升农村寄递物流基础设施，深入推进电子商务进农村和农产品出村进城；在城市消费供给端上，要求推动城乡生产与消费有效对接，深入推进农产品出村进城，推动城乡生产与消费有效对接，吸引城市居民下乡消费。本报告将结合广东省新时代全面推进乡村振兴加快农业农村现代化的总体方向，从"消费需求—中介—供给"视角，综合分析广东农村主要领域的发展现状特征、面临问题及发展趋势，针对问题提出相关建议。

一 新时代农村消费发展的新要求

从 2005 年以来的十八份中央"一号文件"来看，国家一直坚持农业农村优先发展；然而，农村消费并没有被持续重点关注。以往的中央"一号文件"较少直接提及农村消费，多是从物流、冷链、农贸市场等方面致力于打造农村消费的"中介端"。2021 年，中央"一号文件"将物流、冷链、农贸市场等方面的"中介端"与耐用品消费的"需求端"、城市下乡消费的"供给端"结合起来，建构成集"需求—中介—供给"于一体的消费发展系统，反映我国新时代对农村消费发展有了新理念与新思维。

（一）全面推进乡村振兴加快农业农村现代化中消费承载的新使命

1. "人民对美好生活的向往，就是我们的奋斗目标"：全面促进农村消费旨在满足农村人民对美好生活向往的需要

新时代我国社会主要矛盾是人民日益增长的美好生活需要和不平衡不充分的发展之间的矛盾，这是破解我国发展问题的根本立足点，也是推进农村发展加快农业农村现代化的题中应有之义。随着我国农业农村工作重心从精准扶贫向农村现代化建设转移，农村现代化工作也在由解决贫困问题向满足美好生活需要转变。从解决温饱到全面小康，农村人民群众对物质文化生活也有更高的要求。全面促进消费是聚焦农民需求变化、在更新换代中推进农民从"有没有"向"好不好"转变的集中体现。2021 年，广东农村居民收入水平同比提高，生活支配能力提升。农村居民人均可支配收入为 22306 元，同比增长 10.7%，高于城镇居民增速 1.6 个百分点；两年平均增长 8.9%，高于城镇 2.1 个百分点。农村居民与城市居民收入比由上年的 2.50∶1 进一步缩小至 2.46∶1①。从收入增长趋势来看，广东农民拥有美好生活的能力逐渐提高。随着农村居民收入的提高，农民在美好生活上的消费不断提高。2021 年广东农村人均消费支出为 20012 元，增长 16.8%，属于较大幅度的增长。2020 年广东农村恩格尔系数为 40.8%，

---

① 《2021 年广东经济运行情况分析》，广东统计信息网（2022 年 1 月 21 日），http：//stats. gd. gov. cn/tjfx/content/post_ 3817611. html。

城镇为32.2%①；2021 年农村恩格尔系统为 39.3%，较上一年下降了 1.5
个百分点，城镇为 31.7%，较上一年下降了 0.5 个百分点②。农村恩格尔
系数③的下降反映出农民在消费结构中对非食物的消费需求加大，对美好
生活的需求增加。农村恩格尔系数下降的速度远大于城镇，反映出农民对
美好生活的需求度甚至高过城镇。

2. "把战略基点放在扩大内需上，农村有巨大空间，可以大有作为"④：
全面促进农村消费旨在构建新发展格局，打通城乡经济循环、构建国内大循环

消费是扩大内需、畅通国内大循环的重要基石。消费对经济循环具有牵
引带动作用。消费能为顺应国内发展阶段的变化、把握发展主动权走出先手
棋。中国农村居民人口数量多，基数庞大，蕴藏着巨大的消费潜力。几亿农
民同步迈向全面现代化，能够释放出巨量的消费需求⑤。农村作为中国最具
潜力的大市场，是国家应该充分利用的稀缺资源。2020 年，广东乡村市场
实现消费品零售额 0.43 万亿元，比 2015 年增长 32.9%，年均增长 5.9%，
高于城镇增速⑥。2021 年，广东乡村消费品零售额 5263.78 亿元，乡村消费
品零售额同比增长 22.3%，城镇消费品零售额 38923.93 亿元，仅增长

---

① 《2020 年广东省国民经济和社会发展统计公报》，广东统计信息网（2021 年 3 月 1 日），
http：//stats. gd. gov. cn/tjgb/content/post_ 3232254. html。

② 《2021 年广东省国民经济和社会发展统计公报》，广东统计信息网（2022 年 3 月 2 日），
http：//stats. gd. gov. cn/tjgb/content/post_ 3836135. html。

③ 恩格尔系数（Engel's Coefficient）是食品支出总额占个人消费支出总额的比重。19 世纪德
国统计学家恩格尔根据统计资料，对消费结构的变化得出一个规律：一个家庭收入越少，
家庭收入中（或总支出中）用来购买食物的支出所占的比例就越大，随着家庭收入的增
加，家庭收入中（或总支出中）用来购买食物的支出比例则会下降。推而广之，一个国家
越穷，每个国民的平均收入中（或平均支出中），用于购买食物的支出所占比例就越大，
随着国家的富裕，这个比例呈下降趋势。

④ 《坚持把解决好"三农"问题作为全党工作重中之重 举全党全社会之力推动乡村振兴》，《求
是》2022 年第 7 期。

⑤ 《坚持把解决好"三农"问题作为全党工作重中之重 举全党全社会之力推动乡村振兴》，
《求是》2022 年第 7 期。

⑥ 《"十三五"时期广东消费品市场情况分析》，广东统计信息网（2021 年 8 月 9 日），
http：//stats. gd. gov. cn/tjfx/content/post_ 3459062. html。

8.4%①。农村消费品零售额增长速度远高于城镇。2019年，农村居民人均消费支出16949元，增长10.0%；城镇居民人均消费支出34424元，增长11.3%②；农村居民人均消费增长幅度接近城镇居民。2020年，农村居民人均消费支出为17132元，增长1.1%；城镇为33511元，城镇不仅没有上升，反而下降2.7%③；2021年农村为20012元，增长16.8%；城镇居民人均消费支出36621元，增长9.3%④，农村消费增速仍然大于城市。农村消费对于推进国内大循环的潜力优势有待进一步挖掘和释放。全面促进农村消费既是打通城乡经济循环的重要一环，也与构建国内外经济双循环相辅相成。通过农村打通城乡经济循环，构建国内经济大循环，能促使城乡生产与消费有效对接，推动城乡两个要素市场融合，进而在城乡融合中有效推进乡村振兴。

（二）总体思路

本报告将总结广东2021年全面促进农村消费的现状特征与问题，从全国及广东层面剖析广东促进农村消费的主要形势，围绕广东农村消费促进领域的主要短板和问题，结合广东省委省政府的"三农"工作安排，提出相应政策建议。主要从农村消费需求端、农村消费中介端、城市消费供给端三个层次开展：一是总结2021年广东全面促进农村消费的总体特征，并分析其在全国所处的位置；二是剖析广东全面促进农村消费中存在的问题；三是基于广东农村消费中存在的问题提供对策。

---

① 《2021年广东省国民经济和社会发展统计公报》，广东统计信息网，2022年3月2日，http：//stats. gd. gov. cn/tjgb/content/post_ 3836135. html。
② 《2019年广东省国民经济和社会发展统计公报》，广东统计信息网，2020年3月7日，http：//stats. gd. gov. cn/tjgb/content/post_ 2923609. html。
③ 《2020年广东省国民经济和社会发展统计公报》，广东统计信息网，2021年3月1日，http：//stats. gd. gov. cn/tjgb/content/post_ 3232254. html。
④ 《2021年广东省国民经济和社会发展统计公报》，广东统计信息网，2022年3月2日，http：//stats. gd. gov. cn/tjgb/content/post_ 3836135. html。

二 走在全国前列与系统推进：广东全面促进农村消费的总体特征

2021年，广东大力发展现代农业，全面实施乡村振兴战略，在有序统筹农村疫情防控下，农业农村现代化呈现良好发展势头。为全面促进农村消费，广东推进了以农村消费中介端设施为中心、以帮扶支持促进城乡消费供给为特色的消费系统框架搭建工作，辅助消费的冷链物流、直供配送、农资农技网络、田头智慧小站等中介系统得以建成，各种消费帮扶与金融支持工作得以开展，农村消费开始从以往的消费需求刺激的单点发展向全面促进转变。通过全面系统的框架搭建，广东农民消费需求得到刺激，农村居民人均消费支出增长16.8%，城镇仅增长9.3%，人均消费支出增长幅度首次远超城镇7.5个百分点[1]，农村消费、网络消费增长均超过20%[2]，农村消费促进工作走在全国前列。

（一）农村消费需求促进系统得以构建

搭建了农村消费品需求的更新换代系统，推进解决农村居民消费升级"升什么"的问题。农村消费可以分为生存型消费、发展型消费与享受型消费三种[3]。生存型消费是维持生存所必需的物质生活和劳务消费，主要是满足较低层次衣食住行的需要，是最基本的消费；发展型消费用于满足德智体等方面的消费；享受型消费是人们对生存发展的需要得到满足后为进一步丰富自己的物质生活和精神生活的消费。在全面促进农村消费工作中，广东建立了较为完善的两类消费需求促进系统。

---

[1] 《2021年广东省国民经济和社会发展统计公报》，广东统计信息网（2022年3月2日），http://stats.gd.gov.cn/gkmlpt/content/3/3836/mpost_3836135.html。

[2] 《2021年广东GDP达12.4万亿元 同比增长8%》，中国新闻网（2022年1月20日），http://www.chinanews.com.cn/cj/2022/01-20/9656988.shtml。

[3] 房爱卿：《我国消费需求发展趋势和消费政策研究》，中国经济出版社，2006。

　　一是广东电商平台加速向农村市场"下沉"，农村生存性消费渠道大大拓宽。广东高度重视农村电商工作，从多方发力促进"农村电商"工程高质量发展，加速农村电商平台下沉农村市场。2021年9月，广东省人力资源社会保障厅联合省农业农村厅举办全省农村电商工作推进会，从抓统筹部署、抓平台载体、抓素质提升、抓品牌创建及抓绩效评价五个层面着力为农村构建五大体系格局。从2020年5月至2021年9月，广东出现了一大批农村电商达人，带动电商从业人员超过100万人，促进农产品电商销售近4000亿元，有力地助推了全省乡村振兴发展[1]。广东创新建立"广东农村电商网络学院"，为全省16.3万人提供在线培训服务。各市、县、镇村重点扶持建成29个农村电商产业园、17个培训和创业就业基地，以及3082个"E网兴农"基层示范站，全省农村电商"百园万站"实现良好开局[2]。2021年，广东农村电商零售额成绩显著。《2021全国县域数字农业农村电子商务发展报告》显示，2020年广东省县域农产品网络零售额超750.6亿元，排名全国第一，广东县域网络零售额排名全国第二，广东有12个县（市、区）跻身全国县域电商百强县[3]。农村居民通过电商接触到国内丰富多元的消费大市场，消费理念逐步转变，追求更高的消费品质和体验，激活了新的消费需求。第一个表现是广东农村饮食消费质量显著提高。根据《广东统计年鉴（2021）》，2021年农村居民人均消费支出共计17132.33元，其中食品烟酒人均支出6991.83元，同比增长11.17%，居住人均支出3829.21元，同比增长3.29%[4]。随着收入的增长，农村居民更注重营养健康与改善居住条件，饮食质量显著提高，农村居民餐桌上的食物种类日益多样化。第

---

① 《网销农产品近4000亿元！广东农村电商"成绩单"亮眼》，《南方农村报》2021年9月14日。
② 《着力构建五大体系格局 广东农村电商带旺乡村振兴》，中国产业经济信息网（2021年9月29日），http：//www.cinic.org.cn/xy/gd/1163921.html。
③ 《〈2021全国县域数字农业农村电子商务发展报告〉在京发布〉》，中华人民共和国农业农村部网（2021年9月10日），http：//www.moa.gov.cn/xw/zwdt/202109/t20210910_6376200.htm。
④ 《广东统计年鉴（2021）》，广东统计信息网（2021年10月8日），http：//tjnj.gdstats.gov.cn：8080/tjnj/2021/directory.html。

二个表现是农村耐用品消费增长较快，空调与双门冰箱成为农村新的消费需求增长点。《广东统计年鉴（2021）》资料显示，2020年底，广东省农村居民平均每百户家庭拥有洗衣机90.3台、电冰箱97.5台、油烟机53.6台，比2015年分别增加25.5台、19.2台和24.1台，尤其是空调机由2015年平均每百户家庭拥有62.2台，增加到2020年的132.7台，增长1.13倍；汽车由2015年的10.67辆增长到2020年的27.69辆，增长近2倍①，如图1所示。

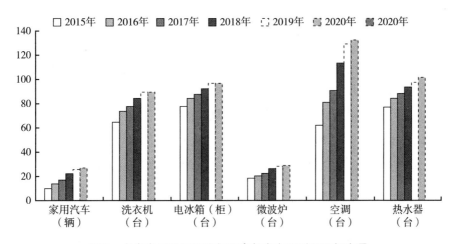

图1 全省农村居民平均每百户年末主要耐用品拥有量

二是农村发展性消费与享受性消费增速受疫情影响，但广东不断推进农村公共文化服务基础设施，为农村文化消费增加新场景。广东农村教育文化娱乐消费支出增速较快，2015年、2016年、2017年、2018年、2019年分别为952.41元、1057.8元、1185.96元、1473.04元、2139.79元，农村人均教育文化娱乐消费支出逐年升高②。然而，受疫情影响，2020年，农村人均教育文化娱乐消费支出下降至1275.5元。农村人均教育文化娱乐消费支

---

① 《广东统计年鉴（2021）》，广东统计信息网，2021年10月8日，http：//tjnj. gdstats. gov. cn：8080/tjnj/2021/directory. html。

② 《2021年广东省国民经济和社会发展统计公报》，广东统计信息网（2022年3月2日），http：//stats. gd. cn/gkmlpt/content/3/3836/mpost_ 3836135. html。

出占总消费比重由 2019 年的 9.5% 下降至 7.4%①。尽管疫情影响着农村发展性与享受性消费的支出情况，但广东仍然加快推进农村公共文化服务基础设施建设。实施公共文化基础设施攻坚做强工程，实现省市县镇村五级公共文化设施全覆盖，创新建成"粤书吧"等新型阅读空间 1900 多家②。开平市月山镇横江村书吧、清远市连樟书屋等农村"粤书吧"让乡村也有了"诗与远方"。广东公共文化重点改革成效明显，超过 110 个县（市、区）建成图书馆、文化馆总分馆制，171 个公共图书馆、文化馆、美术馆建立了理事会。大力繁荣群众文艺创作和展演，群众艺术花会、"同饮一江水"劳动者歌唱大赛、"粤读越精彩"全民阅读推广、公共文化服务"三百工程"等文化活动深受群众喜爱③。广东农村居民追求各种文化娱乐、旅游、运动健身的热情不断升温，特别是随着家用电器升级换代速度加快，信息化设备的迅速普及，农村居民对家具及室内装饰品的品质、美观度要求提升，追求时尚化的生活享受。同时由于快节奏的生活及繁忙的工作，无暇兼顾家庭的农村居民越来越依赖家政服务，服务性消费需求不断上升。

（二）农村消费中介系统得以搭建

搭建农村消费中介系统，推进解决农村的消费端现代性和生产端传统性"怎么对接"的问题。乡村振兴是一项复杂的系统工程，是新时代做好"三农"工作的总抓手。促进农村消费扩容提质升级，是乡村振兴的关键，是使农民脱贫致富、农村焕然一新的重要途径。随着绝对贫困问题得到全面解决，乡村振兴要解决满足农民美好生活向往的新问题，新问题本质上是农村

① 《2021 年广东省国民经济和社会发展统计公报》，广东统计信息网（2022 年 3 月 2 日），http：//stats. gd. gov. cn/gkmlpt/content/3/3836/mpost_ 3836135. html。
② 《打通基层公共文化服务"最后一公里"广东公共图书馆总藏量全国第一》，广东省人民政府网（2021 年 8 月 16 日），http：//www. gd. gov. cn/zwgk/zdlyxxgkzl/whjg/content/post_ 34769 01. html。
③ 《广东省文化和旅游厅关于印发〈广东省文化和旅游发展"十四五"规划〉的通知》，广东省文化和旅游厅（2021 年 11 月 26 日），http：//whly. gd. gov. cn/gkmlpt/content/3/3671/mmpost_ 3671619. html#2635。

消费端现代性和生产端传统性的矛盾，要解决这样的问题，要推进城乡生产与消费的有效对接。在消费中介系统上，广东不断完善交通路网，升级农村基础设施建设，完善流通网络。

一是加快推进农村公路建设。推进通制建村单车道改双车道公路、县道提档升级，推进农村公路与高速公路、国省道同标准对接，推动串联乡村旅游景点、产业园区、资源节点的联网骨干公路建设，推动农村公路"由通变畅"，全省农村公路三级路比例、双车道比例进一步提高，县道三级以上公路比例大幅度提高，进一步提高农村公路覆盖范围、通达深度和服务水平，满足群众出行、物流运输等对外沟通交流需要。2021年已顺利实现3021公里农村公路年度建设目标任务里程①，集中力量完成了343座农村公路危桥改造任务，目前全省农村公路通车里程达18.36万公里，百人以上自然村全面通硬化路，农村公路铺装率达100%，农村公路密度101.6公里/百平方公里，乡镇和建制村实现了100%通客车，营造"畅、安、舒、美"的通行环境②。二是加快冷链物流仓储建设。编制《广东省冷链物流发展"十三五"规划》《广东省农村物流建设发展规划（2018—2022年）》等文件，在全省布局建设冷链物流基础设施体系，开展产地冷藏保鲜设施建设，合理确定县、乡、村三级农村物流网络节点的数量、布局、规模和功能，成立广东省农产品冷链仓储物流产业联盟。争取中央资金近1.93亿元，计划在全省建设农产品产地冷藏保鲜设施1400个。以县级以上示范家庭农场、农民合作示范社和已登记的农村集体经济组织为实施主体，在水果、蔬菜、茶叶、南药等鲜活农产品主产区、特色农产品优势区，并在全省范围内遴选4个产业基础好、主体积极性高、政策支持力度大的县为国家农产品产地冷藏保鲜整县推进试点县，每个试点县补助资金2000万元。同时开展省级创新试点县建设，每个省级试点县补助资金不高

---

① 《3021公里！广东2021年度农村公路建设目标顺利完成》，新浪网（2022年1月1日），http：//k. sina. com. cn/article_ 7517400647_ 1c0126e47059028eih. html。

② 《超18万公里！》，广东省交通运输厅网（2022年4月24日），http：//td. gd. gov. cn/dtxw_ n/gdjrxw/content/post_ 3917791. html。

于 1000 万元。创新探索"新型经营主体+田头市场+批发市场"等模式建设，截至 2022 年 6 月，全省冷库库容进一步提高，粤东西北地区的冷链基础设施、商贸物流覆盖得到了很大完善，主体服务带动能力明显增强，产品标准化、信息化、品牌化水平明显提升①。三是开展"快递进村"工程。推动出台《关于推进广东省邮政快递业高质量发展的实施方案》《关于开展快递业"两进一出"工程试点实施方案》等文件，通过签订战略合作协议、加强与有关部门协同等方式推动邮快合作、快交合作等，引导快递服务进村。截至 2021 年 12 月底，全省 1.9 万个建制村基本实现快递覆盖，其中广州、珠海、汕头、佛山、东莞、中山、揭阳等 7 个地市建制村全部实现 4 个以上快递品牌服务进村，累计建成"邮乐购"站点6905 个②。加快农村寄递物流体系建设，深入推进"快递进村"工程，新建设一批寄递物流综合服务站。广州从化区"客货邮商融合"和茂名高州市"电子商务+农村物流+冷链配送"成功创建交通运输部第二批农村物流服务品牌。四是推动乡村通信网络建设。加快推进 4G 入乡进村与农村 5G 网络建设。根据《广东统计年鉴 2021》，2020 年，广东省工业和信息化厅下达全省 20 户以上自然村光网建设计划，安排省级财政资金 7000 万元支持省级电信运营企业推动粤东粤西粤北 12 个地市 3500 个 20 户以上自然村光网覆盖。至 2020 年底，全省 14.2 万个 20 户以上自然村光网覆盖率达到 100%，4G 网络覆盖率达到 99.7%。2277 个省定贫困村连通 50 兆以上光纤，全省 4G 网络覆盖所有行政村。全省新增农村光纤接入用户 89.7 万户，累计 1016.9 万户，农村光纤入户率达60.6%③。乡村宽带网络建设取得阶段性突破。推动电信运营企业布局覆盖农村偏远地区网络，缩小城乡网络数字

① 《广东省农业农村厅关于省政协十二届四次会议第 20210492 号提案答复的函》，广东省农业农村厅网（2021 年 8 月 5 日），http://dara.gd.gov.cn/zwgk2278/bmdt/content/post_ 3509 240.html。

② 《2021 年广东省邮政行业发展统计公报》，http://gd.spb.gov.cn/gdsyzglj/c100062/ c100149/202206/175b6fe57cef46f89141080fd4f3d4cb.shtml。

③ 《广东统计年鉴（2021）》，广东统计信息网，2021 年 10 月 8 日，http://tjnj.gdstats. gov.cn:8080/tjnj/2021/directory.html。

鸿沟，夯实产业发展基础。省率先构建 5G 智慧农业试验区，新会国家现代陈皮产业园开展智慧农业大数据项目，增城区建立首个水稻精准种植"5G+智慧农业"实验基地。温氏、正大、壹号土猪、湛江国联水产等企业通过"云养殖"平台，实现农业种养精细化、智能化。阳西、连山、罗定开展数字农业试点示范县建设。截至 2020 年，全省智慧农业终端用户达 39.65 万个，同比增长 27%。①

（三）农村消费帮扶系统得以完善

搭建农村消费帮扶系统，推进解决农产品结构性过剩中"谁来消费"的问题。巩固拓展脱贫攻坚成果，继续推动乡村振兴，实现农民富裕富足，是"三农"工作的重要课题。党中央提出全面推进乡村振兴重点工作的意见，强调推动脱贫地区更多依靠发展来巩固拓展脱贫攻坚成果，并列举完善帮扶机制、支持帮扶产业、推动帮扶政策落实等具体举措。在诸多帮扶举措中，"消费帮扶"不仅可以提高和增强脱贫地区的收入水平与产业发展能力，还能促进城乡经济循环，实现互利共赢，是巩固拓展脱贫攻坚成果与乡村振兴有效衔接的重要手段。2021 年国家发改委等 30 个部门联合印发《关于继续大力实施消费帮扶巩固拓展脱贫攻坚成果的指导意见》提出，以消费帮扶持续促进脱贫地区产品和服务消费，推动形成以市场机制为主导，政府、市场、社会协同推进的消费帮扶可持续发展新模式，为巩固拓展脱贫攻坚成果提供重要支撑。

消费帮扶是广东扶贫攻坚的重要内容。2021 年，广东通过搭建消费帮扶双创中心等方式，对本地大型批发市场、电商专区、市场销售网络等渠道销售脱贫地区农产品情况进行动态监测分析，加强产销衔接，促进农产品畅

---

① 《广东省农业农村厅关于广东省十三届人大四次会议第 1415 号代表建议答复的函》，广东省农业农村厅网（2021 年 6 月 25 日），http：//dara. gd. cn/rdjy/content/post_ 3337626. html。

销市场发展①。广东省各级工会是实施消费帮扶的重要"城池营垒",工会采购更是推动东西部消费帮扶的重要"利器"。为拓展消费帮扶销售市场,有效推动东西部帮扶产品采购工作,广东省总工会于4月26日举办"2021广东东西部消费帮扶工会采购专场活动",邀请了100个省直有关单位、省内大中型企事业单位、学校、银行工会负责人到现场参观采购,同时,成立广东东西部消费帮扶供应商联盟,推出广东东西部消费帮扶工会采购产品推荐指南。2020年,广东省工会系统直接采购和发动工会会员采购扶贫产品累计10亿元,其中,广东省工会系统在东西部消费扶贫市场直接采购已超8000万元,在中国消费扶贫网广东馆采购超1亿元,并通过网上发券带货、直播带货的方式销售扶贫产品3876万元②。广东省总工会先后联合省扶贫办(乡村振兴局)发出关于助力消费扶贫及深化拓展消费帮扶工作的通知,增加向全体会员发放节日慰问品的经费额度600元/人,用于购买消费帮扶农副产品③。截至2021年10月29日,广东省工会系统直接采购和发动工会会员采购扶贫产品累计25亿元④。

深圳始终把消费帮扶当作一项长期性、系统性工作来做,充分发挥深圳大市场、大平台、大流通的优势,通过支持评"圳品"、选推"好产品"、优化"圳帮扶"三大支撑,打通制约消费帮扶在消费、流通、生产等环节的痛点堵点难点,以先行示范标准构建起"四个好"消费帮扶长效机制。深圳印发《2021年实施消费帮扶助力乡村振兴工作方案》《深圳市创建国家消费帮扶示范城市工作方案》,推动打造消费帮扶"深圳样板"⑤。深圳累计

---

① 《2021年全国消费帮扶总额达4600亿元!广东两大做法获国家发改委推介》,南方Plus,2022年3月14日。

② 《2021广东东西部消费帮扶工会采购专场活动在穗举行》,中工网(2021年4月26日),https://www.workercn.cn/c/2021-04-26/6567739.shtml。

③ 《广东省总工会发文助力消费扶贫 工会可增加节日慰问额度600元/人》,2021年1月12日,南方日报网络版,http://www.gd.gov.cn/zwgk/zdlyxxgkzl/fpgzxx/content/post_3170436.html。

④ 《广东16.4万户困难职工实现解困脱困》,《广州日报》2022年10月29日。

⑤ 《2021年全国消费帮扶总额达4600亿元!广东两大做法获国家发改委推介》,南方Plus,2022年3月14日。

推动 110 个消费帮扶产品纳入"圳品"体系。"圳品"评价体系是深圳对标国际先进标准构建的从农田到餐桌全链条供深食品标准体系。深圳大力支持深圳对口地区帮扶产品通过"圳品"评价,打造高质量城市食用农产品品牌,融入大湾区市场。同时积极引导深圳企业到对口地区建设供深菜篮子基地,促进对口地区标准化生产能力。截至 2022 年 2 月 28 日,深圳已累计推动 110 个消费帮扶产品纳入"圳品"体系。其中,2021 年共推出 49 个帮扶地区"圳品"。据监测,获"圳品"认证的消费帮扶产品销量平均提高约30%。2021 年,深圳市乡村振兴和协作交流局创新开展"海推海选 联展联销"消费帮扶好产品评选推介活动,活动从 1200 多款消费帮扶产品中推选出的"百强好产品"及 400 款入围好产品,涵盖米面粮油、生鲜、干货等七大类。深圳搭建市级消费帮扶线上核心平台"圳帮扶",兼有微信小程序和 App 两种版本。其中,"圳帮扶"App 历经 6 次改版升级,创新推出数字人民币等支付手段,不断优化增强服务功能。截至 2022 年 2 月 28 日,"圳帮扶"已链接对口帮扶地生产商超 1000 家,累计销售消费帮扶产品 5 亿元,带动线下销售超 12 亿元。2021 年深圳全市完成采购消费帮扶产品 115 亿元,提前超额完成年度预定目标,被评选为"全国消费帮扶助力乡村振兴优秀典型案例单位"[①]。

广州市以超常举措和超强力度开展消费帮扶工作,助力帮扶地区农特产品"出山入湾",2021 年销售帮扶地区产品超 225 亿元[②]。广州全市开设消费帮扶专馆超 100 个,以连锁超市为主建消费帮扶专区 500 多个,联合国企、民企建消费帮扶专柜 3000 多个,采取"线上+线下""电商+商超"模式,聚焦资源助力帮扶地区培育亿元产业,消费帮扶综合成效在全国东部帮扶城市中排名前列[③]。广垦旅游集团积极尝试创新消费帮扶模式、

---

① 《2021 年深圳直接采购消费帮扶产品达 115 亿元》,深圳政府在线网(2022 年 2 月 28 日),http://www.sz.gov.cn/cn/xxgk/zfxxgj/zwdt/content/post_ 9592402. html。

② 《2021 年广州累计销售帮扶地区产品超 225 亿元 消费帮扶迎新格局》,大洋网(2022 年 5 月 18 日)。

③ 《2021 年广州累计销售帮扶地区产品超 225 亿元 消费帮扶迎新格局》,大洋网(2022 年 5 月 18 日)。

拓宽帮扶产品销售渠道,2021年启动了"帮扶食材上餐桌项目",实现了消费需求与帮扶地区优质农副产品精准对接,已成为广州市首个消费帮扶食材成系列进酒店上餐桌的探索试点①。2021年以来,广州市消费帮扶采取"统一组织、统一品控、统一包装、统一物流、统一定价、统一宣传",构建大分销大流通大保障体系,精准对接广州及粤港澳大湾区市场,带动帮扶产品品质提升、成本下调,进一步提高帮扶产品市场核心竞争力,强健帮扶产业链②。

广东加强市场监管,出台政策措施,维护农村消费权益,为拉动农村市场消费提供了保障。商务部"万村千乡"工程和"双百"工程的实施,极大地改善了农村消费品市场经营条件,使连锁经营、物流配送、特许经营等现代流通方式开始向广大农村地区推广和渗透,努力消除消费品流通瓶颈障碍,逐步缩小城乡消费差距,由此也为拉动农村市场消费提供了新的动力,有效缓解了农村"买难卖难"问题,遏制了假冒伪劣商品在农村市场上的流通,实现了农村与城市消费方式的对接。与此同时,有关部门出台更为严厉的打击假冒伪劣产品和虚假广告宣传的处罚措施,进一步整顿和规范市场秩序,为农民生产生活提供安全放心的消费环境,有力地推动了农村消费市场的增长。截至2021年底,全省共查处农村假冒伪劣食品案件10101宗,罚没9174.32万元。其中,案值50万元以上的案件22宗,食品中添加非食用物质案件517宗,超范围超限量使用食品添加剂案件667宗,生产经营过期食品案件1444宗,生产经营未经检疫或检疫不合格肉类案件169宗、生产经营"三无"食品案件169宗,劣质食品案件1837宗,"山寨"或商标侵权案件140宗,查扣违法产品457.15吨③。

---

① 《2021年广州累计销售帮扶地区产品超225亿元 消费帮扶迎新格局》,大洋网(2022年5月18日)。
② 《2021年广州累计销售帮扶地区产品超225亿元 消费帮扶迎新格局》,大洋网(2022年5月18日)。
③ 《广东:筑牢食品安全防线 保障群众幸福生活》,https://www.samr.gov.cn/xw/df/202111/t20211117_336906.html。

三 广东全面促进农村消费中存在的问题

尽管持续增长的农村消费市场已成为扩大内需的新亮点，对经济增长有比较明显的提振作用，但仍存在多种因素制约农村消费需求进一步扩大，影响农民的消费升级。

（一）农村尚未形成多样化的消费方式，消费结构有待优化升级

居民物质温饱需求逐渐得到满足，追求自我发展和更高生活品质的发展型、享受型消费需求开始显现，广东农村居民正在向更高层次消费转型，发展型、享受型消费总体呈上升趋势，曲线增长趋势较为稳定，但总体比例不高。根据《广东统计年鉴（2021）》，2020年广东居民消费支出：在教育文化娱乐方面，城镇居民占比8.8%，农村居民占比7.4%；在医疗保健方面，农村居民占比8.9%，城镇居民占比仅5.2%；在交通通信方面，农村居民占比11.4%[1]，在生活用品及服务、衣着等方面，城镇和农村居民的消费支出均较少。从消费结构上看，农村居民消费存在结构性机遇，尚未形成多样化的消费方式，消费结构有待优化升级。居民的消费不仅取决于近期收入，还与他们对未来收入的预期有密切关系。目前农村居民的收入基本来自农业，而农民经营农业要承担自然和市场双重风险，农民收入不确定性大；农村外出务工收入则受经济形势等各种因素影响较大，收入不稳定，且收入水平较低，2021年，农民工人均月收入为4432元，两年平均增速仅为5.7%，低于全国居民人均可支配收入两年平均6.9%的增速[2]。这些严重制约了农村居民提高即期消费的积极性。同时农村仍存在社会保障水平相对偏低、社会保障面窄、服务滞后等问题。2016～2020

---

[1] 《广东统计年鉴（2021）》，广东统计信息网，2021年10月8日，http：//tjnj.gdstats. gov.cn：8080/tjnj/2021/directory.html。

[2] 《中华人民共和国2021年国民经济和社会发展统计公报》，新华网（2022年2月28日），https：//baijiahao.baidu.com/s？id=1726012237297277290&wfr=spider&for=pc。

年，我国城乡居民养老保险人均养老金领取额从 1408 元增加到 2088 元，月均养老金领取额从 117 元提高到 174 元。尽管水平在持续提高，但2020 年农村居民人均养老金领取额仅相当于农村人均消费支出的15.23%，不及农村人均食品烟酒支出的 50%，[①] 农村居保的水平还远达不到"保基本"的要求。

（二）农村物流基础设施建设不平衡，农村售后服务体系不够完善，农村消费维权体系不健全

长期以来，广东省物流业一直存在"多头参与、条块分割"的情况，缺乏整合。涉及的相关部门间既存在职责交叉又存在信息壁垒；每个部门均有涉农资金和政策，但资源分散，存在整合不够、效率不高的问题。现有农村物流节点由各快递、物流企业根据业务需要自发布局，导致经济繁荣、人口密度高的镇村设点扎堆，偏远村庄物流网点则几乎空白[②]。农村基础设施建设仍跟不上消费需求的变化。全省虽然基本实现村村通公路，但是农村仍有不少地区无法满足大型物流车辆通车要求，部分山区网络及移动手机信号不稳定，不能满足电子商务的基本要求。粤东西北物流基础设施不仅与珠三角存在较大差距，也与自身需求不相匹配：乡镇人口占比达到了 67%，但是作为农产品主产区，未铺装路面总里程占比达81%，快递和货物周转量却只占 10% 左右，快递及物流需求远没有得到有效满足；水产肉类、蔬菜和热带水果产量占比分别为 65%、64% 和85%，但是只分布了约全省 10% 的冷库容量[③]。2017 年，全省物流总费用

---

① 《2016 年度人力资源和社会保障事业发展统计公报》，中华人民共和国人力资源和社会保障部网站（2018 年 5 月 21 日），http：//www.mohrss.gov.cn/SYrlzyhshbzb/zwgk/szrs/tjgb/；《2020 年度人力资源和社会保障事业发展统计公报》，中华人民共和国人力资源和社会保障部网站（2022 年 6 月 7 日），http：//www.mohrss.gov.cn/SYrlzyhshbzb/zwgk/szrs/tjgb/。

② 《广东省农村物流建设发展规划（2018—2022 年）》，2019 年 2 月 27 日，http：//com.gd.gov.cn/zwgk/zcwj/content/post_ 3257308.html。

③ 《广东省农村物流建设发展规划（2018—2022 年）》，2019 年 2 月 27 日，http：//com.gd.gov.cn/zwgk/zcwj/content/post_ 3257308.html。

占地区生产总值比重为 14.49%，而粤东西北地区占比达到 18.6%，高出全省 4.11 个百分点。小型单件农产品通过顺丰冷链运输，仅省内物流成本就占农产品总售价的 25%~40%。高企的物流成本严重制约农村农产品的顺畅发展①。乡镇公路建设仍存在问题；配送仍存 "最后一公里" 难题；售后服务体系还不够完善。农村居民更加注重商品的低价格，忽视商品的内在品质，加之对商品质量辨识能力较弱，消费维权意识不强。同时，农村地区消费者权益保护工作滞后，特别是在组织、人员、专业化水平方面远不能适应工作需要。比如在金融消费者权益保护方面，各地先后设立了普惠金融服务站，在普及金融消费常识、抵制金融虚假广告、守护群众 "钱袋子"、处理金融消费投诉等方面发挥积极作用，但与农村金融消费保障需求仍有较大差距②。随着城市打假力度的不断加大，假冒伪劣商品向农村转移的迹象更加严重，坑农、害农事件时有发生，消费安全继续制约着农村商品市场的正常发展。当前的网络消费维权体系尚未针对广大农村地区设置符合农村水平的维权办法，无法有效保障农村消费者因为网络消费而带来的利益损失，致使其进一步失去对网络消费的信任，对在农村地区进一步开展网络零售促进农村消费造成了更大的障碍。

（三）消费供给端有待完善，消费帮扶可持续发展新模式有待构建

农产品供给端市场主体发育不全。农产品生产者以中小规模农户占大多数，农业从业能力不强，再生产投入能力明显不足，家庭预算低，倾向于自给性生产；规模的限制让农户处于不利的地位，无法获得需要的贷款和市场信息，同时供求信息封闭容易形成农产品的局部过剩，在现代农业发展中有明显的弱质性和局限性。优质绿色农产品占比少，品

① 《广东省农村物流建设发展规划（2018—2022 年）》，2019 年 2 月 27 日，http://com.gd.gov.cn/zwgk/zcwj/content/post_ 3257308.html。

② 《我国农村地区消费需求不旺 乡村振兴亟待补齐消费短板》，消费日报网（2021 年 4 月 21 日）。

牌影响力不强。随着城乡居民生活水平的不断提高，对农产品的消费已由"吃饱"向"吃好""吃健康""吃绿色"转变。广东现阶段农产品结构和质量仍然不能很好地适应这一转变。真正优质、绿色、名优产品不多。截至 2021 年，广东省有效用标绿色食品单位 416 家，仅占全国的 1.77%，绿色食品 682 个，仅占全国的 1.34%。2021 年，广东省绿色食品获证单位 218 家，仅占当年全国的 2.08%，认证绿色食品 349 个，仅占当年全国的 1.61%①；有机食品 89 个，占全国的 1.94%②；农产品地理标志登记产品 62 个，占全国的 1.79%③。中国农业品牌目录 2020 入选 108 个农产品品牌，广东仅占 6 个，缺少在国内外拥有广泛知名度和影响力的大品牌，满足不了市场对高品质农产品的旺盛需求。地方产业同质化问题仍较突出，产业集中度和园区聚集度不高，农业全产业链不健全，乡村价值功能开发不充分。广东农产品种类多，却分布零散、各自为战，大而不强，没有形成大规模产业集群的局面④；农产品加工发展和技术装备水平相对落后，农产品加工产值与农业产值的比值为 2.45∶1，与发达国家 3.5∶1 的差距大⑤，粗加工过剩而精深加工不足，农产品加工损耗率较高，"十三五"前期，广东农产品加工转化率不足 60%，远低于全国平均水平；组织模式松散，区域产业同质化问题比较严重，产业链条短、产业融合层次较低，广东很多农产品基本上处于低端环节，效益比较低，同时市场竞争力也不强；农业产业普遍缺乏核心技术，自主创新能力不足，2021 年广

① 《2021 年绿色食品统计年报》，中国绿色食品发展中心网（2022 年 6 月 8 日），http：//www.greenfood.org/ztzl/tjnb/lssp/。

② 《2021 年有机食品统计年报》，中国绿色食品发展中心网（2022 年 6 月 8 日），http：//www.greenfood.org/ztzl/tjnb/yjsp/。

③ 《农产品地理标志统计数据（2021 年）》，中国绿色食品发展中心网（2022 年 6 月 8 日），http：//www.greenfood.agri.cn/ztzl/tjnb/ncpdlbz/。

④ 《农业农村部 财政部关于认定第四批国家现代农业产业园的通知》，中华人民共和国农业农村部（2022 年 1 月 21 日），http：//www.moa.gov.cn/govpublic/FZJHS/202201/t20220125_6387615.htm。

⑤ 《广东省农业农村厅关于省十三届人大五次会议第 1947 号代表建议答复的函》，广东省农业农村厅（2022 年 6 月 27 日），http：//dara.gd.gov.cn/rdjy/content/post_3958098.html。

东省农业科技进步贡献率为 71.3%[1]，仍与发达国家 90% 的水平有不小的差距，而且科研机构提供的科技成果由于缺乏有效的熟化，没有"用武之地"。每年获得国家和省科技进步奖的成果多未能实际应用到农业生产。

农产品想要"卖得好"，需要处理好生产与销售、市场与政府的关系，有的地方政府部门推广种植的产品却卖不掉，因此受到"越俎代庖"干预市场的指责，也有的职能部门以"市场的事归市场"为由，对农产品难卖问题避而远之。生产与销售、市场与政府的关系方面，政府在农产品市场工作中缺乏抓手，采购商组织不到位、对外传播不够、生产半径与市场半径高度重叠，导致政府组织的营销活动收效不佳，没有形成体系和资源积累平台，缺乏农业大数据指导，采购商品和经纪人队伍不足。一些地方的消费帮扶中存在形式主义摊派问题。地方官员直播带货，为当地企业或农户站台推介产品的做法，本来是促进复工复产、帮助群众脱贫致富的新方式、好做法，但个别领导干部热衷于当网红、把直播间当秀场，在消费扶贫中给干部职工下任务、搞摊派，违背初衷和经济规律。销量造假，乱搞摊派，成为当前形式主义、官僚主义的一种新表现。领导干部直播带货，其优势在于公职身份自带流量，成为用个人信誉乃至地方政府信用为产品背书，让消费者觉得产品值得信赖。过度用行政的力量来命令消费，未能建立长效的市场持续机制，不但提振不了消费信心，反而抑制消费热情。

四 广东农村消费发展的优化建议

（一）综合施策提高农村消费能力

1. 促进农民收入增加

一是要将农民增收作为出发点。一方面，要促进就地就近就业增收，

---

[1] 《实录 | 2022 年广东省农业主导品种和主推技术新闻发布会》，广东省农业农村厅（2022 年 3 月 10 日），http：//dara. gd. gov. cn/xwfbh/content/post_ 3886876. html。

落实好财政、金融、用地、人才等扶持政策，形成创新带创业、创业带就业、就业促增收的格局，让农民在家门口就有活干、有钱赚。另一方面，促进外出务工就业增收，加强农民职业教育和技能培训，提高科技文化素质，完善就业支持政策，千方百计促进农民工稳岗就业。对就业特别困难的人员通过公益性岗位进行托底安置。二是提升财产性收入水平。现在农村还有大量的"沉睡"资源，这是增加财产性收入的潜力所在，财产性收入的源头是产权，要通过改革来激活，深化产权制度改革，提升以农民为重点的财产性收入水平。比如，抓住农业工业化的机遇，加快盘活农村集体资产，通过股份合作制等改革，推动农村集体资源变资产、资金变股金、农民变股东，不断提升农民财产性收入水平。三是完善政策性收入。增加农民转移性收入，完善再分配调节机制。要重点关注两类群体，一类是小农户，健全农业支持保护制度，稳定和加强农民种粮补贴，按时足额把惠农资金发放到农民手中；另一类是低收入农户，探索对低收入群体直接发放现金消费补贴的方式，健全常态化帮扶机制，保障不发生规模性返贫。四是统筹城乡社会保障。完善城乡统一的居民基本养老保险、基本医疗保险和大病保险制度，促进城乡社会保障标准统一、待遇平等；建立城乡教育共同体，发展线上教育，推动教育资源城乡共享；加强城乡医疗共同体建设，建立城乡医院对口帮扶、巡回医疗和远程医疗制度，推动优质医疗资源和服务向欠发达地区乡村延伸。

2.加快孵化新型农业经营主体，促进规模经营

一是促进农业龙头企业多元优化发展。利用广东科技教育资源丰富的优势，鼓励设立研发中心或工程技术中心，打造品牌优势，创新商业模式，构建"研发设计营销+优质农产品基地建设"模式，支持龙头企业做大做强。二是加强农民专业合作社建设。积极发展和创建农民专业合作社示范社，用示范社标准规范农民专业合作社发展，培育一批辐射带动力强、发展潜力大的农民合作社，充分发挥示范社辐射带动作用，引导专业合作社朝着示范社的方向发展。三是积极发展壮大家庭农场。做好家庭农

场认定工作，扎实做好家庭农场的资格审查，深入推进省级家庭农场示范创建，选择一批经营管理规范、市场发展前景良好的家庭农场作为典型示范，引领和带动更多家庭农场健康发展；实施家庭农场负责人提升计划、农业专业化社会化服务体系建设"双百双千工程"，构建家庭农场认定和扶持发展政策体系，鼓励家庭农场实现规模化、标准化、专业化和生态化生产。四是培育农村创新创业带头人。谋划创建广东农业农村创业学院，以"教、创、孵、投"模式，打造广东省农业农村创业创新高地。依托现代农业产业园、农产品加工园、农业科技园区、电子商务产业园，建设一批乡情浓厚、特色突出、设施齐全的农村创业创新园区（基地），吸纳一批农村创业创新企业与人才入驻。总结推介一批农村创业创新典型案例，举办农村创业创新创意赛事，推介一批创业创新优秀带头人示范案例，激发全省"三农"创新创业热情。

（二）系统化建设农村消费中介系统

1.大力发展镇域经济

将县域作为农村商业的切入点，强化县城的中心地位，发挥镇的重要节点功能。通过推动开展"党政机关+企业+科研力量"组团式帮镇扶村，以县镇为基本单元，重点改造升级一批综合商贸服务中心和物流配送中心，发挥当地资源禀赋优势，共建农文旅深度融合型产业园区，引导劳动密集型产业、农村二三产业在镇村融合发展，优化打造镇域产业发展集聚区，大力发展绿色经济、美丽经济，因地制宜发展特色小城镇，强化县城综合商业服务能力，提升镇域经济发展水平。同时，充分利用现有农村零售资源，通过线上线下融合赋能，帮助农村实体小微零售商转型升级。在乡镇，重点改造升级一批乡镇商贸中心，在村里，要把一批"夫妻店"改造升级为新型连锁便利店，让农村居民有机会就近买到物美价廉的正品商品。把促进和激活农村消费新业态作为重点发展方向，推进农村社会生活方式和生产方式的革命性变革，在畅通城乡经济循环前提下放大农村经济的功能。

2. 推进农村基础设施建设，培育知名农业品牌

一是持续整合各部门资源，推进农村物流网络节点体系建设。引导货运物流、商贸流通、供销合作、电商快递以及农产品经销、农资配送等市场主体加强合作，按照"县级中转、乡级分拨、村级配送"原则，确定三级农村物流网络节点的数量、布局、规模和功能，推进共建共享，保障物流节点的赢利能力，推进物流网络节点的可持续发展。继续攻坚冷链短板，解决农产品在流通中存在的"断链""短链"，建设一批规模化、现代化的农产品产地冷藏保鲜设施，培育形成一批一体化运作、网络化经营、专业化服务的运营主体。二是继续培育壮大农村电商人才队伍，扩大农村电商常规性培训规模，多层次开展实操技能培训和远程培训，着力培养农村电商从业人员。继续抓好农村电商经营管理人才培育，高标准、多层次提升电商技能人才培养质量，通过壮大人才队伍引领农村电商高质量发展，弥补农产品传统营销方式的短板，让本地特色农产品通过互联网走向全国各地，帮助农民实现增收致富。三是持续推动区域公用品牌建设"六个一"，即围绕一个优势产业，打造一套标准体系，打响一个公用品牌，形成一套名录管理，培优一批核心企业，做强一系列品牌产品。着眼粤港澳大湾区，面向国内国际市场，发布广东优势特色农产品采购导图，一个产区一个产区宣传，推介一批品牌示范基地；推出广东六大品类水果产品供应标准，促进产销精准衔接；探索建立"粤字号"农业品牌目录管理办法，规范省级农产品品牌标识使用，探索产销闭环管理；加快省级特色农产品优势区建设，着力提升以区域公用品牌、企业品牌、产品品牌为主的"新三品"融合发展。四是加强食用农产品市场销售环节监督抽检与风险隐患排查，督促加强对入场销售者和食用农产品的入场查验管理，督促食用农产品销售者严格落实食用农产品进货查验记录、索证索票、建立进销货台账等食品安全主体责任要求；持续督促各地市场监管部门按规范要求落实农贸市场食用农产品快检工作，及时筛查发现并依法处置不合格食用农产品，督促市场开办者按要求公示食用农产品快检结果，引导群众消费，督促经营者自觉把好食用农产品质量安全关；持续开展监督检查和抽

检、风险监测和专项监督抽验，及时公示抽检信息，强化对不合格食品的核查处置和风险隐患排查。

（三）政府、市场、社会协同发力，助推农业发展

1. 推进农业数字化建设

阿里巴巴发布《2020 农产品电商报告》（下称《报告》），2020 年广东农产品电商消费全国第一，农产品电商销售额排名全国第二。《报告》显示，未来五年将是中国数字农业发展的窗口期和机遇期。农业数字化包括三个环节的内容，一是建立全产业链数据平台，重点在市场端发力，不只是关注产地这一端，还要关注农产品市场端的价格走势，突出实时动态，价格信息每日更新，把固定的大数据变成移动端的大数据，方便手机查看。农产品大数据开发需要梯度发展，系统性集约化利用，需要高位统筹、多方参与、持续推进。以贯通产业各个环节的"数据链"，推进数据生态赋能，进一步释放数据红利。二是广泛应用数字化营销，为销售提供量化数据，农产品上市前期开展销区活动，发出采购和尝鲜邀约，形成上市倒计时效应；上市期间开展产区活动，将销区采购商聚集起来，提供采购服务，破除了产区与销区的距离，实现农产品实时对外展示和销售；通过产区与销区活动的互补，产生市场培育、消费引导、品牌传播、销售带动等综合效应。三是推进生产流程精准化、智能化、无人化。创建数字农业发展联盟、数字农业试验区、大湾区数字农业合作峰会，培育推动数字农业产业园区、"一村一品、一镇一业"建云上云、科技示范创新团队、数字农业农村重大项目、数字农业示范龙头企业、数字农民专业合作社、数字农业农村新农民、数字农业农村重大应用场景（模式）等建设，推进数字技术与产业体系、生产体系加快融合。

2. 推进农业供给侧结构性改革，畅通农产品产销渠道

破解现阶段农产品供过于求与有效供给不足之间的矛盾，要大力推进农业供给侧结构性改革，要开展以市场需求为导向、以销售促生产的产业

链提升行动。"将市场挺在生产前面,生产与市场两手抓、两手硬",是从思想观念到工作方式的一次大变革,对农业价值链重构有重要的引领与推动作用。大数据为销售提供量化数据,政府开展产销对接活动,组建采购商和经纪人联盟队伍,抓住供应、品质、服务、包装、冷链、物流等产区市场,拓展采购、品牌、渠道、终端等销区市场,通过产区与销区联动,打通两者之间的空间限制,提升产销对接效率,一方面将农产品直接面向销区的 B 端与 C 端;另一方面最终将信息反馈到产区,让生产者认识到销售规律,从而倒逼生产端升级,引导产区适价销售,调整品种结构,抓好品质管控,实现以质定价。市场需求侧的信息以"赚钱效应"反馈到生产供给侧,促进市场发挥资源配置作用,形成有效共振,重构产业链、价值链。促进农产品供给由主要满足"量"向满足"质"转变,大力增加绿色优质农产品供给,把增加和提高绿色优质农产品供给放在更加突出的位置,由满足"一般产品"向"特色产品""绿色产品"转变。开展品牌宣传营销活动,跳出仅从生产端看农业的传统视角,构建农产品"12221"市场体系,直面有产品无产业、有品种无品牌、有品牌无规模等问题,由初始"堵漏式、救急式"的营销活动,到形成完整且相对成熟的全产业链提升体系。现阶段提高农业竞争力的关键在于重塑农业全产业链,政府要在市场主体解决不了的要害问题上发力,完善基础设施、降低交易成本、激活市场动力源,促进市场机制自行"造血",推动现代农业高质量发展。

3. 运用社会化助农力量,建立社会化扶农助农机制与平台

大力推动工商联、群团组织、民营企业、社会组织等参与帮扶,丰富培育多元化社会帮扶主体,加大社会帮扶工作力度,构建社会协同推进精准帮扶的工作格局。统战系统发挥联系广泛、人力智力密集等优势,开展特色精准帮扶活动,围绕农村发展特色优势产业等领域开展调查研究,提出切实可行的提案建议;鼓励各类企业到贫困地区投资兴业、招工就业、技能培训等,参加村企共建、结对帮扶等工作,发挥技术优势、资金优势和市场优势,建立"公司+基地+农户"模式,结成利益联结体,实现共赢;动员群

团组织捐款捐物，开展助教、助医、助学、采购脱贫地区农产品、聘用贫困区劳动力、开展志愿服务行动，动员职工服务基层、服务社会；鼓励社会组织承接政府扶贫项目，开展助农公益项目活动，帮扶发展公益事业。创新社会助农宣传形式，推进社会助农先进事迹宣传报道工作，整合社会助农资源，形成社会帮扶合力。

乡村建设篇
Rural Construction

B.9
2021年广东防返贫监测机制与成效报告

彭 彬 金芃伊*

摘 要: 2021年是"十四五"开局之年,也是巩固拓展脱贫攻坚成果同乡村振兴有效衔接的起步之年。党的十九届四中全会提出,坚决打赢脱贫攻坚战,巩固脱贫攻坚成果,建立解决相对贫困的长效机制。2021年1月,广东省出台了《关于建立防止返贫监测和帮扶机制的实施意见》,本文在阐述广东防返贫监测机制建设情况基础上,提出防返贫监测的机制特点,针对目前所面临的问题,分析其发展方向并提出相应的对策建议,在深入推进乡村建设治理、深化帮镇扶村、整改问题产业项目、巩固脱贫攻坚成果等方面努力推进乡村全面振兴。

关键词: 乡村振兴 防返贫监测 广东省

---

* 彭彬,广东省乡村振兴局综合督查处负责人,正高级工程师,研究方向为脱贫攻坚与乡村振兴;金芃伊,广东省社会科学院国际问题研究所助理研究员,主要研究方向为文化传播。

2021年是全面建成小康社会之年，是决战决胜脱贫攻坚之年。巩固脱贫成果、防止返贫成为2022年最为重要的任务。受到新冠肺炎疫情与其他多种因素影响，广东省部分脱贫人口存在返贫风险，部分边缘人口存在致贫风险，必须采取强有力的措施防止返贫和新致贫。

打赢脱贫攻坚战后，广东坚持把防止规模性返贫作为乡村振兴工作的首要政治任务，省乡村振兴局牵头制定出台《关于健全防止返贫动态监测和帮扶机制的实施意见》，广东各地各部门全部建立防止返贫动态监测机制，将脱贫不稳定户、边缘易致贫户、突发严重困难户"三类监测对象"作为重点监测对象，对监测对象的基本信息、收入、就业、教育、医疗、帮扶措施等进行实时监测，确保应纳尽纳、应扶尽扶。与此同时，广东还建立起驻镇帮镇扶村工作制度。按照"党政机关+企事业单位+科研力量+志愿者"要求，对全省上千个乡镇、近2万个行政村，实施分级分类组团式帮扶，有7000多名党政机关、企事业单位干部以及4000多名专业人才、高校毕业生志愿者全面参与。[①]

"上下同心、尽锐出战、精准务实、开拓创新、攻坚克难、不负人民"的脱贫攻坚精神，广东人在乡村振兴时期仍在坚持和发扬着，坚决守住不发生规模性返贫底线，切实增强内生发展动力，接续推进乡村全面振兴。

一 广东防返贫监测机制建设情况

近年来，在省乡村振兴局的统一部署下，各地坚决守住防止规模性返贫的底线，对"三类人员"（脱贫不稳定户、边缘易致贫户以及因病因灾因意外事故等出现的严重困难户），坚持早发现、早干预、早帮扶，各地因地制宜初步探索形成了防返贫监测的长效机制。

---

① 许悦：《广东：始终坚持用发展的办法巩固脱贫攻坚成果》，羊城晚报羊城派网站（2022年3月9日），https：//baijiahao.baidu.com/s？id=1726806057383192999&wfr=spider&for=pc。

一是紧密部署，确保不发生规模性返贫。脱贫摘帽不是终点，而是新生活、新奋斗的起点。打赢脱贫攻坚硬仗后，必须进一步巩固拓展脱贫攻坚成果。2021年3月5日，习近平总书记在参加十三届全国人大四次会议内蒙古代表团审议时强调，在巩固拓展脱贫攻坚成果、推进乡村振兴上难度大、挑战多，要坚决守住防止规模性返贫的底线。

广东提高政治站位和责任意识，始终坚持把巩固拓展脱贫攻坚成果作为首要任务，确保不发生规模性返贫。坚持底线思维，成为广东的一大特色。2021年8月9日，广东省乡村振兴调研组在湛江实地走访并召开了一次防止返贫动态监测和帮扶工作座谈会，省乡村振兴局专职副局长梁健在会上强调，全省实施乡村振兴战略任务繁重，首先要做好防止返贫动态监测和常态化帮扶工作以及抓好农村人居环境整治工作，要求各地各部门要把巩固脱贫攻坚成果放在首位，把这一思想传递给各级帮扶工作队。

在同年11月4日举办的广东省巩固拓展脱贫攻坚成果全面推进乡村振兴宣传工作研讨培训班上，梁健要求全省各地乡村振兴宣传战线干部要加强九方面的宣传工作，其中排在第一位的就是防止返贫监测帮扶工作。在这方面，他还要求"注重推动从防止返贫向农村低收入人口常态化帮扶转变"。

近些年，全省各地也在不断加大对于防止返贫监测帮扶工作的力度。如汕尾市日前以不打招呼、不定时间、不定路线的方式对部分街镇进行暗访，首先了解的就是防返贫监测帮扶工作，并相应加强督促。

二是分级分层监测，精准锁定"三类人员"。针对防止返贫监测和帮扶工作，在坚持底线思维的前提下，广东多地敢试敢闯，进行了工作机制创新，目的就是要实现对"三类人员"的精准监测和有力帮扶。譬如由汕头市委农办牵头帮扶的汕头潮南区雷岭镇，探索形成了防返贫动态监测和帮扶机制"1+2+N"工作模式：即制定1个实施方案，建立防止返贫动态监测运行和分级预警2项机制，落实N项帮扶措施。其中值得一提的是实行"红色、黄色、蓝色"分级预警机制，以更精准、快速落实帮扶措施。其中对涉及已脱贫人口可能返贫的问题，启动I级红色预警，在 5 个工作日内提出具体帮扶意见并组织实施；涉及边缘人口可能致贫的问题，启动II级黄色预警，在 7 个工作日内提出具体帮扶意见并组织实施；涉及非贫困人口因重大变故可能成为易致贫边缘户的问题，启动III级蓝色预警，在 10 个工作日内提出具体帮扶意见并组织实施。在珠海帮扶的茂名高州市曹江镇，驻镇工作队队长阮传孟提出了"在巩固脱贫攻坚的路上，返贫率为零"的目标。这个目标的制定也离不开机制的创新。工作队在曹江镇设立了镇级监测中心，在两大片区设监测站，各村设监测员，一级级把动态情况监测好，以精准锁定"三类人员"。同时坚持"一月一筛查、一月一研判、一月一审核、一月一动态、一月一调整"的工作机制，迅速落实帮扶措施、及时防控返贫风险。

三是为"三类人员"提供保障，解决其实际生活困难。"三类人员"监测出来后，在政策扶持的基础之上，如何更好地建立长效机制、落实帮扶，更考功力。如阳江阳西县为了建立防止返贫长效保障机制进行了两项创新，一是投入 47.9 万元，为摸排出来的 200 余户 800 余名"三类人员"全部购买防贫保险，解决了他们的后顾之忧。二是把入股大型光伏项目的部分分红用来设立防止返贫储备金，对在政策帮扶之外还存在实际困难的群众进行快速干预、扶持。

在走访慰问与解决困难方面，深圳帮扶的陆丰市大安镇，五保户城叔孤身一人，完全无生活自理能力，为了照顾好他，驻大安镇工作队派驻大安镇安北村第一书记为他申请了民政补贴每月 846 元，由其亲戚照顾城叔的生活起居，避免老无所依。在佛山禅城区驻镇帮扶的肇庆四会大沙镇，看到驻镇工作队和镇村干部到来，阿英一连道谢。阿英做过手术丧失了劳动力，20 岁的儿子患脑肿瘤双目失明。原本寄居在亲戚家的母子俩，因为亲戚卖房而无处栖身。为此，大沙镇资助了部分资金，为她建好房子，安心生活。

发动社会力量参与脱贫攻坚、乡村振兴，是广东的一大优势和特色。各地驻镇帮镇扶村工作队发动参与帮扶"三类人员"的社会力量非常广泛，既有爱心企业、公益组织，也有帮扶单位员工、社会爱心人士、本地乡贤，甚至有高校、志愿者服务队等，非常灵活。

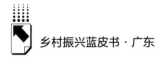

二 广东防返贫监测机制特点

2022年是巩固拓展脱贫攻坚成果同乡村振兴有效衔接的第二年，广东省充分发挥社会保障政策的兜底作用，筑牢贫困户脱贫"最后一道防线"。围绕把疫情影响降到最小，实现全面建成小康社会、决战脱贫攻坚的目标任务，抓住重点领域和关键环节，全面提升困难群众基本生活保障工作的质量。当前，广东各地将防返贫动态监测落到实处，从监测流程标准化、责任体系明确化、帮扶机制健全化三方面作出具体部署，防范返贫致贫风险，切实巩固脱贫成果。

（一）监测流程标准化

广东各地防返贫监测机制对其监测范围、方法与对象进行了明确的界定，监测机制建设愈加趋于规范化与标准化。从监测范围上看，坚决防止规模性返贫是在巩固拓展脱贫攻坚成果五年过渡期间，严格按照上级要求监测防范因病因残致贫风险、因自然灾害意外事故致贫风险、新增住房不安全风险、新增饮水不安全风险、就业不稳定减收风险、乡村产业失败风险、政策不衔接引发风险、扶贫资产监管不善风险、小额贷款逾期风险等九大类型风险，重点防范大宗农副产品价格持续大幅下跌、农村劳动力失业明显增多、扶贫资产流失、乡村产业项目失败等突出问题的发生，发现并解决工作、责任、政策落实不到位造成的返贫现象，及时排查预警区域性、规模性返贫风险，科学制定防范措施，落实帮扶举措，坚决守住不发生规模性返贫的底线。从监测方法上看，健全监测对象快速发现和响应机制，逐步健全以自主申报为主，集中排查、入户走访、基层上报、数据比对、热线信访等方式方法，互为补充、相互协同。监测对象则主要以家庭为单位，监测各镇（街道）已脱贫区级相对贫困户中的脱贫不稳定户、边缘易致贫户、因病因残因灾因意外事故等刚性支出较大或收入大幅缩减导致基本生活出现严重困难户，重点监测其收入支出状况、"两不愁三保障"及饮水安全状况等风险。

重点关注大病重病和负担较重的慢性病患者、重度残疾人和 3 级、4 级精神残疾人及智力残疾人、失能特困老年人口等特殊群体家庭。

（二）责任体系明确化

目前，广东各地结合《关于健全防止返贫动态监测和帮扶机制的实施意见》与区域实际情况制定一系列防返贫监测措施与相关文件，并对防返贫监测相关工作进行责任明确与制度安排。充分发挥驻镇帮镇扶村工作队、镇包片干部、村"两委"干部在开展防返贫动态监测和帮扶工作中的作用，与此同时各级乡村振兴部门牵头做好数据共享比对工作，及时将监测对象数据给行业部门共享，共同推动监测帮扶工作，旨在将返贫致贫风险消除在萌芽状态。

例如中山市压实责任，构建镇党委负总责、工作队和镇农业农村办牵头、相关部门参与、镇村联动的责任体系，从而解决防返贫全链条上的"帮扶谁""谁帮扶""如何帮""长效帮"四大关键问题。佛山市官圩镇建立起防返贫监测工作领导小组，一把手挂帅部署、主责部门全力落实、镇纪委和工作队做好督查，形成了一套有任务、有落实、有监督、有反馈的闭环体系，层级责任明确，机制运行有序。

（三）帮扶机制健全化

在强化政策方面，坚持预防性措施和事后精准帮扶相结合，保持现行帮扶政策、资金支持、帮扶力量总体稳定。各级相关部门在制定行业政策、使用社会捐赠资金等政策资金时，对有需要帮扶的监测对象予以优先支持，确保政策不断档、工作不脱节。

在分类施策方面，根据监测对象的风险类别和发展需求开展针对性帮扶。在风险类别上，对风险单一的，实施单项措施，不硬性要求叠加帮扶措施，防止陷入福利陷阱；对风险复杂多样的，因户施策落实综合性帮扶。在发展需求上，按缺什么补什么原则开展分类帮扶。

在社会救助方面，深入开展社会救助兜底脱贫行动，全面做好各项救助提标工作，建立健全兜底保障渐退机制，加快建立防止返贫监测和帮扶机制。

三 广东防返贫监测机制取得成效

近些年，按照党中央的决策部署要求，广东省坚持把脱贫攻坚作为重大政治任务，创新扶贫机制，取得重要阶段性成效，脱贫攻坚目标任务较好完成、乡村建设亮点纷呈、产业扶持特色鲜明、共建共治形成合力。

为了保持现行帮扶政策总体稳定，广东先后制定出台 3 个总体安排文件、9 个抓具体工作落实的文件，形成"3+9"政策体系。稳定兜底救助类政策，落实好教育、医疗、住房、饮水等民生保障普惠性政策，并根据脱贫人口实际困难给予适度倾斜。巩固优化发展类政策，完善产业带动、就业扶持、技能培训、小额信贷支持措施，做好与乡村产业振兴政策的衔接。

2021 年，全省投入衔接资金 117.08 亿元，其中省级投入 45 亿元，珠三角帮扶市投入 54.06 亿元，粤东粤西粤北 12 市和肇庆市投入 18.02 亿元。[①] 各地各部门全部建立防止返贫动态监测机制，将脱贫不稳定户、边缘易致贫户、突发严重困难户"三类监测对象"作为重点监测对象，对监测对象的基本信息、收入、就业、教育、医疗、帮扶措施等进行实时监测，确保应纳尽纳，应扶尽扶。截至 2021 年 12 月底，全省纳入监测对象共 288040 户 426971 人。

首先，狠抓责任落实，持续压紧压实各地帮扶责任。将防止返贫监测和帮扶工作作为巩固脱贫攻坚成果的一项重要政治任务、民生任务、底线任务来抓，层层传导工作责任。各级党委、政府高度重视，主动担当，及时研究制定监测和帮扶措施，及时解决工作中遇到的困难和问题。各级乡村振兴部门积极履行主体责任，主动与民政、教育、医保等部门沟通，形成横向部

---

① 许悦：《广东：始终坚持用发展的办法巩固脱贫攻坚成果》，羊城晚报羊城派网站（2022 年 3 月 9 日），https：//baijiahao.baidu.com/s？id=1726806057383192999&wfr=spider&for=pc。

门、纵向基层的防止返贫监测预警排查工作机制。

其次，强化政策落实，保持了各项帮扶政策总体稳定。省委、省政府制定出台《关于实现巩固拓展脱贫攻坚成果同乡村振兴有效衔接的实施意见》，省委农村工作领导小组出台《关于健全防止返贫动态监测和帮扶机制实施意见》，财政厅出台《省乡村振兴有效衔接专项资金管理办法》，人社厅出台《巩固脱贫攻坚就业帮扶成果实施意见》《完善城乡困难群众社会养老保险办法》，住建厅出台《农村危房改造实施意见》等，全省基本保持脱贫攻坚政策总体稳定，农村困难群众各项兜底帮扶措施得到持续落实。

再次，强化工作落实，分级分类盯紧扶好监测对象。结合党史学习教育，把防止返贫监测帮扶工作作为各级干部"我为群众办实事"活动的具体实践，持续落实镇委班子、村两委干部定期走访联系群众制度，推动建立监测对象"早发现"机制；持续落实定点帮扶制度，推动建立监测对象"早干预""早帮扶"机制。

最后，强化督导考核，确保工作经得起历史的检验。及时通报前期部分基层监测排查工作不扎实、监测标准掌握不到位、研判分析不够等问题，督促各地举一反三，限期整改，确保监测数据精准可靠；通过明察暗访、座谈交流、进村入户等形式，深入基层调研督查，及时将发现的问题反馈当地整改。会同省民政、教育、住建等7个涉及"三保障"部门组成排查组，对有脱贫人口的14个地市开展防返贫监测帮扶工作"回头看"排查。

在后续相关工作中，各地根据防止返贫动态监测对象的风险类别、发展需求等实际情况，科学制定防范措施，及时开展针对性帮扶。广东始终坚持把新发展理念贯穿乡村振兴全过程各领域各环节，始终坚持创新驱动发展战略，持续深化改革探索，走出了一条具有广东特色的乡村振兴道路，促进"绿水青山就是金山银山"的理念转化为人民群众实实在在的增收成效。

四 该机制存在的问题

一方面，广东防返贫监测执行工作未能很好地贯彻落实。譬如广东省的乡村振兴衔接资金使用管理存在着一些不容忽视的问题。2022年4月11日，国家乡村振兴局刘焕鑫局长召开全国视频会议，通报了中央下达乡村振兴衔接资金使用情况，在项目推进、预算执行、项目库建设等方面，广东省情况极不理想，受到通报批评。其中，在项目推进方面，13个省份项目开工率低于全国平均水平，广东为8.2%，是全国最低的5个省区之一；在预算执行方面，15个省份资金支出进度低于全国平均水平，广东是0，全国倒数第一；在项目库建设方面，全国有13个县（区）安排了2022年衔接推进乡村振兴补助资金，但未开展项目库建设，项目储备为0，其中广东占了10个县（区），分别是汕头市龙湖区、韶关市始兴县、湛江市坡头区和廉江市、吴川市、肇庆市的德庆县、鼎湖区、高要区，惠州市龙门县、江门市新会区。

另一方面，巩固脱贫攻坚任务依然艰巨，多重因素交织影响，巩固脱贫攻坚成果、防止规模性返贫依然存在不少困难和压力。有相当部分群众的脱贫基础比较脆弱，因病、因灾、因意外事故等各种原因，容易出现返贫致贫。此外，部分脱贫人口持续增收的难度加大，并且个别地方存在监测识别不精准问题、个别县返贫风险率较高，存在"应纳未纳"问题。

2021年，机构改革、队伍调整、基层换届等客观因素导致个别基层干部对政策了解不够，有的地方监测不及时、不全面、不深入，落实精准帮扶成效不够明显。

五 未来广东防返贫监测机制发展方向

（一）深入推进乡村建设与治理，推动农业农村持续发展

在乡村产业体系建设方面，进一步完善"跨县集群、一县一园、一镇一业、一村一品"现代农业产业体系，加快农业高质量发展步伐。突出特色发展，以跨县集群产业园为抓手，打造岭南水果、畜禽、水产、南药等优势特色产业集群。推动现代农业产业园拓展功能、强化特色，建设产业强镇和特色专业村。加快数字农业发展，积极搭建数字化服务平台，实施"互

联网+"农产品出村进城等重点工程。同时强化县域统筹。延伸县域乡村产业链条，发展农林牧渔产品精深加工。发挥县、镇、村各自优势，推动农业与旅游、教育、文化、康养等功能互补和深度融合。

在乡村基础建设方面，坚持数量服从质量、进度服从实效，扎实推动乡村建设重点从干净整洁向美丽宜居转变。一方面持续提升农村基础设施，推动基础设施提档升级，深入推进"四好农村路"建设、农村电网巩固提升工程，加大5G基站覆盖率。提升基础设施管护水平，探索社会化、市场化长效机制。另一方面提升义务教育硬件设施和教学水平。稳步提升农村医疗卫生水平，完善以县级公立医院、镇卫生院、村卫生站为主体的紧密型县域医共体，支持高水平医院与县区共建医联体。扎实做好农村养老工作，推广长者饭堂建设、互助养老模式，逐步建立以居家养老、互助养老为基础的县乡村三级养老服务体系。

在乡村治理方面，加强党对乡村治理的领导，突出工作实效，切实维护乡村平安稳定。其一，加强农村基层党组织建设。深入实施新一轮基层党建三年行动计划，进一步健全党组织领导的自治、法治、德治相结合的乡村治理体系。探索完善"互联网+"服务管理模式，推行农民参与乡村治理"积分制"，培育"乡村工匠"。其二，加强乡风文明建设。充分发挥新时代文明实践中心、县级融媒体中心等重要平台作用，丰富农民精神文化生活，推动公共文化资源向农村地区延伸，健全农村公共文化设施网络。办好农民丰收节，鼓励农民开展"村晚"、农民运动会、醒狮龙舟等活动。深入推进移风易俗，组织"星级文明户""南粤新乡贤"等创建活动。其三，维护农村平安稳定。深入推进平安乡村建设，扎实开展法治乡村建设，完善乡村法律服务体系，深化一村（社区）一法律顾问工作。完善矛盾纠纷排查化解机制，从严从紧从细抓好疫情防控。

（二）深化帮镇扶村工作，统筹各项工作取得实质性进展

一是整合组团帮扶资源，充分发展组团单位优势，加强干部能力素质培训，释放驻镇帮镇扶村干部人才力量。全面推进省内各地区域协作，充分发

挥珠三角帮扶市的优势资源，继续实施产业帮扶、消费帮扶、就业帮扶等帮扶措施，带动粤东西北的产业发展和脱贫人口就业增收。探索金融支持乡村振兴机制，发挥财政帮扶资金杠杆作用，撬动引导更多金融和社会资本投入乡村振兴。聚焦农村低收入人口帮扶和环境整治、民生保障、美丽圩镇建设等重点工作，集中支持被帮扶地区实施一批补短板项目，切实解决群众急难愁盼问题。

二是深化拓展帮扶领域。加大对粤东西北地区的人才支援力度，坚持打好建机构、强队伍、组团帮、抓培训"组合拳"，为省内区域协调发展提供坚强的工作力量、智力支持和人才保障。借鉴东西部协作的有益做法，安排珠三角市、区优质中小学与粤东西北地区县级中小学结对等，提升粤东西北地区教学质量。鼓励珠三角地市三甲医院协商托管或一对一结对帮扶粤东西北地市县级医院等形式，向粤东西北地区县级医院输送优质医疗资源。

三是推动镇村联动发展。统筹镇村两级发展，集中力量改善乡镇发展条件，提升联通城乡、服务乡村的功能，推动村庄人口适当向乡镇集聚，把乡镇建设成为服务农民的区域中心。要推动驻镇帮镇扶村与珠三角区域对口帮扶有机统一起来，发挥好产业共建、劳务协作、基础设施互通、公共服务均等化带来的重大红利，各地要主动融入对接粤港澳大湾区建设，用好大湾区的市场资源、人才资源、技术资源、管理资源，用先进的理念、先进的科技、先进的治理来改善发展环境，推动乡村振兴整体跃升。

四是需引导社会力量参与帮扶。继续开展好"广东扶贫济困日"活动，大力实施"千企帮千镇、万企兴万村"，开展回报家乡专项行动，评选推介"千企帮千镇万企兴万村"百家爱心企业和百名爱心乡贤，完善企业帮扶镇村的支持政策，把先进管理模式、现代生产要素引入镇村，撬动镇村资源、促进镇村发展。积极动员参与乡村振兴驻镇帮镇扶村短视频大"晒"、优秀乡村振兴调研报告和优秀镇域乡村振兴规划评选等活动，及时发现和宣传先进典型。

（三）整改问题产业项目，巩固拓展脱贫攻坚成果

首先，针对当前已经出现的部分扶贫产业项目经营不善、效益不佳甚至

出现关停荒废这一苗头性问题，各地应组织一轮全面摸底排查，认真研究问题项目存在的实际困难和风险点，提出有针对性的解决措施，尽早形成整改方案，避免或减少扶贫资产闲置流失。

其次，根据实地评估的情况，当前广东省绝大部分脱贫户和监测对象家庭收入来源主要依靠外出务工或就近打散工，部分群体就业稳定性偏弱，需要继续全方位开展农村技能培训，着力实施"粤菜师傅""广东技工""南粤家政""乡村工匠"等工程，提高群众劳动增收技能，激发低收入群众内生动力，确保脱贫人口持续稳定增收。

最后，巩固拓展脱贫攻坚成果，离不开一支懂农业、爱农村、爱农民、本领过硬的干部队伍。针对广东省部分新换届上任的领导干部缺乏经验，不熟悉、不了解农业农村实际和脱贫成果巩固工作的问题，要深入开展业务培训，使镇村干部尽快熟悉政策和整体情况，提高业务能力，防止出现工作断档。

B.10
2021年广东乡村基本公共服务建设报告

符永寿 唐小菁*

摘　要： 广东大力推进乡村基本公共服务发展，全面涵盖公共教育、公共卫生、公共文化体育、公共交通以及生活保障、住房保障、就业保障、医疗保障等重要方面，全面提升资源配置和精准服务水平，稳步推进实现基础服务均等可及、基本保障全面覆盖。面向"十四五"，亟待加强标准化建设，提升均等化水平，优化服务网络，推动形成广覆盖、多层次、标准化、公平可及的乡村基本公共服务。

关键词： 基本公共服务　基本保障　广东乡村

推进乡村基本公共服务加快建设、实现城乡基本公共服务均等化，事关全面建设小康社会成果的巩固，体现全社会共同富裕的程度，为中国式现代化提供生动的广东乡村建设实践。2021年广东统筹推进城乡基本公共服务建设，着力兜底线、补短板、保基本，在生活、就业、教育、医疗、住房等人民群众最关心、利益最相关的领域持续发力，健全适应广东乡村特点、优质高效的基本公共服务体系，进一步提升基本公共服务有效供给的资源配置能力和精准服务水平，不断推进乡村基本公共服务的公平可及、全面覆盖。

---

* 符永寿，广东省社会科学院港澳台研究中心副主任、副研究员，主要研究方向为"一国两制"、粤港澳合作、基层党建与社会治理；唐小菁，广东省管理创新和发展研究会项目主管，主要研究方向为公共问题与现代治理、粤港澳科创。

一　基本公共服务均等可及

（一）公共教育

近年来，广东加大财政资金的扶持力度，推进城乡教育一体化高质量发展。出台《关于建立健全我省教育经费保障体系的实施意见》（2020年11月）、《广东省推动基础教育高质量发展行动方案》（2021年8月），推进提升乡村小规模学校、乡镇寄宿制学校和县域普通高中的保障水平与办学质量，补齐教育领域短板，推动落实城乡教育经费保障和城乡教育高质量均衡发展。目前，广东已建立覆盖从城乡学前教育到高等教育的生均拨款制度并实现动态调整，保障水平不断提高。全省义务教育生均一般公共预算公用经费支出增幅明显。2020年全省幼儿园、小学、普通初中生均一般公共预算公用经费支出分别为2660.12元、3047.22元和4282.69元，分别比上年增长60.94%、3.21%和7.33%。[①]

粤东西北区域发展不平衡问题是影响广东城乡教育均衡发展的重要制约。广东通过统筹利用好中央资金、省级专项资金，不断加大对粤东西北教育财政扶持力度。中央财政安排义务教育薄弱环节改善与能力提升资金，用于支持改善农村学校基本办学条件，新建、改扩建必要的义务教育学校，建设学校网络设施设备和"三个课堂"。特别注重对粤东西北地区的教育经费支持。2021年，省级财政通过优化教育转移支付的方式，转移支付给粤东粤西粤北地区的教育专项扶持资金达到238.51亿元。以梅州市和云浮市为例，2021年分别获得17.65亿元（同比增长1.17%）、9.95亿元省级财政教育转移支付资金。[②] 在义务教育公用经费省级分担比例上，充分考虑了欠

[①]　广东省教育厅：《广东省教育厅关于广东省十三届人大五次会议第1328号代表建议答复的函》，广东省教育厅网站，http：//edu. gd. gov. cn/zwgknew/jytagk/content/post_ 3948827. html，最后检索时间：2022年5月5日。

[②]　广东省教育厅：《广东省教育厅关于广东省十三届人大五次会议第1328号代表建议答复的函》，广东省教育厅网站，http：//edu. gd. gov. cn/zwgknew/jytagk/content/post_ 3948827. html，最后检索时间：2022年6月10日。

发达地区办学的实际困难，由省财政负担 100% 的县（市、区）达到 32 个、负担 80% 的县（市、区）达到 39 个，按 60% 负担的县（市、区）达到 34 个。① 省财政针对全省经济欠发达地区建立两项生均拨款制度，对原中央苏区、北部生态发展区和沿海经济带市县、珠三角核心区财力相对薄弱市县，省财政在学前教育与普通高中生均公用经费分担比例上，分别按 70%、50%、30% 的比例分担。②

寄宿制学校、小规模学校是乡村教育的突出短板。广东于 2018 年就启动实施农村义务教育寄宿制学校建设项目。通过改扩建、新建农村寄宿制学校，按标准建好配齐学生宿舍、床位、厕所、浴室、食堂、饮水设施、垃圾和污水处理设施、值班教师宿舍等生活卫生设施，整体提升农村寄宿制学校办学水平，基本满足农村偏远山区学生、留守儿童寄宿学习的需要。引导动员农村小规模学校（教学点）的学生集中到寄宿制学校就读，使之能够享受公平而有质量的义务教育。继 2018~2020 年省财政共安排 22 亿元支持农村义务教育寄宿制学校建设，2021~2022 年继续安排中央资金 13.4 亿元重点用于农村义务教育寄宿制学校建设项目。

教师队伍质量是影响乡村教育水平的关键因素。广东陆续出台了《关于全面深化新时代教师队伍建设改革的实施意见》《关于统筹推进县域内城乡义务教育一体化改革发展的实施意见》等文件，推动制定适应教育现代化需要的城乡统一的中小学教职工编制标准。

（二）公共卫生

党的十八大以来，党中央高度重视乡村医疗卫生体系建设，基础设施条

---

① 广东省教育厅：《广东省教育厅关于广东省十三届人大五次会议第 1328 号代表建议答复的函》，广东省教育厅网站，http：//edu.gd.gov.cn/zwgknew/jytagk/content/post_ 3948827. html，最后检索时间：2022 年 3 月 5 日。

② 为帮助全省经济欠发达地区建立两项生均拨款制度，省财政对欠发达地区分三档按 70%、50%、30% 的比例予以补助。其中，第一档为原中央苏区、海陆丰革命老区困难县、少数民族县，省财政按 70% 比例补助；第二档为除第一档以外的北部生态发展区和东西两翼沿海经济带市县，省财政按 50% 比例补助；第三档为珠三角核心区财力相对薄弱市县，省财政按 30% 比例补助。

件、人员队伍、机构运行机制等全面加强。广东大力实施"建设健康广东、打造卫生强省"发展战略，构建起较为完善的乡村公共卫生体系，加强基层医疗卫生服务能力建设，强化乡村公共卫生服务，"顶天立地"的医疗卫生格局、县域医疗卫生共同体、分级诊疗制度等逐步建立，有力促进基本医疗卫生服务城乡协同、均等可及。

"十三五"时期的卫生强省建设行动为广东乡村医疗卫生发展奠定了坚实的基础。2016~2018年的"强基创优三年行动计划"以及2017~2019年的"基层医疗卫生服务能力建设三年提升工程"（共7个大类、18个项目），分别由省级统筹和各级财政统筹投入112亿元和500亿元，涉及县、乡镇、村三级医疗卫生服务机构。2021年是广东全面实施"基层医疗卫生服务能力建设三年提升工程"的第五个年头，五年间189家县级医院、488家乡镇卫生院和10000家村卫生站，有的得到升级建设，有的进行了标准化改造，有的进行了规范化建设。人口大县中心乡镇卫生院升级建设是广东加强基层医疗卫生服务能力、有效改变"一带""一区"落后医疗卫生面貌的重大工程，2020年12月，全省47家中心乡镇卫生院升级建设为县级医院。[①] 与建设前相比，这47家基层中心医院的卫生技术人员、一级诊疗科目、二级诊疗科目等技术水平主要指标均大幅提升，增幅分别达到41.9%（增加3260人）、25.5%（增加172项）、755.6%（增加272项）。[②] 覆盖城乡、均等可及的"顶天立地"医疗卫生大格局全面建成。县乡（镇）村三级公共医疗卫生服务硬件、软件全面补短板、强弱项，基础设施条件显著改善，服务能力和水平显著提升。

---

① 2017年，广东省委办公厅、省政府出台《关于加强基层医疗卫生服务能力建设的意见》，其中重点项目，即在40万~100万常住人口的县（市、区）选择1家中心卫生院、100万人以上常住人口县（市、区）选择2家中心卫生院升级为中等水平的县级综合医院，作为县域次级基本医疗卫生中心。

② 《广东47家中心卫生院升级建设为县级综合医院，"四个有"为基层百姓找到好医生》，南方网，https://static.nfapp.southcn.com/content/202001/01/c2947762.html，最后检索时间：2022年2月1日。

广东全面落实"两个允许"①，在县乡基层医疗卫生机构中推行"一类财政保障、二类绩效管理"，落实按核定编制数给予基层医疗卫生机构事业费补助，基层医疗卫生机构医务人员的岗位津贴、"村医"补贴有所提高。同时，加大全科医生培训力度，持续扩大订单定向农村大学生培养规模。②大力推动三甲公立医院对县域医疗机构进行"组团式"帮扶，全面建设紧密型县域医疗卫生共同体，构建"医联体"、县域"医共体"等促进城乡医疗卫生协同发展的新平台、新生态。分级诊疗新秩序基本建立，全省市域内住院率、县域内住院率走在全国前列，分别保持在95%、85%左右。③

基础公共卫生服务水平的提高有力支持了城乡人民群众健康水平稳步提升。2021年，广东人均期望寿命为78.4岁（比2017年提高了1.2岁），孕产妇死亡率、婴儿死亡率分别为9.98/10万、2.13‰，分别比2017年下降了1.05个点/10万、0.4个千分点，④城乡居民主要健康指标基本达到中等发达国家水平。

（三）公共文化

广东大力推动城乡公共文化服务体系一体化建设，着力完善乡村公共文化基础设施，推动乡镇综合文化站和村级综合性文化服务中心基本实现全省全覆盖。截至2021年，全省已建成1619个乡镇（街道）综合文化站和26011个行政村（社区）综合性文化服务中心。⑤

---

① 习近平总书记在全国卫生与健康大会上（2016年8月19日至20日在北京召开）提出"允许医疗卫生机构突破现行事业单位工资调控水平，允许医疗服务收入扣除成本，并按规定提取各项基金后，主要用于人员奖励，同时实现同岗同薪同待遇，激发广大医务人员活力"。

② 2018~2020年，平均每年为粤东粤西粤北经济欠发达地区培训全科医生5080名（三年实际17104名）、产科医生（含助产士）1000名（三年实际3098名）、儿科医生360名（三年实际1092名）。

③ 李秀婷：《广东分级诊疗建设排名全国第一》，《南方日报》2022年8月28日。

④ 朱晓枫、李秀婷：《省卫健委：筑牢顶天立地医疗卫生大格局》，《南方日报》2022年5月22日。

⑤ 《广东省文化和旅游厅关于省政协第十二届五次会议第20220427号提案会办意见的函》，广东省文化和旅游厅网站，http://whly.gd.gov.cn/gkmlpt/content/3/3925/post_3925043.html#2630，最后检索时间：2022年4月15日。

　　加快推动农村地区公共文化设施提质增效、资源共享。近年来，广东公共文化行政管理部门持续织密织细公共文化设施网络，推动开展县级文化馆图书馆总分馆制建设、行政村（社区）综合性文化服务中心提质增效达标建设、城乡新型公共文化空间建设。① 截至 2021 年底，全省各地陆续建成"读书驿站""简阅书吧""风度书房""智慧书房"等新型阅读空间超 2000个。全省共建成公共图书馆 150 个、文化馆 144 个、乡镇（街道）综合文化站 1619 个、村级综合性文化服务中心 26011 个，实现省、市、县、镇、村五级公共文化服务设施全覆盖。持续推动县级文化馆图书馆总分馆制建设，投入 1500 万元省级财政资金推动粤东西北地区扩大总分馆制建设覆盖面。截至 2021 年底，全省共有 118 个县（市、区）建立图书馆总分馆制，建成图书馆分馆 1707 个、服务点 5851 个；全省共有 120 个县（市、区）建立文化馆总分馆制，建成文化馆分馆 1566 个、服务点 5884 个。② 佛山市南海区的公共图书馆城乡一体化建设很有代表性，该区以"村居"智慧图书馆全覆盖为着力点，在全区城乡村居建设了读书驿站、社区书吧，截至2021 年底，已建成 190 间，预计到 2022 年底将达到 326 间。③

　　试点推进全省基层综合性文化服务中心与旅游服务中心融合发展建设，截至 2021 年底全省新建两中心融合试点 83 个。举办广东省公共文化服务"三百工程"进基层活动，全年免费配送优质公共文化服务活动 312 场，满足经济欠发达地区人民群众对高质量公共文化服务的需求。④

---

① 《广东省文化和旅游厅关于省政协第十二届五次会议第 20220427 号提案会办意见的函》，广东省文化和旅游厅网站，http://whly. gd. gov. cn/gkmlpt/content/3/3925/post_3925043. html#2630，最后检索时间：2022 年 5 月 5 日。
② 《回顾 2021 年广东文旅工作④丨以群众需求为导向 打造公共文化服务"领头雁"》，广东省文化和旅游厅网站，http://whly. gd. gov. cn/news_ newzwhd/content/post_ 3817612. html，最后检索时间：2022 年 3 月 5 日。
③ 广东图书馆学会、广东省立中山图书馆：《2021 年广东省公共图书馆事业发展报告》，广东省文化和旅游厅网站，http://whly. gd. gov. cn/gkmlpt/content/3/3917/post_ 3917559. html#2630，最后检索时间：2022 年 6 月 5 日。
④ 《回顾 2021 年广东文旅工作④丨以群众需求为导向 打造公共文化服务"领头雁"》，广东省文化和旅游厅网站，http://whly. gd. gov. cn/news_ newzwhd/content/post_ 3817612. html，最后检索时间：2022 年 4 月 25 日。

鼓励各地因地制宜建设村史馆、乡村博物馆、非遗传习所等文化设施，不断夯实乡村历史文化资源收集整理和开发利用的阵地基础。鼓励乡村利用古民居、古建筑、老祠堂等打造建成村级综合性文化服务中心，实现了对乡村古民居、古建筑、老祠堂保护利用。[①] 以农村为阵地，将农民体育健身与农民丰收节相结合，深入开展"百县区足球赛""万村农民篮球赛"、教练员裁判员培训班等形式多样的体育比赛和培训活动，每年举办赛事活动达2万多场次。连续六年举办的南粤古驿道定向大赛，"以体兴道、以道兴村"，为贫困村、古村、古镇创造的直接经济产值超过30亿元。[②]

（四）公共交通

推进建设"四好农村路"，串联县城中心点、乡（镇）节点、建制村网点，"三点一线"农村公路便捷交通网络基本形成。

农村客运网络不断优化，农民群众出行条件不断改善，基本建立起了"外通内联、通村畅乡、客车到村、安全便捷"的农村交通运输网络。"建好、管好、护好、运营好"的"四好"农村公路将田园风光、农家美味串珠成链，织就一张乡村振兴"幸福网"。全省19412个建制村已开通客车，乡镇和建制村通客车率达到100%。[③] 以江门为例，截至2020年底，江门全市农村公路统计里程7274公里，其中县道352公里、乡道2436公里、村道4486公里，三级及以上技术等级公路占比27.2%，79.4%建制村通四级双车道及以上技术等级的公路，100人（或20户）以上自然村通畅率100%，50人（或10户）以上自然村通畅率达99.8%。江门通过建立奖补机制、新增客运线路、延伸已有客运公交线路等措施，进一步优化农村客运班线设

---

① 《广东省文化和旅游厅关于省政协十二届五次会议第20220443号提案会办意见的函》，广东省文化和旅游厅网站：http://whly.gd.gov.cn/gkmlpt/content/3/3908/post_3908759.html#2630，最后检索时间：2022年4月5日。
② 《广东体育强省之路亮点频出》，《羊城晚报》2022年5月22日。
③ 《农村交通运输服务先行 助力乡村振兴战略发展》，腾讯网，https://xw.qq.com/cmsid/20220114A05L3M00，最后检索时间：2022年3月15日。

置，促进城乡交通运输一体化发展。①

农村物流体系探索建立。积极推行"公交运邮"合作模式，加快乡镇街道物流节点建设，探索推进交邮路线实现常态化运作。2021年，广州市从化区"客货邮商融合"和茂名高州市"电子商务+农村物流+冷链配送"等2个项目顺利入选全国农村物流服务品牌。广州市从化区依托广州市公共交通集团有限公司和广州市邮政集团有限公司，先后建起了1个大型的区级邮件处理中心、8个乡镇级的邮件接驳点和派送中心、221个村级末端服务站。截至2021年11月，累计为村民代投邮件19.1万件，收寄邮件超万件。高州市相继建起县、镇级物流配送服务中心以及200个村级物流服务点，大大提高了农村运输服务效率。2021年荔枝丰收季节，高州交通运输部门与农村农业、邮政等部门强强联手，开启独具特色的"线下+线上"的销售模式，累计上门提供荔枝冷链运输服务18万件、240万斤。②

二　基本保障全面覆盖

（一）生活保障

稳步提高城乡居民基本养老保险基础养老金标准。广东在"十三五"时期，城乡居民基本养老保险基础养老金达到了180元/人月。③ 2021年，完善并落实城乡居民基本养老保险帮扶政策，建立并落实好对缴费困难群体的政府代缴保费政策，持续推进困难群体参保。

2021年末，全省农村最低生活保障户有50.7万户、127.3万人（见表1）。而到了2022年1月底，农村最低生活保障户有49.50万户、最低生活

---

① 《江门：精造"四好农村路"，织就侨乡"幸福网"》，广东省交通运输厅网，http://td.gd.gov.cn/dtxw_n/tpxw/content/post_3439079.html，最后检索时间：2022年2月25日。
② 《农村交通运输服务先行　助力乡村振兴战略发展》，腾讯网，https://new.qq.com/rain/a/20220114A05L3M00，最后检索时间：2022年8月10日。
③ 《广东省社会保险事业发展"十四五"规划》，广东省人力资源和社会保障厅网站，http://hrss.gd.gov.cn/attachment/0/480/480510/3776369.pdf，最后检索时间：2022年7月1日。

保障人数 123.21 万人，户数、人数均有所下降。同期城市最低生活保障户数 7.87 万户、最低生活保障人数 14.90 万人。① 广东重视特困群体生活救助保障，2021 年全省农村特困人员救助供养人数为 20.2 万人。修订《广东省农村五保供养工作规定》，印发《2021 年全省特困人员供养服务设施（敬老院）改造提升工程工作要点》，加大对农村五保户供养工作力度。截至 2022 年 6 月，全省 122 个行政县（市、区）按照填平补齐的原则，实现县级特困人员供养服务机构应建尽建，共有养老床位 36577 张，其中有护理型床位 28193 张，占比为 77.1%。②

表1　2021 年末广东城乡最低生活保障和救助供养人员情况

指标	数量
城市最低生活保障户数(万户)	8.0
农村最低生活保障人数(万人)	127.3
农村最低生活保障户数(万户)	50.7
城市特困人员救助供养人数(万人)	1.6
农村特困人员救助供养人数(万人)	20.2

资料来源：《广东民政事业统计季报（2021 年第四季度）》。

（二）住房保障

不同于城镇住房保障，乡村安居问题集中体现在困难群体的住房保障、农村危房的监管和改造等。广东加大资金筹措力度，落实农村保障性住房的建设规划、用地、资金保障，农村低收入群体等重点对象的住房安全保障长效机制逐步建立，住房保障供应能力逐步提高。建立起针对不同对象的村危房改造补助标准。针对农村分散供养特困人员和其他农村低收

① 《广东民政事业统计月报（2022 年1月）》，广东省民政厅网站，http://smzt.gd.gov.cn/zwgk/tjxx/2022tj/content/post_ 3940179.html，最后检索时间：2022 年5月30日。
② 《广东省民政厅关于广东省十三届人大五次会议第 1092 号代表建议答复的函》，广东省民政厅网站，http://smzt.gd.gov.cn/zwgk/rdjybl/content/post_ 3958423.html，最后检索时间：2022 年5月10日。

入群体等重点对象,危房改造补助分别为不低于 3.4 万元/户、不低于4 万元/户。①

加强农村危房监管和改造。2011~2021 年,十年间广东财政投入 172 亿元,完成了 83.7 万户农户危房的安全改造。2022 年以来,广东继续开展农村危房改造工作,争取到农村危房改造资金中央财政补助款 7901 万元,截至 2022 年 4 月底,已完成 9.92 万栋农村危房的评估鉴定工作,确定 4.12 万栋重点整治对象。②

推进农村住房保险,增强农村房屋综合抗灾能力。2009 年始,广东率先在全国开展政策性农村住房保险,为全省近 1200 多万农户的住房提供保险保障。截至 2021 年 6 月末,农村住房保险累计处理赔案 9.6 万宗,惠及全省 28 万间倒塌房屋、93 万间损坏房屋,提供了 4.11 亿元的赔款,有效弥补了农民的损失。从 2022 年 1 月 1 日起,在不增加保费的基础上,将全省农户每户每年保险金额从 8 万元提高到 11 万元,全省农房险风险保障额度增加到 3000 亿元。③ 与此同时,提高对困难农户的保费补助(农户自负部分给予全额补助)和保险赔付金额标准。

推进工匠培训和宣传教育。农村安居、宜居住房的保障,需要激发农村自身的力量。广东一方面组织"三师"(规划师、建筑师、工程师)专业志愿者下乡开展志愿服务,宣传指导村干部、农民增强村庄规划、工程质量、危房改造等方面的知识和意识;另一方面组织开展全省农村建筑工匠师资培训班,培养农村建筑工匠,带动广大乡村注重安居质量和环境,减少出现危房增量,多措并举持续增加乡村住房安全保障的内生动力和保障能力。

---

① 张子俊:《粤重点保障 6 类农村困难群体住房安全》,《南方日报》2022 年 4 月 28 日。
② 刘丽莎、誉建业:《广东 4.12 万栋农村危房目前已整治近万栋》,《广东建设报》2022 年 5 月 18 日。
③ 《〈关于 2022-2024 年广东省政策性农村住房保险实施方案〉及〈广东省政策性农村住房保险赔偿标准(2022-2024 年)〉解读》,广东省地方金融监管局网站,http://gdjr.gd.gov.cn/gkmlpt/content/3/3576/post_ 3576794.html#3002,最后检索时间:2022 年 5 月 30 日。

（三）就业保障

全面贯彻党中央、国务院稳就业、保就业决策部署，坚持稳字当头、稳中求进，全省城乡就业局势稳中向好。2021年，全省城镇新增就业140.33万人，完成年度任务127.6%；全年平均调查失业率控制在5.0%以内。优化公共服务稳定农民工就业，开展南粤春暖"稳岗留工"等系列活动，全面推行就业实名制，完善岗位归集和供需匹配机制，将1900余万外省农民工稳在广东。外省在粤就业脱贫人口达412.9万，约占东部八省市吸纳脱贫人口总量的44.2%。打造"粤菜师傅"名店名品名厨，系统推进大菜、小吃、零食品牌化、市场化发展，提升"粤菜师傅"工程品牌综合效应。推动技师学院和高职院校政策互通，推动"广东技工"工程与广东制造共同成长。打造"南粤家政"服务地图，构建15分钟家政服务圈，选树一批家政品牌和省级龙头、诚信示范企业，打造让群众放心的"南粤家政"工程。聚焦10个战略性支柱产业和10个战略性新兴产业，开展百万产业工人和百万职业农民培训行动。2021年，三项工程全年培训389.2万人次，金字招牌越擦越亮，[①]三年多来，累计培训638.93万人次。培训带动就业，截至2021年9月底，提前一季度完成全年目标，全省新增就业111.8万人。[②]

（四）医疗保障

创建卫生健康高质量发展示范省，全省居民医保整体保障水平居全国前列。2021年，全省一般公共预算卫生健康支出1839亿元，同比增长3.8%，占一般公共预算支出的10.1%，其中对公立医院的投入达379亿元，[③]一般

---

① 《广东促就业工作获国务院表扬激励》，《南方工报》2022年6月28日。
② 文舸、李各力：《广东省全力打造农民技能培训金字招牌》，《南方农村报》2021年12月31日。
③ 《关于省政协第十二届五次会议第20220812号提案办理意见的函》，广东省医疗保障局网站，http：//hsa.gd.gov.cn/zwgk/content/post_3962118.html，最后检索时间：2022年5月30日。

公共预算卫生健康支出总额及其占一般公共预算支出的比例均处于全国领先水平。

促进优质医疗资源下沉。大力支持基层医疗卫生机构发展，促进基层医疗卫生机构能力建设。2021年广东乡村卫生资源总量稳步增长，医疗服务能力不断增强。截至2021年底，全省基层医疗机构中，卫生院1173家、社区卫生服务机构2736家、门诊部（所）25782家、村卫生室25448家。与上年相比，社区卫生服务机构增加57家、门诊部（所）增加2454家，由于撤停并改等原因村卫生室减少439家、卫生院减少2家。全省卫生院医疗机构拥有住院床位6.7万张，社区卫生服务机构拥有0.9万张。[①]

形成"两纵三横"的多层次医疗保障体系[②]，实现了全民医保。截至2021年底，全省基本医疗保险参保人数1.13亿人，其中参加职工医保人数4757.14万人，参加城乡居民医保人数6514.78万人。2021年全省基本医疗保险统筹基金收入1744.45亿元，支出1602.45亿元，基金运行平稳。居民医保各级财政补助资金提高到每人每年580元，个人缴费达到每人每年320元。居民医疗保险比例稳定在70%左右。不断提高救助水平，2021年全省共支出医疗救助资金35.6亿元，其中资助困难人员参保9.21亿元，门诊和住院救助26.39亿元。[③] 全面落实资助困难人员参保政策。对符合条件的困难人员的居民医保费用进行全额资助，2021年的资助标准为每人每年320元，相比2010年的50元，十年间资助金额增长了5.4倍。强化兜底保障

---

① 《2021年广东省医疗卫生资源和医疗服务情况简报》，广东省卫生健康委员会网站，http：//wsjkw. gd. gov. cn/zwgk_ tjxx/content/post_ 3923852. html，最后检索时间：2022年5月30日。

② "两纵三横"的多层次医疗保障体系，"两纵"，即由职工基本医疗保险（以下简称职工医保）、城乡居民基本医疗保险（以下简称居民医保）两者构成的基本医疗保险制度，分别覆盖就业和非就业人群。"三横"，即主体层、保底层和补充层：上述2项基本医疗保险制度构成主体层；医疗救助和社会慈善捐助等制度对特殊困难群体给予帮助，构成保底层；对于群众更高的、多样化的医疗需求，通过补充医疗保险和商业健康保险来满足，构成补充层。

③ 《关于广东省十三届人大五次会议第1112号代表建议答复的函》，广东省医疗保障局网站，http：//hsa. gd. gov. cn/zwgk/content/post_ 3945100. html，最后检索时间：2022年5月30日。

功能。在定点医疗机构住院和在普通门诊、特定门诊治疗的，经基本医疗保险、大病保险和其他补充医疗保险支付后个人负担的合规医疗费用，低保对象、农村易返贫致贫人口、低保边缘家庭成员等按不低于 80% 的比例给予救助，特困人员、孤儿、事实无人抚养儿童按 100% 的比例给予救助。①

将家庭医生服务包中的基本医疗服务纳入医保支付范围，制定全省统一的家庭医生中医服务包，将中医服务包纳入家庭医生签约内容，并将符合规定的费用纳入普通门诊统筹支付范围。支持家庭医生签约服务，鼓励和引导参保人到基层首诊，支持分级诊疗体系建设，促进医疗资源合理分配。将村卫生站纳入医保定点范围。建设以县中医院为龙头的紧密型县域医共体，探索实行总额付费、加强考核、结余留用、合理超支负担，推动优质中医药医疗资源下沉到基层医疗机构，提升基层中医服务能力。②

三　对策建议

基本公共服务是一定阶段公共服务应该覆盖的最小范围和边界，作为政府面向全社会提供的特定服务，既有普遍性，也有阶段性、特殊性。一个地区乡村基本公共服务的提供能力和水平，要全面覆盖对个人最基本的生存权和发展权的保护，充分体现社会公平正义和社会共识，与其经济社会发展阶段和水平相适应。

综合分析，广东乡村基本公共服务尚存在不平衡不充分的问题，基础教育比较薄弱，卫生服务能力城乡差距较大，基本风险保障水平不高。"十四五"时期要继续贯彻"走在全国前列、创造新的辉煌"总定位总目标，贯

---

① 《广东省医疗保障局关于广东省十三届人大五次会议第 1049 号代表建议答复的函》，广东省医疗保障局网站，http://hsa.gd.gov.cn/zwgk/content/post_ 3945932.html，最后检索时间：2022 年 5 月 3 日。

② 《关于广东省十三届人大五次会议第 1804 号代表建议协办意见的函》，广东省医疗保障局网站，http://hsa.gd.gov.cn/zwgk/content/post_ 3920196.html，最后检索时间：2022 年 6 月 5 日。

彻落实好中央出台的《关于进一步深化改革促进乡村医疗卫生体系健康发展的意见》等重要政策文件，在发展中保障和改善民生，不断筑牢兜实基本民生底线，积极推进重点领域改革，形成广覆盖、多层次、标准化、公平可及的公共服务体系，提供更加丰富、便捷、优质的乡村基本公共服务产品，全面提升乡村基本公共服务供给能力和水平。

（一）加强标准化建设

对应国家基本公共服务标准，进一步制定完善广东省域乡村基本公共服务标准，明确服务供给者的资质，服务的内容及其标准，服务享受者的资质与退出机制等。建立与经济社会发展水平相匹配的服务项目、保障标准动态调整机制。积极探索与区域、城乡基本公共服务标准的对接，促进城乡推动区域、城乡基本公共服务一体设计、融合发展。

（二）提升均等化水平

统筹协调乡村公共服务的要素和资源，挖潜增效，扩大和提升服务供给。健全公共服务财政投入保障机制，实现常住人口全覆盖。建立区域、城乡合作共建长效机制，确保欠发达地区乡村基本公共服务水平达到省定标准。做好县域这篇文章，实施公共服务设施提标扩面工程，把县城公共服务的综合载体和中心辐射带动作用充分发挥出来，以城促乡，推动义务教育、医疗卫生、社会保险、劳动就业、文化体育等资源向乡村延伸拓展。

（三）优化服务网络

创新服务机制，织密服务网络，优化服务方式，提升服务效能。着眼基本公共服务便利可及，打破行政区划壁垒，优化布局服务设施，打通公共服务"最后一公里"，打造"30分钟"乡村基本公共服务圈。用好信息化平台、数字化技术，建设普及数字化远程服务支持平台，让数字多跑路、群众少跑腿，实现农民群众足不出村即可申办相关服务。

参考文献

马晨、李瑾、赵春江等:《我国乡村公共服务治理现代化战略研究》,《中国工程科学》2022年第2期。

覃诚:《基本公共服务县域统筹的四个重点》,《农村工作通讯》2022年第8期。

李淑芳、熊傲然、刘欣:《推进基本公共服务均等化的三重困境与破解之道》,《财会月刊》2022年第8期。

何文炯:《共同富裕视角下的基本公共服务制度优化》,《中国人口科学》2022年第1期。

丁元竹:《实现基本公共服务均等化的实践和理论创新》,《人民论坛·学术前沿》2022年第5期。

乡村治理篇

Rural Governance

B.11

2021年广东乡村基层党建报告

万　磊　张　晶*

摘　要： 广东深入学习习近平总书记关于"三农"工作和乡村振兴重要论述，坚持和加强党对农村工作的全面领导。落实基层党建总要求，以提升农村基层党组织组织力为重点，突出政治功能，推动党史学习教育活动常态化，确保乡村振兴的方向正确；落实新时代党的组织路线，织牢织密村到组、组到户、户到人三级组织体系，将村级党组织建设成为乡村振兴的坚强战斗堡垒，高质量完成"村两委"换届，夯实干部基础和人才基础。围绕乡村振兴中心工作，推出一系列创新政策，以党组织为核心整合各类社会主体、各类资源投入乡村振兴。

关键词： 基层党建　乡村振兴　组织振兴　广东省

---

* 万磊，博士，广州市委党校党史党建教研部讲师，主要研究方向为基层党建与基层治理；张晶，广东省社会科学院硕士研究生，主要研究方向为人口学。

习近平总书记指出："办好农村的事情，实现乡村振兴，关键在党。""农村工作千头万绪，抓好农村基层组织建设是关键。"① 2021 年以来，广东坚持和加强党对农村工作的全面领导，全面贯彻新时代党的建设总要求，落实新时代党的组织路线，紧紧围绕乡村振兴工作，以高质量党建推动乡村取得高质量发展，实现高水平治理，创造高品质生活。同时，在乡村振兴工作的切实成效中牢固夯实党的执政基础。

一　进一步完善体制机制，加强党对
农业农村工作的全面领导

党对农业农村事业的全面领导，是乡村振兴的根本保证。广东持续健全组织领导、统筹协调、挂点联系、考核评价、动力激发、推进落实等已有机制，以党的领导全面推进乡村振兴重点工作。

一是深入学习习近平总书记关于"三农"工作和乡村振兴的重要论述。广东持续把乡村振兴战略实绩作为抓基层党建述职评议考核、党政领导班子和领导干部考核重要内容。全省各级党校（行政学院）、干部学院开设了习近平关于"三农"工作重要论述相关课程，确保各级干部切实学懂弄通习近平总书记关于"三农"工作重要论述的核心要义和精神实质，

二是树立农村党组织的核心地位，巩固农村基层党组织对其他各类组织的领导。2021 年 4 月，广东省委继第一轮基层党建三年行动圆满结束后，接续制定《广东省加强党的基层组织建设三年行动计划（2021—2023年）》（以下简称《行动计划》），开启了新一轮的基层党建行动。在巩固农村基层党组织领导地位上，《行动计划》明确提出，强化乡镇党委、村党组织对农村各类组织和各项工作的全面领导，积极稳妥推行村党组织书记"三个一肩挑"，落实村各类组织向村党组织报告工作制度和村级重

---

① 中共中央党史和文献研究院编《习近平关于"三农"工作论述摘编》，中央文献出版社，2019，第 185、188 页。

大事项决策"四议两公开"制度,强化村党组织对村民小组、村民理事会等的领导管理监督。各地进一步探索了具体机制。广州瞄准农村重大事项决策权,建立村(社区)干部权力、责任、履职、服务"四张清单",由镇(街道)对村(社区)的重大财务支出、重大投资事项进行把关定向,确保农村发展纳入市、区更高层面的规划。梅州市蕉岭县明确村级"三重一大"事项由村党组织审议,村监委会、监事会、村民理事会成员人选由村党组织提名。

三是进一步细化五级书记抓乡村振兴工作。2022 年,广东依据《中国共产党农村工作条例》相关规定,制定《市县镇村四级书记抓乡村振兴责任清单》,进一步压实抓乡村振兴工作的政治责任,强化考核指挥棒作用,健全党委全面统一领导、政府负责、党委农村工作部门统筹协调的农村工作领导体制。① 在珠三角核心区,农村经济和农业人口尽管比重不高,但基础地位依然重要,"三农"工作的责任绝对不能放松。2021年,广州各区委换届后,7 个涉农区的区委书记中有 6 位是新任职的。为推动其尽快进入角色,全面准确履职尽责,把思想和行动统一到习近平总书记关于"三农"工作的重要论述上,统一到中央和省的决策部署上,广州市委分管领导及时与涉农区委书记进行"三农"工作谈话,提醒只要区里有农村、农民、农业,区委书记就要把"三农"工作作为重中之重来抓;要求涉农区抓紧抓实抓细垃圾、污水、厕所、养猪、种粮、植树、增收这"三农"七件事;结合本区的实际情况,统筹抓好乡村振兴"十个一"工作。②

---

① 徐林、岳宗:《认真学习贯彻习近平总书记关于"三农"工作的重要论述精神》,《南方日报》2022 年 8 月 14 日,第 A01 版。

② "十个一"工作包括:主持区委常委会会议学习贯彻习近平总书记关于"三农"工作的重要论述,每月 1 次以上;联系指导至少 1 条行政村党组织抓党建促乡村振兴工作;规划推动 1 条新乡村示范带建设,由带成面推动乡村全面振兴;杜绝出现 1 公顷以上连片丢荒耕地;打造 1 条完整的农产品产业链,带动产业振兴;引进 1 个以上院士团队,落实乡村振兴科技赋能;组建 1 个国有企业集团参与乡村振兴项目建设;推进引领全省乃至全国的乡村振兴改革项目 1 项以上;带动本区每年新增植树 1 万株以上;不断提高 1 种能力(乡村审美能力),使美丽乡村、美丽经济的成色更足。

二 将政治建设与思想建设相结合，推动党史
学习教育常态化

乡村振兴离不开党的领导。党的领导确保乡村振兴战略坚持正确的方向，因此要求基层党组织自身过硬，切实能够担当起领导核心的作用。加强农村基层党组织的政治建设和思想建设，才能强化党员行动一致、思想统一，进而凝聚群众，形成乡村振兴的强大合力。

（一）以组织力为重点，突出政治功能

广东强化农村各级党组织和党员干部忠诚拥护"两个确立"，坚决做到"两个维护"的政治自觉，持续加强政治功能建设，畅通贯彻落实中央和省委决策部署的"最后一公里"，引导带领广大农民投入乡村振兴工作，在重大任务落实中让党旗在基层一线高高飘扬。清远市英德市连樟村曾经是个穷村、弱村，如今通过建立"党总支部+党支部+党小组"三级党建网格，推行党员设岗定责制度，实施"三包三联"联系服务群众工作机制，精准建立"民生微实事"清单等一系列措施，持续提升村党组织的组织力，村党总支赢得了村民的认同，树立起了威信，将自身建设成为乡村振兴事业中的坚强战斗堡垒。截至 2021 年，连樟村党总支部下设 2 个党支部，有党员 71 名，党员活动参加率从 2018 年初的 50%跃升至近 90%。[1] 村党总支作为领导核心，调动了党员的示范带头作用，激活了农民的参与热情，在连樟村发展出 20 多个产业项目，带动村民在家门口创业就业。在坚实的集体经济与良好的治理水平助推下，连樟村的基础设施、人居环境和乡风文明得到全面提升。在 2021 年中国共产党建党百年之际，连樟村党总支与佛山市禅城区南庄镇紫南村党委、封开县大洲镇党委等 10 个农村基层党组织获评全国先进基层党组织。

---

[1] 邓文燕、黄振生：《全国先进基层党组织、中共英德市连江口镇连樟村总支部委员会：打造党建引领乡村振兴样板》，《南方日报》2021 年 7 月 9 日，第 A06 版。

（二）强化思想建设，坚定中国特色乡村振兴之路的理想信念

从本质上看，乡村振兴的目标是实现乡村现代化，是以中国式现代化推进中华民族伟大复兴事业的重要组成部分。与先行现代化国家相比，后发现代化国家更强调现代化进程中的战略规划。沿着党的创新理论前行，中国特色现代化的总体布局才能得到有效执行。由于科学理论的重要性，所以就党的建设来说，组织是"形"，思想是"魂"。广东坚持用习近平新时代中国特色社会主义思想凝心铸魂，把学习贯彻习近平新时代中国特色社会主义思想作为农村基层党组织建设的政治任务，推动基层党组织和党员干部进一步增强学习的自觉性、坚定性。2022年5月，广东印发《关于进一步加强乡风文明建设的实施意见》，明确农村基层党组织在加强农村思想道德建设上的责任，深化拓展新时代文明实践，推动全省各县（市、区）、乡镇（街道）、行政村（社区）实现新时代文明实践中心（所、站）全覆盖。

（三）扎实开展党史学习教育主题活动

百年党史中蕴含着丰富的经验智慧和巨大的精神力量。广东农村基层党组织按照中央和省委部署，针对农村实际特点，扎实开展党史学习教育主题活动。

一是在家门口办学，用身边事教育身边人，打通党史学习教育最后一公里。一方面，专家深入田间地头，送课上门；另一方面，用好本地资源，让优秀党组织书记、先进模范现身说法，发挥身边人的示范作用。针对流入当地的农村党员，广州发挥党群服务中心的阵地作用，在2759个村（社区）、176个镇（街道）打造流动党员党史学习主题沙龙、红色故事分享会；东莞依托700个阳光雨党群服务中心在流动党员家门口开设"党史课堂"。① 在人员外流的农村地区，村级组织主动邮寄学习资料，开展线上教育，保证了农村外出党员流动但"不流学"。

---

① 高睿：《党建引领广东高质量发展》，《小康》2021年第35期，第72~75页。

二是充分讲好本土党史故事，从红色根脉中汲取乡村振兴智慧力量。广东农村红色资源丰富，历史遗迹众多，海陆丰地区是党领导农民运动的萌芽地，毛泽东同志在广州思考了农民问题与中国革命。在党史学习教育主题活动中，广东将红色文旅与乡村振兴相结合，2021年在省级层面安排近4亿元用于全省146处红色革命遗址和纪念设施的保护利用，改善人居环境，将星罗棋布的红色遗址串珠成链，推出10条省级、129条市级红色旅游、红色研学精品路线，①用实景、实事、实物营造行走中的课堂。在这些红色遗址所在村庄，通过打造党史学习教育品牌、优化红色资源运营，提升了乡村文旅项目的设施品质、观展体验和精神内涵，吸引了源源不断的游客，增加了可观的经济效益，让村民共享了文旅产业兴旺和人居环境生态宜居的红色成果。

三是坚持教育党员与惠及群众紧密结合，以"我为群众办实事"实践活动为重要抓手。广东积极引导党员干部在服务群众、解决问题的过程中强化公仆意识和为民情怀。省纪委监委结合基层正风反腐行动落实"我为群众办实事"，对乡村振兴开展专项整治，推动解决了一批关系群众切身利益的问题。佛山推出"一把手"政治能力提升计划，举办"书记、镇长论坛"分享工作经验，增强"关键少数"的政治领导本领。

四是运用数字化技术，打造不受时空限制的常态化党史学习教育阵地。广东推动数字化技术深入乡村，创设"打卡广东红"，建立"智慧云平台"，运用"村村响"广播系统、本地融媒体等便利条件，置多种场景于线上、汇理论课程于平台、融党史教育于日常，推动党史学习教育常态化、长效化，将党史蕴含的巨大能量和崇高价值转化为投身乡村振兴的自觉行动。

三　强化农村组织建设，提升村干部能力

党的力量来自组织。党必须建立纵向到底、横向到边的严密组织体系，

---

① 谢庆裕：《坚定历史自信，从党的百年奋斗中汲取智慧力量》，《南方日报》2022年1月17日，第A01版。

并把自身组织成功嵌入其他组织中，才能实现对全社会的有效领导。伴随现代化进程的持续深入和乡村的结构性变革，党的组织体系设置必须随城乡结构做出调适，党的基层组织才能更加坚强有力，党员干部的工作能力才能不断提升。

（一）打造上下贯通、执行有力的农村基层组织体系

《加强党的基层组织建设三年行动计划（2021—2023 年）》提出了 2021～2023 年每年的基层党建主题，2021 年"完善组织体系开启新征程"，2022 年"提升党建引领基层治理效能"，2023 年"高质量党建推动高质量发展"。

在经济发达地区，农村人口不断聚集、产业形态丰富、治理事项众多，有必要将治理单元进一步划细、做实。比如广州构建起"镇（街道）党（工）委—村党委—经济社党支部—村综合网格党小组—党员楼（栋）责任区"五级组织体系，使党的组织和党的工作完整覆盖到农村社会最末梢，使党员密切联系到基层群众。

从 20 世纪八九十年代开始，佛山市南海区一直是农村改革的前沿阵地，创造了集体经济股份合作制改革的先进经验。目前，南海的产业形态和景观面貌呈现全域城市化的特点，但是深层体制依然具有城乡二元的特征。全区 290 个村居中有集体经济的村居占 222 个，下辖经济社 2047 个，村社两级集体资产总额超 570 亿元。村社两级承载了大量人口和经济体量，据第七次人口普查数据，南海全区户籍人口为 165.85 万人，农村户籍人口为 90.12 万人。如此庞大的农村基层体量中却存在明显的痛点和堵点。一是基层党建最薄弱的环节在经济社，党的领导未能强有力地贯通到基层最末梢。村民小组（自然村）及其集体经济组织——经济社与群众联系最紧密，行政村及其集体经济组织——经联社与群众的社会距离较远，缺乏利益联系。而在此前的改革中，南海各村（社区）所辖的村民小组经历了去实体化的过程，只保留了名义上的存在，原村民小组的社会治理职能被弱化，出现了治理的"真空"和"盲区"。二是集体经济"社重村轻"，行政村的经联社和自然村的经济社在资产总量上明显倒挂，经联社和经济社之间缺少法制化联系，经联社无法对经济

社进行统筹协调。三是经济社数量众多,存在土地碎片化、产业低端化的情况,在转型升级的过程中能力不足,无法提升城市经济能级。总的来说,南海基层的特点是治理单元与经济单元不匹配,行政村和经联社一级治理职责重而经济能力弱,自然村和经济社一级经济能力强而治理职责轻。

2022年,南海入选中组部党建引领乡村治理试点。为落实中央试点任务、破解基层治理难题,南海于6月13日召开万人大会,发布《关于深化农村体制机制改革推进基层治理现代化的意见》,将村、社作为此次改革的主战场,提出村党组织参与经济社会重要事务决策,规范经济社会事权清单,推动监察监督向经济社延伸,调动经济社自治积极性,以党建引领、文化引航、志愿引导"三引"方向来凝聚基层治理强大合力,用管人、管事、管自己的"三管"路径来激活村社细胞,实现提升公共服务水平、提升智慧治理效能、提升社会文明程度"三提升"目标,到2025年实现基层党组织领导能力显著增强、镇(街道)村(社区)统筹明显强化、经济社运行管理更加规范、基层群众自治活力进一步提升的目标,形成系统完备、规范有序、运转高效的基层治理体系。①

在经济相对欠发达地区,自然村体量小、互相距离较远,公共服务和行政管理力量应向行政村聚集,以更好发挥规模效应和辐射作用。清远市积极推进创建"全省农村基层党建示范市",根据地理边界、管理规模等实际情况,适当优化治理单元,构建符合农村实际的基层党组织体系,持续织密"村党组织+村民小组党支部+党小组"三级党建网格,扎实推进村党群服务中心和村民小组党支部党群活动中心建设,推动党建网格与社会综合治理网格高度融合,实现"支部连成网格,阵地建在网点,干部把好网关,党员融进网格",推动服务、管理、资源、力量向网格集聚,提升村党组织快速反应、精准落实、服务群众的能力。②"村到组、组到户、户到人"三级党建网格体系被列入中央农办、农业农村部全国首批20个乡村治理典型案例。

① 周传勇、李宁、黄轶彤:《万人大会吹响党建引领乡村治理冲锋号》,《佛山日报》2022年6月14日,第A03版。
② 苏晨、清组宣:《织密建强组织体系,全面推进乡村振兴》,《南方日报》2021年12月31日,第A12版。

（二）顺利完成农村"两委"换届，夯实乡村振兴的干部基础

习近平总书记指出，要推动乡村组织振兴，打造千千万万个坚强的农村基层党组织，培养千千万万名优秀的农村基层党组织书记，深化村民自治实践。[①] 进入新时代，农业农村的发展方位、生产经营方式、建设面貌、农民生活水平、城乡融合发生了历史性的变革，在新征程上全面实施乡村振兴战略对农村干部提出了新的要求。

2021年是村（社区）"两委"换届之年。当年5月，广东省26244个村（社区）"两委"全部顺利完成换届工作。由于选人用人导向正确，工作准备充分，程序规范严格，切实尊重民意，此次换届选出的"两委"干部质量明显提升，结构实现优化。新当选的"两委"干部中，大专及以上学历占56.4%，比上届提高22.7%；平均年龄41.1岁，比上届下降了3.3岁。从身份特征来看，本村致富能手占14.6%、外出务工经商返乡人员占12.1%、本乡本土返乡大学生占12.7%、本地退役军人占7.1%，合计占46.5%，可见村"两委"干部来源渠道更加广泛，这几类人群历来都是农村人才的主要代表，表明此次换届确实选出了有能力的农村带头人。特别是，新当选的村（社区）党组织书记大专及以上学历占62.8%，比上届提高25.2%；平均年龄44.4岁，比上届下降了2.8岁，呈现年轻化、高学历化的特征。新一届村"两委"的群体特征表明农村干部逐步实现了良好的代际更替，为实施乡村振兴战略奠定了坚实的组织基础和干部基础。

选出干部开了好头，但干部的选育用管是一个有机闭环。广东重视抓好换届后"履新"干部的教育管理，《中共广东省委 广东省人民政府关于做好2022年全面推进乡村振兴重点工作的实施意见》强调，加强乡镇（街道）和村（社区）集中换届后领导班子建设，持续排查整顿软弱涣散村党

---

① 中共中央党史和文献研究院编《习近平关于"三农"工作论述摘编》，中央文献出版社，2019，第193页。

组织。建立健全基层纪检监察组织与村务监督委员会协作机制，强化对"一肩挑"人员的监督，实现对村"两委"成员监察监督全覆盖。

（三）建强村级党组织，打造坚强战斗堡垒

在社会各领域织牢织密党的组织体系解决了组织覆盖的问题，在此基础上，还要把具体的每一个基层党组织建设成为坚强的战斗堡垒，以完成攻坚克难任务，确保党的整体保持强大的战斗力和生命力，实现党既定的发展战略。作为基层党建的末梢，村级组织一直面临缺乏资源保障的问题，影响了其组织力、执行力甚至自身有效运转。广东认识到农村基层党组织离不开必要的保障，近年来一直加大对村级组织的资源投入，向基层下沉编制4.8万个，建成2.8万个党群服务中心，不断加强乡镇"五小"场所建设，确保基层党组织有资源、有能力为群众服务。①

广东聚焦组织建设，锻造过硬的基层党员干部队伍。围绕抓党建促脱贫攻坚、促乡村振兴，选派驻村第一书记；全面实施村（社区）党组织书记县级党委组织部门备案管理，开展优秀基层党组织书记表彰，选拔优秀村（社区）党组织书记进入乡镇（街道）干部队伍；继续深化南粤党员先锋工程，进一步提高发展党员质量，拓宽农村发展党员渠道，加强对优秀人才的政治吸纳。揭阳市完善村干部激励保障制度，实行"头雁"提级管理、"群雁"提薪激励、"雏雁"提前储备。潮州市持续开展软弱涣散基层党组织整顿工作，围绕村党组织书记和"两委"干部履职情况，对全市1019个村（社区）逐村建立党建体检台账，滚动排查出84个软弱涣散基层党组织，针对软弱涣散基层党组织的短板和不足，研究制定有效整顿措施。

四 以党的建设服务乡村振兴中心工作

农村基层党建并不是单纯就党建抓党建，而是为了引领乡村振兴这一中

---

① 王聪：《提升党建引领基层治理效能》，《南方日报》2022年1月13日，第A03版。

心工作，因此需要找准党建与乡村振兴的结合点，在体制机制上通过党建汇集乡村振兴的合力，激发乡村振兴的动力，提升乡村振兴的活力，避免党建与乡村振兴成为"两张皮"。

（一）创新开展驻镇帮镇扶村工作

从大规模、有计划、有组织的扶贫开发，到精准扶贫措施，都是中国式脱贫攻坚的重要经验，反映了社会主义国家的政治优势。在广东，驻村帮村扶户政策在脱贫攻坚中发挥了重要作用，也为全面乡村振兴提供了宝贵经验。脱贫攻坚工作取得胜利后，进入全面乡村振兴阶段。根据《中共中央、国务院关于实现巩固拓展脱贫攻坚成果同乡村振兴有效衔接的意见》精神，结合广东乡村振兴新形势、新任务、新特点，在总结以往帮扶经验基础上，2021年6月，广东出台《广东省乡村振兴驻镇帮镇扶村工作方案》（以下简称《方案》），这是广东历史上规模最大的一次帮扶行动，标志着从驻村帮村扶户进入驻镇帮镇扶村阶段，从脱贫攻坚工作正式转换赛道进入全面推进乡村振兴阶段。

驻镇帮镇扶村包括五大任务，即把脱贫成果巩固好、把富民产业发展好、把美丽村镇建设好、把公共服务能力提升好、把党建引领作用发挥好。驻镇工作队与之前的驻村不同，具有驻镇、组团、全域、全面、灵活的特点。一是驻镇，从驻村到驻镇帮扶，在地点上产生变化，统筹层次更高。二是组团，有机整合"党政机关+企事业单位+农村科技特派员"、三支一扶人员、志愿者、金融助理等综合帮扶资源力量，统筹整合"万企兴万村"、农村科技特派员等，实施"组团式"帮扶。三是全域，驻村帮扶阶段的对象是2277个贫困村，现在是对1127个镇进行帮扶。帮扶镇共分为三类，第一类重点帮扶镇，即粤东、粤西、粤北地区12市和肇庆市综合实力较弱的乡镇，共600个；第二类巩固提升镇，即粤东、粤西、粤北地区12市和肇庆市综合实力相对较强的乡镇，共301个；第三类先行示范镇，即广州、珠海、佛山、惠州、东莞、中山、江门7市的226个乡镇和各地下辖行政村的街道。三种帮扶镇类型针对广东全部乡镇实现了全覆盖。四是全面，帮扶任务既要巩固脱贫攻坚成果，又要全面实施乡村振兴。五是灵活，精准脱贫阶段的任务是具体明确的，驻镇帮扶机制灵活，每个镇派出工作队员 10 名左右，每个工作队由财政每年安排 2000 万专项资金推动，撬动社会资金、金融资金参与，引入市场化机制，确保有钱办事、有人办事。驻镇帮镇扶村制度还被写入 2022 年 9 月 1 日实施的《广东省乡村振兴促进条例》中，获得了法定地位。

（二）创建抓党建促乡村振兴示范县

在农村各类组织中，党组织是最健全、最广泛、最具有政治整合力的组织，在乡村振兴系统工程中起到总揽全局、协调各方的领导作用。离开党组织，投入乡村的分散资源和多元主体难以形成合力。为持续加强农村党组织建设，发挥基层党建在乡村振兴中的引领作用，2021 年 9 月，广东省委组织部、省委农办联合印发《关于扎实开展抓党建促乡村振兴示范县创建工作的通知》（以下简称《通知》）。《通知》要求通过三年工作，在全省被纳入推进乡村振兴战略绩效考核的 109 个涉农县（市、区）中，1/3 以上达到抓党建促乡村振兴示范县标准；50% 以上的乡镇和行政村达到抓党建促乡村振兴示范镇、示范村标准。为实现这一目标，《通知》提出 30 项举措，涵盖夯实乡村振兴的思想基础和组织保障、统筹加强镇村党员干部队伍建设、抓好乡村振兴人才支撑、抓好重大任务落实、强化基础保障等方面[1]。这一政策的亮点是强调农村党建工作务求做实，要以具体的项目、明确的清单体现抓党建促乡村振兴，坚持强弱项、破难题、谋创新相结合，坚持目标导向、问题导向和结果导向相统一，既要落实各部门工作责任，又要以党组织为统筹形成合力，鼓励各地加强实践探索，确保创建工作能够落地，取得切实成效。

广东省各地按照省决策部署迅速行动，积极响应。2022 年 8 月 15 日，

---

[1] 王聪：《广东部署开展抓党建促乡村振兴示范县创建工作》，《南方日报》2022 年 1 月 17 日，第 A03 版。

汕头市潮阳区组织 13 个镇（街道）以"擂台比武"的形式，对一年来各地开展抓党建促乡村振兴示范区创建工作进行盘点和交流。韶关提出要发挥镇村干部"指战员"、驻镇帮镇扶村工作队"生力军"及农村党员队伍"先锋队"作用，打造政治过硬、本领过硬、作风过硬的乡村振兴党员干部队伍；加快推进党群服务中心"物理空间"优化，积极探索党群服务中心"服务内容"赋能，推动党群服务室"作用发挥"有效；加快推进"扶持壮大村级集体经济试点项目"，鼓励村党组织领办创办经济实体。

（三）加快乡村人才会聚

人才工作是组织工作的重要组成部分，是新时期做好组织工作的关键。党建实际上是做人的工作，吸引人才投身乡村作贡献是党建引领乡村振兴的有效途径。广东深入推进乡村人才振兴，为乡村振兴提供根本保障，打出了一系列人才工作品牌。一是实施"粤菜师傅""广东技工""南粤家政"三项工程，帮助乡村劳动者提升技能素养，以技能保民生，促进乡村共同富裕。据统计，截至 2022 年 4 月，"三项工程"累计开展培训 797 万人次，带动就业创业 247 万人次。[①] 二是优化实施"扬帆计划"，将现代农业领域人才纳为"珠江人才计划""广东特支计划"重点支持对象。[②] 在粤东、粤西、粤北地区建成市县镇村四级人才驿站，推动涉农县和重点帮扶镇建设乡村振兴人才驿站。三是通过"三支一扶"项目扩容提标，推进乡村紧缺人才招募计划与粤东西北乡镇事业单位专项公开招聘合并实施等措施，畅通高校毕业生和各类专业人才到乡村干事创业的渠道。四是利用数字技术赋能乡村技术培训。广东省农业农村厅打造广东精勤农民网络培训学院、广东百万农民线上免费培训工程等平台，精准推送实用

---

① 肖文舸、唐亚冰：《打造稳就业促发展"金字招牌"》，《南方日报》2022 年 4 月 26 日，第 A05 版。

② "扬帆计划"是指广东省组织实施的粤东西北地区人才发展帮扶计划，包括粤东西北地区竞争性扶持市县重点人才工程、引进创新创业团队和紧缺拔尖人才、培养两高（高层次、高技能）人才以及博士后扶持等项目。

课程给有需求的农民，通过线上教育方式，让农民在田间地头随时随地学习，与专家讲师互动交流。五是建立各层级、各类型乡村振兴培训机构。2022 年，广东省委农办、省农业农村厅、省教育厅、省乡村振兴局、省农垦集团公司等单位合作，在广东农工商职业技术学院成立乡村振兴培训学院、广东省职业技术教育学会乡村振兴工作委员会，发挥职业技术教育优势，服务乡村人才振兴。各大学也纷纷整合相关学科和研究力量，成立乡村振兴学院或研究院。一些地市建立专业化的基层党建学院，成为党员干部教育培训和基层党建研究的重要阵地。

（五）继续深入实施红色村党建示范工程

红色村党建示范工程将保护利用红色资源、实现革命老区振兴发展、破解区域发展不平衡与加强农村基层党组织建设有机结合起来，坚持"抓示范、创特色、带整体"，示范带动全省农村基层党组织建设全面进步、全面过硬。红色村党建示范工程开展以来，一批红色资源丰富、时代特色鲜明、社会影响广泛的"红色村"，成为广东农村基层党建的示范点、基层党员教育的主阵地、实现乡村振兴的排头兵。2021 年 8 月，《人民日报》客户端广东频道开设"广东走向振兴的'红色村'"专栏，全方位、多角度展示红色村党建引领乡村振兴的丰硕成果。

参考文献

白启鹏、秦龙：《中国共产党百年农村党建的成功经验与启示》，《学习与实践》2021 年第 9 期，第 13~21 页。

易文恒：《习近平总书记关于农村基层党建引领乡村振兴重要论述研究》，《桂海论丛》2021 年第 3 期，第 20~24 页。

《打造坚强战斗堡垒 筑牢坚实组织基础——广东基层党组织建设的历程、经验和启示》，《广东党建》2021 年第 4 期。

林仁镇、唐煜金、文宏：《新时代基层社会治理：使命与趋势——2021 广东社会科学学术年会分会综述》,《华南理工大学学报》(社会科学版)2022年第2期。

高强、曾恒源:《巩固拓展脱贫攻坚成果同乡村振兴有效衔接:进展、问题与建议》,《改革》2022年第4期。

陈建国:《广东驻镇帮镇扶村推动乡村振兴系统认识与道路选择》,《农业开发与装备》2021年第11期。

陆超:《读懂乡村振兴:战略与实践》,上海社会科学院出版社,2020。

B.12
2021年广东镇域治理提升报告

邓智平　肖乙宁*

摘　要： 镇域是连接城市与乡村的重要节点，镇域治理是基层治理的关键所在，是国家治理服务于人民的"最后一公里"，关乎国家治理体系和治理能力现代化的实现。在党的"三农"工作重心历史性转移到全面乡村振兴的新阶段，广东创新性地推出驻镇帮镇扶村制度，通过强化党建引领、精准放权赋能、深化乡镇机构改革、实施智慧治理、推进三治融合等方式，实现镇村一体化融合发展，创造了镇域治理体系和治理能力现代化的广东经验。

关键词： 镇域治理　驻镇帮镇扶村　广东经验

习近平总书记强调："'十四五'时期，要在加强基层基础工作、提高基层治理能力上下更大功夫。"《中华人民共和国国民经济和社会发展第十四个五年规划和2035年远景目标纲要》提出"构建基层社会治理新格局"。2021年4月出台的《中共中央 国务院关于加强基层治理体系和治理能力现代化建设的意见》要求，"提高基层治理社会化、法治化、智能化、专业化水平"。近年来，广东深入贯彻习近平总书记关于基层治理的重要论述与对广东系列重要讲话和重要指示精神，认真落实党中央、国务院关于社会治理

---

* 邓智平，博士，广东省社会科学院改革开放与现代化研究所所长，主要研究方向为社会发展与现代化、社会政策与社会治理、人口流动与城镇化；肖乙宁，博士，广东省社会科学院改革开放与现代化研究所助理研究员，主要研究方向为农村都市化。

的决策部署，以"驻镇帮镇扶村"为突破口，推动镇村一体谋划、融合发展，全面提升包括镇域治理能力在内的社会治理现代化水平。

一 从国家治理到镇域治理

治理被定义为"在各种不同制度关系中运用权力引导、控制和规范公民各种活动，以最大限度增进公共利益"[①]。2021年3月，《中共广东省委广东省人民政府关于全面推进乡村振兴加快农业农村现代化的实施意见》提出"深化乡镇（街道）体制改革，积极推进扩权强镇，规划建设一批重点镇，推动下放更多的管理职权到乡镇一级，支持镇域提升治理能力"，率先提出了镇域治理能力的重要命题。

（一）国家治理与社会治理

国家治理体系和治理能力现代化是治国理政的重要内容。2013年，党的十八届三中全会把"完善和发展中国特色社会主义制度，推进国家治理体系和治理能力现代化"作为全面深化改革的总目标，"创新社会治理体制"被列为全面深化改革的重要任务之一。"社会治理"取代了过去常用的"社会管理"。习近平总书记深刻指出："治理和管理一字之差，体现的是系统治理、依法治理、源头治理、综合施策。"[②] 2019年党的十九届四中全会进一步明确了我国国家制度和国家治理体系13个方面的显著优势，彰显了中国之治的道路自信、理论自信、制度自信、文化自信。

一般认为，国家治理是指对国家一切事务的治理，涵盖纵向、横向、空间、时间四个维度。从纵向来看，国家治理包括从中央到地方再到基层乃至组织、个体层面的治理；从横向来看，国家治理分为政府治理、市场治理和社会治理等不同领域的治理；从空间来看，国家治理涉及沿

[①] 俞可平主编《治理与善治》，社会科学文献出版社，2000，第5页。
[②] 中共中央宣传部：《习近平总书记系列重要讲话读本》，学习出版社、人民出版社，2016，第224页。

海、沿边、内陆等不同区域的治理；从时间来看，国家治理涵盖过去、现在和未来的治理。① 可见，社会治理是国家治理重要组成部分，其主要目标是使社会充满活力又和谐有序。在地方层面，社会治理被更多谈及。

在社会治理和地方治理领域中，市域社会治理是一项重要议题。党的十九届四中全会首次提出"加快推进市域社会治理现代化"。市域社会治理是社会治理体系和治理能力在市域范围内的落实和展开。同时，由于县一级在党的组织结构和国家政权结构中处于承上启下的关键环节，一些学者提出了"县域社会治理"概念。② 虽然这一概念官方文件并未正式使用，但县域社会治理无疑是国家治理的重要内容。照此类推，乡镇及其以下行政管辖区域内的"镇域社会治理"在实践中也是客观存在的。

（二）基层治理与镇域治理

基层治理一般是指乡镇（街道）和城乡社区治理。中国共产党第十九次全国代表大会修订的《中国共产党章程》在第五章"党的基层组织"第三十三条规定：街道、乡、镇党的基层委员会和村、社区党组织，领导本地区的工作和基层社会治理，支持和保证行政组织、经济组织和群众自治组织充分行使职权。《中共中央 国务院关于加强基层治理体系和治理能力现代化建设的意见》也把基层治理界定为"统筹推进乡镇（街道）和城乡社区治理"。在这个意义上，"镇域社会治理"与"基层治理"基本同义，具体包括镇域治理和村级治理两个层级。

基层治理是国家治理的基石。党的十九大报告明确指出，"推动社会治理重心向基层下移，发挥社会组织作用，实现政府治理和社会调节、居民自治良性互动"。在党的"三农"工作重心历史性转移到乡村振兴的新阶段，广东认真贯彻落实"产业兴旺、生态宜居、乡风文明、治理有效、生活富

---

① 郁建兴：《辨析国家治理、地方治理、基层治理与社会治理》，《光明日报》2019 年 8 月 30 日，第 11 版。
② 陈那波等：《城市化进程中的县域治理个案：基于电白的调研》，东方出版中心，2021。

裕"的目标要求,并根据自身实际,创造性地推出驻镇帮镇扶村制度,将扶持重心从农村移至乡镇,以"党政机关+企事业单位+志愿组织+金融组织+科技组织"的组团式力量下沉乡镇,发挥小城镇连接城市、服务乡村的作用,把乡镇建设成为服务农民的区域中心,实现镇村一体化融合发展,创造了镇域治理体系和治理能力现代化的广东经验。

二 2021年广东镇域治理现状分析

2021年,广东全面优化提升镇域治理能力,从顶层制度设计、党建组织体系、乡镇体制改革、公共服务、多元主体参与等方面,开创社会化、法治化、智能化、专业化的镇域治理新局面。

(一)加强顶层设计,构建现代乡村治理的制度框架和政策体系

2021年,乡村治理被列入《2021年广东省〈政府工作报告〉重点任务分工方案》。全省上下凝心聚力、扎实推进,在做好相关制度政策设计的同时,落实落细各项部署,将善治种子深植乡村。一是基本构建现代乡村治理制度框架和政策体系。广东省先后印发《关于加强和改进乡村治理的实施意见》《广东省加强党的基层组织建设三年行动计划(2021—2023年)》《关于加强法治乡村建设的实施意见》《关于加快推进公共法律服务体系建设的若干措施》等文件,形成以《关于加强和改进乡村治理的实施意见》为基干,多个专门领域文件为补充,同时发挥贯彻中央"一号文件"实施意见和年度工作要点动态引领作用的乡村治理政策体系。二是构建以党委农办、农业农村部门为主导,多部门协同推进的乡村治理机制。省委专设由省委常委为组长,农办、纪委、组织部、宣传部、政法委等为成员的省委实施乡村振兴战略领导小组乡村治理专项组,通过制定年度《全省乡村治理工作要点》和召开全省乡村治理工作现场会协调推进党组织领导下的乡村治理体系建设。三是积极打造乡村善治样板。先后开展两批省级乡村治理"百镇千村"示范创建活动。2020~2021年,广东省10个镇(乡)、96个村创建成全

国乡村治理示范镇村，168个镇（乡）、1650个村创建成省级乡村治理示范镇村，① 总结出"积分制""清单制""数字化"等先进经验并在全省推广。

（二）坚持党建引领，织密织牢党组织体系

2018年以来，广东省委以两轮"党建三年行动计划"② 为抓手，全面推进基层党组织建设工作。一是坚持"五级书记"抓基层党建，增强基层党组织政治领导力。省委书记亲自安排部署，压实市委书记责任，推动县委书记当好"一线总指挥"、镇街书记做到"岗位在村、阵地在村"、村（社区）党组织书记直接抓落实。省内各镇街均设立党建办，增设1名基层党建专职副书记。二是以党建引领推进乡镇体制改革，构建党委领导、党政统筹、简约高效的乡镇管理体制。各乡镇全面强化党的领导，设立乡镇党委统一指挥协调的工作平台，包括公共服务委员会、综合治理委员会、综合行政执法委员会等，完善乡镇本级党政机构间的联动机制。③ 三是全面强化乡镇一级党的基层组织建设，提升基层治理效能。截至2021年12月底，广东省共有基层党组织30.6万个、④ 镇街党群服务中心2.8万个，⑤ 实现基层党组织全覆盖与镇街便民服务水平大幅提升。

（三）精准放权赋能，显著增强基层政权治理能力

近年来，广东持续推进简政强镇和扩权强镇工作，不断扩大镇级机构职

① 《夯实乡村振兴基层基础 探索现代化乡村治理的"广东路径"》，广东省乡村振兴局网站，2020年4月25日，https://mp.weixin.qq.com/s/Rxg_6RmHtgEBct0bvy7ZVw，最后检索时间：2022年12月2日。
② 继2018~2020年实施基层党建三年行动计划基础上，2021年广东省委接续实施新一轮的《广东省加强党的基层组织建设三年行动计划（2021—2023年）》，依次以"完善组织体系开启新征程"、"提升党建引领基层治理效能"和"高质量党建推动高质量发展"作为各年度主题和目标。
③ 《广东大力推进乡镇街道体制改革》，南方网，2020年9月9日，https://www.southcn.com/node_99ddc97d77/614029ba56.shtml，最后检索时间：2022年12月2日。
④ 《广东目前有30.6万个基层党组织、560多万名党员》，南方新闻网，2021年12月23日，https://mp.weixin.qq.com/s/af8ONXzeGmrfDiK7dAQc6A，最后检索时间：2022年12月2日。
⑤ 《广东大力推进乡镇街道体制改革》，南方网，2020年9月9日，https://www.southcn.com/node_99ddc97d77/614029ba56.shtml，最后检索时间：2022年12月2日。

权，提升基层综合执法和服务能力。

一是推动"强镇扩权"从试点向全省铺开。2019年，广东启动"经济发达镇"试点县级行政职权，将325项县级行政职权赋予试点镇人民政府，破解经济发达镇面临的体制机制障碍。[①] 2020年8月，广东省政府发布《关于乡镇街道综合行政执法的公告》，将部分县级人民政府及其所属行政执法部门行使的行政处罚权调整由乡镇人民政府和街道办事处以其自身名义行使，实行综合行政执法。[②] 2021年3月，省委、省政府出台《关于全面推进乡村振兴加快农业农村现代化的实施意见》，下放更多管理职权到乡镇一级。

二是从制度保障和执法机制两个层面推进乡镇综合行政执法落地。从镇域需求迫切的行政执法体制改革入手，推动各镇街建立综合行政执法统筹制度、依法治县（市、区）办与县级行政执法部门的会商机制、乡镇街道与县级行政执法部门之间的协调配合机制。充分整合基层执法资源，全面组建综合行政执法委员会、办公室和队伍。

三是支持各地开展基层机构职能改革创新。各地按照实际需要、宜放则放原则，边实践边调整放权工作。如佛山市通过"分级管理"方式"精准下放"：对区镇分级管理、乡镇街道行使的审批事权，乡镇街道拥有绝大部分终审权；对无法划分分级管理标准的事权，乡镇街道在实际行使中动态调整。

（四）深化机构改革，镇级机构职能体系更加协同高效

2021年，广东省统筹完善机构职能体系，深化重点领域机构改革，机构编制管理科学化、规范化、法定化水平提升。

一是调整县乡关系，优化乡镇一级机构职权设置和资源配置。鼓励各地建立政事权限清单管理制度，加强上级机关与乡镇街道的纵向协同合作。突出乡镇党委领导统筹作用，持续推进资源服务管理下沉。

---

① 刘良龙：《广东13个经济发达镇被赋予325项县级行政职权》，《深圳特区报》2019年8月27日，第A15版。

② 《广东大力推进乡镇街道体制改革》，南方网，2020年9月9日，https：//www.southcn.com/node_ 99ddc97d77/614029ba56.shtml，最后检索时间：2022年12月2日。

二是精简优化乡镇内设机构，提高乡镇机构行政效率。按照综合化、扁平化原则，全省各乡镇统一精简至 7~9 个综合性办事机构。机构撤并后，乡镇一级党委统筹协调能力显著提升，党政机构各部门分工明确，从"各自为战"转化为"协同作战"。

三是全面提升机构编制管理水平，保障乡镇机构职能改革顺利推进。省本级和不少地区相应推出一批机构编制制度规范，细化动议、论证、审议决定、组织实施等环节程序规定。在规范化方面，广东制定省委编办"三定"规定和全省"十四五"时期机构编制工作规划，推进机构编制执行情况和使用效益评估试点建设。

（五）利用信息技术，提升镇域智慧治理水平

2021 年，广东以"数字政府"建设为切入点，大力推动乡镇数字化政务服务基础设施建设。

一是大力推进乡镇"数字政府"终端基础设施建设。2021 年 1 月，广东省政务服务数据管理局与 6 家国有商业银行达成"政银合作"战略协议，政务服务全面接入省、市、县、镇四级银行网点。乡镇数字政府终端的普及化为广东打造"泛在普惠"的政务服务体系，推动城乡公共服务均衡化发展打下坚实基础。

二是重点推动"粤智助"智能服务终端覆盖全省乡村，优化基层政务服务体系。充分依托数字政府改革集约化建设优势，建设"粤智助"政府服务自助机平台，跨部门、跨层级、跨地域提供 180 多项政务服务和 20 多项金融服务。截至 2022 年 2 月，"粤智助"已进驻全省 21 个地市，超 17800 个村居、1500 余个镇街，基本覆盖省内所有行政村；累计服务群众超 960 万名，累计业务量达 1800 多万笔。[①] 依托数字技术，优化基层服务事项业务流程、精简办事材料、压缩办理时限。

---

① 《补齐农村政务服务短板！"粤智助"已进驻全省超 1.78 万个村居》，广东省乡村振兴局网站，2020 年 2 月 8 日，https://mp.weixin.qq.com/s/pkFQSmA35V3_ g10d0KIc8w，最后检索时间：2022 年 12 月 2 日。

三是鼓励各地探索以数字化手段提升网格化治理水平新路径。全省乡镇全面构建"网格化+信息化""网格员+信息员"基层社会治理体系。一些地市还结合实际探索乡村智慧治理新方式，如佛山市南海区搭建城乡融合大数据治理平台，梅州市利用中国移动5G网络平台助推乡村治理和农业现代化发展，汕尾市推广"善美村居"民情地图等。

（六）推动"三治"融合，全面激活乡镇基层治理活力

2021年，广东持续完善党建引领下的自治、法治、德治"三治"融合体系，构建基层共建共治共享的社会治理新格局。

一是推动基层自治不断深化。自治是"三治融合"的核心。2021年广东积极开展城乡社区议事协商活动，为基层自治创建平台。截至2021年5月，广东省已建立3100多个城乡社区议事协商示范点、9900个村民议事平台。[①]

二是大力完善基层法治体系。法治是"三治融合"的根本保障。2021年，广东着力打造公共法律服务生态网。截至2021年9月，全省已基本建成500个示范性乡镇公共法律服务工作站和3000个示范性村（社区）公共法律服务工作室。同年8月，花都区梯面镇等5个镇入选广州首批法治示范镇。2022年4月，广州制定《广州市法治镇（街道）指标体系》，提出"7+1"创建指标，[②] 是国内第一份基层法治建设的明确标准和详细指引。

三是强化德治作为"三治融合"基础地位。2021年，广东由镇及村全面推广"积分制"治理，把涵养公序良俗、以文化人、以德治村等治理目标转化为可量化的指标和分数，形成较为完善的评价机制。

（七）加大投入，资源要素保障更加完备

2021年，广东加强统筹度，在人才和财力投入上向乡镇一线倾斜，为

---

① 《广东推动社区多元共治，打通服务居民"最后一公里"》，南方网，2021年8月6日，https：//news.southcn.com/node_ 54a44f01a2/14d508d77c.shtml，最后检索时间：2022年12月2日。

② "7"即坚持党的领导、加强制度建设、推进依法行政、支持公正司法、推进法治社会建设、提高公共法律服务水平、加强法治建设保障，"1"是创新项目。

乡镇机构职能改革提供坚实保障。

一是多形式多渠道充实乡镇一级编制和人力。2021~2023年，广东预计协调省市县向基层下沉编制4.8万个。[1] 2021年，广东实施专项招录村（社区）党组织书记进入乡镇（街道）公务员队伍、招聘事业编制人员、选拔进入乡镇（街道）领导班子，建立常态化机制，打通上升渠道。

二是深化县级及以下财政体制改革，充实乡镇财力基础。在财政事权和支出责任划分改革方面，广东省适当强化省级支出责任，明确县级政府对所辖乡镇的统筹保障责任。省财政厅修订印发《广东省财力薄弱镇（乡）补助资金管理办法》，加大对欠发达地区乡镇的一般性转移支付力度。2021年，安排薄弱镇（乡）补助资金共21.5亿元，较2020年同比增长7.7%，镇均补助由2020年的203万元提高至216万元。[2] 此外，省财政在专项领域持续投入资金，如基层党组织建设、欠发达地区乡镇人大工作和建设、基层派出所基础建设。各市县根据需求创新镇级财政管理模式，或设置单独财政机构，或在乡镇党政内设置财政机构。

三　广东镇域治理面临的挑战

广东已基本构建起了镇域现代化治理的制度框架和政策体系，为全国镇域治理能力提升提供了示范案例，但仍面临各层级机构权责不匹配、公共服务结构失衡、社会力量参与不足、资源要素保障不足等挑战。

（一）县镇村协同不足，乡镇权责不匹配

县镇村存在科层关系，在实际运作中表现为压力型命令体制。得益于乡

---

① 《高标准，高质量，严把入口关，广东将加大发展党员力度》，广州日报网，2021年12月23日，https：//www.gzdaily.cn/amucsite/web/index.html#/detail/1733953，最后检索时间：2022年12月2日。

② 数据源自《广东省财政厅2020年财力薄弱镇（乡）补助资金分配明细表》《广东省财政厅2021年财力薄弱镇（乡）补助资金分配明细表》，http：//czt.gd.gov.cn/attachment/0/406/406114/3138599.pdf，http：//czt.gd.gov.cn/attachment/0/476/476200/3710152.pdf，最后检索时间：2022年12月2日。

镇体制改革，广东乡镇治理效能得到极大提升，但仍未完全摆脱压力型行政体制影响。一是县镇村联动不足，县级政府对乡镇下沉资源不足。由于农村人口大量迁移城镇，村庄封闭性和稳定性被打破，农村社会阶层分化，农村社会组织结构多元化。县镇村需联动治理，调动三级治理资源应对乡村剧变。2020年中央"一号文件"强调"推动社会治理和服务重心向基层下移，把更多资源下沉到乡镇和村"，提出"建立县级领导干部和县直部门主要负责人包村制度"。在实际运作中，县级政府仍以单向下达指标和任务的方式对接镇级政府。二是乡镇政府权责不匹配。镇级政府既要贯彻执行上级政府下派工作，又要解决基层群众具体问题。镇级政府工作人员长期在夹缝中疲于奔命，承担着无限责任，却不具备相应的权限。

（二）镇域公共服务能力有待提升，公共服务供需对接不足

如何发挥小城镇连接城市、服务乡村的作用，是乡镇治理重要课题。农村公共服务因统筹不足而具有碎片化、低效化特征，主要体现在两方面。一是公共服务结构失衡。近年城乡公共服务均等化水平显著提升，但乡村公共服务以硬公共服务①为主，软公共服务②发展滞后。如乡村学校虽然建得很漂亮，但乡村师资水平与城市差距较大；基础设施等硬公共服务缺乏长效管护，可持续发展能力弱。二是镇域公共服务与农民实际需求存有差异。乡镇政府向农村提供公共服务时，缺乏对农民现实需求的倾听和调查，造成公共服务资源一定程度的浪费和不足并存。

（三）社会力量参与不足，共享共建共治格局有待完善

党的十九届四中全会明确提出要"建设人人有责、人人尽责、人人享有的社会治理共同体"。在广东省乡镇治理中，乡镇政府是社会治理的主要

---

① 硬公共服务是指以硬件实物形态存在的基础设施建设，诸如道路建设、水电设施建设、教学设施建设等公共服务产品。

② 软公共服务是指以软件非实物形态存在的基础设施建设，诸如医疗卫生服务、教师队伍水平、社会劳动保障等公共服务产品。

承担者，社会自治力量调动不足。一是村（居）民自治"政府色彩浓厚"。政府主导下的乡镇治理，村（居）民自治更多地体现为"村（居）官"自治，村（居）民委员会承担过多的行政职能，公众参与积极性不高。二是乡镇地区社会组织普遍发展不充分。经济发达区域的乡镇社会组织相对较多，但过于依赖政府。经济欠发达的乡镇缺乏培育社会组织的条件。乡镇社会组织普遍缺乏专业人才参与。三是企业在乡镇治理中长期缺位。广东省拥有大量企业，但企业参与乡镇治理力量十分有限。企业潜力未充分发挥的原因主要有：缺乏理念普及致参与主动性不足；渠道不畅致参与深度有限；激励机制不完善致持续参与动力不足。①

（四）资源保障不充分，人才队伍建设滞后

尽管广东近年加大资源、服务、管理下放基层的力度，但目前镇域离有职、有权、有钱、有人、有物的目标尚有差距。一是乡镇政府普遍财政压力大。农村税费改革后，乡镇政府财政收入锐减，乡村振兴全面推进，乡镇财政开支压力陡增，乡镇财政收支矛盾凸显，制约乡镇治理资源的投入和治理能力的提升。二是乡镇治理人才匮乏。乡镇工作人员普遍年龄偏大，基层经验丰富，但创新性不足，乡镇人才队伍亟须吸收年轻后备干部。乡镇体制改革以来，各镇（街）分批划拨多个编制名额，一人多岗现象有所改善，但不少镇（街）都存有"招录难"问题，尤其是经济欠发达乡镇，难以吸引外来优秀人才。此外，对乡镇人才的教育培训缺乏长效化和制度化机制。

四 进一步提升镇域治理能力的对策建议

镇域作为"城之尾、乡之首"，是连接城市群、县域社会和广大乡村的有机节点。乡镇治理是国家治理服务于人民的"最后一公里"，镇域治理现

---

① 左晓斯：《制度建设助推企业参与社会治理》，《中国社会科学报》2022年3月23日，第5版。

代化是国家治理现代化的重要环节。在乡村振兴全面推进阶段，要大力发挥小城镇连接城市、服务乡村作用，通过完善乡镇（街道）的协调机制、建立公共服务多元供给、引导多元主体参与、培育乡村人才队伍，实现乡镇向服务农民的区域中心转型。

（一）厘清条块权责边界，完善乡镇街道体制

县乡断层、条块分割，直接影响乡镇治理的规模效应和集聚效应。要学习借鉴浙江"县乡一体、条抓块统"[①] 改革经验，秉持"大治理"和"越到基层越综合"的理念，打通县乡断层，理顺条块关系，破解基层治理"碎片化"问题。

一是理顺"条块"关系，增强乡镇综合统筹治理能力。通过清单管理制度明确上级政府及其职能部门与乡镇（街道）的权责边界，建立与"属地管理"事项责任清单配套的调整、评估机制。[②] 推动基层治理"一件事"集成改革项目，提升基层事项处置的效率。

二是优化乡镇（街道）的协调机制，增强乡镇内设机构在基层治理中的统筹整合能力。完善乡镇（街道）统一指挥协调工作平台，明确平台下各委员会职能与架构，理清委员会与委员办公室的权责关系。[③] 乡镇（街道）党委要充分依托委员会加强对各类工作的统筹领导，推进资源整合优化。

三是建立镇级机构有效运作的专项制度保障。建立完善上下级部门分工协商机制，规范职责争议协商处理流程。推动县级职能部门、乡镇（街道）委员会、村（居）民委员会上下联动，明确各自责任并限制落实时限。[④] 鼓励"一对多"制度，设立对接县级各机构的镇街专职委员会，提升上下级联动效率。

---

① "条抓"即全面推动职能部门在保障履行"条线"专业职责基础上，更大限度放权基层、服务基层；"块统"则把乡镇做强，提高对资源、平台、队伍的统筹协同能力；"县乡一体"即打通县乡断层，形成扁平高效的治理共同体。

② 施力维、于山：《县乡一体，条抓块统——推进基层治理现代化的浙江实践》，《浙江日报》2021年11月8日，第1版。

③ 王聪：《粤出台完善乡镇街道协调机制》，《南方日报》2022年1月27日，第A05版。

④ 王聪：《粤出台完善乡镇街道协调机制》，《南方日报》2022年1月27日，第A05版。

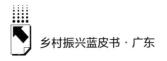
（二）健全公共服务供给体系，强化镇域公共服务能力

广东立足于省内区域和城乡发展不均衡不协调问题，努力消除市场壁垒和体制机制障碍，建立具有包容性和持续性的公共服务政策框架，提高公共服务资源要素跨区域流动和优化配置。

一是全面提升省内区域公共服务均等化水平，推动跨区域公共服务协同发展。强化广州、深圳、珠江口西岸、汕潮揭、湛茂五大都市圈示范作用。珠三角地区重点促进中心城市与周边城乡优质公共服务共享。粤东、粤西、粤北地区持续深入实施公共服务补短板工程，加大均衡性转移支付力度，增强困难地区市县托底保障能力。推进珠三角地区和粤东、粤西、粤北地区在教育、医疗卫生、劳务、科技人才等领域的"组团式"帮扶，实现向"造血式"帮扶和共建共享式帮扶转变。

二是大力促进城乡公共服务均等化，加快实现城乡公共服务制度一体设计、一体实施、标准统一。健全城市支援农村基本公共服务建设的长效机制，促进城乡基本公共服务资源共享。在乡村地区，把县域作为城乡融合发展的重要切入点，多举措增强县域城镇，特别是县城的综合服务能力，重点支持小城镇发展和完善面向乡村的基本公共服务功能，持续推动县域助农服务综合平台和镇村助农服务中心建设。

三是建立公共服务多元化供给体系。以政府供给为主，发动企业、社会组织参与公共服务。鼓励通过购买志愿组织和社会组织的服务为乡镇政府"减负"。开展基层群众公共服务需求调查，完善定价机制、招投标机制、购买流程等标准规范，加强服务质量监管，强化服务考评机制。健全公共服务需求表达渠道，充分发挥智慧治理、网格治理等优势，建立乡镇干部接访下访制度，及时了解公共服务需求情况。

（三）促进多元主体通力合作，构建一核多元的治理格局

当前，广东乡镇治理力量以乡镇一级党委政府为主，社会力量参与不足。下一步，要全面激发社会活力，实现乡镇治理的多轮驱动，形成政府、

市场、社会和公众的多元参与模式，以及多层次、多主体和多元化的体制机制。

一是完善党建引领"三治融合"的乡村善治体制机制。抓实农村"头雁"工程，选优配强党组织书记，确保党的领导全方位覆盖"三治融合"工作。理顺乡镇政府和村民自治组织间的权责关系，探索建立乡村自治负面清单制度。

二是加大培育社会组织力度。激活乡村传统文化资源，结合本地经济社会发展条件，有针对性、有重点地培育扶持社会工作类、公益慈善类、福利服务类、医疗卫生服务类等社会组织，鼓励乡贤回馈桑梓、参与社会治理。

三是建立健全企业参与社会治理的制度机制。积极动员企业参与乡村振兴，完善激励机制，把参与基层治理转变为企业的内生性需求和长期价值目标，为企业参与社会治理打通渠道，发挥多元平台枢纽作用。①

（四）完善配套改革，全面强化乡镇政府的人力和财力保障

要做好乡镇（街道）体制改革的"后半篇文章"，完善配套人财物支持保障，为镇域治理能力建设提供坚强保障。

一是推进编制资源向乡镇（街道）倾斜。统筹用活机构编制，鼓励从上往下跨层级调剂使用行政和事业编制。逐年增加向乡镇下沉的编制名额，借鉴河南等地"减县补乡"模式，根据实际需要明确下沉编制数量，分期分批下沉人员到基层，有效破解干部层级和区域壁垒。

二是强化乡镇基层的干部队伍建设。坚持基层干部选拔的正确政治导向，全面提升乡镇干部队伍的专业化水平。建立乡镇专业型人才资源库，有计划招录专业人才。加强基层人才培训工作，分级分类培训基层干部，充分利用培训基地和在线培训平台。以县域为单位建立干部交流制度，鼓励县直专业技术型干部、二线领导、高校教师等到乡镇挂职。完善考核评估和激励

---

① 左晓斯：《制度建设助推企业参与社会治理》，《中国社会科学报》2022年3月23日，第5版。

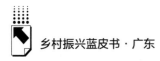

机制，畅通乡村基层干部上升交流渠道。

三是强化乡镇政府财力保障。深入推动省以下县乡财政体制改革，扩大乡镇政府实际可支配财力。健全完善省内转移支付制度，重点强化对乡镇一级基础设施、环境整治、公共事业、公共服务与人才建设等领域的财力支持。发挥各级财政合力，建立完善以市县为直接投入与使用主体的财政体制，市县政府无力承担或不愿承担的投资由省级财政统筹。

B.13
2021新时代广东乡风文明建设报告

詹双晖　张勇*

摘　要： 培育文明乡风、良好家风、淳朴民风是乡村精神文明建设的重要内容。近年来，广东在实施乡村振兴战略中既塑形又铸魂，通过文化引领、文化惠民、文化富民为乡村振兴铸魂，初步形成了乡风—家风—民风有序联动的岭南新时代文明乡风风貌。通过党建引领、"三治融合"以及新时代文明中心（所、站）等阵地的联动，不断激发乡村"善治"内生动力，以乡风文明赋能乡村振兴，以乡风文明推动乡村治理见实效，努力打造乡风文明、家风良好、民风淳朴的乡村版人文广东。

关键词： 乡风文明　乡村治理　乡村振兴　广东省

文教兴则文明昌，乡村治则中国治。在中华文明发展史上，乡村社会一直是中国主要社会形态，对乡村的文明教化历来是乡村治理重要主题。其教化之关键是中华文明核心价值观融入乡村日常生活，形成一整套植根于乡村土壤，以天人合一、人与自然和谐共生为精神价值，以家邦伦理文明为文化共识，有仪式、有项目、有组织、有艺术载体和文化空间的乡村（宗族）文化体系。在新时代，习近平总书记从"没有中华文化的伟大复兴就没有中华民族的伟大复兴""中华优秀传统文化是民族的根和魂"的战略高度，

---

* 詹双晖，广东省社会科学院文化产业研究所所长、研究员，主要研究方向为文化文学评论；张勇，广东省社会科学院文化产业研究所副研究员，主要研究方向为哲学文化、城乡社区建设。

提出要传承创新包括乡村文化遗产在内的中华优秀传统文化，并特别强调要加强家文化（家庭、家族、家谱、宗祠）的研究与建设，以好家风联动好族风、好乡风，实现民风好、社会好与国风好。

广东是岭南文化中心区。粤东、粤西乡村地区迄今依然保留有一套以祠堂（祖堂）、谱牒、宗族历代成功人士、传统节庆民俗等文化元素为载体的相对完整的文化体系，其对于粤港澳大湾区乃至世界粤籍华侨华人的价值认同具有极其重要的文化纽带作用。"十四五"时期，广东应充分利用第一经济强省的优势，推动乡村传统文化的传承创新与现代转化，促进民间文化体系与现代化治理体系融通，打造新时期岭南农村新文化空间。

一 广东省乡风文明建设的重要进展与成效

近年来，广东深入学习贯彻习近平总书记关于乡村振兴和精神文明建设的重要论述以及对广东系列重要讲话、重要指示精神，以培育文明乡风、良好家风、淳朴民风为目标，将乡风文明与乡村治理相结合，以家文化建设与邻里关系重塑为基本单元，通过移风易俗、文化惠民、文化富民，切实提升农民精神风貌，推动乡风、家风、民风美起来。

（一）重视乡村文化治理，全面提升乡村社会文明程度，涵养文明乡风

乡风文明和治理有效是乡村振兴战略的两个重要目标。广东在乡风文明建设中尤其重视乡村治理与乡村文化的耦合关系，统筹乡村基层治理和农村精神文明建设，推动文明乡风建设迈上新台阶。在具体工作中，以文化治理为突破，把党的领导核心作用嵌入乡风文明建设、"三治融合"以及新时代文明实践中心（所、站）等阵地的联动中，形成了多主体、多渠道、多手段协同的乡村文化治理新格局。

1. 协同乡村治理与精神文明建设，完善乡村文化治理体系

首先，乡风文明建设组织领导体系更加明确。2019 年，广东省委实施

乡村振兴战略领导小组建立了由省委常委为组长，省直23个部门为成员单位的乡村治理专项组，将乡村文化治理和精神文明建设工作正式纳入全省乡村振兴战略"一盘棋"。并同步推进建立健全省级负总责、市级抓推进、县级抓落实的工作机制，确保乡风文明建设融入经济社会发展大局，与推动城乡精神文明融合发展、实施乡村振兴战略等一体化推进。其次，出台乡风文明建设配套文件。广东率先全国制定了《关于加强和改进乡村治理的实施意见》《关于进一步加强乡风文明建设的实施意见》等系列文件，提出"推进党建引领的自治、法治、德治相结合的乡村治理体系建设，强化新时代岭南特色乡风文明建设，深入传播、继承创新优秀传统岭南乡土文化，修订完善村规民约，持续推进农村移风易俗"等与乡村文化治理相关的要点工作。同时，积极发挥典型村镇示范引领作用，将塑造文明乡风与各项乡村治理示范创建活动统筹联系起来。实现省级乡村治理"百镇千村"等创建工作与省文明镇村、民主法治示范村的联创联建。

2. 坚持党建引领"三治联动"，激发文化治理主体内生活力

以"基层党建+文化治理"为核心，致力于打造老百姓认可的乡风文明建设"能人""头雁"。通过实施"头雁"工程和南粤党员先锋工程，将带头树文明新乡风作为选拔干部和提升基层党员干部队伍素质的重要内容。以"三治融合"促统筹，凝聚乡村文化治理合力。通过开展"阳光村务"示范、城乡社区协商示范点创建工作，推动党组织领导下的民主议事协商机制进一步建立健全。通过明确村民委员会、村民小组、村务监督委员会和村级各类组织的职能职责与议事决策规范，补齐了乡村治理中的法治短板。如梅州市蕉岭县创新"六事"治理方式，肇庆市实施"六大行动"，对于解决一揽子疑难问题，以自治推动乡风文明，提升乡镇服务基层效能发挥了积极作用。在城乡文化融合方面，尤其注重提升社会力量参与乡村文化治理效能。基于珠三角地区城乡高度融合的实际，完善乡村公共文化服务体系，构建了以城乡融合为特征的多元化乡村治理模式。

3. 以驻镇帮镇扶村为主渠道、文明村镇为主抓手，实现阵地联动

一方面，推动镇村一体谋划，实现强镇兴村乡村文明融合发展。把乡风文明建设作为乡村振兴驻镇帮镇扶村的重点工作任务之一，充分发挥驻镇帮镇扶村工作队的特长和优势，从镇级层面全域统筹镇村文化振兴、产业发展、基础设施、公共服务建设，推进全省1127个乡镇、近2万个行政村全面振兴。另一方面，充分发挥新时代城乡文明实践中心（所、站）联动机制，全面提升农村社会文明程度。制定《新时代文明实践示范所（站）建设方案》，在全国率先制定新时代文明实践中心（所、站）建设标准和测评体系。全省建成新时代文明实践中心2.3万个，全国文明村镇188个（全国共有文明村镇5233个），省文明村镇274个，成立文明实践志愿服务队伍4万支。全省95.09%的行政村达到县级及以上文明村创建标准，创建首批10个省级家教家风实践基地、500个家庭文明建设示范点（见表1）。

表1 广东县级及以上文明村镇（包含国家级和省级）

单位：个，%

地市	乡镇数量	县级及以上文明乡镇数量	文明乡镇占比	行政村数量	县级及以上文明村数量	文明村占比	村镇总数	文明村镇总数	文明村镇占比
广州市	34	28	82.35	1145	949	82.88	1179	977	82.87
珠海市	12	12	100.00	122	111	90.98	134	123	91.79
汕头市	30	21	70.00	401	376	93.77	431	397	92.11
佛山市	21	20	95.24	329	316	96.05	350	336	96.00
韶关市	98	92	93.88	1208	1060	87.75	1306	1152	88.21
河源市	95	80	84.21	1249	908	72.70	1344	988	73.51
梅州市	106	88	83.02	2048	1065	52.00	2154	1153	53.53
惠州市	49	44	89.80	1043	700	67.11	1092	744	68.13
汕尾市	40	40	100.00	689	647	93.90	729	687	94.24
东莞市	28	28	100.00	351	342	97.44	379	370	97.63
中山市	15	14	93.33	150	96	64.00	165	110	66.67
江门市	61	60	98.36	1056	760	71.97	1117	820	73.41
阳江市	38	36	94.74	702	376	53.56	740	412	55.68
湛江市	84	84	100.00	1636	1564	95.60	1720	1648	95.81
茂名市	86	83	96.51	1627	1616	99.32	1713	1699	99.18
肇庆市	88	83	94.32	1255	1017	81.04	1343	1100	81.91
清远市	80	76	95.00	1031	1011	98.06	1111	1087	97.84
潮州市	41	41	100.00	894	886	99.11	935	927	99.14
揭阳市	94	74	78.72	1608	852	52.99	1702	926	54.41
云浮市	55	54	98.18	847	822	97.05	902	876	97.12

（二）善用岭南传统文化铸魂，构建乡村新型邻里关系，营造良好家风

家庭是中国社会善治的基点，是国人心灵归属的港湾。家庭、家教、家风在中国社会与中国文化中具有极其重要的地位，广东乡风文明建设紧紧抓住"血缘氏族""家国同构"等文化传统，将家庭这一最基本文化治理单元作为塑造文明乡风和乡村振兴铸魂的基石，创新祠堂文化、乡贤文化，推动形成"家风连成民风，民风融汇乡风"的家风—民风—乡风连环促进的有机整体。

1. 挖掘传承祠堂文化资源，为优良家风培育提供价值引领

一是积极开展文化祠堂建设，挖掘地方优秀文化资源。充分挖掘乡村祠堂文化本土资源，使其与社会主义核心价值观相融相通，打造将传统祠堂文化中的"仁、忠、慈、孝""友、恭、礼、信"与"爱国、敬业、诚信、友善"等社会主义核心价值观相融通的乡村"文化礼堂"。尤其注重对家谱文化（家谱及族谱、中华姓氏等）、家训文化、家族优秀历史人物的文化思想资源挖掘研究，为新时代农民提供内化于心的精神养料。如潮汕祠堂文化建设，以盛世修谱为契机，将新时代社会名人语录与祠堂文化相结合，有意识融入积极的文化元素，延伸出一系列潮人精神家园。二是充分利用乡村祠堂、祖屋修缮等契机，发挥祠堂文化育人功能。推动祠堂文化相关风俗习惯、道德风尚与新时代育人新理念、新原则、新方式、新载体相融合，形成更易为村民所认同、践行的家风行为规范。如潮州"翁氏家庙"已成为潮汕地区在春节、清明、中秋、重阳等特色传统节日中开展治家教子活动的重要文化载体空间。

2. 开展"乡村史志工程"，留住乡愁、乡风、乡韵

以乡村史志工程为平台，实现村志村史编修、家训家谱编修等家文化传承体系化、项目化，以通俗易懂、群众喜闻乐见的语言和传播方式来讲述乡风文明的内涵和意义，让传统优秀历史文化和良好的社会道德风尚在广大农民群众中落地生根。史志工程以"留下珍贵记忆，倡导崇德向善；善美彰

炳史册，美丑乡邻评说；建设乡风文明，助推基层治理"为宗旨，以贴近百姓为特点，通过所在村（社区）村民参编、参说、参评、参议的方式，记录乡村历史风貌、反映乡村发展变迁、著述乡村贤良，从而达到见证历史、惠泽当代、启示后人的作用。如佛山市南庄镇紫南村以建设"仁善紫南"为主线，以紫南村史馆、广府家训馆、佛山好人馆"三馆"为主阵地，深耕家教家风、村史村志品牌建设，初步形成乡风文明建设的"紫南样本"。

3. 创新外出乡贤助力新模式，强化外生先进城市文化对文明乡风感染力

一是拓展创新乡贤参与乡村治理路径。以乡贤理事会为组织载体，搭建乡贤与乡贤、乡贤与地方党委政府、乡贤与本土家乡之间的重要沟通平台。同时，还积极利用新一代通信技术打造外出乡贤流动党支部等网络平台，引导新乡贤参与乡村文化治理。如湛江吴川市以打好"乡贤牌"、实施"乡贤回归"工程、商会党建为抓手，实现以乡贤为纽带的城乡文化互动，引导农村新时代精神文明建设。二是探索"乡贤+产业就业"新路径，带动村民增收致富。以乡贤助力产业兴旺，感染村民思想道德、行为规范，形成更文明诚信的现代家风族风。积极利用乡贤经验、资金、人脉等多种优势、引进产业发展项目，盘活村集体经济。立足现代农业和服务业，推动乡贤回乡创业。如粤北生态发展区广泛开展集种养业、特色农业、旅游业为一体的多功能农业产业化项目。鼓励乡贤投资农村电商、乡村旅游等产业，进一步做大乡村经济总量。

（三）繁荣发展乡村社会主义先进文化，推动移风易俗，塑造淳朴民风

习近平总书记指出："民间艺术是中华民族的宝贵财富，保护好、传承好、利用好老祖宗留下来的这些宝贝，对延续历史文脉、建设社会主义文化强国具有重要意义。"广东注重从民间艺术、传统乡村文化中汲取养分，通过修立村规民约、繁荣民俗艺术、传统技艺，开展文化惠民活动，利用活态的乡土文化传承，形成现代农村文明新风尚，塑造淳朴民风。

1. 以村规民约推动乡村善治

一是全域开展村规民约修立工作。尊重乡村文化生长规律，在引导农民参与村规民约和居民公约修订工作中培育其主人翁精神，形成与时俱进的新村规民约。截至2020年底，已修订完善834个村（社区）的村规民约，全省100%的村（社区）完成村规民约和居民公约的修订工作，同时选编100篇优秀村规民约和居民公约。二是真正发挥村规民约的约束力。推行村规民约"积分制"管理制度。积分由基础分、奖励积分和处罚积分等组成，逐户建立积分动态管理台账，通过年度、季度公示，对优秀家庭、村户进行公示。通过积分制和典型引领激发村民参与自治的积极性，有效扭转了以往村民参与社会治理积极性不高、红白喜事大操大办、环境卫生脏乱差等不良风气。

2. 以移风易俗形成文明新风尚

从整治婚丧嫁娶大操大办之风入手，带动好民风、遏制人情风、引领新风尚、破除旧陋习，全域推进城乡移风易俗工作，基本实现"一约四会一榜"（村规民约，红白理事会、道德评议会、村民议事会和禁毒禁赌会，道德红黑榜）全覆盖，形成"红事一杯茶、白事一碗粥"新风气。

3. 以文化惠民文化富民影响民风民俗

一是丰富文化惠民和公共文化供给。以强文化供给为手段，为淳朴民风注入先进文化养料。在公共文化阵地建设全覆盖背景下，按照"十四五"规划纲要的新要求，抓住"新空间"建设这个牛鼻子，实现从"全覆盖"向"全提质"方向迈进，不断满足基层群众多元化、个性化公共文化服务需要。形成了城—镇—村三级公共文化设施联盟试点建设，推动公共文化设施和服务合作共享。二是注重用先进文化活动丰富村民生活、影响民风民俗。以"村晚"、农村文化团体活动为抓手，革新乡村文艺活动，创造具有地域特色、满足乡村文艺爱好者需求的文化新风尚。三是注重文化产业与优秀民风民俗的共振效应。因地制宜培育乡村文化旅游产业，推动农村地区传统工艺振兴，如打造"粤美乡村"旅游品牌，推动创建一批全国乡村旅游重点村镇。推进"乡村+节庆""乡村+非遗""乡村+文创""乡村+演艺""乡村+游乐""乡村+美食"等文化和旅游业态融合，将传统村落、历史建筑、文物古迹、非物质文化遗产等文化资源融入乡村旅游产品及线路，进一步保护乡村文化生态，实现优秀民俗文化与乡村文化产业融合发展。

4. 以红色文化传递民风正能量

具有人民性、时代性且分布广泛的红色革命文化大多散布于农村，与农民具有深厚的历史渊源。广东尤其重视将红色革命文化嵌入民风，开展了一系列广泛传播红色革命文化、挖掘乡村红色旅游资源、做好红色革命文化旧址遗迹保护、整理修复红色文化资源、发挥红色文化育人功能的路径创新工作。如省委组织部出台了《关于深入推进红色村党建示范工程的指导意见》，通过开展全省60个"红色村"党建示范工程建设，让广大农民群众自觉接受红色文化熏陶。

二 广东省乡风文明建设的主要问题与困境

（一）乡村"能人""头雁"效应仍未充分显现

受到农村空心化的影响，乡风文明建设缺少一批真正有情怀、有影响力、有号召力的领头雁、领路人。"乡村新能人"是有信念、有理想的热心人，基于对乡村的热爱及对公共利益的关怀，成为现代乡村社会有影响力的精英、能人、号召者、引路人。特别是在农村人口向城市人口转移、农村传统农耕文化凋敝的背景下，乡村文化治理与乡土生活实际之间两张皮脱皮现象依然严重。在乡村治理中如何把"乡村新能人"吸纳进乡村治理的组织体系，成为有效治理的关键所在。

（二）乡村文化活动阵地依然薄弱

近年来广东省建设了相当数量的乡村文化阵地，但是依然存在着文化阵地布局不均衡以及文化活动阵地供给不充分的问题。珠三角核心区城镇化水平较高的周边地区以及经济实力较强的乡村拥有更多的文化公园、文化广场、文化馆等文化活动场所，但经济相对落后、位置偏远的沿海经济带、北部生态保护区乡村很难得到有效的资金扶持，加之自身力量弱小，只能满足基本的乡村文化场所建设标准。新时代文明实践中心所、站、点之间的三级联动和资源上下流动尚未形成。农家书屋缺乏应有的文化内涵，并未成为公共文化服务的有效延伸。一些村文化场馆、乡村振兴讲习所、村史馆只是挂了牌，相关文化设施、活动器材配备不齐、功能不全。或由于缺乏可持续的资金投入、人员运维，很难开展系统性的文化传播活动，资源利用并不充分。

（三）有组织的文化惠民活动开展不够

公益亲民的文娱项目是乡村精神文明建设的重中之重。但现有的农村文化活动大多是群众自发的，有组织的农民文化文艺活动依然缺乏，存在着活动普及程度低、形式内容单一、组织规模偏小等不足。由于缺乏相应的统筹、规划、管理、引导，农民的文化生活仍然比较单调，更多局限于小打小闹、自娱自乐。面对农村文化育民、文化惠民、文化富民活动难以满足新时代农村精神文化需求实际的现状，农村年轻人聚集打牌的情况在当下广东农村仍然较为常见。

（四）乡村的陈规陋习依旧存在

农村仍然存在着与乡风文明不和谐的陋习，如以各种理由大吃大喝，婚丧嫁娶大操大办，"人情宴"名目繁多且存在相互攀比、讲排场等现象，造成了严重的铺张浪费和不良影响；赌博之风未减，且赌资数额有所上升；年轻人有对老人不尽赡养义务的，有对家庭缺乏责任感的，甚至有外出务工后抛妻弃子的；封建迷信依旧存在，个别人不相信科学，崇尚封建迷信活动，同时还蛊惑他人、散布谣言，给社会增添了不稳定因素。此外，乡村诚信危机、邻里关系漠然也影响了乡村文明风尚的塑造。

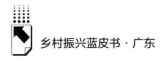

（五）乡村文化建设专业人才队伍依然匮乏

城市对农村虹吸效应仍在加剧，农村剩余劳动力、优秀专业技能型人才仍在持续流入大中城市。尽管广东实施了"头雁工程""乡贤回馈桑梓""在外流动党支部"以及相关人才帮扶政策，但农村文化从业人员自身素质普遍不高。农村文化从业人员应由乡镇管理，但乡镇任务重、人员少，难以集中精力抓文化建设，对文化从业人员的管理、职业培育、考核、晋升不重视，使工作人员缺乏可持续性发展通道，很难保障文化工作的正常有序推进。农村青壮年人口缺乏，农村优秀传统文化、非物质文化遗产难以培养继承人。农村留守妇女、儿童、老年人等社会群体的文明建设积极性没有充分调动起来，文化活动缺乏高质量。

三　新时代广东乡风文明建设的对策建议

乡风文明是乡村振兴和乡村治理现代化的要义与保障，塑造新时代岭南特色文明乡风首要先要从认识上把握乡风文明建设与乡村文化振兴的价值契合性，即以文化引领作为乡风文明的生长点，提升乡村生活品位、净化乡村社会生态、凝聚乡村振兴共识、塑造乡村文化品牌。在具体实践中，应进一步通过精准有效的政策支持，强化基层治理组织效能，完善多元治理主体协同机制，更加凸显智力支持和科技支撑在乡风文明建设中的引擎作用，推动新时代岭南特色乡村文明善治。

（一）提高认识，探索建立广东乡风文明建设专项工作机制

围绕乡风文明建设设立专项工作机制，各级党委切实负起领导责任，进一步建立健全省级负总责、市级抓推进、县级抓落实的乡风文明建设工作机制，确保乡风文明建设融入经济社会发展大局。各地级及以上市要将乡风文明建设摆在与乡村经济发展同等重要的位置，制定明确可行的推进措施，细化任务分工、压实工作责任。各县（市、区）要切实担起乡风文明建设主

体责任，统筹调动各方力量，在队伍和阵地建设、资金投入、督查督办等方面给予有力支持。强化对乡风文明建设的专业培训与系统研究，确保相关政令的设计、执行符合乡村发展的实际需要。

（二）细化政策，切实推动乡风文明建设见实效

1. 做强乡村引路人，树立乡村文明新典范

激发各界精英参与乡风文明建设的积极性，运用新时代的美丽乡情乡愁，激发新生代农民投身文化创造的主动性。进一步发挥新乡贤的能动作用，鼓励新生代农民工、新时代大学生返乡创业，引导热爱乡村生活的各行各界有志之士到农村干事创业、投身乡村文化建设。广泛动员城市志愿组织将先进的文化治理经验、文化产品与文化服务引入乡风文明建设，通过建立广泛的城乡志愿型社区—村落文化交流机制，实现城市文明力量参与乡风文明建设。

2. 拓展多元乡村文化参与主体，汇聚建设合力

乡土文化培育和乡风文明建设离不开文化主体，因此要广泛培育多元化的乡村文化治理主体与参与主体。进一步发挥基层党组织特别是村党支部的党建引领作用，以树文明乡风激发基层党组织的冲锋战斗意志。村党支部要充分认识到乡风文明作为农村全面振兴事业一环的重要性，把乡风文明建设涵盖到乡村事业的全部环节，进一步增强农民的获得感。充分发挥党员干部模范作用，让党员带头实践、带头整改，从而带动村民参与文明乡风建设。进一步抓住青年思想道德教育，动员更多青年自觉成为乡村文明的践行者与捍卫者，为乡土文化人才注入新鲜血液。

3. 健全多形式文化空间建设，增强乡风文明"硬实力"

在进一步做好文化阵地、文化载体的统一规划建设上，要更加注重多形式文化阵地载体的整合联动，为农村文化活动的开展提供有力保障。持续不断开展文明村镇（社区）、新时代文明实践中心的创建活动，进一步提升文明村镇（社区）的创建率和创建水平。创新文化阵地载体运维管理机制，通过政府购买、专项扶持、基金捆绑、指标配建等多种形式，引导多方社会

力量参与到乡村文化阵地的日常运维、活动策划、活动组织当中，让文化阵地载体真正发挥乡风文明建设的主阵地、主战场作用。

4. 繁荣文化惠民活动，增强乡风内涵的"软实力"

提高群众自发文教、文艺、文体、文娱活动的有效组织性与专业性，让更多组织内容丰富、形式生动有趣、价值内涵深厚的文化娱乐活动融入村民日常生活。一是依托乡村振兴讲习所、村史馆、祠堂、文化广场、红色革命遗址等文化场馆，定期举办更贴近群众的专家讲座、农业技术指导、普法教育等活动，加大对新生代农民的培训力度。二是充分挖掘本土文化元素，借助端午、中秋、重阳等传统节日，组织开展赛龙舟、舞狮等富有岭南地域特色的民俗民间活动。三是持续性引导各类民间文艺团体发展，尤其是培养村民自己的文艺骨干队伍。四是重视对村民文化活动的专业性培养。善于利用城市党政机关、企事业单位、专业文艺演出公司等外部资源提升乡村文化活动的品位。

5. 以村规民约为抓手，大力开展移风易俗

村规民约、居民公约是乡风文明建设和村民自治的重要形式和重要手段。要利用好新时代村规民约，推动乡村文明整体提升。一是进一步加强村规民约的合法性，借助专业法律咨询，增强村规民约的权威性和规范性。二是进一步加强村规民约与新时代文明风尚、移风易俗活动的衔接性。如近一步将喜事新办、丧事简办、弘扬孝道、尊老爱幼等贴近乡村民俗民风生活的具体内容纳入村规民约，实现乡风、家风、社风相关规范要求的细化、实化、具体化。三是进一步发挥村规民约在村民自治中的参与性。通过村规民约标语征集等多种形式，鼓励更多群众参与到村规民约的制定、修订、宣传工作中，让群众自觉成为村规民约的制定者与捍卫者。

6. 振兴文化产业，提高乡风文明建设的可持续性

围绕乡村民间文化传统和独特文化资源，构建乡村特色文化产业链，推动文化价值向经济价值的转化，实现乡风文明与产业兴旺的融合发展。一方面，深入挖掘乡土文化、民俗文化、农耕文化、山歌戏曲文化等优秀岭南乡土文化资源，促进传统非遗文化资源价值化开发和产业化转化。

通过文化资源的产业化开发提升乡村经济的配置效率、吸纳整合城市等外部资源要素，进而带动村民文明风尚的提升；另一方面，注重农文旅融合，将历史人文元素有机融入村庄风貌、乡村旅游、生产生活，打造具有地方特色的文旅项目和旅游文化产业。借助于现代文明、文化元素的渗透，文化科技要素的感染，推动乡村文化、农业文明与现代文明的有机融合。

7. 推动数字化建设，开启数字赋能乡风文明建设新引擎

大力推进数字乡村建设，提升农村便民服务、电子商务、政务服务水平，实现乡村治理和乡村基层政务智慧化。积极探索"一图全面感知"的乡村智治模式，着力构建乡村数字治理框架体系，构建起全领域的数字化空间规划建设管控体系，基本实现县域乡村治理数字化平台全覆盖。探索建立"互联网+""5G+"治理模式，推进各部门资源和服务的整合，深化"一门通办+系统集成服务"改革。探索"人工智能+乡村治理"模式，加大与乡村钉、腾讯为村、村村享等农业农村部推广软件的合作力度，建立网上服务站点，畅通群众小微诉求反馈渠道，建立集中协调和快速处理机制，实现村级事务信息动态交互式管理。

（三）打造平台，优化乡风文明建设新抓手载体

1. 继续开展"乡村史志工程"平台建设

各级党委政府应将"乡村史志工程"纳入新一轮城乡建设发展规划之中，着力打造一批"乡村史志工程"试点村（社区）。相关部门应重点推动城镇化发展快、村级经济较好、村落文化特色鲜明的村（社区）纳入"乡村史志工程"试点村（社区）建设，在启动"乡村史志工程"试点村（社区）建设的同时，启动一批示范性的村史馆、村史陈列室、村史文化墙或村史文化广场建设工程，并与城乡社区治理、美丽幸福村居建设、发展乡村生态休闲旅游结合起来，做到统筹规划、协调发展。同时，举办"乡村史志工程"成果交易展示会，将各地每年集成的乡村史志成果集中展示，打造一个集村（社区）史志成果集中展示、主题论坛、版权交易、村史文化

展示、城乡社区文明治理成果展示、美丽乡村产业项目招商引资和休闲旅游展示于一体的大型交易展示平台。

2. 创新文化活动平台

设立乡村民间文艺文化活动专项经费，扶持乡村地区民间自发文艺文化活动逐步走上系统化、专业化、品牌化道路。借鉴"村晚"海选形式，支持优秀民间文艺、文化开展常态化竞赛、擂台活动，以赛助学、以竞促优，让民间自发文艺活动走出乡村、走上舞台。实施新一轮文艺"上山下乡"工程，开展城市专业文艺工作者下乡培训指导工作，让专业技术为民间文艺、文化活动赋能添彩。

（四）优化驻镇帮镇扶村工作机制，全面推进镇村同建同治同美

进一步撬动驻镇帮镇扶村在乡风文明建设中的治理创新效应。强化乡风文明建设在驻镇扶村干部考核中的指标权重，要求驻镇扶村干部将乡风文明治理作为乡村振兴的重要工作，明确制定具体的乡风文明建设方案，统筹各方资源，谋划帮扶项目，加强资金支持，推动乡风文明建设扎实开展。

（五）加强广东乡风文明建设创新经验的系统总结

系统总结广东乡风文明建设改革和创新经验，可委托专业研究机构对广东省乡风文明建设创新经验进行系统的理论性提升，为全面推进乡风文明建设提供指导。编印典型案例集，加大对外媒体宣传，扩大改革影响，通过提高改革的溢出效应，吸引更多外来主体参与乡村治理。加强改革经验交流，选择在乡村治理不同领域有代表性的地区建立省级乡风文明建设示范基地，实地交流学习，适时召开现场会，推动普适性成果向政策转化。高规格推广改革经验，举办乡风文明建设高端论坛，邀请专家参与、评价、判断、分析改革的样本模式，以外脑智库支持和推动促进现有问题的解决。建立乡村幸福指数评价体系，综合考评乡村群众的幸福指数，包括教育投入、文化消费、人际关系、就业、创业、收入、保障、居住、安全、医疗、健康等方面。

参考文献

唐成玲、陈诺、胡琴：《乡风文明的政策实践与农民声音》，《中国农业大学学报》（社会科学版）2022年第4期。

魏程琳：《乡风何以文明：乡村文化治理中的嵌套组织及其运作机制》，《深圳大学学报》（人文社会科学版）2022年第3期。

于法稳：《新农村乡风文明的时代特征及建设路径》，《人民论坛》2022年第5期。

张波、李群群：《乡村文化治理的行动逻辑与机制创新》，《山东社会科学》2022年第3期。

B.14
2021广东优化农村集体经济治理报告

范斯义　廖炳光*

摘　要： 广东农村集体经济治理取得了一定的成效，探索了不少好的经验和做法，但也存在不少亟待解决的问题。下一阶段，广东需要进一步健全完善农村集体经济治理的体制机制，靶向精准施策，加强立法支撑、强化政策支持、完善分配制度、深化改革探索、健全激励机制，多形式盘活利用农村集体资产，不断发展壮大农村集体经济，多渠道增加农民收入，为实现农业农村现代化提供基础支撑。

关键词： 农村集体经济　乡村治理　广东省

完善农村集体经济治理是强农业、美农村、富农民的重要举措，能够有效激发农村经济主体活力，是实现城乡融合高质量发展的重要内容。中共广东省委、广东省人民政府在《关于全面推进乡村振兴加快农业农村现代化的实施意见》中明确提出要"加快发展新型农村集体经济"。2021年，广东已基本完成农村集体经济资产股份合作制改革任务，加快活化利用农村集体资产资源，不断健全完善农村集体经济运行机制，为广东集体经济的发展壮大和实现农业农村现代化打下坚实基础。

---

* 范斯义，广东金融学院马克思主义学院讲师，主要研究方向为乡村治理与农村发展；廖炳光，广东省社会科学院改革开放与现代化研究所助理研究员，主要研究方向为农村土地制度。

一　2021年广东省农村集体经济发展基本情况

2021年，广东省大力完善农村基本经济制度、不断壮大农村集体经济、增强促进集体经济持续发展内部动力，加快建设更高标准的农村集体经济发展模式，全方位激活农村集体经济发展潜能。总体上看，农村集体经济运行情况主要呈现五个特点。

（一）村组两级农村集体经济组织数量多

截至2020年底，广东省共有村组两级农村集体经济组织24.48万个，其中村级经济联合社2.22万个，组级经济合作社22.26万个，农户数为1514.85万户，涉及6530.49万人（见表1）。

表1　2020年广东省农村集体经济基本情况

项目	数量	项目	数量
农村集体经济组织和生产要素情况		（2）外出务工劳动力	1509.40
1. 汇总镇级经济联合总社数（个）		其中：常年外出务工劳动	1172.59
2. 汇总村级经济联合社数（个）	22222	①乡外县内	471.32
3. 汇总组级经济合作社数（个）	222596	②县外省内	607.83
4. 汇总农户数（万户）	1514.85	③省外	93.45
5. 汇总人口数（万人）	6530.49	7. 村组集体资产总额（万元）	87431695.48
6. 汇总劳动力（万个）	3735.82	（1）村级集体资产	57525803.48
其中：（1）从事家庭经营	1765.08	（2）组级集体资产	29905892
其中：从事第一产业	1026.99		

资料来源：《广东统计年鉴（2020）》。

（二）村组两级集体资产总量大

2012年以来，广东村组两级集体资产规模逐年增长。2020年底，全省村组两级集体资产达8743.17亿元，比2019年底增长19.2%。从权属主体方面看，村级集体资产5752.58亿元、占65.8%，组级集体资产2990.59亿元、占34.2%；从资产类别方面看，经营性资产5662.23亿元、占64.76%，非经营性资产3080.94亿元、占35.24%；从地区分布方面看，珠三角地区集体资产7206.21亿元、占82.42%，其中广州市、东莞市集体资产均超2000亿元，佛山市集体资产超1000亿元（见图1）；粤东西北地区1536.96亿元、占17.58%。

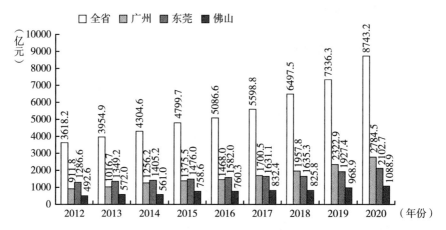

图1　2012～2020年广东全省及广州、佛山、东莞三市农村集体资产总额

资料来源：2013～2021年《广东农村统计年鉴》历年统计数据。

（三）广东农村集体经济效益好

2020年，广东农村集体经济总收入1249.01亿元，实现可分配收益1009.11亿元，分别比2019年增长9.18%、18.81%；高达91.16%的年度收益集中在珠三角地区。

（四）农村集体经营运行稳

2020年底，广东省农村组级集体总负债978.09亿元，资产负债率49.67%，其中经营性负债为286.78亿元，占集体资产总额的29.32%，表明农村集体经济运行较为平稳，风险总体可控。

（五）立足自身资源发展农村集体经济

广东省各地农村能够充分利用自身资源禀赋，发展特色集体经济，主要模式有三种：一是充分利用当地的滩涂、山林和集体土地多的资源优势，开展如禽畜水产养殖、经济作物种植等集体经济；二是充分利用厂房或闲置土地入股等，参与当地特色农业企业的生产经营，实现集体收入；三是村社为家庭经营提供产前、产中和产后全方位服务，增加集体经济收入。

二 广东健全农村集体经济治理的措施与成效

农村集体经济是社会主义公有制经济的重要形式之一。不断提高集体经济治理水平对于坚持新时代中国特色社会主义道路，完善并丰富农村基本经营制度，进一步增强集体经济发展活力，引导广大农民群众走共同富裕之路，实现农业农村现代化具有重大意义。为深入贯彻落实习近平新时代中国特色社会主义思想及党的十九大精神，巩固党在农村的执政基础，2021年广东省加快健全集体经济运行机制，多路径壮大集体经济，多渠道促进农民增产增收，为实现广东农村集体经济高质量发展和农业农村现代化奠定了坚实基础，同时也为全国农业农村现代化提供了经验。

（一）广东健全农村集体经济治理的主要措施

1. 健全完善农村集体经济运行体制机制

广东省在完善农村集体经济治理方面不断加强政策创设，不断完善农村集体经济的政策支撑。一是强化农村基层党组织在引导集体经济发展壮大中的关键作用。2021年，广东省委全面深化改革委员会审定印发了《关于坚持和加强农村基层党组织领导扶持壮大集体经济的意见》，强调要健全村党组织领导机制、发挥集体经济组织功能作用、完善农村产权流转管理服务体系、实施消除空壳村提升薄弱村行动和推进农村集体经济转型升级。同时，出台《中共广东省委实施〈中国共产党农村工作条例〉办法》，从6个方面提出25条举措，探索推动村党组织书记通过法定程序担任村级集体经济组织负责人的制度机制，全面提升各级党组织对农村工作，尤其是对集体经济的领导能力。二是构建完善促进农村集体经济发展的制度体系。近年来，广东相继出台《关于稳步推进农村集体产权制度改革的实施意见》《关于坚持和加强农村基层党组织领导扶持壮大集体经济的意见》《关于加快推进农村承包土地经营权流转的意见》《广东省全面推进拆旧复垦促进美丽乡村建设工作方案（试行）》《广东省垦造水田工作方案》等重要政策，重点推动集体经济股份制改革、农村"三块地"制度改革等纵深领域改革，为多形式盘活集体资源资产、多路径壮大集体经济、多渠道促进农民增收提供政策支撑。

2. 实施多措并举，全力确保农村集体资产保值增值

2021年，广东多措并举，全力确保农村集体资产保值增值，着力从六个方面推进工作。一是进一步加强股份合作社的组织管理，建章立制，强化监督，促使股份合作社有序运作。二是进一步清理核实农村集体资产，明晰集体产权关系，明确监管权责，建立完善资产台账，摸清摸准自身家底。三是进一步完善股份社成员身份确认，夯实前期农村股份合作制改革工作成果，努力实现改革政策步调的统一。四是进一步规范农村集体资产交易流转，提升农村集体资产收益率，切实保障农村集体及其成员的合法权益。五是进一步理顺股份社组织登记设置，规范股份社的设立、分立、合并、解散等登记管理，化解历史遗留问题。六是提出了诸多具体的举措，确保农村集体资产保值增值。

3. 加强试点示范，加快推进农村集体经济转型升级

2021年广东省继续扩大扶持壮大村级集体经济试点的范围，将试点单位扩大到2523个。一是试点地区全面推进农村集体产权制度改革，鼓励村集体盘活机动地、"四荒地"等可利用地，支持村集体创办农业生产类、综合服务类合作社等服务实体，引导有条件的村集体探索强村带弱村、村企联手共建、政府定点帮扶、合作开发等多种形式，实现互利共赢。二是试点地区通过支持有条件的村集体加快现有物业设施升级改造，优化物业资产结构，鼓励村集体投资入股，认养农业以及乡村品牌旅游等项目，大力打造优质农产品生产基地。在农村基础设施建设项目上，鼓励村集体探索利用民营企业资金以"BOT"（建设—经营—转让）或合作、入股、租赁等方式，发展优质物业型、稳健投资型、管理服务型经济。三是支持城中村、城郊村和经济发达村集体组建或参股经营物业管理或劳务公司，开展物业、道路养护、园林绿化、环卫清洁、家政养老等服务。比如清远英德市的小湾村，通过土地的整合整治和开展村企合作，激活村里"沉睡"的资产，壮大村集体经济，带动群众增收致富。湛江徐闻县大胆探索，以奖代补鼓励农村承包土地经营权有序流转，赢得了当地广大农户特别是农业龙头企业的支持。

4. 加强实践创新，不断健全完善农村集体经济运行机制

2021年，广东全面坚持农村基层党组织的领导核心地位不动摇，着力构建村（社区）党组织领导下，村（社区）自治组织和集体经济组织各司其职、相互配合的治理体制和支持机制。一是着力推动村（社区）党组织书记"三个一肩挑"。认真贯彻《中国共产党农村基层组织工作条例》，制定契合广东实际的落实措施，从6个方面提出25条举措，探索推动村党组织书记通过法定程序担任村民委员会相关负责人的制度机制，全面加强基层党组织领导发展集体经济的能力。截至2021年3月，全省党组织书记"三个一肩挑"比例达到99%。二是完善广东省农村集体经济组织财务制度。2022年6月30日，广东省财政厅、广东省农业农村厅印发《广东省农村集体经济组织财务制度实施细则》，其目的就是不断加强农村集体经济组织财务管理，规范农村集体经济组织财务行为，巩固农村集体产权制度改革成果，保障农村集体经济组织及其成员的合法权益，促进农村集体经济发展。

5. 加强改革探索，全面深化农村集体产权制度改革

2021年，广东部分地区先行先试，不断将农村集体产权制度改革向纵深推进，逐步构建起"归属清晰、权能完整、流转顺畅、保护严格"的农村集体产权制度，大幅提高农民财产性收入。一是加强土地整理，全面深化土地股份合作制改革。2021年，广东省《全省开展土地经营权入股发展农业产业化经营试点实施方案》持续推进，在全省未实行土地股份合作制地区加大改革探索力度，每个县（市、区）选取一批具备条件的公司与农民合作社，作为土地经营权入股发展农业产业化经营试点；2021年，在每个县（市、区）选取1~2个乡镇推进试点工作，重点在健全土地股份合作社组织机构和财务制度方面探索、积累经验。二是大力推进农村集体经营性资产股份合作制改革，协调推动建立市县镇党委书记亲自挂帅抓农村集体产权制度改革的领导体制，从而更好地释放农村集体经济发展活力。截至2021年4月，全省通过改革共确认集体经济组织成员5634.08万人，完成率达91.62%；完成资产折股量化任务的集体经济组织10.23万个，占应开展资产折股量化集体经济组织的88.77%；完成登记赋码的集体经济组织23.83万个，完成率达98%。①

（二）广东农村集体经济发展取得的成效

2021年，广东省委、省政府切实加强政策创设和统筹谋划，推动各地各有关部门因地制宜，分类施策，多形式盘活利用农村集体资产、多路径发展壮大农村集体经济、多渠道拓宽农民增收渠道，取得了阶段性成绩。

1.进一步完善农村土地流转制度，发展农业适度规模经营

在完善农村土地流转制度，发展农业适度规模经营方面，中央提出："必须搞好农村第二步改革，完善双层经营责任制，进一步促进土地的适度规模经营。"广东省在抓实农村土地承包经营权属登记工作的基础上，进一步充分落实广东省《关于完善农村土地所有权承包权经营权分置办法的实施意见》，积极探索有效土地流转形式，推动农村经营主体发展，实现多种形式的农业适度规模经营，不断提高村集体组织和农民个体收

---

① 《广东省农业农村厅关于省政协十二届四次会议第20210076号提案答复函》（粤农农函〔2021〕420号），广东省农业农村厅网，2021年6月3日，http://dara.gd.gov.cn/zwgkz278/bmdt/content/mpost_3334854.html，最后检索时间：2022年11月18日。

入。如江门市新会区大鳌镇各村集体统筹整合村集体鱼塘对外发包，每年租金收入合计 7100 余万元，占全镇农村集体年总收入 8455 万元的83.97%。又如云浮市新兴县洒落村依托佛山市高明区对口帮扶资金支持，建设两个光伏发电站，并组建斌华种植专业合作社，与广东景盈农业发展有限公司开展合作，采取"公司+合作社+村集体+基地+贫困户"模式，在村内建设 300 亩火龙果基地，使村集体每年收入由 2.1 万元大幅增加到 25 万元。

2. 大力创新集体资产运营机制，提高农民财产性收入

在实践中要促进集体资产适度规模集聚，优化集体资产结构，突破发展瓶颈，释放资源要素活力，探索盘活利用集体资产增加农民收入的有效形式，截至 2019 年，广东省农村集体总收入达 1144.04 亿元、农户分红总额达 460.16 亿元。[①] 同时，广东各地还探索出了一批可借鉴可推广的好经验好做法。如江门市新会区石板沙村引入旅游公司盘活利用闲置物业校舍，大力发展民俗和乡村旅游；佛山市顺德区青田村、逢简村充分发掘自然生态和文化历史资源，响应省、市、区关于发展社会主义新农村建设的号召，按照生产、生活、生态"三生"共融的发展理念，结合当地产业特色或资源优势，通过完善基础设施，发展岭南历史文化特色的乡村旅游业，增加或提升集体资产的附加值等。

3. 深入推进集体产权制度改革，有效释放发展红利

2021 年广东省部分地区开展先行先试，深入推进农村集体产权制度改革，建构起"归属清晰、权能完整、流转顺畅、保护严格"的广东农村集体产权制度，持续提高农民财产净收入。以佛山市为例，该市 317 个有经营性资产股份制改革任务的社（组）全部完成改革，158 个其他类型的社（组）也同时开展了股份合作制改革，全市共计 370 个社（组）完成改革工作，量化资产总额 730.05 亿元，确认成员股东 211.80 万人，2020 年佛山市农村集体经济实现总收入 184 亿元，农村股份分红总额达到 99.7 亿元，人

---

① 资料来源：《2019 年广东农村统计年鉴》。

均分红 4740 元，农村居民人均可支配收入 28765 元，相关指标位居广东省前列。禅城区自 1994 年开始推行农村股份制改革，并于 2013 年实现全部股权固化，其中石湾镇街道、张槎街道、祖庙街道推行股权"固化到人"模式，实行"生不增，死不减；迁入不增，迁出不减"，南庄镇推行股权"固化到户"模式，实行"股权配置长期不变、个人股权累加到户、按户管理、按股分红、家庭内部流转"。

4. 积极推进"数字乡村"建设，激活农村集体经济高质量发展新动能

建设数字乡村、智慧农业是高质量推动"智慧广东"建设的重点内容。2021 年，广东选取了 10 个县和 20 个乡镇作为数字乡村建设试点，重点推进农业数字化转型、数字乡村赋能集体经济高质量发展。一是制定《广东省建设国家数字经济创新发展试验区工作方案》，明确广东建设国家数字经济创新发展试验区的 3 年"路线图"，把粤港澳大湾区建设成为引领全球数字经济发展前沿地带，确立了推动重点领域数字化转型、高质量推动"智慧广东"建设等六大重点建设任务。二是实施数字农业、数字赋能集体经济，进一步推动广东城乡融合高质量发展。特别是在农村集体经济高质量开展方面，广东进一步增加 5G 基站、窄带物联网基站等在全省农村的覆盖率，实现信息进村入户现代数字种业发展、农村集体发展数字化和智能化，进一步夯实农业农村数字化基础。三是大力鼓励农村集体发展电商平台，健全并完善农产品网络销售供应链体系、运营服务体系以及支撑保障体系，有效推进"短视频+网红"、"菜篮子"车尾箱工程等线上线下融合销售模式，促进农产品出村进城，有效实现城乡一体化发展，从而促进农村集体经济的高质量发展。

5. 多形式盘活农村集体资产

2021 年，广东省积极采取多种形式盘活农村集体资产资源。一是不断提升农村集体土地集约化利用水平。支持村集体与工商企业合作开发或通过公开招标等方式发展现代农业、休闲农业与乡村旅游项目。鼓励农户依法流转土地经营权，或者通过股份合作、土地托管、联耕联种等加快发展适度规模经营。鼓励村集体对村庄道路、沟渠两旁等未承包到户的闲散土地进行清理整治，并且合理利用开发。二是提高农村房屋设施市场化经营水平。优先将城中村、城郊村纳入"三旧"改造范围，鼓励村集体通过"三旧"改造政策完善相关用地手续后，采用自行改造、与有关单位合作改造或由政府组织实施改造等方式，促进资本与项目高效对接。三是支持农村集体闲置资金资本化运营。在合法合规合理的基础上，鼓励村集体有效使用积累资金、各类帮扶资金等，尝试以入股或者参股经营优质公共服务项目等多种形式发展集体经济，有效盘活农村集体资产。

三　广东农村集体经济治理中存在的问题

实现农村集体经济高质量发展，对农业农村基本盘的稳定、实现农村治理现代化、推进乡村振兴、实现共同富裕等均具有极为重要的意义。调研中发现，在政策法律支持、体制机制创新以及具体工作层面等，仍面临不少困难。

（一）农村集体经济组织治理机制上缺乏法律支撑

就国家层面而言，目前没有针对集体经济组织运行管理的法律。缺乏顶层设计导致广东各地对农村集体产权制度改革定位混乱，改革情况各有不同，实践中随意性较大，标准不够统一。如一些地方在处理代耕农、外嫁女、入赘男、入学参军等特殊群体股权诉求方面，不同程度存在"一村一策"现象，有的甚至演变为村集体内部利益群体的博弈和较量。此外，根据《中国共产党农村工作条例》及《中国共产党农村基层组织工作条例》的规定，村党组织书记应当通过法定程序担任集体经济负责人，具体操作层面涉及村"两委"任期与村级集体经济组织社委会或理事会任期一致性、个别村党组织书记不是村级集体经济组织成员，以及"一村多社"情况下理顺基层党组织和集体经济组织关系等问题，亟须在法律法规方面予以明确。

（二）农村集体经济发展不平衡不充分问题仍然突出

粤东西北地区农村集体经济发展不平衡不充分问题突出，村集体经济总体较为薄弱。2020 年，粤东西北地区农村集体资产仅占广东省的 16.19%，集体经济总收入仅占广东省的 11.1%。此外，广东省大部分地区因集体土地等资源性资产所有权都在自然村或村民小组一级，行政村一级集体经济"空壳化"问题突出，缺少发展的"第一桶金"。此外，根据国家部署安排，2022 年广东启动新一轮扶持村级集体经济试点工作，省委组织部、省财政厅、省农业农村厅联合下发通知要求，纳入试点扶持的村集体经营性年收入需要达到 10 万~50 万元，对于粤东西北多数村集体，很难满足此条件，因此也很难得到相应项目资金支持。[①]

（三）农村集体承担公共负担仍然较重，利益协调存在困难

一些地方由于农村集体经济能力尚难以担负公共服务的成本，因此城乡共同发展普惠共享的基本公共服务体制机制亟待健全。在利益协调方面，一些集体经济组织现任负责人存在"新官不管旧账"的情况，导致集体经济营运陷入"两难"困境。一方面，对长期债权追偿积极性不高，长期应收账款既收不回也销不掉，导致不少村集体长达数十年的应收账款至今仍挂在账面上，成了名副其实的"影子资产"。另一方面，村集体经济组织部分历史遗留债务若以现有经营收益进行偿还，将直接减少集体分红，引起集体经济组织成员不满。

（四）农民财产性收入增收潜力尚待挖掘

2021 年，全国农村居民人均可支配收入为 18931 元，比上年增长 10.5%，扣除价格因素，实际增长 9.7%。2021 年，广东省农村居民人均可

---

① 《农业农村部　广东省人民政府共同推进广东乡村振兴战略实施 2022 年度工作要点发布》，广东省农业农村厅网，2022 年 7 月 18 日，http：//dara. gd. cn/nyyw/content/mpost_3978448. html，最后检索时间：2021 年 11 月 18 日。

支配收入为 22306 元，全国排名第七，与全国排名前 6 位的省份（上海
38521 元、浙江 35247 元、北京 33303 元、天津 27955 元、江苏 26791 元、
福建 23229 元）差距均接近或超过千元。[①] 广东与其他省份在农村居民收入
上差距较大的原因在于，广东以家庭为农业生产经营单位的促农增收作用越
来越弱，农民经营性收入面临"天花板"。同时，进城务工收入增长与城市
生活成本上升相互抵消，工资性收入增长乏力。就收入来源构成看，财产净
收入比重一直处于相对较低的水平，这充分表明广东农民手上掌握的大量财
产还处于"沉睡"状态，亟须进一步盘活。

四　完善广东农村集体经济治理的政策建议

党的十九届五中全会提出，全面推进乡村振兴，要强化以工补农、以城
带乡，推动形成工农互促、城乡互补、协调发展、共同繁荣的新型工农城乡
关系，加快农业农村现代化。面向全面建设社会主义现代化国家的新征程，
广东应继续锚定迈进全国第一方阵目标，强力实施乡村振兴战略，推动全省
农业农村现代化不断迈出新步伐。不断发展壮大农村集体经济、提高集体经
济治理水平，对于广东实现城乡共同富裕、强化推动乡村振兴迈进全国第一
方阵的使命担当具有重要意义。

（一）加强农村集体经济法制建设

广东应不断加强农村集体经济组织方面的法制建设研究，促进农村集体
经济组织立法进程，条件成熟时出台《广东省农村集体经济组织管理规定》
等法律法规，对集体经济组织治理机制、决策程序、成员身份确认、成员资
格丧失以及集体经济组织股权设置与管理等作出明确规定，为农村基层改革
和农村集体经济发展提供法律支撑。与此同时，配套研究制定村党组织书记

---

① 《广东农民收入不断提高　城乡差距不断缩小》，中国财经时报网，2022 年 10 月 20 日，
http：//m.3news.cn/yaowen/2022/1020/774538.html，最后检索时间：2021 年 11 月 18 日。

担任村级集体经济组织负责人的操作指引，明确兼任条件、程序、任期等，并研究细化加强村党组织对组级或自然村一级集体经济组织领导的有效举措。

（二）健全经济新常态下支持农村集体经济发展体制机制

不断完善财政引导、金融支持、税收优惠等多元化投入机制，实现农村集体经济扶持发展机制的不断完善，助推农村集体经济转型升级。要深入研究完善扶持村级集体经济试点工作，完善消除集体经济薄弱村空壳村行动计划，将集体经济空壳村纳入试点扶持范围，统筹整合涉农财政资金，切实加大对农村集体经济发展的投入支持，适当增加粤东西北地区试点村指标数量和中央、省级财政扶持资金，示范带动当地农村集体经济快速发展。认真落实财政部、国家税务总局《关于支持农村集体产权制度改革有关税收政策的通知》精神，免征宅基地和集体建设用地使用权及地上房屋确权登记涉及的契税，免征农村集体经济组织因收回集体资产产权而签订产权转移书据涉及的印花税。

（三）创新城乡利益联结模式和联农惠农机制

广东农村集体经济发展的重要方面之一是创新发展合作制、股份制、订单农业等多种利益联结方式，让农民真正成为农业的主人，更多分享产业增值收益，增强农民从事农业的获得感和幸福感。因地制宜、因园制宜，建立"一园一策"利益联结机制，鼓励发展农业合作社，推行"龙头企业+专业合作社+农户"等经营模式，拓宽农民增收渠道；推广"企业+农户"等产业发展模式，由企业兜底收购确保农民增收；试行"保低收益+按股分红"模式，让农民分享产业链增值收益；建立"股份+合作"的土地流转模式和"租金+分红+劳务收入"的新型分配方式，打造利益共享、风险共担的发展共同体；探索建立"折股联营、反租倒包、双线代销"等模式，建立农民增收长效机制，让农民长期享有持续稳定的收益，增强农村的吸引力和农民从事农业的安全感、责任感。

（四）探索多种类型的农村集体经济实现形式

向改革要效益、靠改革添活力。引导和支持各地积极探索推进农村集体土地资源化开发、闲置资金资本化运营、房屋设施市场化经营、历史人文生态资源活化的有效途径，采用投资经营、物业租赁、资源开发等多形式壮大集体经济，增加农民财产性收入。总结推广佛山市禅城区"数字云图"经验，加快建立省、市、县、镇、村相联通的农村产权流转管理服务平台，拓展服务功能，提升服务水平，确保农村集体资产管理公开透明和保值增值。大力探索将财政资金和社会帮扶资金投入形成的资产，量化一定比例作为村集体尤其是集体经济空壳村、薄弱村集体持有股份，不断健全消除空壳村、壮大薄弱村的长效机制。

（五）构建激励和约束相容的奖惩机制

加快构建政府鼓励、财政奖补、农民主体、依法有偿的土地流转新机制，支持农村集体经济组织统筹集体土地或托管农户承包地，开展经营服务活动。加强考核问效，持续将发展壮大集体经济作为市县镇党委书记抓基层党建述职评议考核的重要内容，以及村党支部书记评优和选拔任用的重要依据。强化基层干部能力建设，分级分层对市、县、镇三级农村经营管理队伍实现全覆盖轮训，不断提升基层干部指导改革发展的业务能力。鼓励和支持各地细化落实措施，对发展壮大集体经济作出突出贡献的村"两委"干部，可给予一定比例奖励。进一步完善落实改革容错纠错机制，最大限度激发基层改革创新活力。

参考文献

赵昶、董翀：《民主增进与社会信任提升：对农民合作社"意外性"作用的实证分析》，《中国农村观察》2019 年第 6 期。

郁建兴、任杰：《社会治理共同体及其实现机制》，《政治学研究》2020 年第 1 期。

仝志辉、韦潇竹：《通过集体产权制度改革理解乡村治理：文献评述与研究建议》，《四川大学学报》（哲学社会科学版）2019 年第 1 期。

孙秀林：《当代中国的村庄治理与绩效分析》，广西师范大学出版社，2015。

黄祖辉、胡伟斌、徐梅缀：《农村集体经济"股社分离"改革——以杭州江干区为例的剖析》，《贵州大学学报》（社会科学版）2019 年第 6 期。

区域协调篇
Regional Coordination

B.15
2021年广东推进城乡融合与共同富裕报告

刘 伟 黄孟欣*

摘 要: 实现共同富裕是建设中国特色社会主义的本质要求。2021年,
广东在推进城乡融合促进共同富裕的实践中取得了新进步,城乡
居民收入较上年的2.49∶1进一步下降为2.46∶1。展望"第二
个百年"奋斗目标,明晰乡村振兴战略背景下推进城乡融合、
实现城乡共同富裕面临的瓶颈和短板,对迈向高质量共同富裕具
有重要意义。新时代推进共同富裕,需要大力促进城乡融合,在
加强乡村基础设施、公共服务建设,促进要素资源双向流动,建
设宜居美丽乡村,构建新型治理体系等方面持续发力,加快缩小
城乡居民收入差距。

关键词: 城乡融合 共同富裕 城乡居民收入 广东省

---

* 刘伟,博士,广东省社会科学院国际问题研究所所长、研究员,主要研究方向为产业与区域
经济;黄孟欣,广东省农业农村厅二级巡视员,主要研究方向为农村改革与农业产业升级。

广东在深入探索和推进共同富裕的实践中取得了显著成绩，也面临着新的挑战和任务。正如习近平总书记在全国脱贫攻坚总结表彰大会上的重要讲话中指出的："脱贫攻坚战的全面胜利，标志着我们党在团结带领人民创造美好生活、实现共同富裕的道路上迈出了坚实的一大步。同时，脱贫摘帽不是终点，而是新生活、新奋斗的起点。解决发展不平衡不充分问题、缩小城乡区域发展差距、实现人的全面发展和全体人民共同富裕仍然任重道远。"①当前，广东社会主义现代化进程中"扎实推动共同富裕"的堵点和难点就在于城乡发展不平衡、农业农村发展不充分。为了更好解决新时代面临的发展问题，实现高质量共同富裕，必须走城乡融合之路，建立健全城乡融合发展体制机制和政策体系。

一 广东推进城乡融合促进共同富裕的路径与成效

习近平总书记指出："促进共同富裕，最艰巨最繁重的任务仍然在农村。"这充分说明了农村共同富裕工作不仅重要，而且有着特殊的难题需要破除。长期以来，整体经济发展水平相对滞后，缺少城市和工业带动，城乡要素市场存在壁垒，农村生产效率较低，广东珠三角以外区域农业经济发展明显落后于非农经济，农民收入远远低于城市居民收入，农村基础设施条件依然落后，这些问题正是广东实施乡村振兴战略所要解决的难题。2020年以来，广东稳步推进产业转型升级，经济结构日趋合理，"一核"区域城市化质量、现代化程度直逼世界先进经济体，城乡融合发展不断深化。

（一）从空间上统筹"一核一带一区"共富格局

在既定时空范围内，自然要素和人文因素相互影响、相互作用、反馈融

---

① 习近平：《在全国脱贫攻坚总结表彰大会上的讲话》，http：//www.gov.cn/xinwen/2021-02-25/content_5588869.htm，最后检索时间：2022年6月30日。

合形成了城乡地域系统，不同地域的生态环境、农业资源、产业构成、交通便利性、聚居规模、社会组织与文化观念等特征存在着较大的差异。地域的差异性要求在实施乡村振兴、推进城乡融合发展时必须立足于地域资源优势，综合把握区域禀赋，因地制宜地探索城乡融合共富模式，统筹规划共富蓝图。既要考虑不同区域（如发达地区、发展中地区、脱贫地区等）之间的差异，重视实施国家区域重大战略、区域协调发展战略对乡村振兴的驱动和影响，又要聚焦推进城乡互动与发展融合。广东省以新发展理念谋篇布局，破解区域发展不平衡不协调的矛盾，在注重区域特征，发挥区域综合比较优势的基础上形成了"一核一带一区"的城乡融合区域蓝图和战略布局，形成了珠三角与环珠三角、粤东西北的空间联动协调发展格局。"一核"发挥引擎作用，在产业转型升级、创新驱动上下功夫；"一带"作为新时代广东省发展的主战场，突出陆海统筹、港产联动，在产业集群上下功夫；"一区"发挥绿色屏障作用，在保护和修复生态环境，提供绿色产业、生态产品上下功夫。根据不同区域的禀赋优势、发展水平构建差异化城乡共富格局。在新冠肺炎疫情的冲击下，广东省"一核一带一区"区域协调发展战略格局表现出了较强的经济增长韧性，也在实践中检验了区域空间战略的科学性和合理性。从数据上看，2021年珠三角核心区地区生产总值占全省比重80.9%，东翼、西翼、北部生态发展区分别占6.2%、7.0%、5.9%。[①] 广州市作为"一核"地区的核心引擎，2021年常住人口城镇化率达86.19%，超过发达国家80%的水平，远高于全国64.72%的水平。广州以打造美丽宜居幸福城市为目标，城乡统筹融合发展取得了较大的成效，开启了城乡共富的"广州探索"。

（二）"三项工程"与新兴业态促进乡村居民高水平就业

近年来，广东大力实施"粤菜师傅"、"广东技工"和"南粤家政"三项工程，走出了一条有效促进城乡劳动者技能就业、技能致富，助推乡村振

---

① 《2021年广东省国民经济和社会发展统计公报》。

兴的新路径。如广州市将打造"广府河粉"系列特色小吃品牌与推广粤菜菜品、宣传粤菜文化结合起来，培育高质量"粤菜师傅名村"。实施广府地区"文化技工"培育计划，探索与港澳地区开展职业技能等级认定试点，创新粤港澳技能人才培养合作模式。打造羊城家政基层服务站服务品牌，支持和规范家政新业态及灵活就业形态。广州通过融"技能培训+品牌培育+产业链融合+地域特色文化宣传"、推广与保护等于一体的"三项工程"行动，创造了新的就业岗位，推动了乡村居民高水平就业。充分利用互联网平台、手机 App、微信小程序、直播带货等多种形式，开展新零售业态，以"线上线下"双渠道盘活农特产品销售渠道，促进农产品"供给侧"与市场"消费侧"有机、灵活、无缝衔接，构建从田头到舌尖全过程可控可信的农产品配送链条，实现农产品从基地到餐桌的直接供应，打造绿色生态安全可信可靠农产品品牌，使农民增收致富，保市民"舌尖安全"。

截至 2021 年底，"三项工程"累计培训 767.93 万人次，带动就业创业 236.69 万人次。问卷调查显示，创业的"粤菜师傅"中，带动 1 人及以上实现就业的比例高达 83.17%；接受培训后的厨师工作效率得到提高的占 46.67%，薪酬待遇提高的占 23.22%，岗位晋升的占 18.82%，"跳槽"到更好企业的占 6.59%。71.86%的技工人才表示"广东技工"工程对技能提升、职业发展和收入增加有帮助，越来越多的青年通过技能改变人生。[①] 2021 年，职业院校、技工院校毕业生规模达 70.1 万人，为产业发展输送了大批高素质技能人才。"广东技工"还吸引了农民工、高素质农民、适龄青少年等群体入读职业学校、技工学校，支持了 1.5 万名建档立卡贫困户子女免费入读技校。"南粤家政"工程通过实施员工制家政企业引领计划，扶持了一批诚信、规范的家政服务企业，让更多的偏远地区劳动力通过当保姆、月嫂实现了脱贫致富。

（三）完善农村集体经济夯实农民致富基础

农村集体经济是我国社会主义公有制经济的重要形式，是指集体成员利

---

① 见广东省社会科学院 2022 年《专报》第 3 期，组长梁理文。

用集体所有的资源要素，通过合作与联合实现共同发展的一种经济形态。[①]发展集体经济是全面推进乡村振兴，实现共同富裕的重要抓手。2018年，《乡村振兴战略规划（2018—2022年）》提出"发展多种形式的股份合作"，为农村集体经济创新形式提供了方向，应在充分利用政策机遇的基础上，结合区域乡村实际情况，贯彻因地制宜原则，灵活创新农村集体经济形式，激发乡村主体经济活力，为实施高质量城乡融合发展与实现共同富裕夯实基础。具体来说，在集体经营性资产较多，区位与资源禀赋较好，周边及村域范围内产业发达的乡村区域，应主打产业主导型集体经济，如广东省"一核"地区的乡村，发展基础好，集体积累多，非农就业机会多，与城市深度融合，具有一二三产业融合的优势；"一带"地区（粤东、粤西）的乡村，往往农民居住较为集中、适合农业规模化经营，可通过明晰集体产权，整合村庄与农户各类资源，完善集体经济组织及其运行机制，选好主导产业，发展规模经营型现代农业；"一区"地区的乡村，人群居住地比较分散、适宜发展农户经济，在成立经营合作社、劳务合作社等服务实体的基础上，发展生产服务型集体经济，如英德金鸡村，充分发挥集体生态资源优势，专业化农事服务经济体不断壮大，加入合作社的农户收入得到保障。

（四）运用财政转移支付加强乡村投入和保障

市场机制容易导致收入差距拉大，较难保障社会公平，需要通过政府的再分配手段进行调节。因此，财政转移支付是促进共同富裕的重要工具。当前城乡差距最直观的体现是基础设施和公共服务水平的差距，在一定程度上阻碍了乡村发展。习近平总书记强调，要"把公共基础设施建设的重点放在农村，在推进城乡基本公共服务均等化上持续发力，注重加强普惠性、兜底性、基础性民生建设"[②]。因此，"十三五"时期，全省投入基本公共服务

---

① 2016年《中共中央 国务院关于稳步推进农村集体产权制度改革的意见》明确了集体经济的全新内涵。

② 习近平：《论"三农"工作》，中央文献出版社，2022，第42页。

领域财政资金达 4.6 万亿元，年均增长 7.8%，通过大幅财政转移支付补齐农村基础设施短板，极大地促进基本公共服务均等化，全省城乡居民基本养老保险基础养老金最低标准增长 80%。2021 年，各级财政实现对城乡居民承担的大病医疗费用"二次报销"。2017 年以来，粤东西北地区按每村 20 万元的建设标准（由省财政约按总额的 80% 分类档补助），新建 10000 个规范化村卫生站，县域医疗卫生机构基础设施条件显著改善。2017~2021 年共新改建农村公路 6.3 万公里，农村公路密度达 101.6 公里/百平方公里，基本实现 100 人以上自然村通硬底化公路，乡镇和建制村通客车率、农村公路铺装率、农村公路列养率均达 100%。农村卫生厕所普及率超过 95%，农村集中供水基本实现全覆盖，生活垃圾"村、镇、县"收运处置体系实现全覆盖；农村 5G、4G 基站数量均居全国第一，行政村 4G 网络实现全覆盖。[①]

（五）推动文化下乡促进农民实现精神共同富裕

农村现代化的一个重要领域就是"人"的现代化，共同富裕既包括物质层面，也包括精神层面。实现精神富裕是农民个体自我价值实现的重要条件；推动精神富裕是乡村集体凝心聚魂的文化工程。近年来，广东大力完善村级综合性文化服务中心，推动有条件的地区建立乡村博物馆、非遗工作坊等。实现省市县镇村五级公共文化设施全覆盖，"四馆一站"免费开放，创新建成"粤书吧"等新型阅读空间 1900 余家。[②] 加强农村精神文明建设，构建新时代的乡村文化，对推动乡村全面振兴具有极为关键的保障作用。文化下乡是乡村精神富裕的必要途径。乡村振兴需要政策的扶持、城市的反哺，更需要文化的滋养。中国农耕文明悠久，广东岭南文化深厚，这是实现农民精神富裕的重要资源。但随着现代化进程的深入，乡村文化处于快速变迁之中，乡村社会日益开放，农民提

---

① 张子俊：《广东省农村卫生户厕普及率超 95%》，《南方日报》2021 年 10 月 28 日，第 A07 版。
② 公共图书馆、博物馆、文化馆、美术馆和乡镇（街道）综合文化站。

出了更高层次的多元精神文化需求，要求在继承和发扬优秀传统文化的同时，尽快实现岭南文化的时代性。广东近年来持续推动乡村文化供给提质增效，文化下乡是乡村精神富裕的必要途径。乡村振兴需要政策的扶持、城市的反哺，更需要文化的外来输入。时代日新月异，千变万化，新生事物不断在代替旧的事物，应当改变固有思维方式，突破传统观念，通过文化下乡讲授传统文化、普及科技知识，通过文化的熏陶和培植，树立依靠自身发展的理念，有效激发群众内生动力，为乡村振兴寻找新的精神文化突破口。

（六）乡贤是推动共同富裕的重要力量

乡村迈上共同富裕之路是多方主体共同努力的结果，乡贤集资金、知识、技能、阅历和乡情于一身，是乡村振兴中极为重要的一股社会力量。广东具有历史悠久、底蕴深厚的乡贤文化。作为改革开放的前沿地，广东农村早早地走出一批成功的能人，热衷于回馈乡梓的公益慈善活动，是新时代促进乡村共同富裕的群雁。乡贤的捐资助学、扶贫济困、敬老恤幼、架桥修路等慈善活动是第三次分配的直接体现；乡贤的返乡创业丰富了乡村的人才队伍，乡贤与乡村天然的情感联系规避了外来资本进入乡村的水土不服，易于和农民结成紧密型利益共同体，为乡村产业振兴注入了内生动力；一些乡贤返乡后担任农村党组织书记，成为带领乡村全面振兴的"头雁"，为乡村经济高质量发展注入源头活水。乡贤的公益投入、致富项目和带动示范效应，村民们对美好生活追求的动力，基层党委政府政策的有力支持，共同构成乡村经济发展和实现共同富裕的力量。黄东灵是河源市紫金县龙窝镇彭坊村承龙嶂茶企的负责人，公务员退休后回村种植紫金茶。1997年他带动彭坊村几户村民一起种植茶叶，为农民提供肥料、茶苗、技术指导和回收业务。刚开始没有多少村民愿意种，到2004年，跟种的几户村民年收入达几万元，吸引周边更多农户纷纷加入种植。在这位乡贤的带领下，彭坊村大量村民参与紫金茶种植，家庭收入逐年提高。

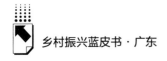

二 在城乡融合进程中实现共同富裕的瓶颈与思考

2020 年以来,广东创新开展"三农"工作,加速推进城乡融合发展,为建立促进共同富裕的机制体制奠定了坚实基础。2021 年广东居民人均消费支出 31589 元,较上年增长 10.9%。其中,城镇居民人均消费支出 36621 元,增长了 9.3%;农村居民人均消费支出 20012 元,增长了 16.8%。全省居民恩格尔系数为 33.2%,比上年下降 0.6 个百分点;其中城镇为 31.7%,农村为 39.3%。[①] 全省居民人均住房建筑面积达 42.23 平方米,其中,城镇为 38.79 平方米,农村为 50.14 平方米。城乡发展不均衡、乡村环境改造不充分、农业产业效益低、乡村治理能力不高等突出问题仍然存在,是推进高质量共同富裕进程的瓶颈。

(一)城乡差别下实现共同富裕的瓶颈

1. 城乡发展不均衡问题仍然突出

城乡、区域发展不均衡仍然是阻碍我国全面实现共同富裕的堵点和痛点。习近平总书记指出城乡区域发展不平衡是广东高质量发展的最大短板。广东城乡发展不均衡突出表现在城乡居民收入差距大、基本公共服务均等化和基础设施建设存在短板,城乡资源要素禀赋存在较大落差、区域经济发展水平失衡等,属城乡差距较大的省份之一。虽然 2021 年广东省城乡居民收入比进一步下降为 2.46,不过仍然大于全国 23 个省份,且显著高于浙江的 1.94。尽管农村居民可支配收入增长较快,但是与城镇居民相比仍存在着较大的差距。

2. 城乡产业融合仍需深化

乡村要振兴,产业需兴旺。实现城乡产业融合就是要精准把握一二三产业之间在产品、要素、组织、技术方面的结合点,一方面提高农业生产率水

---

① 《2021 年广东省国民经济和社会发展统计公报》。

平，另一方面促进农业朝着全产业链化、价值链化、多样化、高端化演进。现阶段不少地区的农业深加工程度低、产业链延伸不足，农业发展与文旅、教育、康养、服务等产业互动不够，农业价值功能发挥不充分，农产品附加值低，产业价值链增值效应差，是城乡产业融合程度不足的表现。此外，乡村信息化基础设施薄弱，以物联网、大数据、互联网等为载体的数字技术在农村农业上的应用投入不足，缺乏依托于新技术的运营管理人才，致使农业生产与市场需求之间存在明显的信息错位，使得以农业为主导的乡村产业发展增速缓慢、质量效益不高，农民增收渠道不畅。

3. 乡村环境改造仍需加力

广东响应国家号召，推进"千村示范、万村整治"行动，在全域开展乡村人居环境整治行动，美丽乡村建设取得重要成果。但区域之间、村庄之间，由于经济发展、治理水平、领导班子素质的不同，人居环境整治的进度不一，乡村基础公共设施等与城镇仍存在较大差距，在粤东、粤西欠发达区域，乡村环境脏乱差现象仍然在一定程度上存在，"三清三拆三整治"等环境治理压力较大，补齐乡村基础设施和基本公共服务短板的任务较重。2020年广东省城乡人均固定资产投资额比已扩大到1.68∶1。农村医疗卫生服务能力与城镇相比明显薄弱，2020年广东城乡每千人卫生技师数之比为2.3∶1，每千人执业医师数之比为2.24∶1，而全国平均水平分别为2.2∶1与2.1∶1，说明广东城乡医疗差距高于全国平均水平。[①] 而且，农村居民利益表达渠道有限，如"空心村"配套路网等农村公共基础服务建设供需错配问题较为突出。

4. 乡村治理能力仍需提高

随着城乡一体化推进，城乡交流日益频繁，乡村利益主体呈现多元化特征。传统由熟人构成的乡村生活共同体逐渐转换为个体化、流动化、异质化的场域，意味着乡村公共需求的数量增加，公共事务的类型更加多样，但是

[①] 邓智平：《广东缩小城乡差距促进共同富裕研究报告》，《广东省社会科学院》2022年《专报》第7期。

乡村仍然缺乏足够的人、财、物、权等治理资源。村民的自治意识和自治能力有待提高，主体性意识不足。自治、法治、德治相结合的有效治理方式尚在探索之中。此外，广东作为外来人口最多的省，大量的非户籍人口居住于农村或城乡接合部，流动性强，他们也有自身的利益需求，也有参与公共事务的热情，尽管广东已经实行了非户籍村委委员政策，但总的来说，外来人口有效参与乡村治理还缺乏足够的制度化渠道。

（二）城乡差距成因思考与国际经验借鉴

1. 成因思考

长期的工业化城市化偏向政策是导致"三农"问题、固化二元结构、制约城乡融合、影响农业农村现代化的重要原因。20世纪50年代，我国实施重工业优先发展战略，制定了包括户籍、人民公社、农产品统购统销等制度，这些制度构成了生产要素配置和公共服务供给均偏向城市发展的政策体系，在经济社会领域形成了城乡双重二元结构，尽管在此过程中也发展了农业机械化下乡，但农业、农村、农民的利益和发展受到了严重阻碍。改革开放之后，以经济建设为中心的体制改革，使我国财政投资和资源配置仍然长期偏向城市，尽管21世纪以来，公共财政对农业农村的投资不断增加，但并没有扭转城市的虹吸效应，城乡二元结构转化困难，农业农村现代化发展滞后。

其一，长期偏向城市的资源配置和公共服务供给，导致农村基础设施薄弱，生产性基础设施落后，生活性基础设施供给不足，教育、医疗卫生等公共服务资源稀缺，城乡居民之间存在长期的"发展机会不平等"。此外，农村的社会保障福利与城镇存在巨大差别，如养老、医疗保险等，给付水平很低，保障水平很有限，严重阻碍了农民对美好生活的追求。其二，长期的城乡二元结构，致使城市与乡村各自孤立发展，城乡产业缺乏整体规划，农业与工业、服务业脱轨，前者属于乡村、后者属于城市，导致三产融合困难，农业难以形成完整的产业链、价值链，农产品加工转化率低，农民增收乏力。此外，土地制度改革与城乡一体化土地市场建设滞后，农村宅基地和住房的市场价值难以体现，农民难以享受城镇化带来的土地增值收益。其三，长期以来，农村建设整体缺乏规划、基础设施建设滞后，历史欠账过多，尽管近年来公共财政投入力度不断增大，但改善乡村人居环境任务仍然十分艰巨。此外，长期以增产为导向，致使农业生产过程中滥用农药化肥，造成农村生态环境恶化，水源、土地等污染严重。其四，发展机会少、发展空间有限等因素，导致乡村青壮年劳动力外流严重，农村老龄化、空心化严重。此外，从事农业经营人员的受教育程度普遍偏低，据广东省第三次农业普查数据显示，初中及以下学历比例为88.6%，高中或中专学历为10.3%，大专及以上比例仅为1.1%。"劳力"和"脑力"两项人力资本的不足，导致乡村社会自治能力差，不利于农业农村现代化的发展。

2. 国际经验借鉴

发达国家现代化演进经历了"工业、城市优先发展"到"工业反哺农业、城市反哺乡村"最后发展为"工农融合、城乡融合"的三个阶段，在发展思路、政策制定、措施落实方面具有相对成熟的经验，对广东推进城乡深度融合，促进共同富裕具有一定的借鉴价值。

其一，美国城镇化率已达85%，城乡之间享有均等的公共资源和社会保障，现代化水平基本无差别，实现了"城乡共生"。美国农业立法体系涵盖了农民收入、资源环境和食物有效供给的三大"安全网"。美国相当重视农村基础设施建设和公共服务保障，截至2014年，美国高速公路总里程约占全球一半，基本覆盖了5万人以上的全部城镇。2009年以来美国公共财政用于资助乡村发展的资金额是资助城市社区发展的3.98倍。完善的公共设施与服务体系为美国通过产业聚集融合链接城市与乡村，打通城乡市场提供便利的基础。

其二，欧洲以"领土整治计划""城乡等值化"等改革实现城乡均衡发展。法国通过"领土整治计划"重新在空间上布局产业，限制人口和工业过度集中在巴黎等几个大城市，鼓励企业向乡村地区迁移和投资，以引导土地综合开发利用。该计划还包括建设城市网络、分散第三产业、援助落后地区、改善生态环境、发展旅游业等。^① 通过"领土整治计划",法国逐渐走上了产业、城乡、人与自然等均衡发展的道路。德国则基于"城乡等值化"发展理念,实现了城乡关系重构。该理念承认城乡在产业结构、经济生活方式、文化等方面的差异,主张要保障城乡居民能享有同样的生活质量,工作和交通条件,优质的水、空气、土地等自然资源。^② 该理念推动了德国土地整理和农业农村的发展,将发展多功能农业和乡村作为城乡保持协调的主要策略,通过延伸农业产业链,提升农业价值链,做强旅游业和手工业,保障了乡村居民的充分就业和显著增收。

其三,日本以组织化设计、发展特色农业等方式推进城乡融合。日本以立法形式确立了农协制度,农协通过计划销售农产品的方式提高了农民的议价能力,极大地促进了日本农民收入的提升,目前日本有99%的农户都加入了农协。农协鼓励村民成立各种形式的合作组织,为农户提供生产经营、销售、金融、保险、物流、仓储以及文化等综合类服务,包括开展农产品加工、农产品超市直营、康养、休闲、文化等活动,极大地激发了农村活力。日本通过调整农业结构,针对山地多、耕地少且分散、生产规模小等特点,因地制宜发展"一村一品"特色产业;通过延伸产业链、价值链的方式增加农产品效益,提升了农产品价格和农业收益;通过结合日本耕地特点如水田、山地、土地等,有针对性地发展农机配备,提升农业现代化水平。

整体上看,发达国家走城乡融合发展的思路和方向基本是一致的,制定的政策措施、实施的方法手段因各国自身实际情况而各有侧重。美国侧重于基础设施和服务的供给,以雄厚的科技推进城乡联动现代化,形成科技—地域—经济互动逻辑。欧洲通过农业的工业化转型,实现了城乡协调发展。日本注重对农业农村内生潜力的挖掘,通过精细化的政策导向,推进乡村与城市联动发展。发达国家的城乡融合实践为广东统筹"一核一带一区"空间

---

① 蔡宗夏:《法国的领土整治及其特点》,《地理学与国土研究》1987年第3期,第48~52页。
② 高启杰、张沭:《德国城乡等值化的发展理念及其对中国的启示》,《古今农业》2021年第4期,第15~24页。

布局，因地制宜推进区域、城乡融合发展，实现共同富裕提供了较为丰富的借鉴。

（三）要从历史方位出发把握新阶段城乡共富的策略

实现共同富裕从物质层面理解就是共同富裕不仅要求社会经济在整体上达到一个较高的发展水平，而且不同社会群体间的收入、所拥有和享有的物质条件被控制和缩小在合理的范围内；从精神层面理解就是城乡居民在享有基本权利、发展机会和享受增长红利方面是均等和没有差异的。在实践层面就是要破除城乡发展壁垒，解决"一条腿长、一条腿短"问题，推进城乡融合、协调发展，使城乡经济社会发展达到相对平衡水平，破解二元结构，这既是中国特色社会主义的本质要求，也是将共同富裕作为价值诉求的必然选择。

党的十九大以来，随着广东城乡经济社会快速发展，不仅生产结构更加合理，而且城乡居民的收入差距、消费水平、个人素质、受教育程度等差距也日益缩小，城乡两个系统逐渐趋于接近，重构城乡关系是生产力发展到一定程度的历史必然。从经济生活层面看，1982 年广东城镇人口为1034.13 万人，2021 年增长至 9466.07 万人，常住人口城镇化率达到74.63%，在全国所有省份中位列第一；城乡居民收入比持续缩小，从2012 年的 2.78∶1 下降至 2.46∶1，特别是 2020 年和 2021 年连续两年控制在 2.5∶1 之内；城乡居民人均消费、支出分别从 1978 年的 400 元、185元提升至 36621 元、20012 元，农村人均居民消费增速好于城镇居民，为城乡融合发展奠定了物质基础。从社会生活层面看，广东基本实现 100 人以上自然村通硬底化路，乡镇和建制村通客车率、农村公路铺装率、农村公路列养率均达 100%。民营快递网点在乡镇地区的覆盖率达到 100%，实现"乡乡有网点、村村通快递"。[①] 农村基本设施建设稳步推进和提升，逐渐与城镇接轨。在公共服务方面，信息技术的飞速发展和基本信息基础设施

---

① 《2021 年广东省国民经济和社会发展统计公报》。

的完善，为城乡居民均等化享有文化、教育、医疗卫生等公共资源提供了便捷平台和渠道。乡村在经济社会生活和文化精神方面与城镇的系统性接近，使城乡融合在实践中成为可能和必然。

站在新的历史起点，城乡融合发展是广东乡村振兴的重要动能，也是走向共同富裕的必由之路。城乡融合不仅是城乡经济社会历史演进的必然结果，也是一个不断发展完善的历史实践过程，从时间上看都服务于第二个百年奋斗目标的历史进程。由于城乡发展不平衡、农村发展不充分的程度、水平各有不同，因此在制定共富策略时需要立足于城乡发展阶段的具体实际和特征进行考量与布局。2021年广东固定资产投资比上年增长6.3%；分投资主体看，国有经济投资增长6.1%，民间投资增长7.8%，港澳台及外商投资增长15.2%；分地区看，珠三角核心区增长8.1%，东翼下降10.5%，西翼增长16.7%，北部生态发展区增长2.9%。① 广东省"一核"区域的城乡共富策略主要侧重于补短、补差、补缺、补弱，突出在规划、建设、管理、服务等方面推进城乡一体化，使域内全体居民共享发展成果。"一带"区域侧重于"沿海、沿江经济带"合作，以先富帮后富为目标，通过"一核"区域产业外溢、延长产业链等共富方式扩展城乡融合共富发展空间。"一区"立足于生态禀赋，发挥产业生态化和生态产业化的优势，将生态、自然景观与农业、人文元素相融合，将地域风貌、风情、风韵、风格与农业产业产品相链接，形成岭南特色的绿色生态发展格局，通过转移支付等形式共享"一核一带"发展红利。

三 推进城乡融合实现高质量共同富裕的政策方向

广东市场化程度居全国前列，但要素市场化改革的进程却远远滞后于产品市场化，这使得城乡之间的土地、劳动和资本要素的交换未能充分遵循市场经济规律，乡村要素和资源无法得到有效利用，制约了乡村发展的活力。

① 《2021年广东省国民经济和社会发展统计公报》。

实现全面小康之后，乡村振兴和共同富裕成为新的目标，这就需要加快城乡要素市场化改革的步伐，进一步加大对农业农村领域的投入，坚定落实乡村振兴政策。实现高质量共同富裕是直接关系全体人民共同过上幸福美好生活的"国之大者"，在全面实现乡村振兴的背景下推进城乡融合发展，应当补齐短板、筑高底板，激活内生潜力，做大"蛋糕"，为实现共同富裕奠定坚实基础。面向2035年，以实现城乡融合、乡村振兴与共同富裕三者同频共振良性互促为导向，不断探索高质量促进共同富裕的政策，是广东今后一段时期需要研究的重大课题。

（一）加强公共服务均等化，实现城乡共建共有

"农业兴、农村美"的建设主体是人，农村社会运行的主要载体也是人，因此农村潜力的挖掘、农业可持续发展的保障条件是人发展的权益得到平等保障，也即农村居民应该享有与城镇居民均等的公共福利与权利；否则乡村很难留住人，也很难吸引人和资金。综观发达国家的农村振兴经验，无论是美国、日本还是西欧诸国都将加强农村基础设施建设作为推动农村发展、推进城乡融合的主要措施。而加强农村基础设施建设，实现城乡基本公共福利均等化，也是加快城乡融合发展、缩小城乡差距的基本物质保障。因此，应该将城乡作为一个整体进行规划，在基础公共社会建设方面，应合理规划城乡交通网络，打通"断头路""瓶颈路"，实现城乡路网有效衔接，加强乡村信息技术设施的覆盖面，使城市基础设施不断向乡村延伸。在基本公共服务和福利方面，应当持续增加对乡村地区的教育、医疗、卫生和养老等公共服务的财政投入和政策供给，缩小城乡社会保障差距，建立城乡公共资源均等化配置体制机制，实现人的发展机会平等，为扎实推进高质量共同富裕打好坚实基础。

（二）构建要素资源双向流动机制，实现产业共融共生

乡村振兴需要激活城乡间的主体、要素、市场，发挥市场在资源配置中的决定性作用，实现政府、企业、农民等不同主体目标与成本效益间的协

同，方能推进城乡融合有效运行。因此，需要彻底解决我国城乡二元分割的社会结构，推进城乡要素市场化改革，破除影响要素自由流动的制度障碍。进一步改革户籍制度，逐步实现公共福利与户籍制度剥离，促进城乡间人才的自由流动；加快乡村土地制度改革，盘活乡村土地资源；推进农村金融创新服务，拓宽社会资本助推乡村振兴的渠道，鼓励工商资本参与乡村建设，依据地方资源禀赋，构建多元化区域特色产业。以镇为城乡衔接点，立足乡村资源禀赋优势，因地制宜，发展地方特色产业，以生产为基础，培育涵盖加工、经营、销售在内的三产业融合体系，充分发挥信息技术、数字媒介在产业融合中关键作用，形成一镇（村）一品的产业融合发展格局。推进农业与旅游、文化、康养等产业深度融合，积极发展休闲农业、智慧农业、电子商务等新产业新业态，扩大农民增收渠道。构建鼓励推进产业向城市周边或乡村地区分散的机制，以带动乡村就业和经济发展，从而实现城乡产业融合。

（三）建设宜居美丽乡村，实现生态环境共美共享

实现人的全面发展和人与自然的和谐共生，是高质量共同富裕的题中应有之义，也是乡村振兴的理想状态，是城乡融合发展的内在需要。习近平总书记指出绿水青山就是金山银山，将绿色发展理念贯穿乡村振兴始终，推动经济绿色、低碳化，生态经济化，将乡村的生态优势转化为产业优势、可持续发展优势，使农民富裕与乡村美丽宜居相统一。在城乡融合发展中，既要注重乡村资源开发，又要重视乡村环境保护，将"农业兴、农民富、农村美"落实乡村建设始终。对城郊或城市中的乡村，应充分发挥其区域融合优势，利用城市辐射效应积极发展自身，同时为城市生态环境提供绿色空间支撑。对于离城市较远的乡村，应充分利用其生态资源优势，积极发展绿色产业，将乡村打造成城市的后花园和城镇居民的乡愁栖息地。一方面，美丽宜居的乡村有利于发展新产业新业态，营造农村经济发展的良好环境；另一方面，优质舒适的生活环境本身就是富裕的标志之一。因此，要通过加强宣传教育，使乡村居民意识到并学习绿水青山是可以并如何转变为金山银山

的，使其将环境保护内化于心、外化于行，促进人与自然的和谐共生，实现生活环境共享共富。

（四）构建新型治理体系，实现城乡社会共治共富

要深化融合发展，需要创新城乡治理机制，改变城乡分别治理、分割运行的二元结构，建立城乡并轨同治体制机制。广州市全面落实《关于加强党对集体经济组织全面领导的指导意见》，推动治理重心和配套资源向村镇下沉，建立基层治理综合调度平台，赋予镇街"综合指挥权""人事一票否决权"。聚焦乡村民生实事，实现村镇"一元钱看病"、普惠性幼儿园、高质量农村养老设施、长者饭堂全覆盖，农村扫黑除恶专项行动持续推进，农民获得感、幸福感、安全感显著增强。因此，要在顶层设计上实行全域规划、全域管理、城乡共治，在省域范围内，实施各级政府乡村振兴与城乡融合一体化规划，取消城乡户籍差异和户籍与公共福利绑定的制度，完善土地管理制度、社会保障制度。社会治理体系要有机衔接城乡规划、产业规划、区域规划、交通规划和环境保护规划等，提升财政投资效率。在治理体系上，构建城乡一体化的社区治理体系，加强农村基层党组织对乡村振兴的全面领导，全面推进农村治理体系和治理能力现代化，为城乡社会共建共富提供组织保障。

参考文献

黄鑫权：《习近平关于精神生活共同富裕重要论述的三重价值向度》，《学习论坛》2022年第5期。

孙贺乾：《习近平"三农"观的生成逻辑、主要内容和理论特质》，《学理论》2022年第9期。

罗必良、吕姝颖：《农民幸福感：来自村庄选举投票的证据》，《学术研究》2022年第7期。

温铁军：《共同富裕的在地化经济基础与微观发展主体》，《乡村振兴》2021年第

9 期。

蔡宗夏:《法国的领土整治及其特点》,《地理学与国土研究》1987 年第 3 期。

高启杰、张沐:《德国城乡等值化的发展理念及其对中国的启示》,《古今农业》2021 年第 4 期。

张子俊:《广东省农村卫生户厕普及率超 95%》,《南方日报》2021 年 10 月 28 日,第 A07 版。

B.16
2021年广东乡村振兴驻镇帮镇扶村报告

高怡冰*

摘　要： 驻镇帮镇扶村是广东全面实施乡村振兴战略的重要举措，也是广
东重要的一项制度创新。驻镇帮镇扶村一年来，工作取得良好开
局和初步成效，逐步建立起组团式、造血式、共赢式帮扶新机
制。展望未来，驻镇帮镇扶村要准确把握全面推进乡村振兴战略
要求，不断提高帮扶能力、引领能力、带动能力，为激发乡村发
展新活力，展现乡村建设新面貌，构建乡村治理新格局，为全面
推进乡村振兴奠定坚实基础。

关键词： 乡村振兴　驻镇帮镇扶村　帮扶机制　广东省

习近平总书记强调，脱贫攻坚取得胜利后，要全面推进乡村振兴，这是
"三农"工作重心的历史性转移。习近平总书记还强调，全面实施乡村振兴
战略，其深度、广度、难度都不亚于脱贫攻坚，要完善政策体系、工作体
系、制度体系，以更有力的举措、汇聚更强大的力量，加快农业农村现代化
步伐，促进农业高质高效、乡村宜居宜业、农民富裕富足。为了不辜负
习近平总书记的重托，落实好中央关于巩固拓展脱贫攻坚成果同乡村振兴有
效衔接的部署要求，推进乡村振兴持续走在全国前列，从2021年开始，广
东实施乡村振兴驻镇帮镇扶村，一年来取得积极进展和明显成效，对于全面
推动乡村振兴具有重要意义。

---

* 高怡冰，广东省社会科学院企业研究所副所长、研究员，广东省乡村振兴驻吴川市黄坡镇帮
镇扶村工作队队长，主要研究方向为乡村振兴、营商环境、企业创新。

一 广东驻镇帮镇扶村的基本情况

广东创新性地提出并实施乡村振兴驻镇帮镇扶村新机制，从过去"驻村帮扶"转向"驻镇帮镇扶村"，充分发挥乡镇连县接村关键纽带作用，着力打造镇村联动一体化发展大格局，探索符合发展实际、具有全域特色的全面推进乡村振兴的"广东模式"。

（一）驻镇帮镇扶村工作队的构成

根据广东省统一部署，① 强化组团结对帮扶，增强帮扶力量配置，按照"党政机关+企事业单位+农村科技特派员、'三支一扶'人员、高校毕业生志愿者、金融助理"组团要求和优势互补原则，选派优秀干部、年轻干部，结合帮扶乡镇经济社会发展实际，严格落实粤东粤西粤北地区12市和肇庆市901个乡镇"一对一"组团结对安排。

参与驻镇帮扶的省直单位和中直驻粤单位共有274个，比参与脱贫攻坚的232个单位增加42个。各单位选派1名以上干部，其中牵头单位选派1名担任队长。选派驻镇帮扶工作队成员的单位，另各选派1名干部担任驻村第一书记，兼任驻镇帮扶工作队员。省科技厅、省人力资源和社会保障厅、省教育厅、团省委、中国农业银行广东省分行等单位结合有关服务乡村振兴行动，各选派安排1名以上农村科技特派员、1~2名"三支一扶"人员、2~3名高校毕业生志愿者、1名金融助理参与驻镇帮镇扶村。其中，农村科技特派员由省科技厅牵头选派，"三支一扶"人员由省人力资源和社会保障厅牵头选派，高校毕业生志愿者由团省委牵头选派，金融助理由农业银行广东省分行选派，人员纳入工作队统一管理。

2021年以来，全省有7174个组团单位、8099名党政机关和企事业单位干部参与驻镇帮镇扶村，其中向乡村振兴任务重的村、红色村、集体经济薄

---

① 广东省委办公厅、广东省人民政府办公厅：《广东省乡村振兴助镇帮镇扶村工作方案》，2021年6月，https://baijiahao.baidu.com/s? id = 1703454796791038212&wfr = spider&for = pc，最后检索时间：2022年8月30日。

弱村、党组软弱涣散村选派驻村第一书记 3976 名。省人社厅、省科技厅、农行广东省分行共选派"三支一扶"、科技特派员、金融助理等专业人才 4000 余名，团省委招募 1030 名高校毕业生志愿者驻镇参与乡村振兴。

（二）驻镇帮镇扶村工作队的区域分布

突出全域全覆盖帮扶，驻镇帮镇扶村实现全省 1127 个乡镇、近 2 万个行政村全覆盖。将全省 1127 个乡镇分为三类：综合实力相对较弱的 600 个乡镇列为重点帮扶镇，综合实力相对较强的 301 个乡镇列为巩固提升镇，经济较发达的珠三角 7 市所辖 226 个乡镇列为先行示范镇（见表 1）。

表 1　驻镇帮镇扶村的区域分布

单位：个

珠三角地市	结对帮扶地市	帮扶类型					
		重点帮扶镇				巩固提升镇	珠三角先行示范镇
		珠三角帮扶	省直中直驻粤单位帮扶	属地市自行帮扶	合计		
广州市	梅州市	30	18	21	69	35	
	湛江市	24	15	17	56	28	
	清远市	24	13	16	53	27	
	小计	78	46	54	178	90	
深圳市	汕头市	13	1	6	20	10	
	河源市	44	1	18	63	32	
	汕尾市	19	1	7	27	13	
	小计	76	3	31	110	55	广州市 34、珠海市 15、佛山市 21、惠州市 49、东莞市 28、中山市 18、江门市 61
珠海市	阳江市	10	8	8	26	12	
	茂名市	21	19	17	57	29	
	小计	31	27	25	83	41	
佛山市	肇庆市	32	9	18	59	29	
	云浮市	21	5	11	37	18	
	小计	53	14	29	96	47	
东莞市	韶关市	30	14	19	63	32	
	揭阳市	20	10	13	43	22	
	小计	50	24	32	106	54	
中山市	潮州市	12	7	8	27	14	
	小计	12	7	8	27	14	
合计		300	121	179	600	301	226
总计		1127					

实施省、市、县三级帮扶，对 600 个重点帮扶镇，安排 121 个省直和中直驻粤机关单位（含参公单位）作为牵头单位，153 个企事业单位作为成员单位，组成 121 个组团"一对一"定点帮扶。安排珠三角 6 市对口帮扶 300 个重点帮扶镇，广州、深圳、珠海、佛山、东莞、中山与属地市对接协商，参照广东省的做法，科学合理安排组团，实现"一对一"结对帮扶；安排属地市直属单位组团帮扶 179 个重点帮扶镇，属地市发挥各个市直单位的资源优势，调动帮扶工作积极性，精心组团，结对帮扶。对 301 个巩固提升镇，属地县（市、区）参照广东省的做法，自行安排组团，落实"一对一"结对帮扶。广州、珠海、佛山、惠州、东莞、中山、江门 7 市的 226 个先行示范镇，以及各地有行政村的街道，由属地市、县（市、区）结合实际开展多种形式帮扶，全面推进强镇兴村。

（三）驻镇帮镇扶村的政策支撑体系

为全面实施乡村振兴战略，接续推进脱贫攻坚与乡村振兴有效衔接，从中央到地方加快健全完善推进全面乡村振兴新的政策体系，不断推动政策创新的深度、广度、精度，为促进驻镇帮镇扶村落地见效、全面乡村振兴取得新进展、农业农村现代化迈上新台阶，形成强有力的政策激励引导和制度体系保障。

1.中央推动乡村振兴的政策文件

乡村振兴战略是习近平总书记 2017 年 10 月 18 日在党的十九大报告中提出的。党的十九大报告指出，农业农村农民问题是关系国计民生的根本性问题，必须始终把解决好"三农"问题作为全党工作的重中之重，实施乡村振兴战略。2018 年中央"一号文件"《中共中央 国务院关于实施乡村振兴战略的意见》对实施乡村振兴战略进行全面部署。同年，中共中央、国务院印发《乡村振兴战略规划（2018—2022 年）》，这是我国出台的第一个全面推进乡村振兴战略的五年规划。2021 年以来，围绕乡村产业振兴、乡村人才振兴、乡村文化振兴、乡村生态振兴、乡村组织振兴等五大振兴，出台了一系列专项政策文件（见表 2）。

表2　中央推动乡村振兴的政策文件

时间	文件名称
2012 年 6 月 1 日	《中华人民共和国乡村振兴促进法》
2018 年 1 月 2 日	《中共中央 国务院关于实施乡村振兴战略的意见》
2018 年 6 月 26 日	《乡村振兴战略规划(2018—2022 年)》
2019 年 5 月 19 日	《中国共产党农村工作条例》
2020 年 12 月 16 日	《中共中央 国务院关于实现巩固拓展脱贫攻坚成果同乡村振兴有效衔接的意见》
2021 年 1 月 4 日	《中共中央 国务院关于全面推进乡村振兴加快农业农村现代化的意见》
2021 年 3 月 22 日	《关于印发巩固拓展健康扶贫成果同乡村振兴有效衔接实施意见的通知》
2021 年 4 月 8 日	《关于推动脱贫地区特色产业可持续发展的指导意见》
2021 年 4 月 20 日	《农业农村部关于全面推进农业农村法治建设的意见》
2021 年 4 月 28 日	《中共中央 国务院关于加强基层治理体系和治理能力现代化建设的意见》
2021 年 5 月 11 日	《关于向重点乡村持续选派驻村第一书记和工作队的意见》
2021 年 5 月 22 日	《国务院办公厅转发国家乡村振兴局 中央农办 财政部关于加强扶贫项目资产后续管理指导意见的通知》
2021 年 6 月 8 日	《住房和城乡建设部 农业农村部 国家乡村振兴局关于加快农房和村庄建设现代化的指导意见》
2021 年 7 月 7 日	《农业农村部关于加快发展农业社会化服务的指导意见》
2021 年 9 月 1 日	《中华人民共和国土地管理法实施条例》
2021 年 10 月 22 日	《农业农村部关于促进农业产业化龙头企业做大做强的意见》
2021 年 11 月 12 日	《国务院关于印发"十四五"推进农业农村现代化规划的通知》
2021 年 11 月 17 日	《农业农村部关于拓展农业多种功能　促进乡村产业高质量发展的指导意见》
2021 年 11 月 26 日	《人力资源社会保障部 国家乡村振兴局关于加强国家乡村振兴重点帮扶县人力资源社会保障帮扶工作的意见》
2021 年 11 月 30 日	《"十四五"支持革命老区巩固拓展脱贫攻坚成果衔接推进乡村振兴实施方案》
2021 年 12 月 6 日	《农村人居环境整治提升五年行动方案(2021—2025 年)》
2021 年 12 月 17 日	《"十四五"农业农村人才队伍建设发展规划》
2022 年 4 月 25 日	《关于推进以县城为重要载体的城镇化建设的意见》
2022 年 5 月 20 日	《住房和城乡建设部等 6 部门关于进一步加强农村生活垃圾收运处置体系建设管理的通知》
2022 年 5 月 23 日	《乡村建设行动实施方案》

2. 广东推动乡村振兴的政策文件

广东省坚持以习近平新时代中国特色社会主义思想为指导,深入贯彻落实习近平总书记和党中央关于脱贫攻坚和乡村振兴的决策部署，把实施乡村振兴战略作为广东新时代"三农"工作的新旗帜和总抓手，坚持和加强党对"三农"工作的全面领导，结合广东全面推进乡村振兴的新形势、新任务、新特点，加强政策统筹谋划，强化政策创新引领，优化政策精准供给（见表3），着力完善城乡融合发展体制机制和政策体系，深入实施"三农"领域补短板"九大攻坚"行动，为促进乡村发展、乡村建设、乡村治理等重点领域取得新突破，为全面推进广东省乡村振兴取得新进展新成效提供有力的制度保障和政策支持。

表3 广东推动乡村振兴的政策文件

时间	文件名称
2017 年 1 月 24 日	《中共广东省委办公厅 广东省人民政府办公厅印发〈关于进一步引导和鼓励高校毕业生到基层工作的实施意见〉的通知》
2019 年 3 月 14 日	《广东省人民政府办公厅关于印发供销合作社新型乡村助农服务示范体系建设实施方案的通知》
2020 年 3 月 9 日	《中共广东省委实施〈中国共产党农村工作条例〉办法》
2021 年 3 月 31 日	《中共广东省委 广东省人民政府关于实现巩固拓展脱贫攻坚成果同乡村振兴有效衔接的实施意见》
2021 年 3 月 31 日	《中共广东省委 广东省人民政府关于全面推进乡村振兴加快农业农村现代化的实施意见》
2021 年 11 月 3 日	《广东省人民政府办公厅关于印发广东省自然资源保护与开发"十四五"规划的通知》
2021 年 11 月 3 日	《广东省人民政府办公厅关于转发省农业农村厅珠三角百万亩养殖池塘升级改造绿色发展三年行动方案的通知》
2021 年 11 月 26 日	《广东省人民政府办公厅印发关于促进农村消费提质升级若干政策措施的通知》
2021 年 12 月 20 日	《广东省人民政府关于印发广东省新型城镇化规划（2021—2035 年）的通知》
2021 年 12 月 22 日	《广东省人民政府办公厅关于金融支持全面推进乡村振兴的实施意见》
2022 年 5 月 26 日	《广东省人民政府办公厅关于加快推进现代渔业高质量发展的意见》
2022 年 6 月 1 日	《广东省乡村振兴促进条例》
2022 年 6 月 1 日	《广东省人民政府关于印发广东省贯彻落实国务院扎实稳住经济一揽子政策措施实施方案的通知》
2022 年 6 月 1 日	《广东省人民政府办公厅关于进一步加强涉农资金统筹整合的实施意见》
2022 年 6 月 1 日	《广东省实施乡村振兴战略规划（2018—2022 年）》

3.地市推动乡村振兴的政策文件

广东各地市根据实际情况，因地制宜出台政策文件，全面推进乡村振兴工作。如湛江以出台实施《湛江市乡村产业体系高质量发展体系的若干政策措施》为契机，坚持以工业化、生态化、数字化深度融合为引领，与大园区建设、大文旅开发、大数据应用等重点工作相结合，突出稳定"一水"（水稻）、加快发展"两水"（水果、水产），加快构建现代乡村产业体系，力争"三农"各项主要工作指标迈入全省第一方阵。茂名制定乡村振兴"1+4"体系化政策，努力打造高水平乡村振兴"茂名样板"。汕尾出台《关于创建乡村振兴示范带的指导意见》，按照"一带一主题"原则，在全市谋划布局建设45条示范带，覆盖全市50%以上行政村，形成"镇镇有带、带带相连、串带成环"的格局。

（四）驻镇帮镇扶村的资金项目安排

加强乡村振兴驻镇帮镇扶村资金筹集，设立乡村振兴驻镇帮镇扶村资金，建立多元主体投入保障机制。2021~2025年，粤东西北地区12市和肇庆市所辖共901个乡镇按平均每个乡镇每年2000万元的标准筹集资金，由省级、珠三角帮扶市、被帮扶市按照6∶3∶1比例分担，作为驻镇帮镇扶村主要资金保障。重点用于支持巩固拓展脱贫攻坚成果和推进乡村振兴、发展富民兴村产业、提升镇村公共基础设施水平和公共服务能力。同时，明确土地出让收入、发行一般债券和专项债券要优先支持乡村振兴。每个驻镇帮扶工作队安排1名金融助理，发挥金融杠杆作用，鼓励用财政资金撬动金融资金和社会各类资本支持乡村振兴。2022年进一步加大涉农资金统筹整合力度，安排涉农资金328亿元，市县统筹实施部分达到272亿元，稳步提高土地出让收入用于农业农村的比例。2022年，在财政资金保障上，安排驻镇帮镇扶村资金129亿元，集中解决乡村振兴的短板弱项。

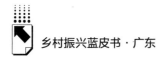

二 广东驻镇帮镇扶村取得的成效

广东自 2021 年 6 月全面启动乡村振兴驻镇帮镇扶村工作以来，全省 1127 个工作队、1 万多名工作队员深入基层，不断细化完善工作机制，不断健全防止返贫动态监测和帮扶机制，不断强化帮镇扶村规划引领，聚焦做强富民兴村特色产业，深入推进项目落地见效，有效发挥组团帮扶优势，取得良好开局和初步成效，为激发乡村发展新活力、展现乡村建设新面貌、构建乡村治理新格局、全面推进乡村振兴奠定坚实基础。

（一）落实上级决策部署，建全驻镇工作机制

广东驻镇帮镇扶村机制有机整合了"党政机关+企事业单位+科研力量"综合帮扶资源力量，实施"组团式"帮扶，真正让资源流通，为乡村振兴注入"+力量"。各组团单位落实省委省政府的决策部署，选派工作队，按照时间节点要求完成入驻。工作队按照要求成立临时党支部，加强组织建设，常态化组织召开临时党支部专题学习会暨重点工作部署会，宣传贯彻学习习近平总书记关于乡村振兴的系列重要讲话，以及上级文件精神及决策部署，用党建带动乡村振兴工作。

驻湛江吴川市黄坡镇工作队制定工作队工作管理办法，建立健全乡村振兴工作沟通机制、外联机制，不断优化防返贫监测和帮扶工作督办流程，推广运用积分制、清单制、数字化等治理方式，大力推进人居环境整治，系统谋划和统筹推进乡村振兴各项工作有序开展。

驻茂名化州新安镇工作队运用"云党课"新模式，打造"线上+线下"模式，组织开展"党建引领乡村振兴擂台赛"，发动群众 2 万余人参与农村人居环境整治，打了一场漂亮的"歼灭战"，实现了人居环境村村过关，营造了"互帮、互促、互学"的乡村振兴良好氛围。

（二）巩固脱贫攻坚成果，完善监测帮扶机制

聚焦"守底线、抓发展、促振兴"，牢牢守住不发生规模性返贫底线，健全防返贫动态监测和帮扶机制，对脱贫不稳定户、边缘易致贫户，以及因病、因灾、因意外事故等刚性支出较大或收入大幅缩减导致基本生活出现严重困难户，开展定期核查、动态管理，持续发展壮大帮扶产业，在消费帮扶和就业增收上引入多方帮扶力量，持续巩固加强"两不愁三保障"成果。核查了解脱贫户的家庭基本情况，坚持早发现、早介入、早帮扶，细化帮扶举措，明确帮扶工作重点，着力解决群众"急难愁盼"的突出问题，推动帮扶救助政策落到实处。

驻汕头市雷岭镇工作队制定1个健全防止返贫动态监测和帮扶机制的实施方案、建立防止返贫动态监测运行机制和分级预警机制2项机制，以及落实N项帮扶措施，形成防止返贫动态监测和帮扶机制"1+2+N"工作模式，为建立健全巩固脱贫攻坚成果长效机制，助力乡村全面振兴贡献了"雷岭样本"。

驻云浮罗定市罗平镇工作队利用结对帮扶的资源优势，进行大数据监测，根据反馈分层分类及时纳入帮扶政策范围，实行动态清零。同时，成立全省首个防返贫协作中心，建立一个全覆盖、多元化、保底线、促成长的防返贫机制，有效统筹捐赠资源、统一捐赠行动，有针对性帮扶易返贫人群。

（三）深入开展调研考察，制定帮镇扶村规划

加强规划引领，按照市、县（市、区）"一盘棋"规划和主体功能区定位要求，系统谋划、科学编制镇域乡村振兴规划，引领镇村一体化发展。工作队结合镇村实际，把握好乡村振兴的总体要求、总体思路和总体方向，把握好两个阶段的衔接，加强帮扶工作前瞻性谋划和规划引领，重点做好"五个提升"的主要任务，推动乡村振兴由顶层设计转向全面实施；根据镇村的历史文化、发展现状、区位条件、资源禀赋、产业基础，完善项目管理机制，做好重点项目谋划，选择能够体现乡村振兴方向、符合乡村振兴规划

的重大项目，作为推动乡村振兴的总抓手。

驻清远市阳山县小江镇工作队制定小江镇乡村振兴规划、驻镇帮扶五年规划，充分利用小江镇旅游资源，积极推动小江镇发展乡村旅游，提出"打造乡村振兴旅游带"，将深入调研成果转化为切实可行的规划，引导对口帮扶工作项项落到实处。

驻阳春市八甲镇村工作队协助八甲镇做好旅游业发展规划，以创建广东省休闲农业与乡村旅游示范镇为目标，谋划构建"一区一带八产业"发展新格局，探索"农文旅"融合发展新路径，打造特色生态旅游小镇，促进农文旅融合发展，绘就八甲乡村全面振兴新蓝图。

（四）立足本地资源优势，谋划特色产业发展

立足镇村资源禀赋和产业基础，工作队按照"跨县集群、一县一园、一镇一业、一村一品"的要求，全域系统谋划，发展规模化、集群化现代农业产业，聚焦镇域经济发展，打造各具特色的镇域经济发展格局，全面释放镇域经济活力。因地制宜发展一批米、油、茶、果、花等有特色的专业小镇，增强乡镇的聚集辐射能力，大力发展"一村一品"特色产业，打造一批特色农业产业集群。努力发展壮大村集体经济，提高集体资产的使用效率，做强富民兴村特色产业，增强农村发展内生动能，切实提升村民的幸福感、满足感、获得感。

驻阳春市马水镇工作队发展稻草培育秀珍菇产业，推进降低秀珍菇栽培成本，提高品质，增强产品的市场竞争力，将稻草变废为宝，以秀珍菇种植促进农户增收，以特色农业产业振兴推进乡村振兴。

驻韶关仁化县红山镇工作队积极探索"红色旅游+绿色产业"的乡村振兴之路，依托特有的自然条件，利用当地茶产业发展良好的基础，实施定制茶园发展模式，积极打造仁化白毛茶特色小镇，将"传统的先种后卖"转变为"先有单再种植的订单生产"，为当地农户致富增收开辟出新路子。

驻湛江吴川市黄坡镇工作队深入推动一二三产业融合发展，做好产业培育，充分发挥黄坡资源优势、区位优势、品牌优势，以全产业链打造现代番

薯产业集群为总体构想，明确打造"一个园区、四个片区、五个基地、六大体系"的发展格局，培育黄坡镇新的经济增长点。

（五）加强项目谋划管理，推动一批项目落地

根据镇村实际情况，从项目入库、项目立项、项目实施、项目绩效评价与监管等方面规范项目管理，组织项目申报和实施，增强项目谋划的前瞻性、系统性、战略性，推进乡村振兴项目落到实处。

驻韶关乐昌市廊田镇工作队探索推广"小投入、强服务"产业项目发展模式，即小投入鼓励引导重点项目落地，在打造乡村振兴车间项目中，用支持消防改造等小投入激发企业内生动力，用协助企业解决用工难等强服务增强企业扎根的信心。

驻湛江吴川市黄坡镇工作队结合镇情村情，完善项目管理机制，做好重点项目谋划，制定《黄坡镇乡村振兴项目管理办法》《黄坡镇乡村振兴驻镇帮镇扶村资金项目储备工作方案》，以制度建设为乡村振兴项目管理保驾护航。

（六）做好沟通对接联络，发挥组团单位优势

充分激发驻镇帮镇扶村工作队桥梁纽带作用，推动组团单位资源力量和帮扶镇村发展需求精准对接，有效协调多层级关系网络，突出各方联动，动员和凝聚全社会力量广泛参与，形成"政策+资源+人才"的整体优势、协同优势和网络优势，强化帮扶合力，全面推进乡村振兴落地见效。

珠三角6市、结对帮扶双方、省直和中直驻粤单位、组团各单位、属地市、县（市、区）都明确了组织领导上的具体要求，由牵头单位组织各组团定点帮扶单位签署《广东省乡村振兴驻镇帮镇扶村定点帮扶责任书》。组团单位到镇村调研，对接并指导驻镇帮镇扶村工作，围绕"五大振兴"，积极引入对口资源和专业力量参与乡村振兴帮扶工作。

驻湛江吴川市黄坡镇工作队发挥组团单位的智慧帮扶、科研帮扶和教育帮扶作用，就产业培育、乡村建设、文化振兴、品牌推广方面进行资源对

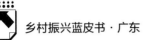

接，以科研资源助力乡村振兴，把镇村作为科研和专业实践基地，以科研项目立项的方式，引入专业力量参与乡村振兴帮扶工作。

驻湛江麻章区湖光镇工作队充分利用派出单位资源优势，将自身特色融入当地实际，把方向、谋规划、助发展，整合各方资源，开展惠农金融贷款，帮扶 100 多农户贷款 2700 余万元用于扩大种植经营，率先在江头村建立圣女果生产基地，助力村落摇身一变成为圣女果产业的"亿元村"。

驻化州新安镇帮扶工作队发挥单位资源优势，积极主动连接广州、茂名等多方资源，以生产托管服务为突破口，探索农业生产托管服务乡村振兴可行路径，走出了以"建、统、引、拓"推进农业生产托管服务的新路子，推进农业发展走上新台阶。

三 进一步推动广东驻镇帮镇扶村的建议

准确把握全面推进乡村振兴战略要求，聚焦全面推动农业强起来、农村美起来、农民富起来，围绕强化党建引领，加强体系规划，培育特色产业，构建长效机制，注重宣传引导，不断提高帮扶能力、引领能力、带动能力，加快培育乡村振兴新动能、展现镇村发展新面貌、打造镇乡协同发展新局面，为广东推进乡村振兴持续走在全国前列，积极探索实现共同富裕的广东路径和模式提供有力保障。

（一）强化党建引领，提高帮扶能力

坚持把乡村振兴工作与加强党的基层组织建设紧密结合起来，以党建为引领，全面增强乡村振兴组织力、凝聚力、战斗力、引领力。一是加强学习培训。深入学习贯彻习近平总书记关于巩固脱贫成果、推进乡村振兴重要讲话和指示批示精神，进一步提高驻镇帮镇扶村的政治站位、使命意识、责任担当和实干精神，积极搭建学习交流平台，加强宣贯培训，开展常态化学习交流和经验分享，全面提振引领乡村振兴的能力和本领。二是健全用好"党建+"工作体系。进一步完善基层党建工作制度，强化建章立制和不断

完善制度体系，创新工作方法，结合工作实际认真做好主题党日活动、党员学习和管理党员等事项，激励引导党员干部促发展、当先进、立标杆。三是优化驻镇驻村干部的激励保障机制。坚持把驻村第一书记、工作队员的驻村工作实绩作为选拔任用、表彰激励的重要依据，引导驻村干部和队员安心驻村、扎下身子、干出实绩。

（二）注重系统谋划，推动持续发展

在深入实施调研的基础上，根据镇村的历史文化、发展现状、区位条件、资源禀赋、产业基础，做好规划。一是做好镇村乡村振兴五年规划。坚持镇村一体统筹，以高水平规划引领高质量发展，科学布局和优化生产、生活、生态空间，为系统推进乡村振兴工作提供明确指引。二是做好驻镇帮扶规划。明确工作思路、工作重点、工作措施，为工作队开展工作提供总体指引，为乡村振兴规划实施提供保障。三是做好乡村振兴示范带规划。充分挖掘和利用历史、人文、生态、产业、旅游等资源，谋划乡村振兴示范带，明确乡村振兴示范带的主题和定位，"串珠成链"推动全域振兴。

（三）盯住特色产业，加大培育力度

发挥资源优势、区位优势，深入推动一二三产业融合发展，形成具有特色的产业体系。一是发展现代农业，夯实经济发展基础。着力发展特色、生态农业，支持"一村一品"创意农业的建设。大力培育农民专业合作社等新型农业经营主体，引入农业产业化项目，引导现有农业项目向产业化发展。二是实施补链强链工程，培育新型业态。鼓励就地初加工，支持精深加工和综合利用加工。培育一批农业龙头企业，推动农产品加工业集聚集群集约发展。推广"互联网+农业"，实现分散生产、集中经营，发展乡村新零售，优化农产品电商物流配送和综合服务网络，提升农村电商运营服务，提高"一村一品"覆盖率。三是协同推进现代农业和现代服务业融合发展。根据乡村旅游发展现状和未来发展要求，构建和优化乡村旅游布局。整合生态、文化、历史等旅游资源，加大特色村庄旅游开发及旅游推介力度，大力

推动"旅游+农业"融合行动，发展一批共享农业、体验农业、私人定制新业态。

（四）做好资源梳理，构建长效机制

一是优化帮扶工作机制。健全和完善驻镇帮扶机制，加紧建立和完善驻镇工作队制度体系，实现组织体系、工作体系、队伍机构、政策体系等有效衔接，保障驻镇驻村帮扶的长期性和稳定性。二是健全要素保障机制。以外部优质经济资源撬动镇村内生发展动力，引导更多资源和要素向镇村聚集，统筹更多专项资金、产业基金等向乡村振兴倾斜，提高资金集中使用效益。三是建立多层级帮扶优势。充分利用帮扶单位资源，拓展关系资源网络，将政策体系、合作项目、资金支持、物资保障等资源有效导入帮扶镇村工作。

（五）注重宣传引导，讲好乡村故事

扎实做好宣传引导工作，创新宣传方式方法，拓宽宣传渠道，为全面推进乡村振兴营造良好的舆论氛围、凝聚广泛合力。一是加强对农民的宣传动员力度。用接地气、通俗易懂的语言加大对乡村振兴政策的宣传力度，营造助力全面推进乡村振兴的浓厚舆论环境，提振发展信心。二是聚焦乡村振兴工作典型宣传。注重记录美丽乡村建设中的突出成效，总结好驻镇帮扶工作中的经验做法，充分挖掘基层工作的典型案例，提炼可复制可推广的工作模式，持续讲好乡村振兴故事，推动乡村振兴战略深入人心、落地生根。三是创新宣传模式。采用"对内"与"对外"、"线下"和"线上"相结合方式，多媒体、全方位、多视角宣传报道重点乡村振兴的新思路、新进展、新亮点，实时展现乡村振兴工作发展的良好态势和美好图景。

实践创新篇

Practice and Innovation

B.17

广东移动开创数智乡村振兴新模式

张峻恺　钱金保*

摘　要： 近年来，中国移动广东公司以习近平新时代中国特色社会主义思想为指导，全面贯彻党的十九大和十九届历次全会精神，深入贯彻省委、省政府"1+1+9"工作部署，加快打造"连接+算力+能力"新型信息服务体系，以数智化赋能广东农业农村现代化建设，取得了良好成效。本报告通过理论加案例的方式，介绍广东移动以"连接+算力+能力"打造的数智乡村振兴新模式，以期为乡村振兴提供实践借鉴。

关键词： 广东移动　乡村振兴　数智化赋能　农村新基建

2021年5月，在脱贫攻坚战取得全面胜利、"三农"工作重心实现历史

---

* 张峻恺，博士，广东省农村科技特派员，主要研究方向为农业及乡村振兴数字化转型。钱金保，广东省社会科学院研究员，主要研究方向为产业与金融创新。

性转移的关键节点，在省委实施乡村振兴战略小组的领导下，以原广东省扶贫开发办公室为基础组建广东省乡村振兴局，负责巩固拓展脱贫攻坚成果、推进乡村振兴战略等有关工作。近年来，中国移动广东公司（以下简称广东移动）深入落实国家乡村振兴战略部署，把握从脱贫攻坚到乡村振兴重点工作的历史性转移机遇，扎实履行中央企业政治责任、经济责任、社会责任，勇当网络强国、数字中国、智慧社会建设的主力军，加快打造"连接+算力+能力"新型信息服务体系，以数智化赋能广东农业农村现代化建设，并取得了良好成效。

一 广东数字农业农村现状及发展空间

根据《中国数字经济发展白皮书（2020 年）》，2018 年我国数字农业经济仅占农业整体比重的平均值为 7.3%，远低于工业 18.3%、服务业 35.9% 的水平，与英国（25.1%）、德国（21.3%）、韩国（14.7%）等发达国家相比，差距较大（见图 1）。

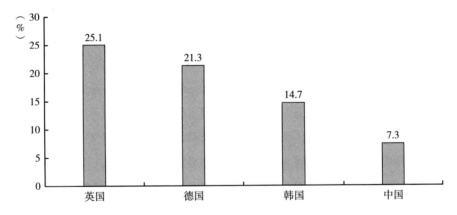

图 1　2018 年世界主要国家数字农业经济占农业整体比重①

---

① 中国信息通信研究院：《中国数字经济发展白皮书（2020 年）》，2020，第 11-16 页。

2020 年 1 月，为配套数字乡村建设规划目标，促进农业产业发展，农业农村部、中央网络安全和信息化委员会办公室印发《数字农业农村发展规划（2019—2025 年）》（以下简称《发展规划》）。《发展规划》提出，到 2025 年，数字农业农村建设取得重要进展，农业数字经济占比要从 2018 年的 7.3% 提升至 2025 年的 15%，农产品网络零售额占比要从 2018 年的 9.8% 提升至 2025 年的 15%，农村互联网普及率要从 2018 年的 38.4% 提升至 2025 年的 70%，通过数字技术的普及有力支撑数字乡村战略实施，2035 年全面实现农业现代化。

针对《发展规划》，广东省农业农村厅 2020 年发布《广东数字农业农村发展行动计划（2020~2025 年）》，明确要加快数字技术推广应用，大力提升数字化生产力。该计划包含共 11 个任务、涉及 14 个重点项目，包括创建广东数字农业发展联盟，创建广东农业数字试验区，创办大湾区数字农业合作峰会，建设一批数字农业产业园，推动一批"一村一品、一镇一业"建云上云，培育一批数字农业农村重大项目，农业农村大数据项目工程等。

根据广东移动农业行业报告，广东数字农业农村的潜在市场规模由 2020 年的 26.22 亿元增长至 2025 年的 42.14 亿元，CAGR（Compound Annual Growth Rate，年化复合增长率）预计将维持在 10% 左右，是一个稳定两位数增长的蓝海行业（见图 2）。

2021 年，广东移动通过项目抽样搜集调研的方式，统计并分析了 197 个广东移动省内 21 个地市数字农业农村的相关项目需求。目前农村政府主体和企业对数字乡村项目的需求主要集中在数字农业领域，其占比为 80%（见图 3），而在农林牧渔四大数字农业项目需求中，农业（种植业）的需求占比为 57%（见图 4）。

可以看出，广东省数字农业农村未来市场空间巨大，未来广东省数字农业农村建设将迎来一次革命性的飞跃。

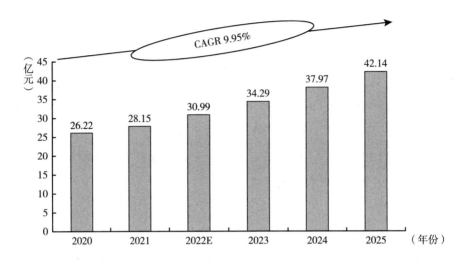

图 2　2020~2025 年广东省数字农业市场规模及预估

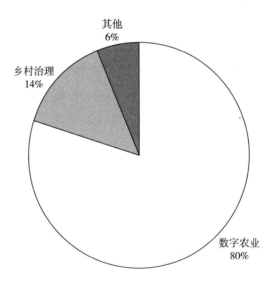

图 3　2021 年广东省数字乡村项目需求分类

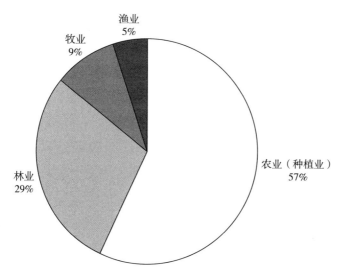

图 4　2021 年广东省数字农业项目需求分类

二　广东数字农业农村发展趋势及特征

从广东数字农业农村现状和趋势可以预见，在未来 10~20 年，以 5G、大数据、人工智能为驱动的数智化经济将开启广东数字农业农村向乡村振兴数智化转型的新增长模式。

（一）广东省数字农业农村整体现状

目前广东省数字农业农村整体发展现状呈现以下三种特征。

1. 智能农业装备

广东省山区、丘陵面积占比超过 60%，传统农业种植以人力耕作为主，随着人口老龄化的加剧，推进智能化农业发展是解决目前种植效率低的一个重要途径。随着 5G 技术的发展，未来 5G 技术将在种植技术智能化、农业管理智能化、种植过程公开化、信息管理智能化、助推特色农产品等方面影响农业发展。

2.数字农业实现三产融合

广东省农业以特色农业为主，菠萝、三华李、荔枝、贡柑等都是在全国具有优势的特色农产品，但是传统的农业生产以小农经济为主。小农经济生产的无序化市场竞争，经常出现"丰收伤农"的现象。数字农业可实现生产、加工、销售三产融合，通过大数据平台解决规模化生产、产销对接和物流问题，最终实现以销售反推指导生产，减少浪费。

3.乡村治理数字化

广东省正在推进数字乡村的建设，同时通过驻镇帮镇扶村工作队，在"十四五"期间全面提升广东省1127个镇的乡村振兴建设工作。① 在数字乡村治理场景下，村镇政府集体政务可以线上化、公开化。个体、群体或组织都可通过互联网获取信息资源、表达利益，为其采取行动、带来改变提供可能。可以说，数字乡村建设是推进乡村治理现代化的助推器和导航仪。

（二）数智乡村振兴成为广东数字农业农村新发展趋势

针对广东数字农业农村现状，数字化需要结合5G、大数据、人工智能等技术形成新的技术趋势。数字化战略就是把行业的关键成功要素做到可视化、可量化、可优化。但是与传统经济一样，数字经济发展到某个阶段，同样会遇到触顶拐点，这就需要新的一种增长模式，以5G、大数据、人工智能等技术为驱动的数智化经济将开启数字经济的第二增长曲线。

数智化战略本质就是通过"数字化"实现"智能化"，分为两个阶段。

第一个阶段是数字化阶段。借助大数据、云计算、人工智能等技术对系统数字化，使其具有实现状态感知、实时分析、科学决策、精准执行的能力。

第二个阶段是智能化阶段。借助数字化模拟再现人类智能，让智能数字化，进而应用于系统决策与运筹。更多情况是数智融合，推动系统智慧

---

① 中共广东省委办公厅、广东省人民政府办公厅：《广东省乡村振兴助镇帮镇扶村工作方案》，2021 年 6 月，https：//baijiahao. baidu. com/s？ id ＝ 1703454796791038212&wfr ＝ spider&for＝pc，最后检索时间：2022 年 8 月 30 日。

生成。

以 5G、大数据、人工智能等技术为驱动的数智化经济将开启广东数字农业农村向乡村振兴数智化转型的新增长模式。

三　广东省乡村振兴数智化转型目前存在问题

2021 年是"十四五"开局之年，是全面乡村振兴工作的元年。乡村振兴的五大目标具体是产业振兴、人才振兴、文化振兴、生态振兴、组织振兴。广东省以镇为重点扶持对象，以驻镇帮镇扶村的方式开展全省 1127 个镇的乡村振兴相关工作。

要全面实现广东省的乡村振兴战略，首先要对广东省乡村振兴现状进行评估，特别是对全省 1127 个镇进行用户画像，但是对于广东省乡村振兴现状来说，存在以下三个数据缺失的问题。

（一）缺少一套能反映全省乡镇发展现状的乡村振兴基础数据库

目前广东省 1127 个乡镇的产业、人才、文化、生态、组织各方面数据分落在相应的行业部门业务系统。这些数据分散、标准不一、缺乏权威，甚至相互打架，无法全面反映出各乡镇发展现状、为乡村发展规划顶层设计提供决策支持。因此，有必要根据乡村振兴的业务指标，融合各行业部门的乡村振兴数据，构建一套乡村振兴基础数据库，为乡镇发展提供全面、权威、及时的数据支撑。

（二）缺少指导全省乡村振兴建设的标准指标体系和评估模型

对于广东省乡村振兴工作来说，目前缺乏一套与乡村振兴业务要求匹配的指标体系，无法摸清各镇村的发展现状并筛选出弱项短板，无法及时发现及预警可能返贫致贫的人口，无法评估乡村振兴发展的有效性和绩效考核等问题。因此，有必要围绕乡村振兴产业、人才、文化、生态、组织"五大振兴"构建一套标准的指标体系，再利用大数据建模技术设计建立一个系统的分析模型，为乡村振兴工作提供标准的评估能力。包括镇村诊断模型，实现乡镇、行政村发展现状问题的诊断；低收入人口筛选模型，精准定位返贫致贫高风险户人群；项目有效性评估模型，及时有效了解项目存在风险等。乡村振兴指标体系可以为驻镇帮镇扶村责任主体制订帮扶计划、统筹区域发展提供决策支撑。

（三）缺少全省乡村振兴"一张图"的全方位监管调度能力

需要全方位展示广东省乡村振兴的发展现状、动态管理、成果呈现的"一张图"能力，汇聚以产业、人才、文化、生态、组织"五位一体"的行业关键性指标和多样化的乡村振兴数据和多样化返贫监测预警数据。实现乡村振兴对象的动态管理与可视化实时信息监管、返贫监测对象的动态管理与可视化实时信息监管，提供乡村振兴业务数据可视化展示与报表分析服务、返贫业务数据可视化展示与报表分析服务。

四 广东省数智乡村振兴展望

乡村振兴工作要以习近平新时代中国特色社会主义思想为指导，深入落实国家乡村振兴战略部署要求，扎实履行中央企业政治责任、经济责任、社会责任，积极发挥网络强国、数字中国、智慧社会主力军作用，助力帮扶地区巩固拓展脱贫成果，为乡村振兴现代化注智赋能。这是全国共同的奋斗目标，广东移动未来将履行企业责任，以新基建推动乡村振兴平台及体系建设。

（一）打造"连接+算力+能力"的乡村振兴新基建

2018年12月，中央经济工作会议首次提出了"新基建"的概念。"新基建"就是"新型基础设施建设"的简称。2020年4月，国家发改委将新基建定义为数字经济时代贯彻新发展理念，吸收新科技革命成果，实现国家生态化、数字化、智能化、高速化、新旧动能转换与经济结构对称态，建立现代化经济体系的国家基本建设与基础设施建设。① 新基建涉及七大领域：特高压、新能源汽车充电桩、5G 基站建设、大数据中心、人工智能、工业互联网、城际高铁和城际轨道交通。所谓的"新基建"，其实是相对于"老基建"而言的，与传统的"老基建"（铁路、公路、机场）不同，新基建实际上是为建设融合新的产业互联网而准备的基础设施。未来的 10 年，新基建将会持续推动中国数字经济成为新的发展动能。

2020 年 3 月 6 日，工业和信息化部召开加快 5G 发展专题会，会议主题为加快网络建设、深化融合应用、壮大产业生态。根据工信部会议精神，加快 5G 发展、深化 5G 与产业融合已成为新基建的核心内涵。会议特别提到了要探索 5G 与农业的新的示范性应用。在新基建的新环境下，要以工业化生产的眼光来看待农业发展，将农产品像工业产品一样组织生产方式进行生产。利用大数据、云计算、AI 技术等解决农业低、小、散的难题，使其成为农业转型升级的一个重要契机。

根据 5G 的规划和未来 6G 的演进目标，我国应建成一个"空天地"一体的信息采集网络。数智化时代的新技术如人工智能、区块链、虚拟现实、数字孪生、云计算等，都将会叠加在这以 5G 为主导的"空天地"一体的信息网上，形成智能化的生产力，再衍生出各种新的数智化应用。通过新基建建设完成以 5G 为基础载体的"空天地"一体化信息网后，我国的农村将全面实现数字化。而 5G 承载的人工智能、区块链等技术，将使乡村振兴全面向数智化时代发展。

为响应国家与广东省乡村振兴数智化转型战略要求，广东移动加快打造"连接+算力+能力"的乡村振兴新型数智乡村振兴服务体系。加快建设以 5G、算力网络和智慧中台为重点的新基建，进一步打造高水平新型信息服务体系。打造 4/5G 精品网络，实现 4G 网络全省全覆盖，全省乡镇以上 5G 网络连续覆盖，村委会等重点区域覆盖，进一步打造全国规模最大、覆盖最

---

① 凤凰网：《国家发改委首次明确"新基建"范围》，2020 年 4 月，https：//tech. ifeng. com/c/7vqLlLcsns3，最后检索时间：2022 年 8 月 30 日。

广、技术最先进的 5G 网络。打造全光精品网络,实现 120 户自然村 100%
覆盖,打造全国规模最大的省级 OTN 精品专网。建设高品质算力网络,推
进数据中心建设,推动"一朵云"向边缘云算力演进,其规模居全国前列。
推进智慧中台建设,持续提升大数据、AI 等中台能力,助力数字农业、乡
村治理提质增效。

(二)构建数智化乡村振兴评估体系

面对目前广东省乡村振兴缺乏基础数据和评估体系等问题,要打造以
5G 为基础载体的"空天地"一体化信息网,构建数智化乡村振兴评估体
系。围绕产业、人才、文化、生态、组织"五位一体"总体要求,在巩
固拓展脱贫攻坚成果的基础上,以产业、人才、文化、生态、组织"五大
振兴"为主线,以现阶段各部门建设与乡村振兴相关的信息化管理系统为
基础,集成共享行业部门相关数据,构建乡村振兴基础数据库,运用大数
据分析、诊断镇村弱项短板和发展方向,为各级政府和部门实施强镇兴村
决策提供数据依据。5G 信息网将全面支撑和服务巩固拓展脱贫攻坚成果
同乡村振兴有效衔接的各项工作,在产业支撑、资金投向、土地利用、乡
风文明、生态宜居、乡村治理、防贫监测等方面为广东省提供数智化全程
服务。

1. 重构广东省数智化生产关系与生产力

数智乡村振兴体系需要重构广东省农村的生产关系与生产力,通过数智
化手段建立新时代的现代乡村社会治理体系与现代乡村经济产业体系,实现
现代农业管理的"看到、管到、帮到"(见图 5)。

(1)新时代农村生产关系。通过数据采集,形成现代化乡村社会治理
体系。运用"五位一体"指标评估全省每个乡镇的治理成果,有针对性地
通过驻镇帮扶等资金对乡镇治理短板进行帮扶,并对资金项目进行后评估。
治理体系的数据来自行业数据、政府数据及 5G、物联网等实时采集数据,
所形成的数据将直接指导农村的生态环境保护、文化挖掘、乡村综治等业务
链条,最终形成新时代的农村数智化生产关系。

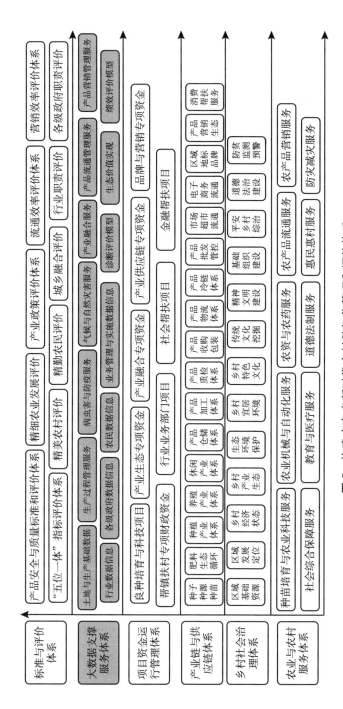

图 5　构建广东省新时代农村数智化管理和评估体系

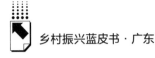

（2）新时代农村生产力。聚焦广东省推进农业农村现代化"十四五"规划目标，积极响应精细农业发展、精美农村建设、精勤农民培育、城乡融合发展要求，助力构建一套农业农村现代化管理标准和评价体系，为农业农村信息化建设夯实基础。打造一个数据治理平台，标准与评价体系、统一认证运维体系、"空天地"一体化感知体系等三个支撑体系，现代化乡村产业应用、现代化乡村治理应用、现代化农业农村服务应用、综合政务管理应用等四个应用，助力提升农业农村现代化服务水平。

2. 构建广东省数智乡村振兴建设体系

广东省要真正实现数智乡村振兴的目标，应该建成一个以 5G 为主导的"空天地"一体的信息采集网络，并在这张网上叠加数智化时代的新技术，如人工智能、区块链、虚拟现实、数字孪生、云计算等。全面运用产业、人才、文化、生态、组织振兴的数智化应用内容，整合成我国的乡村振兴数智化平台，实现全省的五大振兴成果评估、现状画像、资金管理等乡村振兴综合服务（见图 6）。

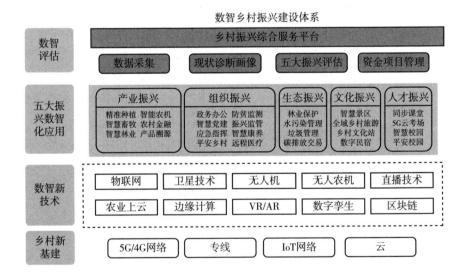

图6 广东省数智乡村振兴建设体系

广东省数智乡村振兴体系将融合在乡村振兴综合服务平台之下，以乡村振兴现状画像、五大振兴评估等为基础，打造数智化五大振兴应用。

（1）数智产业振兴。产业振兴是乡村振兴的重中之重，只有产业能振兴，才能实现乡村的真正振兴。数智化手段的核心是一二三产业融合发展的解决方案，包含精准种植、畜牧、渔业、林业、加工、采摘、冷链、金融、品牌营销等一系列新的数智化产业振兴方案。

（2）数智人才振兴。人才振兴是乡村振兴的基石。农村目前人才面临流出的问题，需要通过数智化手段，实现远程教育、智慧校园改造等，培养农村人才。同时，通过建立数智化人才库、农技知识馆等手段，实现人才下乡的技术保障。

（3）数智文化振兴。文化振兴是乡村振兴的灵魂。农村有大量的文化资源可以挖掘，可以通过数智化手段，把农村的文化资源进行数智化展示。同时可以通过数智化手段对农村文化、文明进行管理，实现乡风文明的飞跃式提升。

（4）数智生态振兴。生态振兴是乡村振兴的宝贵财富。生态振兴的核心是结合国家"双碳"目标，通过数智化手段，在农村做好碳源减排工作。同时通过林业的数智化改造，实现碳汇的保护及可交易，为未来碳交易做好数智化准备工作。另外还要大力运用数智化改造目前的生态农业和碳循环农业。

（5）数智组织振兴。组织振兴是乡村振兴的"主心骨"。运用数智化手段，充分发挥党建引领的优势，促进农村阳光村务，盘点农村资产，为下一步农村现代化股份合作制改革提供数据基础。

数智乡村振兴，要在以 5G 等技术为主搭建的广东省乡村振兴综合服务平台上，实现乡村振兴的相关数据采集、乡镇现状诊断画像。通过一套科学的模型对乡镇的五大振兴现状进行评估，然后根据实际进行资金项目帮扶及后评估。只有建设统一规划乡村振兴综合服务平台，才能真正实现广东省乡村振兴的数智化管理标准和评价体系构建。

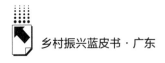
五 数智化乡村振兴县域新样板

2019 年，广东省委、省政府印发《广东省实施乡村振兴战略规划（2018—2022 年）》，提出紧紧围绕统筹推进"五位一体"总体布局和协调推进"四个全面"战略布局，按照产业兴旺、生态宜居、乡风文明、治理有效、生活富裕的总要求，建立健全城乡融合发展体制机制和政策体系，统筹推进农村经济建设、政治建设、文化建设、社会建设、生态文明建设和党的建设，加快推进乡村治理体系和治理能力现代化、营造共建共治共享社会治理格局，加快推进农业农村现代化，努力在乡村振兴上走在全国前列，让农业更强、农民更富、农村更美。

2021 年 6 月 18 日，广东省梅州市大埔县乡村振兴局正式挂牌成立。大埔县乡村振兴工作将围绕"一片三带五区六镇"乡村振兴发展空间布局，遵循乡村发展规律，坚持党建引领、规划先行、分类推进。狠抓"产业振兴、人才振兴、文化振兴、生态振兴、组织振兴"任务落实，统筹做好"有效衔接""产业提质""环境优化""人才培育""文化润乡""组织引领"六篇文章。把乡村产业发展、乡村风貌提升作为工作重点，构建一二三产业融合发展的体系，全力打造人与自然和谐共生的新格局，努力实现农业强、农村美、农民富。

（一）广东移动配合大埔县打造乡村振兴数智化平台底座

在广东移动的支持配合下，通过数智化手段，在打造广东省乡村振兴综合服务平台、建立广东省乡村振兴管理标准和评价体系的基础上，梅州市大埔县打造了县域乡村振兴数智化平台。该平台主要包括如下内容。

1.构建县域乡村振兴综合服务信息平台数据底座

搭建县域基础信息数据库中心，汇集大埔县乡村振兴项目建设类数据、人员管理类数据、基础资源类数据。依托驻镇工作台小程序，采集"红古绿"产业数据等多源数据，建立数据资源池，实现数据的管理、治理、分析，形成规范标准的乡村振兴大数据资源体系，为实施乡村振兴的现状诊断和画像提供数据支撑服务。

2. 搭建县域乡村振兴管理考核系统

围绕绩效目标考核体系，以五大振兴基础数据为基础，以数据诊断模型为手段，协助大埔县政府科学确认帮扶计划，形成帮扶项目。纳入项目申请及实施和资金使用及监管的全流程管理，自动形成项目和资金的审计数据，最终关联帮扶绩效，形成驻镇帮扶绩效量化成绩单，解决怎么用、怎么监管、怎么评估效益的问题。

3. 形成五大振兴数智化发展新模式

整合展示大埔县各镇村基础现状、生态资源分布、县镇产业发展现状及分布、人才及专才总览、人文环境及精神文明成果、党组织及网格治理总览等信息。全面推动以数字化方式呈现各镇村基础现状及五大振兴发展情况，为乡村振兴工作推进提供决策规划的能力。数智化平台为大埔县提供如下数智化应用。

（1）实现乡村数智化治理。以数智化为目标，利用互联网、大数据、物联网等信息技术，推进大埔县"互联网+乡村治理"模式建设。通过标准化的要素分类、数据标准化，将不同来源、不同类型、不同应用的乡村要素进行规范、整合，构建数字乡村大数据中心，实现乡村治理智慧化、服务人性化、应急快速化、决策科学化。

（2）为基层群众提供数智化便利服务。利用数智化便利，提高基本公共服务的信息化和专业化水平，缩短大埔县县、镇、村的差距。聚焦政务服务、公共服务、文化服务等领域的数字化需求，以惠民为本，推动基层治理和服务重心向便利化转变，更好地为群众、企业提供精准化、精细化服务，释放"数字乡村"的建设红利，提高群众获得感、幸福感。

（3）繁荣发展乡村网络文化。利用互联网宣传中国特色社会主义文化、宣传地方民俗特色，弘扬悠久厚重的农耕文化、民俗文化。推进乡村优秀文化资源数字化，加强农村优秀传统文化的保护与传承。推进实施新时代文明实践中心（所、站）建设，建设文明实践云平台。通过广播电视网络实现

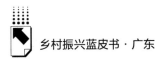

"村村通"，打通基层宣传、教育、服务群众的"最后一公里"。

（4）提供供百姓、游客共享的乡村振兴服务。为大埔县百姓和来大埔县的游客提供政务公开、就业关怀、人才培训、法律咨询、农技帮扶、农产品助销、金融信贷、文旅文化、精准预警等服务，搭建起供百姓、游客共享乡村振兴成果的平台，切实推动全县共享乡村振兴成果。

（5）建设一二三产业融合发展的数智化平台。利用大数据、云计算、卫星遥感、物联网等现代信息技术，通过5G+农业大数据平台为大埔县蜜柚种植管理生产智慧化提供了有效支撑，形成打通一产农业生产、二产农产品加工、三产农产品销售的三产融合新模式。

（二）广东移动以数智化大数据平台助力大埔蜜柚三产融合

大埔县是广东省的农业大县，蜜柚、嘉应茶是大埔县的核心农业产业。2019年12月17日，"大埔蜜柚"入选2019年第四批全国名特优新农产品名录。2021年，大埔蜜柚种植面积达21.9万亩，其中红肉蜜柚种植面积13.5万多亩，蜜柚产量约34.5万吨、产值约13亿元，占大埔县GDP约10%。大埔县已成为广东省最大的蜜柚种植县和全国最大的红肉蜜柚种植基地。

2020年开始，广东移动协助大埔县建设了蜜柚大数据平台，助力大埔蜜柚的一二三产业融合发展。该平台充分发挥5G和大数据能力，引进智能灌溉、智能采摘机器人、无人机、巡护机器人等智能化的设备，在"种、管、采、卖"方面实现智能化、精准化运作，有效提升农产品品质和品牌影响力。

1. 一产：数智化生产

通过农业大数据平台，能够实时分析分享种植园的地力、肥力、土壤干湿度、果树不同生产时期的信息，提高农作物的种植精准度。在采摘阶段，智能采摘机器人还可以根据果园、果树、果实的糖分、水分、农残等进行差异化、精准化采摘和分档，实现智能化管理。

2.二产：数智化加工

在湖寮镇密坑村，规划建设了181亩蜜柚精品加工创新区。在那里，每年都将有蜜柚鲜果、蜜柚啤酒、蜜柚果干果脯、蜜柚护肤品、蜜柚提炼香精等一系列蜜柚相关的新产品研发出来。同时，对蜜柚进行检测并分类销售，按柚果精度的高低分为精品果、优质果和统庄果3类，按照对应的价格投放市场，统收价将会比未分选的高200%~600%。分选下来的残、次、裂果，可进行深加工，化废为宝实现全利用。目前，蜜柚精深加工产品主要有蜜柚酱、果汁、果脯、果胶、柚皮苷、精油等六个系列50多个品种。

3.三产：数智化销售

过去由于科技力量不足，大埔蜜柚产业发展相对滞后，特别是销售渠道相对单一。从2020年开始，大埔依托5G+农业大数据平台，积极创新模式拓展蜜柚销售渠道，让大埔蜜柚以更现代的产销模式面向市场。大埔县共有24家企业创建了自己的电商销售或直播带货平台，年销售额超5300万元；京东App还推出了"大埔蜜柚"专区，助力大埔蜜柚销售。在大数据平台的引导下，大埔蜜柚成功打入欧美市场，成为首批入选"中欧100+100"地理标志互认互保产品，除稳定供应德国、荷兰、法国等欧盟十几个国家和俄罗斯、加拿大以及中东地区一些国家外，2021年首批20.27吨蜜柚也漂洋过海，首次摆上美国洛杉矶各大商超货架。

为打造"5G+数字服务"应用体系，梅州市发挥绿色农产品、红色资源优势，广东移动发挥自身5G、物联网、移动云、大数据等技术支撑能力，双方共同合作，推动梅州乡村全面振兴，实现农业全面升级、农村全面进步、农民全面发展。此外，还实现了效益的提升，以大埔县"5G+农业大数据平台"为例，平台建成后，仅2020年全县蜜柚销量增加了19.1%、价格提升了0.14元/斤，带来增量经济收益2.23亿元。自动喷淋灌溉等系统也为产业园节省50%的人力成本。①

---

① 人民网资讯：《大埔5G+农业大数据获农业农村部推介》，2021年6月，https：//baijiahao.baidu.com/s？id=1703131037873272652&wfr=spider&for=pc，最后检索时间：2022年8月30日。

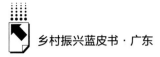

2020 世界数字农业大会、第十九届广东种业博览会在广州举行,大埔县的"5G+农业大数据平台"亮相大会,该平台的建设运营得到了充分好评。从 2020 年开始,未来三年,大埔县蜜柚平台将在现有农业大数据平台基础上,依托 5G、大数据、物联网、人工智能等技术,建成标准化生产流程,完善农产品安全追溯系统。

参考文献

中国信息通信研究院:《中国数字经济发展白皮书(2020 年)》,2020。
中共广东省委办公厅、广东省人民政府办公厅:《广东省乡村振兴助镇帮镇扶村工作方案》,2021 年 6 月。
农业农村部、中央网络安全和信息化委员会办公室:《数字农业农村发展规划(2019—2025 年)》,2020 年 1 月。
广东省农业农村厅:《广东数字农业农村发展行动计划(2020—2025 年)》,2020 年 6 月。
广东省委、省政府:《广东省实施乡村振兴战略规划(2018—2022 年)》,2019 年 7 月。

B.18
云浮围绕"六力"打造"美丽圩镇"建设样板

赵细康　曾云敏*

摘　要： 广东省云浮市市长期探索以镇域为重点的新型城镇化道路。近年来，通过实施"美丽圩镇"建设，云浮找到了镇域经济发展和山区城市城镇化的有效方略。云浮"美丽圩镇"建设具有健全基础设施、活化历史文化资源、完善公共服务体系、聚焦特色产业、优化基层治理结构、加强生态文明建设等成效。在满足人民群众新期待、强化顶层设计的引领力、创新考用结合机制、坚持产业驱动、承续历史文脉等方面积累了丰富的经验，对推进广东乡村振兴和城乡统筹发展战略有借鉴意义。

关键词： 美丽圩镇　乡村振兴　城乡统筹　广东云浮

2022 年，广东省印发《广东省美丽圩镇建设攻坚行动方案》，并把建设美丽圩镇列为民生实事之一，并明确年底前全省所有圩镇达到宜居圩镇标准，建设一批示范圩镇。广东云浮是较早探索美丽圩镇建设的地市之一，在为何建设、如何建设美丽圩镇方面积累了大量可资借鉴的经验。

云浮市地处广东北部生态发展区，长期承担着生态涵养地和水源保障地的功能，经济发展相对滞后。为加快城镇化步伐，构建较为合理的新型城镇

---

* 赵细康，经济学博士，广东省社会科学院党组成员、副院长，主要研究方向为环境经济与环境政策、产业政策等；曾云敏，广东省社会科学院环境经济与政策研究中心常务副主任，广东省环境经济与政策研究会理事，主要研究方向为节能环保、低碳发展政策。

化格局，云浮市提出了推进"中心城区（县城）首位度、圩镇集聚度、乡村美丽度"整体提升的新型城镇化战略部署，全面实施"美丽圩镇"创建行动，以加快形成"区域协同、梯次发展"的城乡空间新布局。"美丽圩镇"以实现"农业农村高质量发展、农民高品质生活"为目标，强化圩镇在联结城乡、辐射农村和促进县域经济发展中的作用，提升圩镇人口聚集度，以加快实现"农业就近就地产业化、农村人口就近就地城镇化、公共服务就近就地均等化"。通过创建行动，各圩镇呈现设施改善、风貌变美、治理增强、服务提升、产业兴旺、环境优化、百姓叫好的良好发展势态，小城镇发展与乡村振兴融会贯通的城乡融合发展格局初步显现，为广东乡村振兴进入全国第一方阵贡献云浮方案、云浮力量。

一 云浮"美丽圩镇"建设的主要成效

（一）补齐基础设施短板，健全了圩镇发展机能

一是加快完善交通基础设施，使镇域内外要素双向循环更加顺畅。各镇着力打通对外联通断头路、扩建和提升镇区主要道路质量、优化镇村之间路网，加快打通交通基础设施堵点、断点，使城镇村之间的生产生活要素流动渠道更加顺畅。新开通镇通村线路 22 条，实现建制村 100%通客运，全市圩镇路面硬底化率均达 100%。路网结构优化、道路提档升级增强了圩镇对人流、物流、资金流、技术流、信息流的集聚效应，扩大了圩镇的服务半径。

二是加快商贸基础设施升级，促进圩镇商业发展。通过鼓励社会力量、引入社会资本对辖区农贸市场和农产品集散中心进行更新换代，不仅扩大了圩镇的商贸服务规模，而且改善了商贸卫生条件，保障了农产品质量安全。各镇采取统一划线和设置临时摊位摆放区等形式，引导商铺经营者、流动摊贩有序经营，杜绝了乱摆卖问题。

三是建设了一批便民休闲设施，拓展了群众休闲生活空间。各镇因地制

宜，建成社区体育公园 24 个，改造和新建文体广场 13 个，增建扩建、改造提升了一批小公园、小广场等，结合地形特点，以见缝插绿的方式，适当增加小微游园、街头绿地等绿地数量，镇街群众休闲生活空间不断扩大，初步构建出"15 分钟居民生活圈"。

（二）保护活化历史文化资源，擦亮了圩镇人文底色

云浮古为百越地，是闻名遐迩的"六祖故里"和"中国民间文化（石雕）艺术之乡"，有源远流长的禅文化、石文化和南江文化，蕴藏着丰厚的历史文化遗产。在"美丽圩镇"建设过程中，按照"一镇一特色"目标和"彰显不同区域的山水格局、结构肌理、景观风貌、地域建筑等特色"要求，各镇结合当地风土人情、文化资源禀赋、地域建筑特色等，注重处理好文化保护与圩镇建设的关系，积极挖掘传统文化习俗，把保留岭南乡土特色与引入现代元素结合起来，致力打造记住乡愁的圩镇生活新空间。

新兴县的国恩寺（全国重点文物保护单位）、南越王白鹿台遗址，郁南县磨刀山遗址（全国重点文物保护单位）、大湾古建筑群和兰寨古建筑群，罗定市长岗坡渡槽（全国重点文物保护单位）、龙龛岩摩崖以及梁家庄园、平南古建筑群，云城区水东古建筑群、云安区龙崖陈公祠等历史文化遗产经过保护、恢复和活化后，成为文化遗迹所处圩镇的一道独特文化景观。新兴县六祖镇以国恩寺为核心区，整合周边的红色文化资源，建设国家 5A 级旅游景区和国家旅游度假区，有效推动了文化旅游融合示范区的高质量发展；郁南县河口镇整合利用磨刀山遗址以及周边古建筑群文化资源，建设国家遗址公园以及国家 4A 级旅游景区，带动了周边乡村旅游发展；罗定市罗平镇整合利用长岗坡渡槽、民国风"骑楼街"、周边乡村文化资源，积极创建国家 4A 级旅游景区、红色文化旅游示范基地；云城区安塘街挖掘历史悠久的石艺文化内涵，沿圩镇南山河一河两岸建设具有集党建宣传和石艺文化于一体的休闲绿道，将文化融入居民的休闲空间；云安区六都镇的"鱼花节"、高村镇的"八音"、富林镇的"云利醮会"和"马塘庙会"，以及新兴县车

岗镇的"花灯龙狮闹元宵"、醒狮活动等特色民俗活动也在"美丽圩镇"建设中再次鲜活了起来。

（三）完善公共服务体系，提升了圩镇民生保障功能

一是推进"教育圩镇"建设，实现居民就近就地入学。云浮以教育公平促进社会公平，不断促进教育发展成果更多更公平惠及全体人民。各镇积极推进城乡义务教育一体化改革发展，实施教育提质扩容工程，深化教育领域综合改革，完善普惠性学前教育保障机制，促进义务教育均等化发展，积极引进民办初中、优质高中等教育服务设施，推动镇域学前教育、义务教育、社区教育、老年教育、党员教育等教育体系建设，致力于打造全方位、成体系的圩镇"学习圈"。在职业教育方面，积极推进"粤菜师傅""广东技工""南粤家政"三项工程，为圩镇群众提供职业培训，擦亮了"名厨基地""美云家政"等地域品牌。

二是推进"健康圩镇"建设，实现居民就近就地就医。进一步加大公共卫生体系建设力度，推动医疗卫生资源下沉，加强县域医共体建设，提升圩镇卫生院医疗条件和承担群众基础诊疗、健康管理等服务能力，规划改造升级镇级卫生院5家、新增床位约550个，实现了标准化镇（街）卫生院、村级卫生所（室）全覆盖，努力为群众提供安全有效方便价廉的公共卫生和基本医疗服务，看病难、看病贵问题得到一定程度缓解。

三是推进"养老圩镇"建设，基本实现就近就地养老。大力推进居家、社区、机构相衔接的养老服务体系建设，探索"慈善+农村养老"、助老员、"敬老院+居家养老服务综合体"等模式，建立"云浮银龄居养"服务中心，为山区居家社区养老服务发展探索了新路径。如新兴县天堂镇依托"长者食堂"，逐步建立起居家养老服务体系；郁南县河口镇探索打造居家、社区、机构、医养结合"四位一体"的养老服务供给模式，推动实现老有所养、就近就地养老。

此外，在圩镇层面全面提高文化体育服务覆盖率，健全婴幼儿、残疾人、退役军人等服务和保障体系，城乡公共服务进一步趋于均等化。

（四）聚焦特色产业融合延伸，激活了圩镇发展动能

一是农业特色化集聚化品牌化步伐加快。根据"突出特色、聚集发展"的总体战略部署，各镇聚焦"一镇一业、一村一品"，形成了优质粮食、岭南佳果、优新蔬菜、高效花卉、名优茶叶，以及南药、蚕桑、禽畜等一批布局相对集中、区域特色鲜明的主导产业。依托块状经济基础，全市建成国家级现代农业产业园 2 个，省级现代农业产业园 9 个，全国农业产业强镇 4 个，全国一村一品示范镇（村）11 个，省级"一村一品、一镇一业"专业镇 13 个。

二是文化旅游产业快速发展。文旅项目不断实现突破发展，涌现出了一批集农业、康养、观光等为一体的旅游产业集群，涌现出了一批具有鲜明特色的镇域旅游项目。如新兴县六祖镇持续深挖禅文化，形成了完整的文化旅游产业链，六祖故里旅游度假区成功创建广东省文化旅游融合发展示范区，并延伸形成广东禅文化创意产业园、中国新兴·禅宗文化产业基地项目（禅域小镇）等系列项目。

三是新型工业化项目稳步发展。坚持全产业链思维，从产业规划研究到政策制定、定向招商、项目落地、运营衔接，全链条、全流程推进，不断补链、强链、延链，加快打造有影响力的产业链条，持续稳固地吸纳农村转移劳动力。如罗定市引入肉桂生物医学研究院及产业园项目、云安区石城镇引入华南地区规模最大的现代优质肉牛产业园以及凤铝铝业等，丰富了圩镇就业形态，加快了劳动力由农业部门向非农部门的转移。

（五）优化基层治理结构，增强了圩镇治理效能

各镇强化党建引领，加快管理权限下放，探索推进以"一张微网格"统领基层治理，推动圩镇加快构建共建共治共享的治理新格局，为圩镇经济社会发展提供了和谐稳定的环境。

一是强化党建引领基层治理，党的工作力量下沉到圩镇一线。坚持党建引领的高站位，探索在镇（街）建立"大工委"，社区村（农）建立"大

党委"。优化升级镇（街）、社区（村）党群服务中心建设，推动圩镇各领域党组织应建尽建。如郁南县建城镇发扬"支部建在连上"的优良传统，将全镇36个党支部、1219名党员划分到各级网格中。大力实施"头雁工程"、"南粤党员先锋工程"和"强基"工程，选优配强各级书记，拓宽党员发挥作用的途径，全市700多名县处级以上党员领导干部带头挂钩联系镇（街）、社区（村）和非公企业，深化了党建在基层社会治理的引领作用。建成了63所镇街党校，设置了1100多所镇街党校村级分教点，确保全市6.6万名农村党员在家门口就能"背着书包上学堂"。

二是实施"放权到镇"，提升了圩镇行政管理效能。"美丽圩镇"创建行动实施以来，通过理清市县职能部门和镇（街）的权责清单，共梳理下放（委托）镇实施事项55项，优化了行政资源配置，使得群众能够在不出镇、少跑腿的情况下享受高效便捷的政务服务。如新兴县天堂镇建设了行政服务中心天堂分中心，把多个单位赋权审批办理的事项整合成为22个窗口，统一实行"一站受理""一窗办结"，实现群众"最多跑一次"就能办好事。

三是全面构建一张"微网格+"大治理平安网。在圩镇建设"一中心、四平台"（微网格治理服务中心和综治工作平台、综合执法平台、公共服务平台、经济发展平台），以"网格长+专业网格员+N个联络员"的"微网格"治理模式推动圩镇治理精细化，建立全市一盘棋"微网格+"数字智慧平台，守牢安全底线。依托"微网格"治理平台，构建了"大事全网联动，小事一格解决"的"微网格"治理体系（见图1）。

（六）加强生态文明建设，美化了圩镇人居环境

一是推进碧道建设，改善了圩镇水生态环境。全市共规划乡村地区碧道48.8公里，截至2020年建成18.1公里。通过整治和建设碧道、街道、村道等生态空间，守住了圩镇田园气息，圩镇成为回归田园、亲近自然、品味文化、畅享健康的休闲游憩新目的地。位于新兴县六祖镇的广东省"万里碧道"新兴段——"芦溪芳甸"以集成河及河岸边带为载体，自南向北贯穿整个景区，延绵3.5公里，以水为纽带，串联起景区生态、安全、文化、

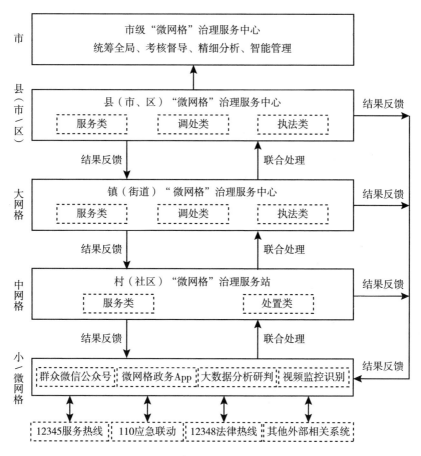

图1 云浮市"微网格"治理体系

景观和休闲。

二是推进"四化"工程，镇容镇貌大为改观。深入推进"绿化、美化、亮化、净化"工程，对圩镇中心及主街区沿线的建筑外立面进行特色化风貌改造，兼顾空间协调性与风貌整体性，统一广告牌标识，强化管线管理等。同时，还因地制宜通过花池、彩绘墙、小水景、户外家具等街头景观小品来装点街景，镇街风貌得到了实质性提升。积极推进"四小园"等小生态板块建设，为圩镇添彩添绿。如云安区六都镇探索"鲜花进村"新模式，鼓励群众在房前屋后清理出来的空地种植花卉苗木，由企业保底回收，共利用闲置地建设小菜园 252 个、小果园 108 个、小花园 24 个、小公园 3 个，提升了圩镇的美化度。

三是完善环保基础设施，增强了圩镇污染治理能力。各镇着力推进污水和垃圾处理工作，加快完善圩镇污水管网，基本实现了圩镇污水处理全覆盖，建成生活垃圾镇级转运站 58 个，"一县一场、一镇一站、一村一点"全部建成使用并维持高效运转，保洁覆盖面和垃圾处理率达到 100%。

四是加强圩镇"六乱"治理，营造了洁净的圩镇环境。通过"三项治理""六乱整治"等行动，对垃圾、污水和公厕进行治理，对乱搭乱建、乱堆乱放等进行集中整治。各镇全面开展商户门前"三包""五包"制，规范商户行为，开展"垃圾不落地""出行讲秩序"等行动，培育居民文明行为习惯。如郁南县千官镇制定了《圩镇管理和环境卫生管理制度》，通过单位、商铺、摊档和居民签订"门前三包"责任书，明确"三包"区域、内容和处理办法等，全面落实"门前三包"责任制；罗定市黎少镇开展"清洁示范户"评比，培养了村民良好行为习惯。

二 云浮"美丽圩镇"建设的基本经验

（一）必须激发满足人民群众过上美好生活新期待的原动力

一是把满足人民群众对美好生活的新期待作为"美丽圩镇"建设的出发点。"美丽圩镇"建设把群众的需求作为第一选择，把群众的满意作为第一标准，从群众反映最强烈、最现实、最直接的问题入手，将"民有所呼、我有所应"体现在创建的全过程全方面。云浮出台的"美丽圩镇"创建"10 个一"建设标准均聚焦于基础设施、医疗卫生、养老服务、城市管理等民生短板。《云浮市美丽圩镇创建专项规划编制工作指引》明确提出各镇（街）"美丽圩镇"专项规划编制要着力解决基础设施服务能力不足等问题，改善人居环境短板，增强公共服务能力，切实为群众办实事、办好事。

二是将民声民意充分落实到"美丽圩镇"规划和考核等关键环节之中。

云浮要求各镇（街）在"美丽圩镇"专项规划编制前期要充分调研，规划草案形成之后，要公开征求社会公众意见，确保创建内容能够充分听取民声、掌握民意、体现民愿，专项规划编制能真正聚焦人民群众关注的"难点""痛点"。如郁南县河口镇在专项规划编制前，深入实地开展现状调查。在形成专项规划编制初稿时，镇党委、政府召集商户和群众代表参加"美丽圩镇"创建专项规划编制听证会、咨询会，广泛听取各界意见建议。在相关项目建设前，镇党员干部带头入户派发整治通知、组织开展"美丽圩镇"创建宣传大游行活动等动员工作，有效激发了群众参与"美丽圩镇"建设的热情，实现了零投诉、零上访。

三是广泛动员人民群众全过程参与"美丽圩镇"建设。各镇（街）开展广泛宣传活动，动员全民参与，共建共享"美丽圩镇"。如新兴县天堂镇开展万人支持、千人参与的全民性宣传活动，累计捐款人数达 2000 多人；罗定市黎少镇成立"美丽圩镇"创建工作理事会，协调理顺、处理解决创建工作中的一系列问题，并动员广大党员干部、退役军人、居民代表发挥带头作用、带头支持、带头参与工作，凝聚了全民共建的强大合力。

（二）必须强化顶层设计对美丽圩镇建设的引领力

一是做到顶层设计与执行机制相匹配。"美丽圩镇"建设是一个涉及人居环境、民生功能、文明程度、经济实力、治理效能和风貌特色等的系统工程，既需要"市—县（区）—镇（街）"三级同向发力，又需要各职能部门之间的密切配合。云浮探索出了一套"横向协同、纵向贯通"的执行机制，形成了推动工作的强大合力。

在横向维度，市政府出台《云浮市美丽圩镇创建三年行动方案（2020—2022）年》这一指导性文件。为将该方案分解落实，市里又出台了包括专项规划编制、环境整治、风貌提升、碧道建设、现代农业高质量发展、普惠金融服务、体制改革、财政改革、"微网格"治理和党建引领"10个一"建设标准，为各镇（街）创建提供更具操作性的指引。

在纵向维度，采取市自然资源局编制《云浮市美丽圩镇创建专项规划编制工作指引》、各镇（街）具体实施编制"美丽圩镇"专项规划的形式，将党委政府的统一部署落实到各个镇的规划之中（见图2）。

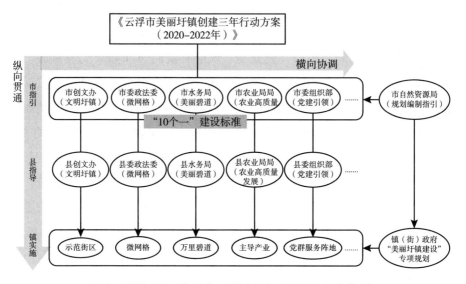

图2 云浮"美丽圩镇"建设中的权利配置与运行机制

二是做到顶层设计与区域差异相耦合。通过"自上而下"的顶层设计对"美丽圩镇"建设工作进行统筹规划，以集中有效资源，高效快捷地实现建设目标。云浮全市63个镇（街）人口数量、发展水平千差万别，普适性的规则和标准可能会忽视甚至抹平区域特色与区域差异性，如果一味强调标准一致、规则一致，势必会导致忽视区域差异而带来效率损失。为克服这一问题，云浮将顶层设计与区域差异相耦合，按照分类规划、分类创建的原则，根据发展水平和人口规模等因素将全市镇（街）的创建分为三大类，每类镇（街）创建的目标与侧重点均有所不同：一类圩镇是各县（市、区）中心城区镇（街），建设重点是持续扩容提质；二类圩镇是集聚辐射能力较强、人口相对较多、经济规模较大、建成区面积有一定规模的镇（街），该类型以风貌整治和特色挖掘为主；三类圩镇是集聚辐射能力相对较弱，人口、经济规模和圩镇建成区面积相对较小的镇（街），建设重点为改善环境卫生面貌，提高公共服务设施能力等（见表1）。

表 1   云浮"美丽圩镇"行动分类标准

类别	特点	数量	占全市圩镇比例
一类圩镇	县(市、区)城区建成区范围的镇(街)	9 个	14%
二类圩镇	集聚辐射能力较强、人口相对较多、经济规模较大、圩镇建成区面积有一定规模的镇(街)	35 个	56%
三类圩镇	集聚辐射能力相对较弱,人口、经济规模和圩镇建成区面积相对较小的镇(街)	19 个	30%

三是做到顶层设计与基层探索相结合。规划指引和工作标准既明确了创建活动的基本方向,又留下了镇(街)政府自行摸索确定的充足弹性空间,包括如何因地制宜挖掘地方特色、凝练产业方向、创新工作机制、整合镇村资源等,这些需要镇级政府自行摸索确定。这有利于激发基层的创造性和自主性。例如,云安区立足各镇区位、资源、产业、人文等资源禀赋,找准美丽圩镇创建的定位路径,科学谋划各圩镇"成长坐标",实现镇镇精彩、全域美丽;郁南县建城镇紧扣"西宁古镇,黄皮之乡"的目标定位,围绕"党建强镇,生态美镇,产业富镇、文化兴镇,旅游旺镇"的思路,深度挖掘西宁古镇文化、擦亮黄皮特色品牌,建设具有"乡村风貌,城市品质"的美丽圩镇,形成了独特的建设特点。

(三)必须创新考用结合机制,焕发干部干事创业的活力

一是用可量化的考核体系强化对广大干部的刚性约束。考什么、评什么,是决定干部考核评价工作质量和成效的关键。云浮以专项竞赛为抓手,将"美丽圩镇"建设的考评内容具体化、数量化。首先,提出了具体细化的考评内容,即"六比"(见表2)。其次,细化评分设置,将评比赛制分为四个阶段,并细化每个阶段的考评内容和量化得分,按照综合量化分数评定出优秀、良好、及格、不及格四个等次进行奖惩,让考核评比在"美丽圩镇"建设中真正发挥出区分优劣、奖优罚劣、激励担当的重要作用。此外,还分别建立了"10个一"创建考核指标体系,对每个"一"涉及的各方面工作开展定量考核。

表2　云浮"美丽圩镇"行动首批竞赛"六比"内容

项目	内容
圩镇规划引领	以提升群众获得感为标尺,深度挖掘当地历史人文和乡土特色,落实圩镇空间布局和建设时序,编制本地区圩镇专项规划
圩镇功能完善	集中检查圩镇农房市场、公共文化、道路交通、教育资源分配、医疗保障、居家社区养老服务、商贸服务等功能建设
圩镇文明创建	集中检查圩镇开展环境干净、容貌整洁、社会平安、管理有序、民风淳朴等五大方面评比,营造"干净整洁平安有序"的圩镇生活工作环境
圩镇产业发展	评比圩镇产业新业态,特色化产业发展情况
基层治理效能	结合"微网格"治理体系建设,检查圩镇党组织领导能力及治理能力
圩镇风貌提升	对圩镇中心及主街区沿线的建筑立面进行特色化风貌适度改造,注重空间立体性、平面协调性、风貌整体性、文脉延续性等方面的管控

二是用创新的考核方式激发广大干部的能动性。建立了动态化和多样化的考评机制。在考评方式上,采取"月督查、季考核、年奖惩""一考核一通报一奖惩"的办法,对照创建标准开展周期性问题摸底并分类建立问题台账,将考核成绩每半年在全市进行排名和通报;在考评模式上,聘请第三方适时开展"美丽圩镇"建设评估工作,不定期由市委实施乡村振兴战略领导小组督导组对美丽圩镇创建进行"回头看"暗访工作,并引入PK竞赛的形式,让竞赛各镇(街)党委书记与社会各界组成的评委面对面,竞赛全程在云浮电视台等媒体进行播出,多渠道、多层次、多角度督促和激励干部投身"美丽圩镇"建设的自主性。

三是用结果的"风向标"压实广大干部的责任担当。坚持"考用结合、奖惩分明"的原则,真正将考核结果与干部的选拔任用、评先评奖、能上能下等挂起钩来,最大限度调动了各级党政领导干部的积极性、主动性和创造性。对专项竞赛评比前三位的镇(街)在全市进行表彰,并将结果抄送至市委组织部门,作为领导干部选拔任用的重要参考。在云城区,"美丽圩镇"建设被纳入全区干部考核识别任用工作程序,相关部门通过"定期+不定期"的方式开展明察暗访,通报工作推进情况,通过个别谈话、工作通报、会议讲评等方式,实事求是地向领导班子和各级干部反馈美丽圩镇创建工作绩效考评结果,将考核结果作为干部选拔任用的重要参考,有效鼓励先进、鞭策落后,激励干部担当作为。

(四)必须坚持"有所为、有所不为",做到精准发力

一是从抓住主要矛盾和矛盾的主要方面来"有所为"。一方面,将"美丽圩镇"建设的重点聚焦在"10个一";另一方面,注重推动各个圩镇通过调研规划找准公共领域短板,将补短板作为各镇"有所为"的现实发力点。如云城区河口街道以"提显主街风貌、提亮门户特色、提升服务能力、提高管控水平"四大策略为重点,推动56个建设项目落地;云安区石城镇以产业兴旺为"重头戏",坚定走产业优先的路子,着力推动传统石材产业向综合建材转型升级,打造肉牛省级现代产业园,发展肉牛冷链、加工、餐饮等全链条产业;对农贸市场、大街小巷、公共场所等进行集中整治;完善了覆盖镇村的城乡医疗体系,新建卫生院公卫大楼1座,新增病床位约100个。"有所为"的建设思路,使云浮在"美丽圩镇"建设的千头万绪工作中,找准了涉及人民群众"身边事"的切入口、关键点精准施策。

二是遵循客观规律和立足现实情况而"有所不为"。在创建之初,云浮就提出了"量力而行,循序渐进"的原则,遵循市场规律和城镇化发展的客观规律,使"美丽圩镇"建设与经济社会发展水平相适应。同时,充分依靠市场规律来配置资源。例如,在圩镇农贸市场建设方面,部分镇(街)引入市场主体来承担建设和运营工作,政府则做好市场管理和监督工作,既减少了财政投入,又激发了市场活力。此外,云浮对政绩工程、面子工程坚决说"不",对超过圩镇自身财力的大拆大建行为坚决说"不"。

(五)必须坚持产业驱动,以特色产业激活内生发展动力

一是注重特色产业聚集发展。注重引导镇(街)根据地区资源禀赋和产业基础来科学选择和培育产业。在农业方面,重点支持各镇扩大种植规模、形成规模化产业基地,打造"一镇一业"的特色农业产业块状经济发展格局;支持各镇积极创建全国"一村一品"示范镇(村)、全国产业强镇

或者省级"一村一品、一镇一业"专业镇（村），以及国家级或者省级现代农业产业园。通过开展"十大农业知名企业""十大农业特色产品"等评选活动，着力推动镇（街）特色农产品申报农产品区域公用品牌和地理标志保护产品，加大对特色农产品的形象宣传和推介力度，推动各镇（街）积极争取国家地理标志保护产品、建立特色农产品区域公用品牌。此外，还组织举办乡村旅游季、文旅资源推介会、"请到云浮过大年"、罗定稻米节、南粤古驿道定向大赛等活动，不断扩大云浮特色产业影响力，做强做实"一镇一业"。例如，素有"中国肉桂之乡"美誉的罗定市㷠滨镇充分发挥本地资源禀赋，全面构建"产业联盟+专业合作联社+专业合作社+农户"联结机制，实现"大企业牵手小农户"，全面发展肉桂产业。罗定市黎少镇围绕"文旅黎少、水果之乡"的发展定位，打造集种植、加工、销售、科普、观光于一体的万亩水果产业融合园，辐射带动镇域经济发展。

二是立足特色资源做长产业链条。云浮将促进农业产业"接二连三"发展作为圩镇做长产业链条的主要路径，以现代农业产业园为载体，大力实施"农产品加工业提升""休闲农业提质增效""农村电商进村"三大行动，推动农业产业链"接二连三"，与工业、旅游、康养等产业深度融合，促进农业全产业链升级，推动农业向高附加值、精深加工延伸。依托省市共建"文化+旅游""文化+创意"两个平台，培育发展"生态+"等新业态。在"文化+"方面，重点打好禅文化、石文化、南江文化等"三张牌"，整合红色、特色、绿色"三色"资源，积极探索"文化+经济（科技、金融、体育、旅游）"模式，为文化产业发展提供更多示范和样板；在"+旅游"方面，加快推进一批美丽乡村精品线路规划建设，发展文旅小镇、风情小镇，努力把云浮打造成为全国知名的康养产业高地和休闲旅游目的地。

（六）必须承续历史文脉，厚植圩镇持续发展的张力

一是以文亮镇，把历史遗迹打造成圩镇的文化名片。首先，全面摸清圩镇文化家底。对全市的古村落、古建筑、古民居、红色遗迹等物质文化遗产以及节庆习俗、特色工艺、历史人物、文化传统、地方传说等非物质文化遗

产进行登记造册，做到家底清楚、规划有料、监管有据，为圩镇建设不搞"千镇一面、万楼一貌"提供依据。其次，按照原真保护和活化展现相结合的原则，在修缮保护的基础上进行活化展现，让历史遗存与当代生活共融，让村落景观与人文内涵共生，使历史遗存成为圩镇的重要文化标签。

二是以文活镇，让民俗文化在圩镇中展现新的活力，让传统文化与时代精神共鸣。云城区石城镇通过腐竹工坊、竹编公园、采茶制茶场景墙绘、云雾山风景墙绘等细微景观，展现石城传统产业悠久的历史文化内涵，让百姓记住乡愁。罗定市䓫滨镇提炼"热诚·守正"肉桂精神，设计出肉桂与人文环境和谐共生的特色标识，将肉桂特色元素融合于圩镇升级改造全过程，沿街增设肉桂文化组合花箱，提高圩镇绿化水平，联结极具肉桂特色的"两轴、两核心、多节点"打造"肉桂风情示范街"，使全镇处处焕发着"中国肉桂之乡"的独特魅力。罗定市黎少镇挖掘早期革命烈士李芳春等红色故事，融合红色故事规划党建文化阵地，丰富了小镇的红色元素。

三是以文兴镇，将文化传承与特色产业发展相结合。一方面，依托文化资源打造文旅产业。罗定市罗平镇立足长岗坡红色旅游精品线路，鼓励引导发展餐饮、住宿、休闲娱乐等产业，为当地带来旅游收入超 2000 万元，将长岗坡渡槽带来的"人气"成功转化为"财气"。另一方面，从本地特色产业提炼新型文化元素，塑造产业文化。郁南县建城镇围绕无核黄皮特色产业发展，在做好黄皮母树遗址保护、讲好黄皮故事的基础上，通过举办黄皮节，打造黄皮街、世界黄皮公园等，将黄皮从第一产业提升转变成为文化产业。

B.19
鹤山立足县域构建"1+4"要素
资源统筹体系

廖胜华 刘艳辉*

摘 要: 2021年，"县域富民产业"这一概念第一次被提出；2022年，
中央"一号文件"再次指出要大力发展县域富民产业。近年来，
江门市鹤山市着眼破解制约农村产业发展的重点问题，逐步形
成县域要素资源统筹的"1+4"格局。构建由人的要素、土地要
素、产业（资本）要素、生产经营组织要素组成的资源统筹体
系，提升县域要素资源统筹力度。

关键词: 广东农村 县域富民产业 资源统筹体系

2021年中央农村工作会议首次提出"县域富民产业"这一概念。2022
年中央一号文件再次指出，要大力发展县域富民产业。县域富民产业意味着
在县域范围内统筹打造比较优势明显、带动农业农村能力强、就业容量大的
现代农业产业体系，其内涵、特征、路径有待深入探索。江门鹤山是位于珠
三角西南部的县级市，素有"七山一水两分田"之说，土地面积为1082.7
平方公里，2021年常住人口53.84万人，常住人口城镇化率为63.48%，实
现地区生产总值440.69亿元，三次产业结构比重为7.24∶50.55∶42.21，
农村社会属性、农业经济特征较为鲜明，在全面推进乡村振兴上具有县域典

---

* 廖胜华，广东省社会科学院精神文明研究所研究员，主要研究方向为中国道路、文化发展、
党建等；刘艳辉，南方杂志社时政理论部记者，主要研究方向为新闻传播。

型性。近年来,鹤山着眼破解制约农村产业发展的重点问题,形成县域要素资源统筹的"1+4"格局。"1"为落脚点,即提升县域要素资源统筹力度;"4"为关系农村产业发展的四个关键性要素资源,包括人的要素、土地要素、产业(资本)要素、生产经营组织要素。从县域统筹层面考察鹤山推动乡村产业振兴的做法,有益于深化对发展县域富民产业的认识。

一 破散为聚统筹人的要素,提振干事创业精气神

乡村振兴,关键在人、关键在干,人的要素是决定性的。从全国情况看,我国农村社会正处于深刻变化和调整时期,出现了很多新情况新问题,归结起来主要是一个"散"字。农村产业要振兴,首先就要改变乡村的松散状态。鹤山牢固树立"人是第一位的"这一意识,紧抓政治引领,紧抓法治、自治、德治并举,努力打造政治过硬、本领过硬、作风过硬的乡村振兴干部队伍,营造广大农民积极性、主动性、创造性竞相迸发的干事创业氛围。

1. 坚持党建引领,强化市镇组织统筹力

把农村分散的人、地等资源要素组织起来,根本力量在于党的强大组织力,必须健全党领导农村工作的组织体系、制度体系、工作机制,提高新时代党全面领导农村工作的能力和水平。鹤山坚持发挥农村工作领导小组(实施乡村振兴战略领导小组)牵头抓总、统筹协调作用,落实好五级书记抓乡村振兴责任,完善市镇联动、部门协调的工作机制。将抓党建促乡村振兴纳入县镇党委书记抓基层党建述评考核重要内容,推动镇委书记当好"一线总指挥",强化落实属地责任和主体责任。开展乡村振兴战略实绩考核评估和美丽乡村建设"大比武"评测,根据推进乡村振兴战略评估结果排名,下达200万元奖励资金到各镇(街),同时建立约谈问责机制,以鼓励先进、鞭策后进。2022年以来,聚焦"提升党建引领基层治理效能"主题,将"网格治理深耕行"作为书记工程,着力构建党建引领基层治理体系,推动基层治理更好服务统筹经济社会发展和疫情防控等中心工作。

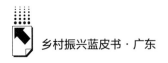

2. 全面提升"头雁"工程质量，推进组织资源下沉

选优配强基层党组织书记，推进村党组织书记、村主任、村级集体经济组织负责人三个"一肩挑"。2021年完成市镇村三级换届，新一届村（社区）"两委"班子"一肩挑"比例达100%。全面铺开农村基层组织向党组织报告工作，全市约2500个农村基层组织向所属村党组织报告年度工作。深入实施农村党员、干部队伍优化提升行动，强化"头雁"素养，加大力度将党组织建设覆盖面向村民小组拓展，发掘培养生力军，鼓励有志青年、退伍军人、大学毕业生、在外经商人士、致富带头人等返乡创业就业和服务村民群众。

如鹤山市龙口镇青文村通过"四三二一"工作法，建强组织，凝聚党群合力。"四"即筑牢"四个堡垒"，包括建好"为民服务"堡垒，提升党群服务中心服务群众的功能、水平和形象；建好党群活动家园；建好红色教育阵地；抓实"掌上"堡垒，每个村民小组建立微信群，以"1个村干部+1个驻村干部"的形式进入管理。"三"即狠下"三种功夫"，包括在后备干部培育上狠下功夫，每名农村党员干部每年物色培养1名入党积极分子；在组织生活上狠下功夫，开展"红色指数"评估，让党员在量化中提高党性觉悟和自我素质；在创造平台炼精兵上狠下功夫，全面推行党员责任岗制度。"二"即打好"两张牌"，包括善谋"民主治理牌"，抓好"活动载体牌"。"一"即抓好一个目标，落实经济促发展。青文村摸索的"四三二一"工作法成效显著，2021年，该村被评为第二批全国乡村治理示范村。

3. 探索"积分制"治理创新，将"村里事"变成"家家事"

指导各镇（街）通过"积分制"，让村民自治工作可量化。市级层面对10个镇（街）均下发8万元资金补助，强化资金保障。各镇（街）结合本试点村实际制定实施方案，将"积分制"与乡村治理事项相结合，从乡村共建、平安创建、文明乡风、家庭美德、个人品德等多方面进行评分，建立与时俱进、可操作性强的本村积分体系，对村民户在乡村治理中的表现进行量化评分评议。对于家庭积分较高者由市、镇、村予以表扬，在"道德模范""最美家庭""好公婆好儿媳"等评优评先活动中优先考虑。同时采取积分兑换物质奖励形式，实行村内福利按积分浮动管理，充分发挥积分制激励约束作用。

如桃源镇蟠光村在运用积分制过程中着力强化组织推动。该村组建了积分委员会，在各村民小组按"村民小组长+会计员"模式配置积分管理员及积分管理专员，实行"一户一档"管理，按照"村民申报—积分管理员调查—积分管理委员会审核—积分管理专员录入—变更公示"的步骤完成积分增减。各自然村公示栏设置"乡风文明红黑榜"，对村民积分变更情况、月度榜单、累计榜单等进行公示。鹤城镇万和村试点"数字乡村"农村"积分制"管理模式，建立"数字化积分管理（行政村）+互联网平台（鹤山塔百奇贸易有限公司）+乡村金融（建设银行鹤山支行）"运作体系，搭建线上线下积分奖励兑换平台。积分在全村排名靠前的村民，可以优先享受建设银行的支农贷款资金支持。每位党员建立"积分档案"，个人积分作为年度党员评先评优、民主评议党员以及其他奖励的重要参考依据。探索通过"积分制"发展党员，以分数量化的形式对入党申请人、入党积极分子的能力、表现进行考察。借助积分制杠杆，广大干部群众在乡村振兴中纷纷由"要我参与"变为"我要参与"。

4. 培育公道文明之风，汇聚同心共力正能量

以创文创先为重要抓手，突出群众主体，深入开展精神文明创建"九大行动"，将文明理念融入乡村振兴全过程。持续推动文明道德风尚建设，打造"好人之城""志愿之城"。持续深化完善乡风文明"十个一"工程，深化拓展全市152个新时代文明实践中心（所、站）建设，2021年常态化开展文明实践活动2000多场。健全"一约四会"，引导带动广大群众共同建设和谐乡村。深化民主自治，推动"四议两公开"从行政村向村民小组延伸。规范操作、公平公正处理涉农事务，用公平公道办事畅通群众思想，提升政府公信力。

实践表明，组织强起来、人心聚起来，产业就能更好发展起来。比如，鹤山古劳镇大力发展水乡旅游，在华侨城项目征地任务中，基层党组织带头人引导党员干部到村民中宣传沟通，带头做好群众工作，短短两月内顺利完

成 480 亩土地征收工作。宅梧镇在打造凤鸣谷运动健康小镇的过程中，各级政府贴心服务、精准协助、高效推进，27 天就建成凤鸣谷一号营地项目。共和镇大凹村第一书记带领村"两委"干部建立"政府+企业+电商+农户"的产业助农模式，形成"红色"底色、"绿色"产业、"金色"种子的产业振兴格局。

二　向内挖潜统筹土地要素，推动土地高效产业化利用

用地难是当前乡村产业发展面临的突出问题。我国人多地少矛盾十分突出，解决乡村产业发展用地，既要保障新增建设用地指标，更要靠内部挖潜。鹤山坚持固基促稳，一方面稳定粮食播种面积，拆旧复垦，修复整治，建设高标准农田；另一方面强化产业用地保障，在安排不少于 10% 新增用地指标用于保障乡村重点产业和项目用地的同时，灵活探索多种方式盘活土地存量，把分散、沉睡的土地资源有效规模利用起来，更好保障农业产业化、规模化用地需求。

1. 推进农村集体产权制度改革，创新土地股份合作实现形式

在存量土地上推进土地规模利用，必须以"稳住农业""稳住农村"为前提，通过深化农村集体产权制度改革，既让农民吃下长效"定心丸"，又实现土地规模集约利用。鹤山是全国农村集体产权制度改革试点县，2019年全面铺开此项工作。首先是开展农村集体资产清产核资，完成农村集体经营性资产量化工作，共清查农村集体资产 32.55 亿元，土地资源 98.08 万亩。在清产核资的基础上，开展集体资产确权，在尊重群众意愿的前提下，采取"一村一策"办法，指导村（组）制定《资产量化方案》，进一步细化集体经济组织成员身份确认标准和程序，厘清成员界定不清等问题，共确认成员身份人数 27.2 万人，顺利完成经济社、经联社产权改革任务，实行股份量化的组织达到 100%。在明晰产权基础上，鹤山着力推进土地股份合作制和"资源变资产、资产变资本、资金变股金"改革新模式，加快盘活

农村土地，发展农业产业化经营，壮大集体经济。模式主要有：

（1）统筹整合式，如古劳镇大埠村"统筹整合，融合发展"。大埠村统筹整合 10 个生产队的土地资源量化股份"抱团"成立大埠股份经济合作社，统一经营管理 1500 多亩的鱼塘、禾田等经营性资产，提高村集体的议价能力，土地租金由整合土地资源前的 800 元/亩提升到现在的 1500 元/亩，实现收益翻番，受益农民达 1670 人。

（2）盘活资源式，如古劳镇双桥村"文旅先行，盘活资源"。村内 22 个经济合作社组建联合体（荣耀经济合作社），整合 69 亩留用地和 300 亩鱼塘土地与华侨城合作建设商业街和鱼耕文化项目，通过股份整合、流转合作方式盘活"死资产"，破解耕地丢荒和碎片化问题，提高留用地、鱼塘耕地效益，促进土地年收益从 2500 元/亩提升到 3500 元/亩，受益农民达 3293 人，促进集体与农户持续有效增收。

（3）复垦增收式，如宅梧镇堂马村"整治撂荒，增产增收"。堂马村以保护耕地、改善农村生产生活条件为目标，重点盘活撂荒耕地整治复垦，通过"村集体+公司+农户"的方式流转土地经营权，引入鹤山市数联生态农业发展有限公司对耕地进行复垦，同时助力解决农村富余劳动力的就业问题。通过创新土地经营权流转模式，宅梧镇堂马村有效解决土地撂荒问题，实施复垦种植早稻面积 138 亩，产量预计 4 万斤以上，为堂马村集体经济创收达 6.9 万元左右，确保了粮食增产和农民增收。

（4）科技创收式，如沙坪街道杰洲村"科技提升，创绿品牌"。杰洲村召开村民会议表决通过以 210 亩土地经营权入股公司发展农业产业化经营，发展现代水产养殖业，依托公司的科技和资金进行鱼塘尾水净化和制水鱼养殖，打造环保、绿色的本土养殖品牌，破解多年来杂散无名、鱼多价贱的困局，带领小农户闯大市场。

2. 整治整合撂荒地，激活沉睡资源

建立市镇村三级联动机制，明确鹤山市本级按 200 元/亩的标准，对各镇（街）撂荒地复耕复种整治工作进行补助。推动各镇（街）结合自身实际情况制定整治方案，按照"条件成熟一块复耕一块"的原则，因地制宜

采取有效措施推进撂荒地复耕复种整治，2021 年完成撂荒地复耕复种面积 8372 亩。如共和镇由政府统一对政府征而未用、已流转但因经济效益低而暂时撂荒、村民外出导致撂荒的地块进行代耕代种，并由村集体进行管护，种植收益归村集体所有。

为提升土地效能，鹤山积极鼓励、推动撂荒地集中流转到专业大户、企业，进行集约化经营和管护，创造出形式多样的撂荒地集约利用模式。

桃源镇通过打造"党建责任田"，推动基层组织建设与撂荒地整治、产业发展等工作深度融合。由党支部统筹对辖区范围无人耕作的撂荒地进行复耕，并发动村民签订协议，把弃耕撂荒的土地收归村集体，12 个村党组织通过"党建责任田"项目，共整合约 600 亩撂荒地。其中中胜村整合 137 户村民约 200 亩撂荒地，打造"党支部+公司（科研）+村经联社+农户入股"的运行模式，由村党支部牵头组织该村经联社引进优质项目进行开发，项目收益由村集体和村民小组占比分成进行入股经营。

雅瑶镇、宅梧镇重点把土地流转给农业经营主体、专业大户及种植能手，明确他们的复耕复种主体责任，同时带动当地发展。如雅瑶镇昆东村推动鼓励农户将耕地统一流转到该镇农源种养专业合作社和顺健农业专业合作社；建良村大富第一、第二、第三经济社集约统筹农户耕地，整合连片耕地约 70 亩，通过镇"三资"平台进行发包流转。宅梧镇漱云村实行"公司租地+农户耕作"的方式，完成 1028 亩土地经营权流转工作，流转面积超过全村耕地面积的 1/3，承租企业进行规模化、集约化种植，并聘请当地村民进行耕作，解决该村富余劳动力问题。

龙口镇采取"公司+政府+农户"运作模式。镇政府负责集约、平整撂荒地，并对接该镇肉牛养殖特色农产业龙头企业需求，在撂荒地上种植玉米。企业负责玉米的种植和技术指导，动员辖区内农户参与撂荒地的种植工作与后期维护，在防止耕地"非粮化"、助力稳定鹤山市粮食生产的同时，将剩余的玉米秆作为该企业肉牛饲料，实现遏制耕地撂荒与助力产业振兴双赢。

3.积极用好点状供地政策，在"点"上谋发展

在江门地区率先编制并印发《鹤山市实施点状供地助力乡村产业振兴实施方案》，规范化推动点状供地项目落地落实。结合省级茶叶产业园建设契机，开展乡村产业发展用地需求调研摸底，从乡村振兴、产业规划、用地布局等方面分析项目的可行性，梳理可实施点状供地项目。对点状供地根据实际用地需求，实行分类审批管理。该市除共和镇来苏茶场项目实行征转合一以外，其余点状供地项目均实行征转分离，即由村提交集体建设用地申请，并承诺保持集体建设用地性质，获得合法手续后用于申报的点状供地项目，通过租赁的方式，大大减少企业用地成本。对符合规划选址的点状供地项目，要求编制项目实施方案，明确功能布局和地块，并采用"抱团"方式，减轻村集体、企业的负担。

通过实施点状供地，鹤山进一步盘活了乡村闲置集体土地，呈现出三个显著效用。一是有力推进乡村产业项目落地。鹤山市已落实茶产业点状供地项目4个，涉及建设用地50亩；正在报批或制定实施方案的乡村产业项目6个，拟使用建设用地66亩；还有多个乡村文旅项目正在洽谈。二是通过用好用活点状供地政策，"建多少，转多少，供多少"，发展加工、住宿、餐饮、旅游等，有力促进三产融合发展，进一步延长产业链、畅通供应链、提升价值链，实现乡村产业发展提质增效。三是推进农业招商引资持续向好。点状供地政策的实施，有力激发社会资本下乡的积极性，让农业企业坚定了发展信心，客商主动谋求合作的现象明显增多。

三 在地增值统筹产业（资本）要素，推动农村产业向广度深度进军

发展县域富民产业关键是根据县域"一方水土"，找准特色优势产业，贯通产加销，融合农文旅，拓展乡村多种功能，推动乡村产业向广度深度进军，把以农业农村资源为依托的二三产业尽量留在农村，让农民更多分享产业增值收益。鹤山按照现有产业基础、资源优势，立足珠三角，面向大湾

区，有针对性地引入现代产业元素，推进产业联动，打造符合鹤山实际的现代农业产业体系。

1.统筹规划优化空间布局

乡村产业振兴不能走"村村冒烟、户户点火"的乡镇企业发展老路。鹤山坚持推动产业分类集聚发展，构建"一带、四园、三组团"空间格局。一带，即沿交通干线打造低碳休闲农业旅游产业带。四园，即重点建设农业科技、茶叶、果蔬、花卉等四大园区，打造现代农业发展新增长极。三组团，即通过组团布局，构建东部城郊休闲农业功能组团、南部外向型高效农业功能组团、西部山地型生态农业功能组团，形成"规模高效看南部、山地生态到西部、观光休闲在东部"格局，打造服务于珠三角的优质农产品供给基地和区别于都市紧张生活节奏的乡村农业休闲基地。

推动镇域产业集聚。积极引导各镇（街）发展茶叶、花卉、粉葛、果蔬、畜牧、渔业、文旅等特色产业，推动形成"一村一品、一镇一业"格局。茶叶产业主要集中在古劳、龙口、鹤城、宅梧、双合等镇。花卉产业主要分布在龙口、址山、宅梧等镇。共和镇是"三瓜两豆一葛"传统种植基地。双合镇是粉葛生产基地。龙口镇形成规范化生猪养殖基地。古劳镇是水产养殖大镇。双合镇、古劳镇成为省级休闲农业与乡村旅游示范镇。宅梧镇获评广东省旅游风情小镇。

2.统筹提高产业要素活力

坚持市场导向、政府支持，着力解决乡村产业要素活力不足和质量效益不高等问题，推动产业规模化、标准化、品牌化发展。

一是加大涉农资金统筹整合力度，提高财政资源配置效率。鹤山市财政对土地流转、产业园建设、"一村一品"项目等安排专项资金进行帮扶。对流转耕地（鱼塘）300~500亩的示范片一次性奖励30万元/个，500亩及以上的示范片一次性奖励60万元/个。针对产业、花卉、果蔬产业，每年安排400万元财政资金，用于现代产业园建设。"一村一品"项目每个项目帮扶100万元。落实各级专项资金，帮扶经营性收入薄弱村实施经营性收入提升项目。

二是因地制宜建园区，打造产业集聚发展载体。培育发展农业国家高新技术企业 12 家，成功创建鹤山农业科技园，并获批广东省农业科技园。茶叶、花卉、果蔬产业园获得江门市市级现代农业产业园认定，其中鹤山市茶叶产业园被纳入省级现代农业产业园建设名单。科学布局畜牧业发展，结合禁养区、限养区和适养区布局，推进养殖业空间格局的战略性调整。通过引导推动土地流转，培育壮大单个规模场；通过准入倒逼和政策挤出，加快淘汰一批"低小散乱"养殖户；通过推进机制创新，引导养殖密集区域的散养户"出村入园"，集中规模养殖。其中养猪场从 1500 多家调整优化到 131 家。

三是积极开展品牌化、标准化建设，提升市场竞争力。实施市县两级 1∶1 配套奖励政策，积极培育农业品牌。打响"鹤山红茶"区域公用品牌，"鹤山红茶"特色农产品优势区通过省运行监测达到优秀等级。推动各企业在对外统一使用公共品牌的基础上，加大自主品牌创建力度，3 个本土茶叶品牌入选"广东十大茗茶"，实现广东茗茶评比"零突破"。积极推动农业标准认证工作，做好农产品质量保证，成功创建国家农产品质量安全县。截至 2021 年，全市累计共有 GAP 认证 5 个，"粤字号"产品 8 个，广东省第二届名特优新农产品区域公用品牌 7 个、经营专用品牌 6 个。有效期内的"三品一标"产品共有 52 个，其中国家农产品地理标志产品 2 个，即"鹤山红茶"和"鹤山粉葛"，有机食品认证产品 16 个，国家绿色食品认证 9 个，无公害农产品认证 25 个。另外，还有现代农业科技创新示范园 3 个，粤港澳大湾区"菜篮子"生产基地 1 个。

四是整合科技资源，提高科技支撑能力。不断完善农业技术服务体系，加强与农业科研院所、大专院校等机构的技术合作。大力推广农业标准化生产技术，大力发展畜禽标准化养殖、水产健康养殖，开展粮食创高产活动。整合优化大米、蔬菜、淡水养殖产品、腐竹、花生、腊味、茶叶等优势产品，提高运行效率与运行质量，推进农产品加工与物流现代化进程。推进数字乡村、数字农业建设，实施益农信息工程，建设信息进村入户工程县级运营中心，以此为依托统筹推进农业信息服务、农业电子商务、农业物联网、农业农村大数据发展和农民手机应用技能培训,强化互联网与农业生产、经营、管理、服务和创业创新的深度融合,全面提升"四类"服务能力。加快各种智能设备布置,完善园区智能化监控,探索农业生产与加工智能化。实施食用农产品标识管理,建立农产品质量安全可溯源制度。

3.统筹跨界配置农业和现代产业要素

鹤山充分利用得天独厚的自然资源、田园风光,以及区位、文化等复合优势,以农旅融合为重点,坚持"点线面"结合、一产接二连三,合力推动各镇发展休闲农业、全域旅游,打造珠三角乡村生态旅游中心,推动美丽资源转化为美丽经济。

一是抓"点"。重点扶持古劳、双合、龙口等现代农业园区,完善生产基础及旅游配套设施,对农业公园、林果采摘园、农耕体验园等项目进行扶持和提升,打造主题鲜明、特色突出的休闲农业乡村示范点。如古劳镇上升村先后共投入资金1380万元改善和提升乡村环境,完善综合配套设施,提高旅游服务功能,陆续打造出王老吉故居、南湾祖、水龙桥、二度桥、头度桥、黄百鸣祖居、上升古码头等星罗棋布的小景点,与古劳水乡核心景区形成"众星拱月"、交相辉映的旅游格局。

二是串"线"。围绕以古劳为核心的岭南水乡乡村旅游线,以址山、鹤城为核心的田园风光、特色美食生态旅游线,以宅梧、双合为核心的农耕体验、特色民宿等山地旅游线,以中国侨都千里潮人径为核心的郊野徒步旅游线等四条主要线路,把鹤山散落在乡村的人文景点和田园风光串珠成链,使之成为一个整体。

三是扩"面"。加大巩固"创建旅游乡村旅游示范镇、示范村"成果,积极申报"全国休闲农业与乡村旅游示范点",开展国家级的生态旅游示范区创建工作,优化乡村旅游环境,完善基础设施,特别是民宿民居等,打造鹤山特色休闲农业精品项目。加快做大叫响"鹤山乡村旅游节"品牌,利用春节、国庆、中秋和"农民丰收节"等节日,制订年度旅游节庆活动计划,推出市民和游客喜闻乐见的主题旅游活动,开发休闲农业旅游市场,带动鹤山全域乡村旅游更快发展。

四是拓"形"。积极将各种特色资源要素嫁接到乡村旅游中，拓展农旅融合多样形态，提升鹤山乡村旅游内容品质。①茶旅结合。结合"鹤山红茶"获得国家地理标志产品登记这一契机，打造以茶文化为主题的旅游精品点，如古劳茶山生态茶园、共和来苏茶园、双合双好茶园等。②生态旅游。如将古劳水乡打造成国家 AAA 景区、广东首个省级湿地公园和广东美丽乡村精品线路。宅梧镇利用生态保护区的资源优势，打造四条精品农旅产业路线。③文旅融合。大力发掘岭南水乡文化、梁赞咏春文化、红色文化、归侨文化和李铁夫、胡蝶、易建联等名人文化，将其融入旅游线路。④美食为媒。如深入挖掘龙口牛肉饮食文化，推动"龙口牛肉"在 2021 年被列入鹤山"非物质文化遗产"代表性项目，每年举办"鲜卑文化牛肉美食节"，规划建设牛街，打造独具本地特色的乡村旅游品牌。

四 创新联结机制统筹经营主体要素，推动小农户融入大农业、大市场

我国资源禀赋决定不可能各地都像欧美国家那样搞大规模农业、大机械作业。要提高农业经营效率，大多数地区要通过健全农业社会化服务体系，抓好农民合作社、家庭农场等农业经营主体发展，赋予双层经营体制新的内涵，实现小规模农户和现代农业发展有机衔接。鹤山一方面着力加强家庭农场、农民合作社、农业企业等新型农业经营主体的培育；另一方面创新利益联结机制，推动多种经营主体融合发展，参与新型经营主体利益联结机制的农户覆盖率已达到 70%。

1. 壮大本地龙头骨干，强化龙头带动力

出台实施《优化培育新型农业经营主体实施方案》，设立优化培育新型农业经营主体资金，支持发展农业龙头企业、家庭农场、农民专业合作社。引导农民以土地经营权入股的方式加入农民合作社和农业企业。引导家庭农场等新型经营主体领办农民合作社，鼓励合作社兴办加工流通实体，发展农社对接。截至 2021 年，鹤山市重点农业企业超过 50 家；登记在册的农民合

作社 257 家，其中国家级示范社 1 家、省级示范社 5 家、江门级示范社 15 家、鹤山本级示范社 12 家，完成规范化建设 38 家；鹤山本级以上示范农场 32 家。

新型经营主体成为联动带农的骨干力量。比如，鹤山市天润生态农场通过流转土地，大力发展"三瓜两豆一葛"（大顶苦瓜、节瓜、双青丝瓜，玉豆，豆角，粉葛）的种植生产、冷链加工与配送销售。农场依托与新会、台山、开平、恩平、鹤山供销社下属基层社及专业合作社的相互合作，带动五邑地区各优质种植基地积极加盟，形成"公司+农户+其他小型蔬菜种植基地"的经营模式，与农民建立起紧密的利益联结机制。针对农户，农场提供生产资料、新品种、科技服务和咨询服务，引导农民开拓市场。为更好对接市场，农场与江门新供销商贸有限公司等企业合作，共同组建江门新供销平岭农产品交易配送中心，严格按照公司指定的品种种植，公司包销，收购价比同期市场价每公斤上浮 0.20~0.30 元，通过把冻干农产品初加工及冷链配送，实现每亩净增效益 600 多元。农场现有无公害种植基地 500 亩，带动农户 300 余户，带动种植面积 1000 余亩，被评为"广东省示范家庭农场""江门市示范农家庭场""鹤山市示范家庭农场"。

2. 打造发展联合体

推动各镇村通过土地经营权入股建立村发展联合体，促进农业适度规模经营。如古劳镇大埠村成立股份经济合作联社，推动土地统一管理、统一维护，将全村 1500 多亩的鱼塘、禾田等经营性资产托管给股份经济合作联社，各生产队以鱼塘、禾田的土地面积入股，占相应股份，分为鱼塘股和禾田股，资源整合后由合作联社按股份进行统一发包，收益作为分红。大埠村股份经济合作社还和鹤山市汇鲜园农业发展有限公司签订资源资产租用合同，通过"公司+农户"模式发展大棚蔬菜种植，让农民切实受益。大埠村股份经济合作联社的成立，促使民生工程决策制定、资金筹集等环节高效进行，有力促进大埠水产养殖业转型升级和农户增产增收。

3. 整合村集体、农民、企业三方力量，与工商资本形成深度利益联结

在引入工商资本发展乡村新业态的过程中，鹤山没有停留在"一租了

之",而是整合当地资源,建立企、农、村利益联结机制,实现企业、农民、村集体利益的有效"捆绑"。如古劳镇双桥村跨村委跨村队成立荣耀股份经济合作社,将各经济组织的资产以土地入股方式整合到荣耀股份经济合作社中,以保底加收益分红的合作方式,与华侨城集团合作建设商业步行街和鱼耕文化项目,实现集体与农户持续有效增收。预计两个项目投产后将促进双桥村组集体经济收入年增长 300 万元。

4. 打造新供销,助力小农户闯大市场

为破解丰产难以丰收难题,鹤山着力抓住数字经济红利,建立新供销"塔百奇"电商交易平台。平台在村设立信息业务点并建设信息化系统,协助村民创业、增收、销售、就业;并与金融机构合作提供金融惠农、助农服务。自 2018 年以来,电商平台累计上线 2000 多种农产品。特别是在新冠肺炎疫情防控期间,新供销"塔百奇"电商全力协助鹤山农产品打开销路。如 2020 年初,供销社农场生产的马铃薯受制于交通,难以向外运输销售,"塔百奇"电商组织人员到农场协助挖马铃薯,再通过"塔百奇"电商平台销售,一周内该农场的 30 万斤马铃薯销售一空。

鹤山从县域层面统筹推进富民兴村产业发展的实践表明,"1+4"要素资源统筹体系内在具有紧密联动关系,构成一个相对闭环的整体。发展县域富民产业,首先需要为松散的农村注入强大的组织资源,激发农民主体精神,使其成为发展共同体。要在乡村发展现代产业,核心是破解土地碎片化、个体化与产业规模化、集约化发展的矛盾。解决这一矛盾,关键是处理好农民和土地的关系,整合土地资源要素。整合好的资源要素能否释放出应有的生产力,关键是发展植根于本地、农民能够有效参与的现代产业,通过完善产业链,打造利益链。分散的农户要成为利益链的重要一环,必须创新利益联结机制,从而回到"人"这个起始因素,形成政策体系的闭环。

B.20
廉江塑造县域高质量发展的品牌体系

伍玉娣　赵恒煜*

摘　要：　自2021年以来，广东省廉江市认真贯彻中央及省市部署，全面
深入实施乡村振兴战略，从谋划农业农村现代化空间布局、搭建
发展载体、创新经营机制、优化生态环境、加速全民富足五方面
加快推进农业农村现代化建设。

关键词：　乡村振兴　农业农村现代化　廉江品牌　广东省

廉江市认真贯彻中央及广东省湛江市部署，紧紧围绕"产业兴旺、生
态宜居、乡风文明、治理有效、生活富裕"发展方针，全面深入实施乡村
振兴战略，加快推进农业农村现代化建设，从5个方面着力塑造中国乡村振
兴的县域发展品牌。

一　打造"一县一园"品牌，谋划农业农村
现代化空间布局

廉江市是传统农业大县和工业强县，因盛产水果而号称"百果之乡"，
又是广东省40个产粮大县中引人注目的县级市，是粤西唯一一个全国生猪
调出大县。廉江市根据自身资源禀赋，大力推进农业供给侧结构性改革，积

---

* 伍玉娣，广东省社会科学院办公室主任、助理研究员，主要研究方向为法学、行政管理学。
赵恒煜，博士，广东省社会科学院国际问题研究所助理研究员，主要研究方向为国际智库与
社会科学文献情报分析、新媒体技术、文化融合。

极推进"一县一园"建设，优化县域农业农村现代化发展空间。廉江市已建有 1 个省级开发区、1 个省级高新区、1 个省级产业园，以及 2 个省级集聚地。廉江市已经入围第七批广东省农业科技园区建设名单，是湛江市首家入选的县市。2021 年，全市 26 个村被评选为广东省"一村一品、一镇一业"专业村，安铺镇被评选为省级"一村一品、一镇一业"专业镇。

一是规划城镇等级结构空间体系。研究出台《廉江市城市总体规划（2018—2035 年）》，提出以增强中心城区和安铺—横山片区的辐射带动作用，打造主、副核心，依托中心镇带动外围地区协同发展导向，规划形成"中心城市—中心镇——般镇"三级城镇等级结构体系，不断强化县域综合服务能力，把市域内乡镇建设成为服务农民的区域中心，有力推动"一县一园"产业空间布局、城乡基础设施互联互通和城乡基本公共服务均等化进程。

二是创建农产品加工业和乡村休闲农业发展空间。打造一批休闲农业与乡村旅游示范点，廉江东线乡村旅游线路——乡村山水田园赏绿摘果品靓汤游等 3 条线路入选广东省乡村旅游精品线路；廉江市德道茶文化大观园、廉江市茗皇茶大观园、廉江市源源红橙园、廉江市竹头围村获评全省休闲农业与乡村旅游示范点，安铺镇获评广东省旅游风情小镇，安铺镇尖仔村、良垌镇后塘村、高桥镇平山岗村被评为广东省文化和旅游特色村。

三是积极发动全市养殖户做好畜禽粪污处理，推动县域生态产业发展。廉江规模场粪污资源化配备率达 100%，资源化利用率达 93.5%，推动畜牧养殖向生态友好发展。2021 年内指导改、扩、新建符合环境保护标准的标准化养殖场 74 家，创建国家级示范基地 3 个，省级龙头企业 2 家，市级示范场 2 家，标准化养殖占比达到 70%，实现了整体提升。积极配合省市做好直联直报工作，推动建设畜牧业的数字系统。截至 2021 年，已经登记在网规模养殖场共 1675 家。按时按质完成月、季、年报表，有力配合省市做好信息管理，为建设数字农业奠定基础，形成生态型农业现代化发展空间结构。同时，围绕产业空间提升，加速产业服务体系建设。健全农业农村社会化服务体系，率先在全省建成农业生产社会服务中心，着力培育发展各类服务组织，完成年度生产托管服务任务，完成农业生产社会化服务面积90878.13亩；完成农业生产托管示范基地建设4个；推广运用粤农服生产托管助手；挂牌成立农业生产托管服务中心，建立"县级服务中心+镇级服务站+村托管员"的生产托管三级服务体系；总结农业生产托管服务典型案例2个。

二 打造"粮果兼备"品牌，搭建农业农村现代化发展载体

在推进乡村振兴战略实施中，廉江市重点保障粮食和重要农产品有效供给。

一是狠抓粮食和水果发展。2021年全市粮食播种面积达118.34万亩，同比去年新增1.34万亩，超额完成湛江下达的117.03万亩年度指标，全年粮食总产量43.23万吨，同比去年新增1.46万吨。全市共有生猪规模养殖场447个，年出栏123万头；水产养殖面积1.30万公顷，年产量13.80万吨；养鸡规模场243个，年出栏1432万只；蔬菜种植面积58.19万亩，总产量101.25万吨，水果种植面积48.30万亩，产量46.98万吨，茶叶种植面积3.97万亩，产量4850吨。全市全年水稻种植面积为96.71万亩、产量38.50万吨，超额完成湛江下达的任务。同时，加强品牌培育，山雨鸡、廉实菜心等25个产品入选"粤字号"农业品牌；"廉江红橙""廉江乌龙茶""廉江辣椒""廉江番石榴""廉江南美白对虾""廉江妃子笑荔枝""廉江贵妃黄皮""廉江果园鸡"等8个特色农产品入选全国名特优新农产品名录。深化建设廉江红橙、廉江茶叶两个省级现代农业产业园，并成功申报廉江丝苗米现代农业产业园。

二是强化耕地保护、推进农田质量提升。以"零容忍"的态度坚决遏制农村新增乱占耕地建房行为，2021年广东省下发车板镇图斑属于农村新增乱占耕地建房类型，图斑面积为7.1亩，其中地类为可调整耕地4.49亩，有林地2.61亩，该项目为省重点项目核电大件运输道路项目部，已建成并

投入使用。完成高标准农田年度建设任务，推进撂荒耕地复耕复种。2021年完成了2020年度高标准农田建设任务，建成高标准农田2.81万亩。全市已完成复耕复种撂荒耕地3.52万亩，占可复耕面积的52.3%。2021年下达全市的水田垦造任务为700亩，已完成建设任务并在土地种植收益或转租租金中落实后期管护资金。

四是建设现代农业生产体系。已完成2021年国家农业农村部下达的补充10个主要农作物品种种质资源收集任务。全市各镇共收集20个品种；完成2740户水产养殖种质普查；大力推广农业主导品种和主推技术，遴选发布全市农业主导品种33个，主推技术22项。加快引进培优新品种。引进、试验水稻新品种20个以上，示范新品种3个，水稻良种覆盖率达98%。打造新品种水果种植示范基地，培育推广仙桃荔、释迦、泰国青柚、牛油果等优质新品种，优化种植结构。农业机械购置补贴、水稻机插秧技术推广平稳推进。举行水稻机插秧现场示范会，实施精量穴播项目2个，促进机插短板提升。水稻生产机械化综合水平达80.41%，达到年度目标。编制实施《遂溪—廉江渔港经济区建设规划（2021–2030）》。推动"平安渔港"建设，制定《廉江市关于"建渔港，保平安"的实施方案》，确保渔港建设100%推进、管港机制100%提升、驻港机构100%建立、港务管理100%到位、污染防治100%落实、避风泊位100%保障。完善农产品"12221"市场营销体系，密切产销衔接，成功举办2021廉江红橙开采仪式暨产销对接大会、廉江·良垌荔枝推介会等活动。此外，强化农产品安全生产，2021年完成农产品例行风险监测抽检样品1108个，开展食用农产品"治违禁、控药残、促提升"三年行动，推进食用农产品"不安全、不上市"三年行动，坚决守住不发生重大农产品质量安全事件底线。着力推动建立镇（街道）、行政村、村集体经济组织（自然村）农产品质量安全管理三级网格，全市农产品质量安全检测站获得CMA证书和CATL证书。加强动植物疫病防控，完成红火蚁防控面积13.79万亩；草地贪夜蛾应急处置率为100%，防治效果达88%以上，草地贪夜蛾危害玉米的损失率控制在5%以下，达到了预期目标。高质量防范非洲猪瘟、高致病性禽流感等重大动物疫病，生猪和能繁母猪存栏双双保持快速恢复势头，全年出栏肉猪 125 万头以上，非洲猪瘟防控工作得到广东省防控重大动物疫情防控指挥部的通报表扬。

三 打造"综合改革"品牌，创新农业农村现代化经营机制

廉江市深化农村综合改革，从集体产权、宅基地、民生保障、集体经济发展、三农投入和土地要素改革等五个方面进行改革创新，构建有效的发展机制，以全面加速推进城乡融合步伐。

一是深化农村集体产权制度改革。准备申报第二轮土地承包到期后再延长 30 年试点，落实第二轮土地承包到期后再延长 30 年政策。做好农村土地确权工作，完善农村承包地"三权"分置制度，推动农村承包地经营权流转，实现农村承包地流转率达到 50% 以上的目标。完成农村集体经营性资产股份合作制改革任务。根据 2020 年农村集体资产清理核查数据，全市需要实行农村资产股份改革的农村集体经济组织（包括经济联合社）共 325 个。全市实行股份量化工作的集体经济组织有 325 个（包括 202 个经济合作社和 123 个经济联合社），参与改革的农户数为 25599 户，经济组织成员数为 112057 人，量化经营性资产为 55492.0979 万元，共发放权证 25599 本。开展 2021 年扶持村级集体经济试点工作、壮大村级集体经济项目申报工作，经过镇级推荐、专家评审、局领导班子审议、网上公示等程序，确定扶持 27 个行政村开展壮大村级集体经济试点项目。

二是稳慎推进宅基地改革，加快县域内城乡融合发展。全面摸查三年内农民建房用地需求，开展农村宅基地管理业务培训，召开全市农村宅基地管理审批工作业务培训会议，加强宣传引导，已悬挂宣传横幅 200 余条、分发宅基地知识宣传手册 10000 多本、开展展台宣传 2 场等，起草了《廉江市农村宅基地审批管理办法》，已完成征求意见程序并通过合法性审查，出台后可进一步规范农村村民申请宅基地审批程序。截至 2021 年底，全市已受理农村宅基地建房申请 183 宗，已审批 77 宗。

三是推进民生保障改革，提升民生保障水平。文体、卫健事业稳步发展，社会救助顺利推进，养老服务不断提升，城乡就业稳定，全市城镇新增就业5070人，建成"人社服务快办行动大厅"。实施农民合作社质量提升整县推进试点，率先在粤西地区建设农民合作社服务中心，规范提升农民专业合作社，农民专业合作社发展到1315个，录入全国家庭农场名录管理的家庭农场（种养大户、规模种养户）有7000多家。完成农民合作社质量提升整县推进试点任务，2021年新增农民合作社90家，培育市级示范社13家、县级示范社19家；2021年培育市级示范家庭农场13家、省级示范家庭农场6家。推进全市多家物流快递企业在现行物流价格的基础上降费10%~20%，有力助推农产品销往全国各地。大力推进冷链物流骨干网项目，投资建设面积达2500平方米的助农服务综合平台冷链物流基地，完善农村物流体系建设，投资组建廉江市农村电子商务有限公司，建设日消百货、副食品等工业品仓储物流配送中心，配送网络（镇村）经销商1100多家，开发建设"欢贡商贸"（统购统销）平台，在服务工业品下乡、农产品进城方面取得了良好效果。

四是发展新型农村集体经济、推进基础设施提档升级。廉江市农村集体经济收入达到15万元以上的行政村占比相对去年提高10%。2020年农村集体经济收入达到15万元以上的行政村10个，2021年农村集体经济收入达到15万元以上的行政村13个，同比增长30%。廉江市制定《廉江市农村村内道路建设攻坚行动方案》，统筹各方资金，基本实现自然村村内主干道路面硬化，全力推进农村村内道路建设攻坚行动。打造高桥Y781，横山X709、Y717，良垌美丽乡村旅游公路等一批示范路，成功创建"四好农村路"全国示范县。高度重视全域农村集中供水工作，综合分析，科学制定工作方案，精准施策，狠抓推进。农村集中供水基本全覆盖，农村人口自来水普及率达到99%以上，农村生活饮用水水质合格率达到90%以上。推进长青水库灌区改造工程建设，截至2021年底，完成渠道整治改造120.94公里，其中砼衬砌70.38公里，新建、改建渠系建筑物421座，累计完成投资1.49亿元。积极推进小型水利工程建设，截至2021年12月底，完成小型水利工程 36 宗，累计完成投资 1900 多万元。通过整治渠系、修建加固山塘、水陂、涵洞、涵闸等，改善灌溉面积约 15 万亩。大力加强农网建设，2021 年已通过基建项目解决 148 个、修理项目解决 64 个、日常维修解决 67 个台区，电压质量得到有效改善。实施供电可靠性综合整治。

五是强化三农投入和土地要素改革支撑。优先保障"三农"资金投入，廉江市近年一般公共预算农林水科目支出一直稳定增长，2021 年全市农林水科目支出金额为 147878 万元，比去年同期支出金额 147743 万元增长了 135 万元，确保财政投入与补上全面小康"三农"领域突出短板相适应。2021 年全市安排地方政府新增债券 65000 万元，用于符合条件的现代农业设施建设和乡村建设，其中廉江市垦造水田项目 20000 万元、廉江市农村饮水安全提升工程 42500 万元、"四好农村路"建设 2500 万元。2021 年廉江市农业政策性保险服务保险范围、品种按照文件执行，在农户自愿参保的原则下应保尽保，2021 年涉农保险保费总收入为 14739.2 万元、保险深度 1.06%；达到文件要求的保费总收入 12412.31 万元、保险深度 0.9% 的要求。同时，强化土地要素支撑，落实点状供地政策。2021 年共安排新增建设用地计划指标 253.63 亩，用于乡村振兴建设用地需求。项目分别为良垌镇自来水厂项目，面积为 12.08 亩；吉水镇九州江水厂项目，面积为 100.71 亩；营仔镇营圩新区农民公寓建设项目，面积为 10.83 亩；新民镇鳄鱼产学研生态基地项目，面积为 50 亩；良垌镇石盘仔整村搬迁安置区，面积为 80.01 亩，占 2021 年度实际使用指标的 24.37%。

四　打造"城乡一体"品牌，优化农业农村现代化生态环境

乡村振兴离不开良好的发展环境，这既包括自然生态环境又包括社会治理环境。廉江市大力改善农村人居环境，全力促进乡村生态宜居发展。

一是巩固人居环境整治。全面完成自然村人居环境基础整治任务，农村环境基础设施管护机制普遍建立。持续开展农村厕所改造提升。2021 年对全市农村地区 208950 座户厕、376 座农村公厕开展拉网式、全方位大排查，

发现问题户厕 226 座、问题公厕 24 座，已 100%完成整改。建立健全农村保洁机制。2021 年投入村庄清洁专项财政资金 6925.4 万元，全市配备农村保洁员 5377 人，农村保洁覆盖率达 100%。完善垃圾处理体系。全市已建立健全"户收集、村集中、镇运输、县处理"的垃圾处理体系，全市规范建设 19 座镇级填埋场，拟迁建、改造、新建垃圾中转站点 34 座。城乡环卫一体化扎实推进。抓好农村生活污水治理，开展河湖清漂保洁和沟渠清淤工作，推进污水处理设施建设，50.32%自然村完成污水处理设施建设，83.83%自然村完成雨污分流管网建设。深入推进圩镇人居环境整治，分组分队包干包区推进，圩镇卫生保洁、"六乱"全面整治已取得显著成效。

二是推进乡村风貌提升。深化"千村示范、万村整治"行动，全市 93.7%行政村达到干净整洁村标准，57.71%行政村达到美丽宜居村标准。2021 年高质量打造高桥镇平山岗村、长山镇那盘督村 2 条湛江市级美丽宜居示范村；统筹 2021 年省级涉农资金 2377 万元，打造石角镇担伞塘移民新村、长山镇黄坭艮村等 15 个美丽宜居示范村；投入中央财政农村综合改革转移支付资金（乡村风貌提升）3218.7 万元，打造长山镇上石水村等 9 个村乡村风貌带。因地制宜开展"四小园"建设。截至 2021 年，全市打造"小菜园、小花园、小果园、小公园"等小生态板块 22872 个，既巩固村庄"三清理""三拆除""三整治"成果，又绿化美化村庄环境。全市已全部完成农房安全隐患排查整治工作，新建农房管理进入规范化法制化轨道，全市完成存量农房微改造 3390 户。

三是建设现代乡村治理体系。2021 年全市建设了 8 个示范性公共法律服务工作站和 49 个示范性公共法律服务工作室，完善全市各级公共法律服务实体平台外观标识和内务规范，统一公共法律服务岗位设置和工作流程。扎实推进"民主法治示范村"创建工作，2021 年，全市 3 个村被评为省级民主法治示范村，分别是罗州街道新南居委会、良垌镇山心村委会和安铺镇水流村委会。推进乡镇机构体制改革。在各镇设置农业农村办公室，改革农业系统的事业单位，组建农业推广站、畜牧兽医站等单位，推动多项涉农的审批、服务、执法等事项下放至基层，搭稳乡村振兴领导

"四梁八柱"。2021年印发《关于严厉打击整治涉黑涉恶涉乱突出问题全力保障村（社区）"两委"换届的通知》《关于开展新一轮"扫黑除恶"集中行动专项斗争的通知》等文件，聚焦基层"农村黑"，打击整治"村霸""渔霸"等问题。坚持党建引领基层社会治理，积极发展新时代"枫桥经验"，加快推进市域社会治理现代化试点工作。打造社区"和家工作室"亮点品牌，积极推广"胜哥工作室"，探索调解新模式。廉江市雪亮工程项目从2019年10月启动开工。2021年系统已上线运行，共接入一类摄像头2061个、二类摄像头194个。联合市普法成员单位、各镇（街道）持续开展以《宪法》、《民法典》、扫黑除恶、禁毒、反邪教、创文为主题的法治宣传进乡村活动。开展普法宣传下乡活动73场次，出动法制宣传车86次。2021年落实防风险护稳定的工作部署，坚持预防为先、系统应对、守住底线，深入开展"涉农问题"社会矛盾专项治理行动，要求牵头单位认真落实"管行业就要管稳定"的行业主管责任，强化源头治理，深入排查涉农突出问题，及时跟进化解处置，从源头上解决好人民群众合理合法诉求。全市加强与网信、网警等部门衔接，强化网络巡查，及时处置负面舆情。2021年，全市没有发生涉农群体性事件，没有发生重大涉农负面舆情。

四是推进公共服务优化提升。落实在常住人口规模4000人以上行政村开办规范化普惠性幼儿园，并通过乡镇中心幼儿园的"扩容"工程，新增公办幼儿园学位1825个。2021年制定《2021年廉江市乡镇寄宿制小学或寄宿制九年一贯制学校建设规划实施方案》，投入资金1654.2万元，改善乡镇寄宿制学校办学条件，实现每个镇有1所及以上的标准化农村寄宿制小学。印发《廉江市加强紧密型县域医疗卫生共同建设实施方案（试行）》，成立廉江市紧密型县域医疗卫生共同体建设管理委员会。全市共有村卫生站规范化建设任务340间，已建设完成并投入使用321间，7间正在加紧装修中，12间未确定建设用地。已完成市中医院、市妇幼保健院的整体搬迁并已投入使用。廉江市医保已实现湛江市级统筹医保总额预算管理。廉江市城乡居民实行统一的湛江市城乡居民基本医疗保险制度。提高个人缴费和政府补助

标准。从 2020 年 7 月起，城乡居民养老保险基础养老金从 170 元/月提高至
180 元/月，并已落实到位。城乡居保基础养老金经过多次调整提高，待遇
水平明显提升。印发《廉江市开展巩固社会救助兜底脱贫成果"回头看"
行动实施方案》，积极配合扶贫部门开展民政救助与扶贫数据比对，将扶贫
部门提供的边缘户返贫监测对象及时按政策纳入民政救助范围，截至 2021
年已纳入救助 836 人。深入摸排，全面掌握"三留守"人员及困境儿童等
弱势群体数据及家庭情况，力争关爱保护服务不漏一村、一户、一人。

五是强化乡风文明建设。建设一批新时代文明实践示范所、站。着重打
造安铺镇、罗州街道 2 个示范所和 42 个示范站（每个镇街 2 个），建立行之
有效的建设机制和运行模式，带动提升全市新时代文明实践中心建设整体水
平。全市共 340 个行政村，已有 332 个行政村通过廉江市文明村创建达标考
核，其中 179 个行政村获评湛江市文明村，3 个村获评省级文明村，2 个村
获评全国文明村。将社会主义核心价值观融入村规民约，发挥村规民约和
"四会"的自治作用，积极实施殡葬改革，倡导文明殡葬、文明祭祀。全市
340 个行政村全部完善村规民约修订，全部成立红白理事会、道德评议会、
禁毒禁赌会、村民议事会。

五　打造"党建引领"品牌，加速农业农村现代化全民富足

廉江市坚持以党建引领全面深入推进乡村振兴战略，认真学习贯彻习近
平总书记关于"三农"工作重要论述。

一是以党建统筹学习与谋划。以"书记课堂""组工课堂""初心课
堂"三个课堂为载体培根铸魂，高位推动巩固拓展脱贫攻坚成果和全面推
进乡村振兴工作。2021 年相继召开 14 次工作会议，如廉江市巩固脱贫攻坚
成果与农村人居环境整治提升工作推进会。市委常委会、市政府常务会多次
学习"三农"理论政策、研究"三农"工作，党委政府主要领导多次深入
镇村调研乡村振兴工作推进情况，谋划推进重点项目。举办全市镇（街）

抓党建促乡村振兴发展规划"金点子"比选活动，择优推荐 4 个镇（街）参加湛江的擂台大比拼，其中廉江市长山镇和青平镇脱颖而出，被评为湛江市乡村振兴十大"金点子"。

二是促进巩固脱贫攻坚同乡村振兴有效衔接。全面落实"四不摘"要求，防止松劲懈怠，对防止返贫检测对象 173 户 860 人开展动态调整，实施因人因户精准施策，及时消除返贫致贫风险。选派干部进驻 21 个镇（街道），帮助推动"三类户"的帮扶工作。安排部分帮扶资金用于建设防止返贫动态监测和帮扶工作机制，巩固脱贫攻坚成果。建立完善低收入人口常态帮扶机制，认真排查监测低收入人口收入、生活等情况，及时将困难群众纳入帮扶，即时提供相关帮扶，消除低收入人口出现致贫风险。巩固"三保障"和饮水安全情况，确保新发生问题动态清零。统筹推进过渡期"两不愁三保障"、产业帮扶、就业帮扶等政策体系优化调整，住建、医保、教育等部门制定《廉江市 2021 年农村危房改造实施方案》《关于调整完善廉江市困难群众基本生活保障工作协调机制的通知》等相应政策。2020 年 6 月以来，廉江市严格落实广东省关于扶贫资产的重要部署要求，全面开展扶贫资产管理，并取得了初步成效。脱贫攻坚期间全市各级各类扶贫资金投入总额为 87817.79 万元，可形成资产总额为 71781.24 万元，其中经营性资产总额为 53385.64 万元，公益性资产总额为 12802.67 万元，到户类资产总额5592.93 万元。

三是建立乡村振兴驻镇帮镇扶村工作机制，落实人财物保障措施。根据《广东省乡村振兴驻镇帮镇扶村工作方案》，在全市 21 个乡镇（街道）设立驻镇帮镇扶村工作队，其中省直、中直驻粤单位帮扶 3 个重点帮扶镇，广州市白云区帮扶 5 个重点帮扶镇，湛江市和廉江市组团帮扶 4 个重点帮扶镇和 6 个巩固提升镇，廉江市自行帮扶城南、城北、罗州 3 个街道。各级各部门及工作队迅速进入状态，积极开展帮扶工作。组织培训和强化帮扶技能。市镇两级通过集中上课、座谈会、实地参观等培训方式，让驻镇帮镇扶村工作队及时掌握了解廉江市镇村基本情况，以及脱贫攻坚、防止返贫监测与帮扶、乡村振兴等相关内容，尽快熟悉市情镇情村情。进村入企走访，深入实地调研。各镇工作队走村入企走访调研，同镇党委、政府及相关业务部门对接、沟通，全面深入掌握镇的基本情况，并开展防返贫监测对象摸排调研，形成调研报告。同时，因地制宜，与当地党委政府共同编制镇域乡村振兴规划。对症下药、因地施策，开展了金融帮扶、消费帮扶、公益捐赠等多方面工作。统筹资金使用，提升帮扶效益，切实管好用好帮扶资金，抓紧将资金安排落实到具体项目，加快资金拨付进度，充分发挥资金使用效益，严禁挤占、截留和挪用，确保专款专用。

四是保证农民收入稳定。2020 年廉江农村居民人均可支配收入为 20414.9 元，高于全国农村居民人均可支配收入 17131 元的平均水平；2020 年廉江农村居民人均可支配收入增长率为 8.6%，高于廉江城镇居民人均可支配收入 7.5%的增长水平。推动"粤菜师傅""广东技工""南粤家政"三大工程，大规模开展三大工程技能培训，鼓励劳动者创办农家乐、员工制家政企业，从而有效促进和稳定居民就业。建设廉江市青年电子商务创业孵化基地（实训基地）和廉江市橙乡味道农村电商产业园，开展"农村电商"培训。对农民进行系统化、专业化的培训，打造一批新型职业农民队伍。培训"农村电商"人数为 1783 人，带动就业创业人数为 524 人。

五是强化保障措施，加强土地人才支撑。建强镇领导干部队伍，锻造乡村振兴"主力军"，选拔扎根基层、文化水平高、敢闯敢为、热爱"三农"工作的干部进入镇领导班子。实施农村实用人才"一十百千"工程，建立标准化、规模化农村实用人才培训基地 26 个，实现市—镇—村三级联动全面培训，累计举办农村实用技术培训班约 1300 期，培育农村实用人才约 3.4 万人，建立电子商务培训基地，培养农村电商人才 1488 人次。大力实施"头雁"工程，建立健全村级党组织书记县级备案管理制度和任期审计办法，加强对农村党组织书记的监督管理和年度考核，按时按质完成 2021 年农村"两委"换届选举工作，村党组织书记全部实现"三个一肩挑"，村党组织书记大专及以上文化程度占比超 60%，村"两委"干部交叉任职人数达 1274 人。举办 2021 年廉江市"广东扶贫济困日"活动仪式。组织爱心企业、爱心人士现场认捐，由 428 个人或单位共捐赠 5374035.77 元。推进

"万企兴万村"活动,发动134个企业参与村企对接帮扶,共帮扶200个项目,包括完善村庄道路等乡村振兴项目。发动工商联会员以产业与就业扶贫、志气与智力扶贫、捐赠与消费扶贫等多种方式推进"万企兴万村"行动。

普宁打造"红色老区+农业园区"
双区驱动乡村振兴品牌

李耀尧 李康尧*

摘 要： 近年来，普宁市充分挖掘本地资源禀赋，将红色文化和人居环境、生态农业、乡村旅游相结合，深度激活"红色资源与基因"，全面创新"全域现代农业园区与农业业态"，坚持以"红色老区+农业园区"的双区驱动为抓手，深入推进乡村振兴战略实施，形成乡村振兴大联动，成功塑造乡村振兴"红色老区+农业园区"这一双区品牌。

关键词： 乡村振兴 双区品牌构建 广东省

揭阳市普宁市既是生态大县又是"红色热土"，有着光荣的革命传统。早在第一、二次国内革命战争时期，周恩来、贺龙、刘伯承、郭沫若等老一辈革命家，就在普宁大地上留下了革命的足迹，创建了大南山、南阳山、小北山等革命根据地。薪火相传、生生不息，近年来普宁市深入学习贯彻习近平总书记关于"三农"工作的重要论述精神，传承红色基因，赓续红色血脉，深入推进乡村振兴战略实施，将红色文化与人居环境、生态农业、乡村旅游有机结合，坚持"内""外"兼修，塑生态之"形"、铸文化之"魂"，使"红色老区建设"与"农业园区建设"互融共促，在乡村振兴

---

* 李耀尧，广州市开发区政策研究室主任兼广州高新区高质量发展研究院、广州知识城海丝创新研究院院长、博士。李康尧，广东省社会科学院机关党委办公室副主任兼机关纪委专职副书记、信息系统项目管理师。

的路上大步迈进，全力打造乡村振兴"红色老区+农业园区"双区驱动的普宁模式。

一 坚持以"红色老区"为底色，汇聚乡村振兴大能量

普宁市坚持"红色老区"本色，通过加强红色资源保护利用和乡风文明创建，奠定乡村振兴坚实的文化根基，极大激发广大干群躬身入局、挺膺负责的豪情壮志，汇聚起奋进新征程、建功新时代的磅礴力量。

一是深挖红色资源，激发乡村振兴"源动力"。普宁市现有 108 个革命遗址，其中省级文物保护单位 4 个，这些红色资源承载着光辉闪亮的历史记忆，既是鲜活的价值观、形象的教科书，也是普宁宝贵的精神财富。大力加强红色资源保护传承利用。近年来，普宁市投入 3700 万元对"八一"南昌起义南下部队指挥部军事决策会议旧址、庄世平博物馆、杨石魂故居、南阳山根据地（船埔）革命遗址群等一批重点保护单位进行整体修缮提升，全面提升了文物展示水平和社会教化作用。进一步深挖红色典故、丰富红色素材、编印红色读本，把红色资源作为党史学习教育的生动教材，年均接待参观学习人员近 40 万人次。广泛深入开展乡风文明创建活动。近年来，普宁市全面完成 26 个镇街综合文化站达标建设工作，行政村综合性文化服务中心实现全覆盖。成功举办 17 期"文明实践在普宁——诵读（红色）经典"活动，2021 年新创作品潮剧《大山里的国旗》作为"庆祝中国共产党成立100 周年——广东潮剧新创作品展演"剧目之一在广州友谊剧院正式首演，再现潮剧新光彩。

二是坚持底线思维，牢牢守住"两条底线"。作为革命老区，普宁市始终把讲政治摆在首位，牢记习近平总书记全面小康路上一个不能少和饭碗主要装中国粮的殷殷嘱托，牢牢守住保障国家粮食安全和不发生规模性返贫两条底线，确保农业稳产增产、农民稳步增收、农村稳定安宁。牢牢守住保障国家粮食安全底线。全面开展农田水利设施排查整修，完善机耕路等基础设

施,千方百计创造良好的生产条件。深化土地流转改革,与300个农业专业合作社合作开展土地流转,加快推进稻蔬产业园建设,大力推进撂荒耕地复耕复种和高标准农田建设。2021年以来完成2.66万亩撂荒耕地复耕复种,"撂荒地"变身"致富田";同时建设高标准农田6500亩,加快推进赤岗镇630亩垦造水田建设,谋划新增1500亩垦造水田,拥有"菜篮子"省级基地4个、市级基地2个,有效推动农业产业化、规模化、集约化生产。全面提升粮食储备管理水平,改造升级泗坑粮食储备库,新建南溪粮食储备库、粮食应急加工厂,着力提升粮食储备加工能力,确保"米袋子"安全,全市粮食安全责任制考核连续五年被评为"优秀"等次。牢牢守住不发生规模性返贫底线。出台《普宁市关于健全防止返贫动态监测和帮扶机制的实施方案》,完成全市脱贫攻坚交接衔接,对防止返贫监测对象68户272人落实动态监测;完善帮扶机制,组建乡村振兴驻镇帮镇扶村组团结对帮扶工作队29支。坚持把发展特色优势产业作为巩固脱贫攻坚成果、推进乡村振兴的根本,完善利益联结机制,因地制宜推广"一镇一业、一村一品"发展模式,累计建设"一村一品"项目101个,推动青梅、青榄、蕉柑、油柑、荔枝等特色产品发展,将小产品做成大产业,确保不发生规模性返贫。

二 坚持以"农业园区"为根基,构筑
乡村振兴大梁柱

乡村振兴战略要求以城乡融合、新型城镇化为抓手,全面促进农业农村高质量发展。这其中一个关键路径就是依托当地资源禀赋优势,建设具有本地特色的现代农业产业园区。普宁素有"中国青梅之乡"美誉,其青梅种植加工有700多年历史,是国内最大的青梅产销集散地。普宁市充分利用资源禀赋优势,依托青梅数字产业园成功申建了国家级现代农业产业园并于2022年1月通过国家认定验收。普宁认真按照国家现代农业产业园建设总体部署要求,坚持以"农业园区"为根基,构筑乡村振兴"四梁八柱",不断创新农业园区的发展路径。

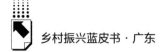

一是谋划全域现代农业园区。立足青梅产业基础及其发展潜力,该国家级现代农业产业园总规划面积89.33万亩,统筹布局生产、加工、示范、服务、旅游等功能板块,创建高埔镇青梅田园小镇,建设现代农业科技馆、智慧物流和文旅等项目,总体形成"一带驱动、两园支撑、两区示范"的发展格局。以推进基地支撑、产业融合、链条延伸、产品升级为方向,围绕生产、加工、物流、科研、文化、示范、服务等功能重点推进"一心、一廊、一园"特色产业布局,构建起包括特色青梅种植业、深精加工业、现代农产品物流业、农业休闲旅游业等五大产业为一体的产业簇群。青梅生产规模、加工产能均居全国第一,青梅种植总面积达16.28万亩,新增种植面积2.92万亩,产量增加2万吨,年加工量超10万吨,总产值达52.19亿元,年出口创汇5000多万美元。

二是发展全域现代农业业态。推行"现代农业产业园+龙头企业+生产基地+农户"发展模式,促进以青梅等拳头产品为纽带的产业联动,带动农民参与现代农业建设、分享现代农业成果,把"农业做精、产业做大、链条拉长、技术提升",不断促进青梅一二三产深度融合发展,带动农民增收致富。目前园内农产品加工业产值达48.16亿元,加工产品种类丰富,现有梅饼、梅干、梅酒等200多种产品;农产品加工业产值与农业总产值比值为3.19:1,二三产业产值占总产值的78.18%,青梅加工转化率在98%以上。建成全球贸易量最大的青梅聚集地和青梅电商平台,2021年上半年快递完成1.95亿件,实现行政村物流服务100%覆盖,产品网络销售额达3.3亿元,荣获"2021年农产品电商百强县""电子商务促进乡村振兴十佳县域"等称号。依托园内乡村旅游资源,建设1.5万亩青梅基地生态旅游区,实现三产融合发展。连续举办五届以青梅为主题的旅游文化节,接待国内外游客904.5万人次,带动园内休闲农业与乡村旅游收入2.7亿元。

三是全力打造青梅数字园区。通过加快5G+互联网、物联网、大数据、区块链、云计算等现代信息技术与种植业、农产品加工业生产过程的全面深度融合应用,打造"一个中心、四个平台"的智慧农业服务信息化云平台(普宁青梅智慧农业数据资源中心,资源数据管理平台、生产信息管理平台、综合信息管理平台、电商与溯源平台），实现了生产数据可视化，提升了农业生产数字化、精准化、智能化水平，基本实现了"产得好，管得好，卖得好，服务好"的设定目标，为乡村振兴提供了新动能。

四是强化现代农业产业园区投入。配套落实建设用地 159.7 亩，截至 2021 年底产业园累计总投入资金 27.56 亿元（其中统筹整合地方财政资金投入 3.08 亿元，撬动社会金融资本投入 24.48 亿元），完成六大创建任务共 24 个建设项目。培育青梅经营主体 334 家，其中省级以上农业龙头企业 2 家，新增青梅企业 120 家、青梅专业合作社 40 个，适度规模经营水平达 82.31%，实行订单合同、二次分红、流转土地、联合开发等带农模式，农户与企业建立稳定利益联结机制占比达 73.7%。

三 坚持以"双区驱动"为抓手，形成乡村振兴大联动

普宁市深入挖掘红色资源，依托国家级现代农业产业园，在产业振兴、文化振兴、生态振兴等方面默默下功夫，重点打造四大联动发展品牌，推动形成"红色老区"与"农业园区"驱动乡村振兴发展的生动局面。一是打造"红色文化+生态农业"品牌。广东革命斗争在普宁市南阳山区留下了许多可歌可泣的事迹，有周恩来转移路过的革命旧址，有古大存、罗天等老一辈革命家领导农民开展武装斗争的历史，同时也是土壤肥沃、资源丰富的地方。该市创新推出农业产业链"链长制"，高规格推进"链长制"创建工作，梯次谋划建设青梅、青榄、蕉柑、稻蔬等现代农业产业园，产品畅销日本等 10 多个国家和地区，带动 30 万农民脱贫致富。在 2020 年中国果品区域公用品牌价值评估中，"普宁青梅"品牌价值达 20.72 亿元。

二是打造"红色文化+乡村旅游"品牌。普宁市规划建设集参观、学习、旅游等功能于一体，具有革命传统体验、红色精神传承、绿色休闲观光等功能的红色主题旅游线路，积极打造红色文化+乡村旅游品牌，大南山街道陂沟村等 3 个行政村获评省文化和旅游特色村，"有革命遗址可看，有红

色故事可讲,有发展路径可溯,有振兴前景可期"的活力画卷正徐徐铺开。短短几年间,大南山街道什石洋村从昔日的贫困村摇身变成远近驰名的"网红村",每年来村里学习参观、旅游休闲的人数达到四五万人次。南溪镇新溪村深挖"传统文化+红色文化",打造"梦里水乡",走出一条新溪特色的乡村振兴之路。以梅为媒,连续举办五届梅花旅游文化节,集中展现普宁的人文历史、商贸名城、美丽乡村、红色文化、特色小吃等旅游文化,成为与各地加强旅游文化交流合作的重要平台和宣传展示城市形象的重要窗口。

三是打造"红色文化+电子商务"品牌。着力发展直播带货、农村电商等新业态,推进农产品供应链展厅、农产品品牌、电商协会等建设,持续优化农村电商发展环境,有效拓宽普宁农产品企业销售渠道,助推本土农特产品价格持续上行,让普宁农产品走向全国,进军全球市场。共有淘宝村 70 个、淘宝镇 18 个,电商企业和个体户共有 8932 家,网上开店超 10 万家,电商从业人数超 50 万人,成功上榜全国淘宝百强县,入选全国农产品电商百强县和全国农产品数字化百强县,并在国家级电子商务进农村综合示范县绩效评价中获评"优秀"等次。2021 年全市电子商务交易额突破 800 亿元大关、同比增长 24.91%,其中农产品电子商务交易额 10.2 亿元、同比增长超过 30%。疫情期间,该市电商行业实现了近 30% 的年增长率。

四是打造"红色文化+美丽乡村"品牌。普宁将保护革命遗址和建设美丽乡村同部署、同推进,创新实施"农民工匠"建设模式,出台《普宁市简化农村项目建设流程指导意见》《普宁市简化小型政府投资建设项目预结算财政评审程序的实施意见》,全力推进美丽圩镇和美丽宜居示范村建设。已采用"农民工匠"建设模式完成项目共 731 宗,对比传统招投标模式共节约 2183 万元,带动就业 3094 人,平均每宗项目缩短 15% 时程,资金使用率大幅提高,"花小钱办大事"的优势有效凸显。高质量完成农村人居环境整治三年行动目标任务,被省评为"优秀"等次。创建生态宜居美丽乡村示范村 273 个,大坪镇善德村获评中国美丽休闲乡村。船埔镇樟树村依托丰富的红色资源,持续打造特色党建品牌,已完成南阳山人民革命斗争历史展陈馆布设改造提升，建成南阳山红色文化广场，正在修缮船埔头区苏维埃政府旧址、烈士旧居群、红军操练场等，积极推进革命纪念馆建设，全力打造集红色文化教育、党建文化展示、陶冶情操于一体的红色文化育苗基地。

四 坚持以"四个强化"为保障，助力"双区"品牌塑造

普宁市持续强化组织领导、制度供给、资金统筹、人才支撑，确保乡村振兴各项政策措施落地见效。

一是强化组织领导。出台《普宁市领导班子成员挂钩联系基层工作机制》，由普宁市党政主要负责同志作为挂钩联系工作机制总负责人，统筹指导全市挂钩联系工作。选派99名驻村第一书记冲在乡村振兴一线，为推进乡村振兴提供坚强组织保障和有力人才支撑。

二是强化制度供给。出台《普宁市创建美丽圩镇行动工作方案》《普宁市乡村振兴驻镇帮镇扶村工作方案》《普宁市涉农资金统筹整合管理办法》等制度，推动形成制度合力，发挥制度优势，促进各项工作高效对接落实。

三是强化资金统筹。统筹用好涉农资金和专项资金，积极谋划"造血"项目，2021年整合各类资金24.55亿元，整合省级补助涉农惠农资金3.2亿元，投入农村基础设施建设、农业生产发展、农村人居环境整治、巩固脱贫攻坚成果等各方面的135个项目中。

四是强化人才支撑。该市坚持把人才振兴作为乡村振兴的关键一环来抓，着力培育和发展一支心系乡村发展的年轻干部队伍、一批乡村地区需要的科技型人才和一群心怀理想的创业人士。出台人才新政22条，公开招聘"百名创建美丽圩镇推进乡村振兴人才"。成立青年人才驿站，谋划建设人才公寓。培育懂技术、会管理、高素质的新时代工匠队伍2073人。开展"五万电商人才培训"，2021年培训电商人才超10万人次。开展回家行动，在外务工的青年以年均30%以上的增幅迅速回流。

B.22
罗洞村激活非遗资源 打造
文旅融合示范地

方永钦 张亦弛*

摘　要： 广州市从化区委、区政府重点打造广州罗洞工匠小镇乡村振兴示范性项目。工匠小镇联合全国各地传统工艺师、非遗传承人，重点打造"中华非遗工艺数据库"，重构传统工艺和非物质文化遗产产业的发展路径，海量吸纳新型文化技工参与职业技能提升，激活非遗文化资源，促进工农商与文旅相融合，完善传承保护开发利用、打牢乡村文明印记、强化模式业态创新、打造平台创造空间，以乡村文化振兴支撑乡村产业可持续发展。

关键词： 非遗资源　文化振兴　产业发展　广东省

习近平总书记指出："文化自信是一个国家、一个民族发展中更基本、更深沉、更持久的力量。"党的十八大以来，习近平总书记高度重视文化遗产保护，多次在不同场合谈到非物质文化遗产的保护与传承，多次作出重要指示批示。2022年5月27日，习近平总书记在中央政治局第三十九次集体学习时强调："文物和文化遗产承载着中华民族的基因和血脉，是不可再生、不可替代的中华优秀文明资源，要积极推进文物保护利用和文化遗产保

＊ 方永钦，广州市文化广电旅游局二级调研员，主要研究方向为旅游经济；张亦弛，中山大学旅游管理与规划专业，主要研究方向为旅游管理。

护传承，挖掘文物和文化遗产的多重价值，传播更多承载中华文化、中国精神的价值符号和文化产品。"坚持以社会主义核心价值观为引领，坚持守正创新，弘扬优良传统，引导全国人民树立正确的历史观、国家观、民族观、文化观，找准传统文化和现代生活的连接点，坚持创造性转化、创新性发展，活化利用非物质文化遗产，保护好、传承好中华民族宝贵财富，对延续历史文脉、建设社会主义文化强国具有重要意义。

中国是世界四大文明古国之一。在长期生产生活实践中，我国各族人民创造了丰富多彩的非物质文化遗产，多元一体融合发展的中华优秀传统文化，是我国各族人民文化自信的根基。我国已建立国家、省、市、县四级名录体系，已认定的国家级非物质文化遗产代表性项目 1557 项、传统村落6819 个，认定各级非物质文化遗产代表性项目 10 万项。非物质文化遗产是中华民族智慧与文明的结晶，是中华文化的瑰宝。

广州市从化区委、区政府高度重视乡村文化建设，挖掘地方文化和旅游产业发展的潜力，重点打造广州罗洞工匠小镇乡村振兴示范性项目，走出一条以非遗文化产业带动环境改造，以人才振兴带动乡村文化振兴的新路。

一 传承保护开发利用，以优质企业带动产业提升

广州市从化区江埔街罗洞村距离从化城区约 4 公里，享有"木匠之村"美誉，是历史悠久的木作手艺集散地，至今村内仍有老匠人从事传统木匠手工艺制作。广州罗洞工匠小镇是从化区委、区政府联合发动江埔街道居民和返乡创业能人重点打造的乡村振兴示范性项目。小镇位于从化江埔街，距广州市中心区 60 公里，距白云国际机场 25 分钟车程，连接京港澳高速公路，交通十分便捷，核心区规划面积达 4.73 平方公里，涵盖 7 个行政村，辐射面积达 50 平方公里。

1. 打造亲民外交平台，促进"一带一路"民心相通

小镇围绕"推进中华优秀传统文化创造性转化、创新性发展"的目标，以及"一园两轴三区""五个一百工程"发展规划，合理布局青创园、广乐

府、工匠村、百匠园、百艺坊、百家院等产业集聚区，走一二三产业融合发展新路，着力打造中国乡村亲民外交平台，注重服务于粤港澳大湾区国家发展战略，促进共建"一带一路"国家民心相通。

罗洞工匠小镇吸引众多文化产业精英参与打造广州市文化产业"一高地、两中心"。一高地，即以中华传统工艺、优秀传统文化为基础，创新产业（数字文化产业、科技文旅产业）推动的国潮文创产业融合高峰论坛。两中心，即增强中华民族文化自信的中华文化交流中心（南部）、中国传统工艺美学传承与外交研究中心。

罗洞村环境优美。在核心区，从化本土工匠大师团队利用当地木材精心雕刻，别具新意打造了凸显工匠村特色的荔下学堂栈道景观，木匠雕塑别具匠心排列，展现了不同形式的制木工序，风雨长廊上的一梁一柱别有一番风味，已成为粤港澳大湾区大中小学生体验乡村工匠生活、了解乡村振兴发展的研学基地，也成为共建"一带一路"国家青少年文化交流与民心相通的胜地。

2. 创新重构发展路径，带动产业提升与脱贫增收

罗洞工匠小镇已成功从全国吸纳 4 个国家级、9 个省级、16 个市级、11个区级非遗项目或传承人签约进驻，通过了广州市非物质文化遗产传承基地认定，被纳入《广州市文化产业园区百园提质行动计划（2022－2024年）》，项目的社会影响力不断扩大。

罗洞工匠小镇以文化产业为抓手，肩负传承中华优秀传统文化的使命，依托非物质文化遗产资源，引入数字化手段，对传统工艺、非物质文化遗产进行产业发展路径创新重构，重点打造"中华非遗工艺数据库"，重构传统工艺、非物质文化遗产产业发展路径，激活非遗文化资源，创新非遗产业，积极培养传承人，海量吸纳新型文化技工参与职业技能提升，让非物质文化遗产绽放出更加迷人的光彩。促进工农商与文旅相融合，把农耕文明优秀遗产和现代文明要素结合起来，通过建设广州数字产业园、广州文化产业园、广州文艺博览园，以特色产业培育优质企业，以优质企业带动产业提升，以优质产品推动乡村产业高质量发展，以乡村文化振兴支撑乡村产业可持续发展。

3. 挖掘提炼非遗内涵，在传承发展中焕发新活力

罗洞工匠小镇项目文化产业运营管理团队重视非遗项目品牌价值管理、提供一站式企业服务。为文化企业提供法律、财税、人事、企业经营管理咨询服务，升级推进多元服务内容，包括知识产权保护（上链）与项目数据库搭建运维、跨界文旅项目研发与创投、经营数据分析与市场调研、公域/私域流量导入与管理等服务，促进非遗项目多元思维模型的构造。

保障文化项目研发经费创投，推动文旅融合业态项目合作开发与商业运营管理。以文旅、教育为抓手，为非遗项目提供大量的商业资源，深度挖掘其市场价值与文化影响力，设立非遗项目产业加速器与非遗项目商业孵化器，以更高平台、更深度服务、更广泛推广方式为存续和即将进驻的非遗项目创造更高社会价值和商业利益。

非物质文化遗产体量庞大、种类丰富，是一种活态存在。为提高非物质文化遗产的质量和效率，罗洞工匠小镇深入挖掘和提炼非遗内涵，把非物质文化遗产保护传承和开发利用有机结合起来，在系统保护和修复涵养上下功夫，加快建立健全非物质文化遗产保护与传承标准体系，使其在设计上注入更多青春元素，在传承中焕发新活力，呈现着蓬勃发展的新态势，实现中华文化创造性转化和创新性发展。

二 打牢乡村文明印记，让薪火相传助推乡村振兴

从化区委、区政府通过开展形式多样的非遗进校园活动，聚力乡风文明，助推乡村振兴。罗洞工匠小镇通过引进工美大师、传承人等，让学生接受艺术理论修养和传统手工技艺训练。

1. 建设育人工程、民心工程，鼓励非遗与现代生活相连接

罗洞工匠小镇充分利用与挖掘辖区内的文化资源。以公益课堂阵地为载体，将乡村"复兴少年宫"设在罗洞小学校内，通过组织开展内容丰富形式多样的实践活动，加强社会主义核心价值观教育，促进未成年人身心全面

协调发展。

罗洞小学通过开设木作手工艺课程，邀请专业木匠教学，稻草画、竹编、剪纸趣、柿染等一件件精致手工作品，传统手艺与素质教育有机融合，有力推动乡村素质教育水平提升。与此同时，开设书法、绘画、舞蹈、粤韵操、足球、篮球、跆拳道等课程，融入二十四节气、十二生肖等中国传统文化，为乡村孩子提供独特的美育研学和传统文化熏陶。

罗洞小学依托乡村"复兴少年宫"平台，与区文联、江埔社区、城建学院人文学院建立合作关系，打造"社会组织+助学支教志愿者""社区+学校"等合作模式，探索与青创团队合作，鼓励非遗与现代生活相连接。发掘"非遗"文化IP，开掘学生手工艺作品市场富矿，将非遗传承精神财富转化为文化产业生产力，实现社会效益与经济效益"双丰收"。

2. 借势借力培基铸魂，打造乡村振兴战略示范点

江埔街以匠心文化为根本，培基铸魂。通过培育创新科技园、百匠园、徽园、外婆家度假区、好景田戏院、桃源国学院等一批精品文旅项目，构建起"一横"（产业发展轴）、"一纵"（休闲旅游轴）、"三区"（综合服务配套区、产业创新发展区与研学体验休闲区）发展布局，并依托新时代文明实践站，借势借力各类文化载体和节庆活动效应，大力推动"非遗文化+旅游"，擦亮工匠文化旅游新名片，让工匠小镇成为独具工匠精神特色的5A级文化旅游小镇以及国家级实施乡村振兴战略示范点。

江埔街以弘扬鲁班"工匠精神"为引领，以"工匠产业"为核心，推进实施乡村振兴战略规划，充分利用罗洞村、上罗村、锦一村、锦二村优势资源，全面整合闲置资源，引进社会资金，挖掘民间工匠产业资源，将自主创新的相关产业与乡村建设相融合，建设"特色产业鲜明、工匠文化气息浓厚、生态环境优美、核心竞争力强"的特色小镇。

3. "产学研"深度融合，打造创新创业"新样板"

罗洞工匠小镇加快向"产学研"深度融合迈进，分阶段引进一批代表未来产业方向的优质企业，打造"产学研"深度融合的战略平台，为企业发展引"才"，为从化发展引"智"，培养更多技能人才队伍，在非遗项目

传承与创新推广、农产品数字化营销方面取得较好成绩。

技能人才是支撑中国制造与中国创造的重要力量，工匠小镇已成为抓好学生实训、科研和教学的重要前沿阵地。小镇积极探索技能人才培养使用有效机制，按照"人无我有、人有我优"的原则，打好工匠牌，做好工匠文章，以实训带动人才培养，让"工匠精神"在校园落地生根，实现相关创新创业、产业孵化、成果转化的有机结合。

2021年，已有7所高校向罗洞工匠小镇授予教学科研基地牌匾。小镇与进驻的非遗项目、职业高校广泛开展合作，以校企合作、产教融合的教育理念共同开设产业学院、现代学徒制班、高素质农民班，进行生源招募与学历教育提升，为非遗项目发展培育高素质的人才。同时，由于文化企业的持续进驻与聚拢，非遗项目的价值提升，有效吸纳本地村民就地就近创业就业，实现地方政府、院校与企业共赢，为推动从化区经济高质量发展提供了强有力的支撑。

三 强化模式业态创新，支撑乡村产业可持续发展

罗洞工匠小镇实现了城乡均衡发展、产业深度融合，以文化振兴带动产业振兴，支撑乡村特色产业可持续发展。

1.强化发展模式创新，全面带动农业农村人口就业

工匠小镇项目团队以工匠产业为核心，以工匠精神涵养时代气质，形成了创新政府、企业、村集体、工艺大师、高级院校、行业协会六方共建共享的发展模式。推动引进"百名大师、千名工匠、展示万件精品"，依托原有产业基础，计划总投资30亿元人民币，引进工艺、非遗等传统技艺和产业，与相关高校、行业协会共同打造一二三产业融合发展模式，集科技创新、创意文化、传统技艺、非遗体验、教育培训、研学科普等功能为一体，赋予其"游、学、品、鉴、藏、创"内涵，实现农村资源、学校资源、传统文化与民间传统工艺、收藏品交流、销售共同发展的新模式。项目全面建成后可带动农村就业人口达6000人以上，带动学生年就业人数达3000人以上，增加

区域内农民年收入人均达 2 万元以上。

2. 强化发展业态创新，全面激发乡村振兴新活力

工匠小镇项目团队通过搭建传统工艺数字化平台，将传统文化转化为生产力，将传统工艺数字化、标准化用于生产和教育，以传统文化创意设计、品牌包装、文化科技体验，有效推动文化旅游及传统工艺数字化、科技智能化发展。利用线上线下科普展览区、科技创意产品展示区、传统工艺数字化体验区、实体名匠馆及文化特色主题民宿等，搭建非遗文化、文旅商业、科技文创、科普研学和旅游虚拟现实体验、交流与交易大平台，积聚农商文旅科教资源全面融合发展，激发乡村活力，推动乡村振兴及文旅新业态发展，助力乡村全面振兴。

3. 开展非遗深度体验，批量传播扩大社会影响力

工匠小镇项目团队通过对非遗项目的深度研究，编制适合全年龄段社会人群非遗文化推广方案。

一是针对合作的非遗传承人群体建立项目并进行整体服务输出。大部分传统非遗项目社会覆盖面小、参与者稀缺、市场认知度不足、传承教学效率低下，为此，为每个非遗传承人量身定做，包括：传承内容数据化采集，教授方式方法整理、优化教材编撰，利用团队敏感的市场触觉突出每一非遗项目亮点特色进行重点推广，利用互联网思维对文化项目视觉、故事内容等进行量身定制更新改造，利用图像、视频与音频进行线上线下批量传播、扩大社会影响力。通过自主组织多种形式教学活动、专项推广活动、产品研发生产发布活动，形成非遗项目产业化宣传推广矩阵。与非遗传承项目合作方共同打造线下非遗传承基地，打造精品文化旅游住宿、文化体验空间、非遗手工作坊、文化长廊、非遗广场等各类文化体验场所。

二是针对中小学生群体开展非遗文化体验活动。罗洞工匠小镇既是广州市教育局核准的中小学生研学实践教育基地，也是从化区教育局批准的首批劳动教育基地，通过自主研发编撰的非遗文化体验、非遗融合劳动教育教材与课程体系，利用研学教育基地组织适龄学童参与，以学校研学、周末亲子游等形式进行文化教育体验。

　　三是针对高等院校大学生和高等职业学校大专生开展现代学徒制合作。探索现代学徒制培养模式，组织非遗项目进校园，开设非遗项目公共选修课，培育高素质广东文化技工。建立产学研基地，建设产教融合平台，与学校科研机构合作，建设专业学科，共同投入项目经费开展非遗文化教育研究，提升非遗融合职业教育水平，促进非遗文化项目升级改造与应用性创新。

　　四是针对社会工作人士通过市场化运作进行服务输出。开展非遗文化线下培训班、开发线上教育平台等课程内容，同时在罗洞百匠园产业园内注册了广州百匠园职业培训学校，积极对接人社部门，为非遗项目申请培训资格、工种认定与落户考点机构，为社会人士提供职业技能培训与资格认定，联合与非遗项目对口的行业协会企业对学员进行就业指导。

　　五是务实面向非职业人士全年不间断组织非遗文化体验活动。与国家开放大学广州从化分校合作，申请示范性教学点，运用自主组织的各类非遗项目开展公益课堂和专家讲座。

四　打造平台创造空间，科技引领提升价值

　　做好非遗项目入驻罗洞工匠小镇的工作是一项考验项目管理能力的综合性、持续性工程。非遗项目的传承与发展工作需要从多角度思考，需从人、生意、环境和组织协同方面共同推进，并非以简单的项目落户进驻为目标。科技颠覆了传统生产方式、生产关系和生活模式，但同时为传统企业的商业模式提供了更高效更便捷的商业信息数字基础，也带来了传播途径与生产效率的提升。人工智能赋能百业，非遗项目、传统文化的发展要以数字化的方式升级重构，拥有新思维的人才能传承与发展。罗洞工匠小镇正是充分利用创新模式，行驶在科技与人文协同发展的高速公路上，将非遗项目送进千家万户。

　　1.打造非遗平台与空间，共享民族文化传承成果

　　以弘扬中华优秀传统文化、增强中华民族文化自信为核心价值观，搭建

包容传统工艺、非遗文化内容的社会公众平台。以平台为基础，为非遗项目提供更广阔的商业舞台，提高品牌建设与商业价值转化能力。以线上数字展厅、链·商城，线下展馆等方式，为社会公众提供有价值的文化活动场所，让大众共享中华民族文化传承成果。

在发展农村文化产业的同时，高度重视自然环境保护。项目在严守国家耕地红线、政府建设用地指标规划的前提下，利用农村闲置村舍、宅基地、棚户进行改造，为非遗项目创造项目经营所必需的研发生产展示传承空间，为非遗项目进驻提供生活经营场所与物资投入。

2. 开展非遗数字化建设，解决非遗传承发展难点

项目将"数字技术"、"现代工匠精神"和"技艺传承"内容相结合，利用项目丰富的平台资源优势与人才梯队优势，通过"数字工匠"理念，建设数字工匠文化产业园，引进科技企业与非遗项目进行数字孪生发展，通过聚集、聚合、聚焦、聚变，打造数字化工艺文化创新产业新业态。通过多维度打通非遗文化与科技的边界，解决传统非遗项目的发展与传承难点。创新利用 Web3.0 的数据链上互通开放路径搭建"中华非遗工艺数据库"，使非遗数字化 NFT 工具成为可能，打造非遗数字化产业共融生态模式，让每个非遗知识产权数据在数字时代创造价值。

一是非遗文化技艺数据化。以数字化手段传承和保护传统工匠技艺工艺数据，将传统工匠技艺工艺数据进行整理、归类、记录、编辑、管理和再现，开展多元化、多层次、全方位的动态性传承保护。工匠技艺工艺的传承与保护通过数字记录、数字勘测、数字复原、数字解读、数字集成等方式，把碎片化信息聚集起来，实现数字化与可视化建模，进行立体重构和生动再现。建立区域性传统工匠技艺工艺遗产基因信息库，利用数字化技术对当地的传统工匠技艺工艺遗产的核心元素，如图形符号、典型纹样、地域属性、时代特征、色彩体系等进行系统性识别、专业化分类、永久性保存和一站式检索，利用数据为非遗项目的传承保护、动态传播和开发利用奠定坚实基础。

二是以科技手段作感官呈现。利用 AI+三维数字化自动建模技术，将非

遗项目打造的实体物品形成 AR（增强现实）内容引进项目旗下的广州文艺博览园。打造全息智能映像的传统工艺数字化展厅、非遗数字化科普基地。联合知名 VR（虚拟现实）公司将非遗项目的创作故事、文化内涵、产品制作课程打造成 VR 映像，为参与者提供中华传统文化的数字化沉浸式体验，将罗洞工匠小镇打造成为"数字工匠"文旅融合新业态的文化场所。

三是数字教学空间规划、教具科技研发应用。为解决传统非遗项目教学传播效能较低的痛点，项目通过与知名科技企业技术合作，联合开发新型教学工具。为非遗线上课堂的教授演示提供 5G 超高清无延时线上传递课堂，支持实时直播、回看、分屏教学、课程自由点播、多人异地同时教学、教学数据与视频/笔记存储、知识要点/语音识别搜索引擎等功能。项目亦通过自主研发远程教学空间规划方案，与多所职业高校共建非遗项目远程教育课堂，提升非遗进校园的质量与教学成果，用数字化的手段打破激活非遗传承的传统界限。

四是发掘重构数据价值。罗洞工匠小镇已与多个数据驱动的优质 AI 科技企业联合组建运营团队。深度挖掘以数据为载体，以非遗工艺、技艺、艺术为内容，以知识产权为通行凭证的价值链开发运维。重点将非遗项目中的创作者行为、实物作品、虚拟作品等一切可采集信息进行数据转化。为非遗文化与创作提供完整的知识产权保护体系，为文化技艺数据的传承、国际化流通输出提供坚实数字基建保障，使地域多元化、包罗万象的中华民族传统工艺、技艺、艺术可永久保存、产业孵化、标准化生产使用，以跨国界、跨产业、跨平台、跨学科的手段赋能百业。

3. 开展非遗文化展演，扩大民俗活动影响

罗洞工匠小镇地处大湾区的后花园——从化，以文旅融合作为经营主线，以文化产业赋能乡村振兴，打造大湾区乡村旅游最佳目的地。2021 年，罗洞工匠小镇已成功举办文化系列展演和民俗活动，包括：工匠小镇非遗文化展会、广州传统制瓷技艺——西村窑晶花大赏、中秋非遗押花展会、传统非遗木偶戏国庆展演、云南非遗匠人文化展、从化非遗水族舞庆丰收节展演等各具特色的非遗文化活动。

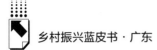

运营团队充分展现项目地理资源优势、农业资源优势、非遗文化能人聚集优势以及校企合作优势，以农、艺、学为主题，规划整年文旅节庆日与文化民俗活动，扩大罗洞工匠小镇在国内外的影响，提升罗洞工匠小镇美誉度。

一是举办农业主题节庆。项目坐拥罗洞村粮食一年三产的农业资源优势（春、夏两季水稻，冬种小麦），举办三场庆丰收主题活动。三月举办麦田艺术节，夏季举办金稻文化节，秋季举办农民丰收节。重点吸引当代少年儿童亲身参与体验农业生活和加强农耕文化传承保护的宣传教育工作。在农业主题节庆活动中融入水族舞、岭南非遗醒狮、非遗舞龙展演、非遗风筝文化比赛等户外文艺非遗项目，促进文化传承。

二是举办非遗文化展览。与广州市文联联合打造广州文艺博览园之中国传统工艺普释博物馆。为来自全国的非遗进驻项目提供国际化的展览平台，覆盖历史传统、现代工艺、当代艺术、文创产品等多元化内容。又以木、石、铜、陶、绒等材料为基础划分，建设数个非遗文化名匠馆。以上所有展览皆以实物展品+虚拟数字全息影像（AR/VR）线上线下同步展览的形式进行。全力打造为增强中华民族文化自信的中华文化交流中心、中国传统工艺美学传承与外交研究中心。

三是举办民俗文化活动。充分发掘本地乡风民俗、历史文化资源，做好文化传承活动。打造锦二村清朝历史名人张德桂进士（张九龄后人）以及张氏公祠历史文化遗产文旅专题项目。打造以乡贤文化、进士文化、公祠文化为主题的历史文化科普活动与乡风文明、精神文明建设活动，结合当地新时代文明实践广场定期组织的文化实践讲座、文艺进村等活动，让当地居民、外来游客共同体验新时代的乡风文明建设与乡村振兴成果。

附　录

Appendix

B.23
2021年广东城乡融合大事记

蒋县平　胡　斌*

2021年

1月6日　广东省委常委会召开会议，认真学习贯彻习近平总书记在中央农村工作会议上的重要讲话精神，会议强调，要深化农村综合改革，加强和改进乡村治理，持续推进城乡基本公共服务均等化，不断健全城乡融合发展体制机制。

1月10日　广州市委常委会召开会议，传达学习习近平总书记在中央农村工作会议上的重要讲话精神及省委常委会会议精神，听取广州市贯彻落实2020年中央一号文件情况汇报，部署下一步工作。会议强调，要进一步聚焦重点难点，加快城乡融合发展，高水平建设国家城乡融合发展试验区广清接合片区。

　蒋县平，广东省社会科学院图书馆副馆长（主持工作），主要研究方向为图书及信息化管理；胡斌，日本广岛大学硕士研究生，主要研究方向为法政专业。

1 月 13~14 日　广东省委农办、省扶贫办专职副主任梁健莅临韶关调研并召开座谈会，总结推广韶关在推进脱贫攻坚、乡村振兴、城乡融合等工作的经验做法。

1 月 15 日　广州市从化区委理论学习中心组（扩大）召开专题学习研讨会。会议强调，要推动"两区"（全国全省乡村振兴示范区、国家城乡融合发展试验区）、"两谷"（粤港澳大湾区湾顶"绿谷"、粤港澳大湾区创新"智谷"）起好步，全力推进国家城乡融合发展试验区广清接合片区"5+1"试验任务。

1 月 19 日　国家发展改革委召开 1 月份例行新闻发布会。会议指出，《国家新型城镇化规划（2014—2020 年）》确定的主要目标任务顺利完成，常住人口城镇化率和户籍人口城镇化率稳步提升，城镇化领域改革红利和政策效应加快显现。

1 月 24 日　广东省省长马兴瑞在广东省第十三届人民代表大会第四次会议上作政府工作报告时，将健全城乡融合发展体制机制，高水平建设国家城乡融合发展试验区广清接合片区列入 2021 年工作安排。

1 月 26 日　农业农村部发布《中华人民共和国农业农村部令》（2021 年 第 1 号），经审查《农村土地经营权流转管理办法》已经于 2021 年 1 月 10 日农业农村部第 1 次常务会议审议通过，自 2021 年 3 月 1 日起施行。

1 月 28 日　佛山市高明区召开实施乡村振兴战略总结会议，总结 2018 年以来全区乡村振兴工作情况和工作经验，研究部署下阶段实施乡村振兴战略重点工作。会议提出，下一步要接续推进"美丽高明"大行动三年行动计划，推动"美丽家园""美丽田园""美丽河湖""美丽园区""美丽廊道""美丽山林"建设齐头并进，全域整治提升乡村人居环境、生态环境、发展环境。

1 月 29 日　清远市政府发布政府工作报告，报告提到清远市脱贫攻坚全面完成。累计建设产业扶贫项目 15.73 万个，12.37 万名贫困人口、261 个相对贫困村全部有序退出，有劳动能力贫困人口人均可支配收入比省定脱贫标准高 9303.7 元。

湛江市政府发布政府工作报告，报告提到湛江全市 218 个省定贫困村全部出列，81680 户贫困户、占全省贫困人口 1/7 的 233737 名贫困人口全部达到脱贫标准。

汕尾市政府发布政府工作报告，报告提到汕尾用两年时间全面完成 3 家农信社改制组建农商行任务，稳妥完成 163 家国有"僵尸企业"出清重组。2018 年、2019 年汕尾市连续两年在省扶贫开发绩效考核中获得"好"的等次，省定贫困村集体经济收入增长近 20 倍，贫困人口年人均可支配收入增长 4 倍。

广州市政府发布政府工作报告，报告提到广州派驻扶贫干部 1600 多名，投入财政帮扶资金 114.59 亿元，带动减贫超 210 万人。帮扶毕节、黔南、清远、梅州、疏附、波密、甘孜、巫山所有贫困县、贫困村全部摘帽出列，所有建档立卡贫困户全部脱贫。与齐齐哈尔对口合作取得实效。市内扶贫开发成果不断巩固拓展。连续两年获评"中国全面小康特别贡献城市"。

1 月 31 日 韶关市政府发布政府工作报告，报告提到"十三五"时期，韶关市民生福祉明显改善，全市 278 个省定贫困村和 32376 户 82823 名贫困人口全部脱贫出列，扶贫开发工作成效位居全省"第一方阵"。韶关精准扶贫"六种帮扶模式"、"三个在先"党建促脱贫、"六个机制"产业扶贫等经验做法获国务院扶贫办推广。在 2016 年、2018 年和 2019 年全省扶贫开发工作成效考核中，韶关连续被评为"好"等次，综合成绩在全省有脱贫攻坚任务的地级及以上市中均名列第一。

2 月 1 日 梅州市政府发布政府工作报告，报告提到梅州 14.5 万多名建档立卡相对贫困人口和 349 个省定相对贫困村全部脱贫出列。"万企帮万村"深入实施，企业帮扶村庄覆盖率达 80%以上，居全省前列。303 个集体经济"空壳"村全面清零。全市农林牧渔业总产值增长 1.3%。新增国家（金柚）优势特色产业集群 1 个，省级现代农业产业园 2 个，"一村一品、一镇一业"专业村 158 个、专业镇 5 个。供销系统新型乡村助农服务示范体系建设任务全面完成。成功举办梅州柚营销系列推介会和第三届广东茶叶产业大会，梅州柚、嘉应茶等"梅字号"品牌进一步打响。新上广新、广弘等一批生猪现代化养殖项目，存栏出栏量逐步恢复。水田垦造累计完成 2 万多亩，建成高标准农田 5.6 万亩。拆旧复垦累计交易面积 6400 多亩，获得交易资金 39.9 亿元，居全省第一。

揭阳市政府发布政府工作报告，报告提到揭阳派出 3800 多名驻村干部，各级财政累计投入 35.89 亿元，实施扶贫开发项目 944 个，全市 3.7 万户 10.58 万名相对贫困人口、162 个省定贫困村全部稳定达到脱贫标准，实现"两不愁三保障一相当"。

云浮市政府发布政府工作报告，报告提到云浮全市建档立卡贫困人口 44250 户 111274 人全部达到脱贫标准，105 个省定贫困村全部出列，脱贫攻坚任务全面完成，"两不愁三保障"全部实现。全市有劳动力贫困户人均可支配收入达到 15850 元，比帮扶前净增 342%；省定贫困村集体经济村均收入 34.78 万元，比帮扶前净增 15 倍。

2 月 2 日 河源市政府发布政府工作报告，报告提到河源全年投入扶持资金 6.5 亿元、五年累计 46.3 亿元，全市建档立卡贫困人口 38568 户 107372 人如期脱贫，255 个省定贫困村如期出列。"两不愁三保障一相当"政策全面落实。有劳动能力贫困人口人均可支配收入达 16618 元，是 2015 年的 4.68 倍；255 个省定贫困村人均可支配收入达 21941 元，是 2015 年的 2.94 倍，村集体收入平均达 38.56 万元，是 2015 年的 13.77 倍。全面实现"县区有产业园、镇村有产业基地、户有产业项目"，搭建"1+2+7+N"扶贫产品销售实体平台，发展内生动力充分激发。

珠海市政府发布政府工作报告，报告提到珠海精准帮扶阳江、茂名的贫困户全部脱贫，对口阳江产业帮扶工作扎实推进。助力云南怒江州、四川甘孜州稻城县和理塘县、重庆市巫山县全部脱贫摘帽，对口支援西藏林芝米林县和米林农场工作有新进展。

阳江市政府发布政府工作报告，报告提到阳江 7.5 万名相对贫困人口实现脱贫、88 个省定相对贫困村全部出列，"两不愁三保障"全面实现，所有行政村年集体收入达到 5 万元以上。

潮州市政府发布政府工作报告，报告提到潮州投入扶贫资金 15.7 亿元，

45 个贫困村和 18332 户建档立卡贫困户全部实现脱贫出列。贫困村经济发展内生动力明显增强，村集体经济收入达 15 万元以上，较 2016 年增长 5 倍；有劳动力贫困户年人均可支配收入达 16849 元，较 2016 年增长 235%。

2 月 4 日 肇庆市政府发布政府工作报告，报告提到肇庆累计投入扶贫资金 23.27 亿元，111 个省定贫困村和 8.8 万名建档立卡在册贫困人口全部达到脱贫退出标准，对口帮扶广西桂林、贺州 4 县全部实现脱贫"摘帽"。

2 月 5 日 佛山市政府发布政府工作报告，报告提到佛山五年累计投入财政资金 96.75 亿元，完成东西部扶贫协作凉山州以及省内对口帮扶湛江、云浮任务，积极做好援藏援疆工作，加强与双鸭山对口合作，帮助 27 个贫困县 2697 个贫困村的 106.7 万名贫困人口实现现行标准下全部脱贫。完成高明革命老区乡村振兴特别帮扶计划。持续提升生态环境质量。

东莞市政府发布政府工作报告，报告提到东莞对口帮扶的韶关、揭阳 323 个贫困村 1.57 万户相对贫困户全部稳定脱贫，昭通 6 个贫困县 874 个贫困村 82.18 万名贫困人口全部脱贫出列。援疆"村连结对"做法在全国推广，援藏 8 个小康示范村项目全部完工，援川工作得到上级高度肯定。

中山市政府发布政府工作报告，报告提到中山对口帮扶肇庆、潮州 131 个相对贫困村 1.7 万名相对贫困人口全部脱贫出列，帮助云南昭通 4 个贫困县脱贫摘帽，认真做好援疆援藏工作，对口支援四川甘孜，与黑龙江佳木斯对口合作扎实推进。

2 月 6 日 茂名市政府发布政府工作报告，报告提到茂名全市建档立卡贫困户 66040 户 154380 人全部达到脱贫标准、180 个省定贫困村全部出列。坚决扛起扶贫协作政治责任，帮助广西南宁、来宾两市的 5 个国定贫困县全部摘帽。

2 月 9 日 广东省推进农业农村现代化"十四五"规划研讨会在广州召开。会议深入学习习近平总书记对"十四五"规划编制作出重要讲话和重要指示批示精神，以及党的十九届五中全会精神和省委十二届十二次、十三次全会部署要求，立足新发展阶段、贯彻新发展理念、构建新发展格局，科学编制《广东省推进农业农村现代化"十四五"规划》，更好地指导推动广东省"十四五"时期农业农村经济社会发展。会上强调，一要牢牢守住粮食安全底线，确保耕地数量。二要深化农业供给侧结构性改革，发展好"跨县集群、一县一园、一镇一业、一村一品"现代农业产业体系，充实"米袋子""菜篮子""果盘子""水缸子""茶罐子"。三要实施好乡村建设行动，重点在补齐基础设施短板、提升人居环境质量、优化公共服务三个方面下功夫，扩大农业农村有效投资。四要深化农村综合改革，以完善产权制度和要素市场化配置为重点，盘活农村各类资源要素，不断提高农民收入水平，全面激发农村发展内在活力。

2月21日 2021年中央一号文件《中共中央 国务院关于全面推进乡村振兴加快农业农村现代化的意见》正式发布。该文件对"十三五"的农业农村工作进行了总结，对"十四五"新发展阶段优先发展农业农村、全面推进乡村振兴、促进城乡融合作出了总体部署。

2月25日 全国脱贫攻坚总结表彰大会在北京人民大会堂隆重举行。习近平向全国脱贫攻坚楷模荣誉称号获得者等颁奖并发表重要讲话。大会对全国脱贫攻坚先进个人、先进集体进行表彰。广东共有44名先进个人、38个先进集体受到表彰，他们为广东脱贫攻坚取得决定性胜利作出了突出贡献。

国家乡村振兴局正式挂牌。中共中央政治局委员、国务院副总理胡春华出席国家乡村振兴局挂牌仪式。他强调，要深入学习领会习近平总书记重要指示精神，认真贯彻落实全国脱贫攻坚总结表彰大会精神，按照党中央、国务院决策部署，在巩固拓展脱贫攻坚成果基础上，做好乡村振兴这篇大文章，实现脱贫攻坚与乡村振兴的有效衔接。

3月1日 农业农村部召开全国推进乡村产业高质量发展视频会。会议强调，要深入贯彻落实习近平总书记重要指示批示精神和党中央、国务院关于乡村产业振兴的决策部署，围绕"保供固安全，振兴畅循环"，加快构建现代乡村产业体系，提升乡村产业链供应链现代化水平。会议指出，要实施好《全国乡村产业发展规划（2020—2025年）》，拓展乡村功能价值，拓展产业增值增效空间。到2025年，农产品加工业营业收入达到32万亿元，主要农产品加工转化率达到80%；培育一批产值超百亿元、千亿元优势特

色产业集群;乡村休闲旅游年接待游客人数超过 40 亿人次,经营收入超过
1.2 万亿元;返乡入乡创业创新人员超过 1500 万人。会议强调,构建现代
乡村产业体系,要以一二三产业融合发展为路径。一要抓规划。各地要编制
好"十四五"乡村产业发展规划。二要抓平台。建设好"一村一品"示范
村镇、农业产业强镇、现代农业产业园、优势特色产业集群以及农产品加工
园和返乡入乡创业园等平台。三要抓企业。发展壮大龙头企业,培育农业产
业化联合体。四要抓要素。破解乡村产业发展用地难、贷款难问题。五要抓
机制。推广契约式、分红式、股权式利益联结方式,让农民有活干、有
钱赚。

惠州市政府发布政府工作报告,报告提到惠州全市 46 个省定贫困村全
部出列,15188 户 35546 名建档立卡贫困人口全部脱贫,有劳动能力贫困人
口年人均可支配收入由 2016 年的 7374 元提高到 16267 元,实现全面小康路
上不漏一户、不落一人。

3月2日 全国春季农业生产工作电视电话会议在京召开。中共中央政
治局常委、国务院总理李克强作出重要批示。批示指出"十四五"开局之
年做好农业农村工作意义重大。各地区各部门要坚持以习近平新时代中国特
色社会主义思想为指导,认真落实党中央、国务院决策部署,着力巩固拓展
脱贫攻坚成果,全面推进乡村振兴。当前,春季农业生产正陆续展开,农时
紧、任务重。要毫不放松抓好春季田管和春耕备耕,加强技术指导,特别要
做好农资保供稳价工作。落实粮食安全党政同责,加大粮食生产政策支持力
度,充分调动农民种粮和地方政府抓粮积极性,确保粮食产量稳定在 1.3 万
亿斤以上。推动种业翻身仗起好步,加大高标准农田建设力度,牢牢守住耕
地红线。稳定生猪生产,做好重大动物疫病和病虫害防控。全力保障国家粮
食安全和重要农副产品有效供给,为实现全年经济社会发展目标任务打下坚
实基础。

3月4日 江门市政府发布政府工作报告,报告提到江门建档立卡的
5097 户 16659 人相对贫困人口全部脱贫退出,建成规模产业扶贫项目 215
个,村级集体可支配收入全部达到 20 万元/年以上。结对帮扶的广西崇左市

4个贫困县全部实现脱贫"摘帽"。2016~2019年度脱贫攻坚工作连续四年省考核被评为"好"的等次。

3月12日 茂名市在全省率先举行2021年涉农建设项目集中开工活动，该市33个涉农项目集中开工建设。活动采取"主会场+分会场"的形式同步开展，设高州1个主会场，各区、县级市4个分会场。33个涉农项目总投资共49.01亿元，涵盖了现代农业产业园、美丽乡村建设、高标准农田建设、农产品加工、生猪生产、农业技术研发等多个领域。

3月16日 广东省委实施乡村振兴战略领导小组会议召开，深入学习贯彻习近平总书记在中央农村工作会议、全国脱贫攻坚总结表彰大会上的重要讲话精神，审议广东省推进乡村振兴战略有关文件，总结2020年推进乡村振兴战略工作，研究部署2021年和今后一个时期全面推进乡村振兴、加快农业农村现代化工作。省委书记李希指出，党的十九大以来，广东省深入贯彻落实习近平总书记、党中央决策部署，系统施策、真抓实干，强力实施乡村振兴战略，推动农业农村现代化水平显著提升，农村人居环境持续改善，农民收入水平不断提升，农村基层治理效能明显增强，脱贫攻坚战取得全面胜利，乡村振兴"三年取得重大进展"目标全面实现，农业农村呈现良好发展态势。

3月19~21日 农业农村部科技教育司副司长孙法军一行到广东开展乡村振兴科技支撑情况调研。调研组参加了在深圳举行"广东精勤农民网络培训学院"上线发布会，参观了部分农业产业园和企业，召开了乡村振兴科技支撑情况座谈会。

3月26日 广州增城出台二十条扶持措施，以增强种业自主创新能力和综合竞争力，推动现代种业高质量发展。据介绍，扶持涉及企业引进、科技创新等多方面，多项补助、奖励金额最高可达500万元。

3月29日 高州市召开2021年荔枝营销工作会议，探索可复制、可推广的荔枝销售新模式，推动荔枝产业可持续发展，助力果农增加收入。

3月30日 广东省人民政府印发《2021年省〈政府工作报告〉重点任务分工方案》。该方案将2021年省《政府工作报告》确定的主要预期目标和十大重点工作任务，对应分解为出台政策文件、制定工作方案、组织重大活动、召开部署推进会议等具体举措，并逐项明确分管省领导和部门分工。该方案将2021年省《政府工作报告》确定的重点任务对应分解为出台政策文件、制定工作方案、组织重大活动、召开部署推进会议等具体举措。其中，涉及城乡融合的内容如下：健全城乡融合发展体制机制，高水平建设国家城乡融合发展试验区广清接合片区，制定《广东省建立健全城乡融合发展体制机制2021年度工作要点》《国家城乡融合发展试验区广东广清接合片区实施方案》及省级支持事项，召开省城镇化工作暨城乡融合发展工作领导小组会议。

3月31日 《中共广东省委 广东省人民政府关于实现巩固拓展脱贫攻坚成果同乡村振兴有效衔接的实施意见》提出全面推进乡村振兴，大力发展镇村经济。深入推进现代农业产业体系建设，引导劳动密集型产业、农村二三产业在城镇融合发展，因地制宜发展特色小城镇。扶持培育镇村特色产业新型经营主体，充分发挥龙头企业、专业合作社、产业基地的示范带动作用，大力发展特色产业、绿色产业。深入实施"米袋子""菜篮子""果盘子""水缸子""茶罐子"系列培育工程，加强乡镇农产品冷链配送、加工物流中心建设，培育乡村产业发展综合服务体，完善收益分配机制。引导农村集体经济组织挖掘集体土地、房屋、设施等资源和资产潜力，依法通过股份、合作、租赁等形式，积极参与产业融合发展；鼓励集体经济组织通过提供多元化社会服务，培育乡村美丽经济、生态产业、康养娱乐、休闲旅游等新产业新业态，发展新型村集体经济。

4月2日 农业农村部、财政部联合发布《2021年农业产业融合发展项目创建名单公示公告》，公示了50家现代农业产业园、50家产业集群，以及300家产业强镇名单。其中广东共有12个镇上榜2021年农业产业强镇，2个现代农业产业园入围2021年国家现代农业产业园创建名单，3个产业集群进入2021年优势特色产业集群建设名单。

4月8日 全国东西部协作和中央单位定点帮扶工作推进会在宁夏银川召开。中共中央政治局委员、国务院副总理胡春华出席会议并强调，要认真学习贯彻习近平总书记重要指示精神，深刻认识新发展阶段坚持和完善东西部协作和定点帮扶工作重大意义，全面推进乡村振兴。要抓紧推进东西部协作结对关系调整，确保帮扶工作和干部队伍平稳过渡。要加快探索协作帮扶方式，着力巩固拓展脱贫攻坚成果，推进产业转移，强化市场合作，提升社会事业发展水平，促进区域协调发展。中央单位要继续做好干部选派、资金支持、产业就业帮扶等工作，支持定点帮扶县加快发展。

4月10日　广东省省长马兴瑞主持召开省政府常务会议，深入贯彻落实习近平总书记重要讲话、重要指示批示精神和党的十九届五中全会、中央经济工作会议精神，研究部署全面深化改革，推进数字化发展、乡村振兴、绿色低碳和建筑业高质量发展等工作。会议研究了乡村振兴驻镇帮镇扶村工作，强调要结合广东乡村振兴新形势新任务新特点，建立组团式、造血式、共赢式帮扶新机制，重点推进脱贫攻坚成果、镇村公共基础设施、镇域公共服务、乡村产业发展等提升，全域全覆盖全面推进乡村振兴，并以此推动县域经济做大做强。

4月12~15日　农业农村部乡村产业发展司副司长周业铮一行4人到广东省揭阳、梅州、茂名、湛江开展专题调研，调研组深入镇村、园区、农业企业，通过座谈交流、实地考察等形式，了解我省打造乡村产业全产业链、农村一二三产业融合发展用地政策举措、农业产业化联合体、龙头企业科技创新和推动乡村"夜经济"业态等情况。

4月14日　广东省委农办、省委组织部、省委宣传部、省委政法委、省农业农村厅、省民族宗教委、省民政厅、省司法厅联合印发《关于开展2021年度乡村治理"百镇千村"示范创建活动的通知》，启动第二批乡村治理"百镇千村"创建活动。坚持政策倾斜，将创建成果与农业农村财政项目申报、镇村党组织主要负责人评优评先、乡村振兴等考核考评挂钩，加大正向引导力度。

4月16日　全国食品安全工作先进集体和先进个人表彰电视电话会议在北京召开。江门市农业农村局获评全国食品安全工作先进集体，且是全省农业农村系统唯一一个上榜单位。

4月19日 广东省委农村工作会议暨全省实施乡村振兴战略工作推进会在广州召开。会议的主要任务是，深入学习贯彻习近平总书记关于"三农"工作的重要论述精神，全面贯彻落实中央农村工作会议、全国脱贫攻坚总结表彰大会精神，总结广东省"三农"工作情况，研究部署新发展阶段任务，全面推进乡村振兴落地见效，为在全面建设社会主义现代化国家新征程中走在全国前列、创造新的辉煌提供有力支撑。

4月20日 农业农村部发布《农业农村部关于全面推进农业农村法治建设的意见》。为深入贯彻习近平法治思想，落实党中央、国务院决策部署，坚持依法治农、依法护农、依法兴农，走中国特色社会主义乡村振兴道路，充分发挥法治在我国农业农村现代化进程中固根本、稳预期、利长远的重要作用，全面推进农业农村法治建设。

总体目标是到2025年，农业农村法律规范体系更加完备，农业行政执法体系更加完善、执法能力显著增强。职责明确、依法行政的农业农村行政管理体系日益健全，农业农村工作全面纳入法治轨道。各级农业农村部门依法行政能力大幅提升，行政权力运行更加透明规范，农业农村系统干部运用法治思维和法治方式深化改革、推动发展、化解矛盾、维护稳定、应对风险能力显著增强。乡村依法治理水平明显提升，市场化法治化营商环境更加优化，企业群众合法权益得到切实保护，基层农村干部和农民群众法治观念明显增强。

4月21日 广东省农业农村局长会议在广州市增城区召开，总结2020年和"十三五"全省农业农村工作，分析当前形势，明确"十四五"广东省农业农村工作思路，部署2021年重点工作。省农业农村厅党组书记、厅长顾幸伟出席会议并讲话。会议指出，2020年，全省各级农业农村和扶贫部门认真贯彻党中央、国务院决策部署和省委、省政府工作安排，全力以赴保供给、攻脱贫、促振兴，各项重点工作有力有效推进，脱贫攻坚战取得全面胜利，乡村振兴"三年取得重大进展"目标全面实现，为全省全面建成小康社会提供了坚实支撑。加强党对"三农"工作的领导，党管"三农"工作新体制牢固确立；按照高质量发展要求大力发展现代农业，凝聚起史无前例的乡村产业发展势头；深入贯彻精准扶贫精准脱贫基本方略，推动脱贫攻坚取得决定性成就；深入实施农村人居环境整治行动计划，农村面貌发生历史性变化；严格落实"藏粮于地、藏粮于技"战略，推动重要农产品供给能力趋势性提升；持续深化农村综合改革，推动城乡融合发展实现质的突破。

4月27日　阳江市人民政府与广东省农业科学院共建广东省农业科学院阳江分院正式揭牌成立，双方将展开全方位、深层次、宽领域战略合作，推动阳江乡村振兴和农业农村高质量发展。

4月29日　第十三届全国人民代表大会常务委员会第二十八次会议通过《中华人民共和国乡村振兴促进法》，共十章内容，涵盖了产业发展、人才支撑、文化繁荣、生态保护、组织建设、城乡融合、扶持措施、监督检查等多个领域，从法律层面保障乡村振兴战略部署得到落实。

5月6日　经中国中药协会中药材检测认证技术专业委员会、中健安检测认证中心组织中药行业专家的预审、推荐、认证，广东省罗定市8家企业肉桂产品收到道地药材认证证书。这是道地药材认证工作启动实施以来落地的首批企业产品。

5月10日　广东省乡村振兴局正式挂牌成立。这意味着广东正式拉开巩固拓展脱贫攻坚成果同乡村振兴有效衔接帷幕，全面推进乡村振兴工作。

2021年惠州市荔枝产业高质量发展培训班在惠阳区镇隆镇举办，惠州市农业局、惠州海关、下属县区农业农村部门有关负责人、全市荔枝经营主体代表、合作社负责人等近200人参加培训。

5月13日　广东省抓党建促乡村振兴现场推进会在汕尾召开。会议要求，要切实加强组织领导，通过压实责任、示范带动、系统推进、真抓实干、严督实考，把党对"三农"工作的全面领导落到实处，以优异成绩庆祝建党100周年。

5月15日　深圳市政府发布政府工作报告，报告提到深圳全面完成对口帮扶任务，助力9省54县（区、市）204万名贫困人口全部脱贫，建成广西百色深圳小镇、喀什大学新校区等一大批项目，连续四年被评为全国东西部扶贫协作"好"档次，为全国脱贫攻坚战取得全面胜利作出积极贡献。

茂名市农业农村产业协会成立大会召开。协会由茂名最具实力的涉农国企和农业龙头企业组成，以推动农业农村产业可持续发展为中心，促进乡村振兴，加快农业农村产业发展，打造数字农业为目标。目前，协会已经发展了90多家会员单位。

5月21日 2021年国际茶日暨第十三届全民饮茶日广东·英德区域活动在合地广场举行。活动以"茶和世界 共品共享"为主题，倡导茶为国饮，弘扬中华优秀传统茶文化，传播科学茶叶知识。

5月25日 广东省乡村振兴"万企兴万村"行动现场推进会在梅州市梅县区召开，此次现场推进会，主要总结交流"万企帮万村"行动经验做法，研究部署新发展阶段乡村振兴"万企兴万村"行动，全面推进乡村振兴落地见效。

5月27日 揭阳市农业产业链"链长制"合作平台签约仪式暨广东省农科院揭阳分院、广东（揭阳）农业产业链研究院揭牌仪式启动。以"G+5+N"模式，在全省率先开展农业产业链"链长制"试点工作，探索新时期现代农业发展新机制的路子。

5月29日 农业农村部在河南省漯河市召开全国农业全产业链建设现场推进会。会议要求，要深入学习贯彻习近平总书记关于发展乡村产业特别是延长粮食产业链、提升价值链、打造供应链的重要指示精神，加快农业全产业链培育发展，为全面推进乡村振兴、加快农业农村现代化提供有力支撑。会议指出，推进全产业链建设是贯彻新发展理念、构建新发展格局、促进农民农村实现共同富裕的重要举措。要坚持因地制宜、突出重点，找准抓手、搭建平台，建设载体、创新机制，加快培育和壮大农业全产业链，使之成为乡村产业发展新的增长极。会议要求，要聚焦农业主导产业，选择地位突出、成长性好、参与主体多的产业加以重点培育。聚集农业的食品保障、生态涵养、休闲体验、文化传承等多种功能，打造全产业链。聚力科技和资金两大支撑，围绕产业链部署创新链、畅通资金链。聚拢各类经营主体，构建以"链主"企业为引领的农业产业化联合体。

6 月 4 日 农业农村部发布 2021 年第一批农产品地理标志登记信息，根据《农产品地理标志管理办法》规定，经过初审、专家评审和公示，广东省梅县金柚等 8 个农产品入选。

6 月 7 日 农业农村部公布了第三批"全国农业综合行政执法示范窗口"名单，广东省阳西县农业行政执法大队、广州市从化区农业农村局农业综合执法大队及佛山市南海区农业执法监察大队入榜。这是进一步培育农业综合行政执法先进典型，为全面推进乡村振兴战略、加快农业农村现代化提供法治保障的重要举措。

6 月 8 日 农业农村部信息中心发布《关于推介 2021 数字农业农村新技术新产品新模式优秀案例的通报》，广东省有智能分群系统软件、中农茧丝区块链交易平台、肉牛养殖管理平台软件等 16 个案例入选。

6 月 10 日 广东省委、广东省人民政府印发《广东省乡村振兴驻镇帮镇扶村工作方案》（以下简称《方案》），部署推进 1127 个乡镇、近两万个行政村全面振兴。《方案》是广东省全面拓展巩固脱贫攻坚成果和推进乡村振兴的具体行动纲领。《方案》分三个阶段，第一阶段，力争到 2022 年，全省脱贫攻坚成果进一步巩固拓展，镇村同建同治同美取得显著成效；第二阶段，到 2027 年，乡村振兴取得战略性成果，镇村面貌实现根本改变；第三阶段，到 2035 年，农业高质高效、乡村宜居宜业、农民富裕富足目标总体实现，乡村基本实现现代化。驻镇帮镇扶村这场承上启下的大联动是破解城乡二元结构的重大探索实践。

惠州市惠阳区镇隆镇被中国经济林协会正式授予"中国荔枝之乡"称号。

6 月 15 日 农业农村部召开全国农业安全生产工作视频会议，传达学习习近平总书记安全生产重要指示精神、李克强总理批示要求，对农业安全生产工作进行再强调、再部署、再落实。会议要求，各级农业农村部门要认真落实党中央国务院安排部署，把安全生产作为重大政治任务切实抓紧抓实，立即组织全面排查，清除农业农村领域的安全隐患，有效防范重大突发事件，维护农民群众生命财产安全，确保农村社会稳定。

6月21日 广东省江门市人力资源和社会保障局通过线上方式开展2021年度"三支一扶"人员离岗前培训，用知识充电方式欢送53名即将服务期满的"三支一扶"学员，通过培训，把高职高专毕业生纳入招募对象，使得"三支"体现的知识技能专业性指向将更多被纳入"一扶"体现的城乡融合功能性指向当中。

6月27日 广东省人民政府印发《关于进一步加强和改进耕地保护工作若干措施的通知》，其中提出，将推动建立"田长制"，实行县、乡、村三级联动全覆盖的耕地保护网格化监管。该通知自2021年8月1日起施行，有效期5年。

6月29日 广东省农业农村厅与中国农业发展银行广东省分行开展磋商，围绕金融支持数字农业、农业走出去、田头小站及市场体系建设等四项重点工作，提出十八项举措助推乡村振兴。

7月7日 广东省委、广东省人民政府印发《关于全面推进乡村振兴加快农业农村现代化的实施意见》（以下简称《实施意见》），明确广东"三农"工作"任务书"。《实施意见》全文共6个部分，分别从实现巩固拓展脱贫攻坚成果同乡村振兴有效衔接、加快推进农业现代化、大力实施乡村建设行动、加快完善城乡融合发展的体制机制和制度体系、加强党对"三农"工作的全面领导等方面明确了34项主要任务。强调：加快县域内城乡融合发展，强化县城综合服务能力，把乡镇建设成为服务农民的区域中心；强化财政投入为主的多元投入保障，强化用地、人才和金融保障及深化新一轮农村改革；进一步健全完善涉农资金统筹整合长效机制，进一步发挥市县主体作用；推进扩权强镇，推动更多管理职权下放到乡镇一级，支持镇级提升治理能力等。

7月8日 广东省委农办主任顾幸伟在广东民生热线节目中透露，广东15万个自然村都做到了干净整洁，广东农村无害化户厕普及率、标准化公厕建设数量等指标在全国遥遥领先，农村人居环境的长效管护机制逐步建立。接下来，广东将通过驻镇帮镇扶村和九大攻坚行动，全面推进乡村振兴。

7月10日 2021年中国"惠来五宝"国际网络节+云展会举行，当地诚挚地向广大消费者奉上"惠来五宝"——鲍鱼、凤梨、荔枝、隆江猪脚、鱼丸。惠来县是广东农业系统创新举办"网络节+云展会"模式的先行先试者之一。此举有利于拓展地方农产品销售渠道，打造农产品品牌。

受农业农村部委托，广东省农业农村厅组织省内外专家对在兴宁大坪镇、新陂镇种植的杂交水稻品种"青香优19香"百亩示范田进行了现场测产验收。验收结果为平均亩产721.4公斤，达到超级稻目标产量。

7月12日 由中国邮政集团有限公司茂名市分公司、中国邮政邮储银行茂名市分行牵头，华南农业大学茂名现代农业研究院、中国航天科工集团慧农科技总体部（贵州航天智慧农业有限公司）、阳光农业相互保险公司、广东省农业融资担保有限责任公司共同组建的茂名数字链农产业联合体正式成立。据悉，联合体将以数字技术打造"农业科技+数字金融+物流"的全产业服务模式，推进农村一二三产业融合发展。

7月15日 为进一步强化肇庆市农机安全生产管理，有效预防和遏制农机事故发生，维护人民群众生命财产安全，促进农业机械化安全发展，肇庆市召开创建全国"平安农机"示范市工作推进会。

7月16日 广东省政府新闻办举行《中共广东省委 广东省人民政府关于全面推进乡村振兴加快农业农村现代化的实施意见》新闻发布会。会议指出，农业现代化要开好新局，农村现代化也要开好新局。农业现代化方面，重点是解决耕地和种子两个要害问题，强力推进农田质量提升，打好种业翻身仗，打造现代农业产业体系等，全方位、多角度推进农业现代化开好新局。农村现代化方面，核心是实施乡村振兴行动，包括全面提升村庄规划实用性、实施农村人居环境整治提升五年行动、加快补齐农村突出短板等。激发基层动力、激发农业农村内生动力，关键是加快完善城乡融合发展的体制机制和制度体系，加快县域内城乡融合发展，强化县域综合服务能力，把乡镇建设成为服务农民的区域中心，强化财政投入为主的多元投入保障，强化用地、人才和金融保障及深化新一轮农村改革等，持续保持全省乡村振兴形成的百舸争流、千帆竞发的态势。聚焦基层难点痛点提供保障。建立金融机构服务乡村振兴专项工作机制，到 2025 年政策性农业保险基本覆盖全省种养业品种等。深化乡镇街道体制改革，积极推进扩权强镇，推动下放更多的管理职权到乡镇一级，支持镇级提升治理能力。实行种业专家"揭榜挂帅"制度。加快县域内城乡融合发展，强化县城综合服务能力，实现县镇村功能衔接互补，到 2025 年实现集体经济"薄弱村""空壳村"清零等。

7 月 20 日 东莞市召开乡村振兴促进会筹备成立大会。该会收集国家、省、市乡村振兴的法律法规、政策和措施；举办政策宣讲、论坛、座谈会等，助力乡村振兴战略落地；组建乡村振兴技术专家库，为乡村项目落地、建设规划、文化挖掘、人员培训等提供服务。

7 月 21 日 《广东省在农业农村基础设施建设领域积极推广以工代赈方式的实施意见》印发。广东省在林业领域选取 4 个营造林项目，全部采用以工代赈方式组织实施。

7 月 22 日 "广东省千村调查"和"广东省乡村振兴固定观察点"项目培训班开班仪式在暨南大学举行。30 位老师和学生组成调查团队，从九大攻坚行动和驻镇帮镇扶村两大抓手出发，精准、务实、有效地开展调研工作。

7 月 27 日 2021 广东荔枝"12221"市场体系建设总结暨龙眼、柚子、香蕉、柑橘营销动员大会在广州市举行。会议总结了 2021 年"我为荔农办实事"广东荔枝营销经验做法和创新亮点，表彰了一批"我为荔农办实事"优秀单位。

7 月 30 日 第三届"广东十大美丽乡村"系列活动在广州正式启动，"广东美丽乡村线上云展馆"同步上线，广东"乡村振兴十大模式"总结梳理工作同步开启。

8 月 3 日 广东全省乡村振兴驻镇帮镇扶村工作培训班正式开班。

8 月 9 日 广东省农业农村厅发布《关于举办 2021 年中国农民丰收节乡村振兴公益视频大赛（广东赛区）的通知》，打响了中国农民丰收节乡村振兴公益视频大赛第一枪。

8月11日 农业农村部对外发布首批全国休闲农业重点县名单。经县级申报、省级遴选、专家评审和网上公示等程序，共有60个县（市、区）被认定为2021年全国休闲农业重点县。其中，广州市从化区、肇庆市德庆县榜上有名。

8月11~12日 广东省农业农村厅关工委一行赴海陆丰开展红色资源和乡村振兴情况调研。

8月17日 由广东省农业农村厅、中国农业发展银行广东省分行联合举办的农业政策性金融服务数字+农业试点工作座谈会在广州召开。广东高度重视金融服务乡村振兴，从顶层设计上明确要求加大金融支持乡村振兴的力度。2021年广东农业农村"九大攻坚行动"，明确将"实施金融支持乡村振兴攻坚行动"作为重要一环。如何加大力度撬动金融资金，尤其是使额度大、费率低、周期长的农业政策性金融资金向农业农村农民倾斜，成为广东乡村振兴从"三年取得重大进展"，迈向"五年见到显著成效、十年实现根本改变"的大抓手和扎实精准推进乡村振兴战略的点金手。

广东农业国际贸易高质量发展工作座谈会在广州举行。针对农产品外贸企业现阶段遇到的难题，各大银行、金融保险机构和相关职能部门负责人各抒己见，共同探讨解决广东国际贸易发展瓶颈的良方。搭建政银企服务平台，打通信息交流的渠道，提供更优惠的金融服务、更全面的保险服务、更便捷的物流运输服务，全力支持广东农业"走出去"。

8月18日 2021年广东梅州柚市场营销启动仪式在梅州市梅县区客都人家先贤堂举行。重品质、保收购、新营销、畅渠道，活动通过一套"组合拳"，按下2021年广东梅州柚营销启动键，为柚农办实事，助力柚农增收致富。

8月20日 广东省委实施乡村振兴战略领导小组发布《2020年度广东省推进乡村振兴战略实绩考核工作情况的通报》（以下简称《通报》）。《通报》显示，2018年以来，广东各地各部门坚持把乡村振兴战略作为新时代"三农"工作的总抓手，统筹推进疫情防控和农村经济社会发展，顺利完成乡村振兴工作"三年取得重大进展"的目标任务，农业农村呈现良好发展态势。《通报》指出，三年来，广东农村综合改革扎实推进，逐步构建了城乡融合的机制体制。一方面，农村集体产权制度改革深入推进，整省试点稳步推开，集体资产清产核资工作全面完成，集体资产总量位居全国第一，基本完成"房地一体"农村不动产登记发证工作。新一轮农村宅基地制度改革试点、国家城乡融合发展试验区广清接合片区创建稳步推进。另一方面，打造城乡要素交易平台，近三年通过农村垦造水田、拆旧复垦交易金额超过396亿元。

由广东省退役军人事务厅主办、广州国家农业科创中心承办的"2021广东省退役军人乡村振兴双新双创培训示范班"在广州市天河区柯木塱开班，这是广东省首次尝试举办此类退役军人专题示范班、特训班。会上举行了"广东省退役军人农业双新双创服务中心"成立揭牌仪式。

8月23日 广东省农业农村厅印发了《关于开展高标准农田建设项目金融保险创新试点的通知》，鼓励各地积极开展高标准农田建设项目金融保险创新试点，进一步提升高标准农田项目管理水平和工程质量，加强建后管护保障机制，从而确保高标准农田持久发挥效益，为广东粮食安全再添上"保险锁"。

8月24日 广东省农业农村厅召开全省2021年农产品产地冷藏保鲜设施试点工作推进会。会议要求各市县严格按照农业农村部下达的工作任务清单，加快推进农产品产地冷藏保鲜设施建设。助力农产品降损增效，推动产地冷藏保鲜能力、商品化处理能力和服务带动能力显著提升，推动农产品产销对接更加顺畅，让小农户与大市场有效衔接，更好满足城乡居民需求。

8月27日 中央农村工作领导小组办公室、国家乡村振兴局联合印发《关于公布国家乡村振兴重点帮扶县名单的通知》，明确将全国范围内的160个县设立为国家乡村振兴重点帮扶县，其中广东结对帮扶40个（广西、贵州各20个），占全国总数1/4。

9月2日 "保险服务乡村振兴"战略合作签约暨东莞市民保捐赠仪式在东莞会展酒店举办，东莞市农业农村局与中国人民财产保险股份有限公司东莞市分公司签订战略合作协议。活动现场，"东莞市民保"为东莞12个村的低保户、特困供养人员暖心捐赠每人300万保额的保障，发挥惠民医疗补充保险在助力东莞乡村振兴、防止农村困难家庭因病致贫方面的多元保障作用。

9月6日 中共广东省委全面依法治省委员会印发《关于加强法治乡村建设的实施意见》，列出了法治乡村建设的"路线图"，着力打造广东法治乡村建设新特色，为实施乡村振兴战略提供良好的法治环境。

9月6~8日 贵州省党政代表团来粤考察交流。其间，两省进行座谈交流，深入对接东西部协作工作，并签署粤黔结对城市"十四五"东西部协作协议及粤黔省直部门东西部协作协议。

9月7日 广东省人民政府新闻办公室召开新闻发布会。由省委农办主任、省农业农村厅厅长、省乡村振兴局局长顾幸伟介绍《广东省推进农业农村现代化"十四五"规划》的主要内容。要求巩固完善农村基本经营制度，深化农村土地制度、集体产权制度改革，促进农村土地流转，大力发展民宿产业。建立健全城乡一体化发展建设的政策体系和体制机制，推动水电路气讯等基础设施和科教文卫体等公共服务资源向农业农村优先配置。加快推进县域内城乡融合发展，推动县域内城乡产业一体发展、基础设施互联互通、基本公共服务均等化。构建城乡融合发展体制机制和政策体系，加快形成工农互促、城乡互补、协调发展、共同繁荣的新型工农城乡关系。

9月17日 广东省农业农村厅、中国农业发展银行广东省分行联合印发《关于做好农业政策性金融服务数字+农业试点工作的通知》，正式选定增城区、南雄市、平远县、蕉岭县、遂溪县、徐闻县、高州市、德庆县、饶平县、惠来县等十县（市、区），启动落实前述试点工作。

2021年东莞市庆祝"中国农民丰收节"系列活动开幕式在大岭山镇水云山谷生态农场举行，宣传推介东莞特色农产品、连片农业休闲观光路线、农业休闲观光点等，充分展现东莞农业、农村、农民工作的巨大变化，助力美丽乡村建设。

9月18~19日 中共中央政治局常委、国务院副总理韩正在广东深圳调研。韩正强调，要坚持以习近平新时代中国特色社会主义思想为指导，打造市场化、法治化、国际化营商环境，推动前海深港现代服务业合作区加快发展。

9月19日 2021广东丝苗米文化节在广东省乡村振兴文化服务产业园举行。活动以"中秋团圆月，共享丝苗米"为主题，旨在深入贯彻落实广东省委、省政府关于乡村振兴战略、保障粮食安全的决策部署，践行"学党史，我为群众办实事"，提升广东丝苗米品牌影响力。

9月22日 广东省庆祝2021年中国农民丰收节主会场活动在汕头市濠江区开幕。活动以"庆丰收、感党恩"为主题，集中展示广东乡村振兴的累累硕果，凝聚各方力量全面推进乡村振兴。

9月26日 茂名市农业农村局网站发布《广东茂名岭南荔枝种植系统保护与发展规划（2021—2030年）》，以保护生态环境完好、保护荔枝传统文化、保护茂名荔枝生产为重点目标，对项目保护、发展和能力建设等方面进行全面规划。

9月27日 广东省农业农村厅组织召开《番禺国家级沿海渔港经济区建设规划（2021-2030年）》专家评审会，对番禺国家级沿海渔港经济区建设实施方案的科学性与可行性进行评估。

9月28日 《广东省农业科技发展"十四五"规划》在首届广东农业科技创新产业大会上正式公布。该规划围绕农业科技创新体系、创新供给能力和服务效能三大任务，把农业科技自立自强摆上更加突出位置，坚持科技引领、创新驱动，加快农业科技创新步伐。

9月29日 广东省委农村工作领导小组办公室、省农业农村厅、省乡村振兴局发布《关于进一步加强广东农产品"12221"市场体系建设工作的通知》，要求全省各地农业农村部门突出以市场引领生产，加快推进农业供给侧结构性改革，切实解决有产品无产业、有品种无品牌、有品牌无规模等问题，加快高质量建设全省"12221"农产品市场体系。

10月13日 广东省委农办主任、省农业农村厅厅长、省乡村振兴局局长顾幸伟一行，到化州市新安镇调研驻镇帮镇扶村工作情况。

10月16日 由国家乡村振兴局中国扶贫发展中心、农业农村部农业贸易促进中心主办的"高质量乡村振兴促进共同富裕理论与实践——产业发展、金融支持、城乡协同研讨会"在东莞举行。本次研讨会着重关注了城乡融合发展的议题,强调要跳出农村传统思维 推动城乡融合发展。中国农业大学副校长林万龙等认为,全面实施乡村振兴战略需抓好防止规模性返贫、确保粮食安全两个"底线",做好巩固拓展脱贫攻坚成果同乡村振兴有效衔接、小农户与现代农业有效衔接两个"衔接",促进一二三产融合和城乡融合两个"融合",跳出对农业、农村、农民的三大传统思维,着力加强基础设施一体化、基本公共服务均等化、各类社会群体融合化、城乡产业现代化四个维度的工作。

广东省农业农村厅主办的 2021 年"粤字号"农产品品牌设计大赛之百县百品打擂台活动在广东现代国际展览中心举行。经过前期网络投票、专家评审、现场打擂等环节,共决出 20 个 2021 年"粤字号"农产品百县百品县域公用品牌"优秀品牌",高州荔枝等品牌榜上有名。

10 月 29 日 《乡村振兴 广东答卷——广东乡村振兴百佳实践案例》新闻发布会在广东省农业农村厅举行。广东省委农办主任、省农业厅厅长、省乡村振兴局局长顾幸伟向媒体介绍了《乡村振兴 广东答卷——广东乡村振兴百佳实践案例》有关情况。三年多来,广东党管农村体制机制全面建立,高位推动力度持续加大;农业农村优先发展落到实处,重农强农格局基本形成;现代农业发展成果显著,富民兴村产业做大做优;农村人居环境持续改善,乡村风貌发生明显改变;基础设施短板加快补齐,公共服务水平稳步提升;农村综合改革扎实推进,城乡融合体制机制不断完善。

中央农办、农业农村部、中央宣传部、民政部、司法部、国家乡村振兴局等 6 部委共同认定 100 个乡镇为第二批全国乡村治理示范乡镇,994 个村为第二批全国乡村治理示范村,广东省广州市从化区温泉镇等 5 镇、广州市花都区赤坭镇瑞岭村等 49 村入选。

10 月 31 日 农业农村部召开 2021 年渔港经济区项目答辩评审会,广州市番禺区、汕头市南澳县在广州通过视频连线的方式,参加了国家级沿海渔港经济区项目视频答辩会议。答辩会上,《番禺国家级沿海渔港经济区建设规划（2021–2030 年）》《汕头南澳国家级沿海渔港经济区项目建设实施方案》顺利通过专家评审，这标志着广东率先进入渔港经济区建设实地推进阶段。

11 月 2 日　广东省人力资源和社会保障厅、广东省农业农村厅与农业银行广东省分行在潮州举办广东省高质量实施"粤菜师傅""广东技工""南粤家政"三项工程服务乡村振兴专题培训会。

11 月 4 日　广州市农产品质量安全监督所举办农产品质量安全检测专题线上培训班，贵州省毕节、黔南州、安顺和广东省清远、梅州、湛江以及西藏波密等市相关单位共 100 多人参加此次培训。

由广东省农业科学院主办的英德红茶规模化生产技术方案发布暨现场示范会在英德英九庄园举办。通过该技术方案的示范推广，英德红茶单位面积产值有望增加 20% 以上。

11 月 5 日　广东省农业厅发布《2021 广东柑橘"12221"市场体系建设工作实施方案》，要求各地农业主管部门要坚持以供给侧结构性改革为主线，打好广东柑橘产业、市场、科技、文化"四张牌"，深入推进"我为群众办实事"实践活动，加强广东柑橘"12221"市场体系建设工作，以省市县镇村多级联动为纽带，重点做好 1 个大数据、2 个产区提升、2 支队伍建设及 2 场活动策划，抓生产、拓市场、树品牌、促增收，从而推动广东柑橘产业高质量发展。

11 月 9 日　广东省"十四五"农村人居环境整治提升，建设幸福乡村专家研讨会在广州从化召开。会议深入贯彻落实习近平总书记关于"改善城乡居民生产生活条件，加强农村人居环境整治，培育文明乡风，建设美丽宜人、业兴人和的社会主义新乡村"的重要指示精神，对广东省"十四五"时期农村人居环境整治提升、建设幸福乡村工作进行深入研讨。

11 月 11 日　2021 德庆贡柑开摘节在肇庆 RCEP 柑橘采购交易（广东德庆）中心前举行。

11 月 12 日　国务院印发《"十四五"推进农业农村现代化规划》，要求坚持农业农村优先发展，坚持农业现代化与农村现代化一体设计、一并推进，以推动高质量发展为主题，以保供固安全、振兴畅循环为工作定位，深化农业供给侧结构性改革，把乡村建设摆在社会主义现代化建设的重要位置，实现巩固拓展脱贫攻坚成果同乡村振兴有效衔接，全面推进乡村产业、人才、文化、生态、组织振兴，加快形成工农互促、城乡互补、协调发展、共同繁荣的新型工农城乡关系，促进农业高质高效、乡村宜居宜业、农民富裕富足，为全面建设社会主义现代化国家提供有力支撑。

11 月 15 日 2021~2022 年度广东高校毕业生志愿服务乡村振兴行动出征仪式在清远市举行。出征仪式采取省市联动方式进行，除清远主会场外，粤东西北地区 11 个地市以及肇庆、惠州设立分会场，全省共有 1000 名新招募的志愿者通过线上线下共同参与活动。

粤港澳大湾区"菜篮子"产品韶关配送中心（广州运营中心）揭牌仪式在广州市成功举行。粤港澳大湾区"菜篮子"产品韶关配送中心（广州运营中心），是韶关和广州两地共同打造的重要平台，是两地巩固协作成果、拓宽协作领域、丰富协作内涵的重要载体，其成立对全面推动曲江乃至韶关农业产业转型升级和高质量发展，具有现实意义。

11 月 17 日 清远市首个"花稻花"无人农场水稻收获演示现场会于清城区江埗村举行。现场演示了无人收获机和运粮车协同完成收获作业的过程。采用无人驾驶系统的农业机械，不但节省了人力和时间成本，还能有效提高劳动生产效率。据华南农业大学罗锡文院士团队测算，基地此次水稻亩产量将达 1000 斤以上。

11 月 18 日 江门新会区庆祝 2021 年中国农民丰收节暨新会大红柑采摘活动在新会柑之林梅江种植示范基地成功举办，为新会柑种质资源中心今年刚采收的道地新会柑皮举行了封箱仪式。

11 月 19 日 "庆丰收 感党恩" 2021 年中国农民丰收节梅州分会场暨平远县第十七届脐橙文化旅游节在平远举办。

英德举行特色茶菜发布会暨"乡村振兴粤菜师傅培训就业工作站"揭牌仪式。广州市白云区人力资源和社会保障局、广州市白云区对口帮扶英德市工作队、英德市人力资源和社会保障局、广州市轻工技师学院签订《白云区对口帮扶技能培训 促进乡村振兴发展合作框架协议》，并设立乡村振兴粤菜师傅培训就业工作站。

11月19~22日 广东省人民对外友好协会邀请就读于中大、华工、广外、广大等四所高校的来自16个国家的40名中外学生，分赴佛山、肇庆、惠州、清远、韶关五市，开展脱贫成果调研和乡村振兴特色项目参访。在参访过程中，外国青年与当地的负责人进行深入交流，还走到田间地头与当地村民交谈，亲身感受中国脱贫攻坚的成果。

11月22日 广东省农业农村厅组织召开全省RCEP工作会议，就统筹推进RCEP工作进程，研究RCEP农产品交易中心建设展开讨论。会议表示，各地要先行先试，努力做好十件实事：开展RCEP政策研究；举办RCEP专题培训；推出符合自身特点的RCEP重点工作；围绕重点工作，构建"微笑曲线"，集聚配置资源；引进培育RCEP市场主体，打造一批生产企业、生产基地、服贸企业；创建RCEP服务平台；促成一批示范引领合作项目；出台地方性RCEP支持政策；培育RCEP领军人才；制定RCEP长效工作机制。

11月23日 "粤港澳大湾区现代都市农业综合示范基地"授牌仪式暨碧桂园无人农机田间作业现场演示会在佛山市三水区南山镇碧桂园万亩智慧农业园举行。活动现场展示了碧桂园自主研发的大马力无人拖拉机、大型无人收获机、部分配套农具以及智慧农业智控管理云平台等成果，其中大马力无人拖拉机和大型无人收获机是首次亮相，这标志着碧桂园农业在农机智能化、农业数字化和农场无人化方面迈出了重要一步，为后续探索农业产业新模式、智慧农业新业态及无人化农场的整体解决方案打下了坚实基础。

11月26日 广东省农业农村厅召开2020年度省级现代农业产业园推进建设工作视频会。会议强调，产业园是推进区域产业发展的有效组织形式，是引领农业高质量发展的重要载体，是促进城乡融合发展的重要桥梁和纽带。建设现代农业产业园，是省委、省政府坚持农业农村优先发展，适应广东省情农情而部署推进的一项重大战略工程，是引领新时代"三农"工作的重大举措，是广东省推进全面乡村振兴的主抓手。

11 月 29 日　广东省十三届人大常委会第三十七次会议审议《广东省乡村振兴促进条例（草案）》（下称《条例草案》），《条例草案》设置"产业发展"专章，明确要重点扶持发展现代种业、农业装备制造业、现代海洋渔业等产业，并对农产品的品牌建设、标准体系建设、市场体系建设等方面作出规定，以提高广东省农产品市场竞争力和产业附加值。此次广东制定《条例草案》，意在结合广东省省情、农情，在有效衔接原有《广东省农村扶贫开发条例》的基础上推陈出新，有利于稳定现行帮扶政策，健全防止返贫动态监测和帮扶机制，推进巩固拓展脱贫攻坚成果同乡村振兴有效衔接，促进全省域城乡融合梯次发展。《条例草案》规定，各级政府应当发挥当地乡村资源优势，重点扶持发展现代种业、农业装备制造业、种植业、养殖业、农产品加工业、农产品商贸流通业、康养业、乡村旅游业、休闲渔业等涉农产业。

11 月 30 日　广东省乡村民宿发展现场推进会在清远召开。会上，公布了首批 20 个乡村民宿示范镇和 92 个乡村民宿示范点，启动了广东"向往的民宿"大赛和"寻找最美民宿"活动；省农业农村厅、省乡村振兴局分别与广东省旅游控股集团有限公司、中国农业发展银行广东省分行签订战略合作框架协议；河源、梅州、汕尾、阳江、清远市与相关企业签订乡村民宿招商协议。

12 月 3 日　RCEP 广东高州荔枝龙眼国际采购交易中心揭牌仪式在广东茂名高州举行。高州紧抓 RCEP 发展机遇，推动荔枝、龙眼等农产品走向全球，为广东推进 RCEP 建设作出有效探索。

12 月 5 日　由中国社会治理研究会主办，泰康健康产业投资控股有限公司承办的"社会力量助力乡村振兴"主题考察交流活动在广东博罗举行。与会代表就社会力量助力环罗浮山乡村振兴综合示范带进行深入研讨交流。

12 月 6 日　水产种业及健康养殖中国工程科技论坛暨第十七期花城院士科技峰会在广州南沙区举办。本次论坛主题为"原始创新 种业振兴 智慧渔业 助力种业"，旨在聚集国内多位种业院士专家，共同为实现种业振兴出谋划策，破解种业"卡脖子"问题。

12月7日　第二届中国水产种业博览会暨第三届广东水产种业产业大会在广州南沙区广东国际渔业高科技园开幕。博览会以"领绿色渔业，谋种业振兴"为主题，参展单位超300家，参展品种有250多个。

12月9日　第22届广州蔬菜新品种展示推广会暨中国番茄种业联盟大会在广州市农业科学研究院南沙总部基地开幕。展示推广会以田间蔬菜新品种、新技术展示为主，还开展了蔬菜种业交流会、"乾农杯"蔬菜主题摄影、番茄专业品种展、城市小菜园等一系列活动。

由增城海外联谊会、澳门广州增城荔侨联谊会联合举办的庆祝澳门回归祖国22周年暨增城经贸旅游菜心节推介会，在澳门富豪酒店举行。这是"增城迟菜心连心"增城迟菜心港澳乡情联谊活动的第二站，是增城区立足广东、面向大湾区推介增城迟菜心的重要举措。

12月12日　以"绿色引领 种业振兴"为主题的中国农业绿色产业大会暨第二十届广东种业大会在广州柯木塱开幕，同期举办第四十八届养猪产业大会（广州）。800多亩园区内，1200多家企业、6000余个新优品种汇聚，集中展示农业绿色发展和种业振兴成就。

12月14日　广东省农业领域对接RCEP十大行动计划启动仪式在肇庆市德庆县举行，探索广东农业把握RCEP机遇、应对RCEP挑战的思路和策略，推动广东农业更高水平开放。会上还促成了一批RCEP农业重点项目合作签约，发布了广东支持RCEP柑橘采购交易中心建设政策，上线了RCEP广东农产品国际交易云展会。会议同期举办广东省农业RCEP专题研讨会，来自供应链、产业链、价值链、物流和金融等领域的代表齐聚一堂，为广东农业"走出去"出谋划策。

12月17日　广东省农业农村厅在广州市召开全省农业机械化工作会议，交流农机化发展典型经验，研究部署2022年农机化工作重点。会议强调，要深入贯彻落实全国农机装备补短板推进会议精神，围绕省委、省政府的工作部署，服务乡村振兴大局，明确思路，真抓实干，推动全省农业机械化加速发展。各地要以规划为引领，加强农机化工作的总体谋划；以水稻为重点，推进机械化向全程全面发展；以目标为导向，推进农机补贴政策规范高效实施；以补短板为契机，增强农机装备研发生产能力；以"机械化+"为模式，增强农机社会化服务能力；以训赛为抓手，加强农机化人才队伍建设；以法规为依据，强化监管保障农机安全发展。

12月22日　《广东省人民政府办公厅关于金融支持全面推进乡村振兴的实施意见》发布，对未来4年广东金融支持乡村振兴工作提出目标：到2025年底，广东涉农贷款余额超2万亿元，累计超过600家农业企业在广东股权交易中心"广东乡村振兴板"挂牌，政策性农业融资担保业务在各地级及以上市和主要农业大县全覆盖；基本实现省内主要优势特色农产品保险全覆盖、有信贷需求的农户信用建档全覆盖、新型农业经营主体信用体系全覆盖、基层移动支付应用乡镇全覆盖。

12月23日　2021年度国家荔枝龙眼产业技术体系工作总结与考评会议在茂名市召开。本次会议由中国荔枝产业联盟主办、国家荔枝龙眼产业技术体系提供技术支持，共收到农业农村部荔枝标准化生产示范园单位、国家荔枝龙眼产业技术体系荔枝试验示范基地、各省荔枝标准化生产示范园等参评主体寄送的荔枝样品69份。经过指标检测、综合指标评比、专家组打分等，核算评出荔枝"观音绿"获全国优质荔枝擂台赛金奖。

2021广州（增城）菜心美食节在小楼镇增城迟菜心省级现代农业产业园拉开帷幕。

12月25～26日　中央农村工作会议召开，会议强调要坚持和加强党对农村工作的全面领导，牢牢守住保障国家粮食安全和不发生规模性返贫两条底线。必须着眼国家战略需要，稳住农业基本盘、做好"三农"工作。

12月28日　广东省建设第二轮现代农业产业园新闻发布会在广东省农业农村厅召开，正式发布2021年省级现代农业产业园建设名单，74个产业园正式入选。74个产业园包括5个跨县集群产业园、6个功能性产业园、49个特色产业园和14个珠三角自筹资金建设产业园，产业涵盖粮食、生猪、水产、茶叶、水果、花卉、南药、家禽、蔬菜等多种类型，区域覆盖全省各地。

12月29日　广东省政府新闻办召开"粤菜师傅""广东技工""南粤家政"三项工程服务乡村振兴新闻发布会。聚焦三项工程和"农村电商"、

"乡村工匠"等开展技能培训工作，累计培训 721 万人次，有力提升了劳动者技能素质和就业竞争力。截至 11 月底，全省新增就业 130.64 万人，完成年度任务的 118.8%，为全国就业大局稳定作出积极贡献。

12 月 31 日 由《中国品牌》杂志社、中国品牌网主办的 2021 中国区域农业品牌发展论坛暨 2021 中国区域农业品牌年度盛典系列活动在北京举行。在活动发布的"2021 中国品牌·区域农业产业品牌影响力指数"中，广东省共有四个区域品牌入围，其中新会陈皮高居全省第一、全国第六，连续四年入围该榜单，同时也蝉联中药材品类榜首。

社会科学文献出版社

皮 书

智库成果出版与传播平台

❖ 皮书定义 ❖

皮书是对中国与世界发展状况和热点问题进行年度监测，以专业的角度、专家的视野和实证研究方法，针对某一领域或区域现状与发展态势展开分析和预测，具备前沿性、原创性、实证性、连续性、时效性等特点的公开出版物，由一系列权威研究报告组成。

❖ 皮书作者 ❖

皮书系列报告作者以国内外一流研究机构、知名高校等重点智库的研究人员为主，多为相关领域一流专家学者，他们的观点代表了当下学界对中国与世界的现实和未来最高水平的解读与分析。截至 2021 年底，皮书研创机构逾千家，报告作者累计超过 10 万人。

❖ 皮书荣誉 ❖

皮书作为中国社会科学院基础理论研究与应用对策研究融合发展的代表性成果，不仅是哲学社会科学工作者服务中国特色社会主义现代化建设的重要成果，更是助力中国特色新型智库建设、构建中国特色哲学社会科学"三大体系"的重要平台。皮书系列先后被列入"十二五""十三五""十四五"时期国家重点出版物出版专项规划项目；2013~2022 年，重点皮书列入中国社会科学院国家哲学社会科学创新工程项目。

皮书网

（网址：www.pishu.cn）

发布皮书研创资讯，传播皮书精彩内容
引领皮书出版潮流，打造皮书服务平台

栏目设置

◆ **关于皮书**

何谓皮书、皮书分类、皮书大事记、
皮书荣誉、皮书出版第一人、皮书编辑部

◆ **最新资讯**

通知公告、新闻动态、媒体聚焦、
网站专题、视频直播、下载专区

◆ **皮书研创**

皮书规范、皮书选题、皮书出版、
皮书研究、研创团队

◆ **皮书评奖评价**

指标体系、皮书评价、皮书评奖

◆ **皮书研究院理事会**

理事会章程、理事单位、个人理事、高级
研究员、理事会秘书处、入会指南

所获荣誉

◆ 2008 年、2011 年、2014 年，皮书网均
在全国新闻出版业网站荣誉评选中获得
"最具商业价值网站"称号；

◆ 2012 年，获得"出版业网站百强"称号。

网库合一

2014年，皮书网与皮书数据库端口合
一，实现资源共享，搭建智库成果融合创
新平台。

皮书网　　　　"皮书说"　　　皮书微博
　　　　　　微信公众号

权威报告·连续出版·独家资源

皮书数据库
ANNUAL REPORT(YEARBOOK)
DATABASE

分析解读当下中国发展变迁的高端智库平台

所获荣誉

- 2020年，入选全国新闻出版深度融合发展创新案例
- 2019年，入选国家新闻出版署数字出版精品遴选推荐计划
- 2016年，入选"十三五"国家重点电子出版物出版规划骨干工程
- 2013年，荣获"中国出版政府奖·网络出版物奖"提名奖
- 连续多年荣获中国数字出版博览会"数字出版·优秀品牌"奖

皮书数据库

"社科数托邦"
微信公众号

成为会员

登录网址www.pishu.com.cn访问皮书数据库网站或下载皮书数据库APP，通过手机号码验证或邮箱验证即可成为皮书数据库会员。

会员福利

- 已注册用户购书后可免费获赠100元皮书数据库充值卡。刮开充值卡涂层获取充值密码，登录并进入"会员中心"—"在线充值"—"充值卡充值"，充值成功即可购买和查看数据库内容。
- 会员福利最终解释权归社会科学文献出版社所有。

社会科学文献出版社 皮书系列
SOCIAL SCIENCES ACADEMIC PRESS (CHINA)
卡号：579164194197
密码：

数据库服务热线：400-008-6695
数据库服务QQ：2475522410
数据库服务邮箱：database@ssap.cn
图书销售热线：010-59367070/7028
图书服务QQ：1265056568
图书服务邮箱：duzhe@ssap.cn

基本子库 SUB DATABASE

中国社会发展数据库（下设 12 个专题子库）

紧扣人口、政治、外交、法律、教育、医疗卫生、资源环境等 12 个社会发展领域的前沿和热点，全面整合专业著作、智库报告、学术资讯、调研数据等类型资源，帮助用户追踪中国社会发展动态、研究社会发展战略与政策、了解社会热点问题、分析社会发展趋势。

中国经济发展数据库（下设 12 专题子库）

内容涵盖宏观经济、产业经济、工业经济、农业经济、财政金融、房地产经济、城市经济、商业贸易等 12 个重点经济领域，为把握经济运行态势、洞察经济发展规律、研判经济发展趋势、进行经济调控决策提供参考和依据。

中国行业发展数据库（下设 17 个专题子库）

以中国国民经济行业分类为依据，覆盖金融业、旅游业、交通运输业、能源矿产业、制造业等 100 多个行业，跟踪分析国民经济相关行业市场运行状况和政策导向，汇集行业发展前沿资讯，为投资、从业及各种经济决策提供理论支撑和实践指导。

中国区域发展数据库（下设 4 个专题子库）

对中国特定区域内的经济、社会、文化等领域现状与发展情况进行深度分析和预测，涉及省级行政区、城市群、城市、农村等不同维度，研究层级至县及县以下行政区，为学者研究地方经济社会宏观态势、经验模式、发展案例提供支撑，为地方政府决策提供参考。

中国文化传媒数据库（下设 18 个专题子库）

内容覆盖文化产业、新闻传播、电影娱乐、文学艺术、群众文化、图书情报等 18 个重点研究领域，聚焦文化传媒领域发展前沿、热点话题、行业实践，服务用户的教学科研、文化投资、企业规划等需要。

世界经济与国际关系数据库（下设 6 个专题子库）

整合世界经济、国际政治、世界文化与科技、全球性问题、国际组织与国际法、区域研究 6 大领域研究成果，对世界经济形势、国际形势进行连续性深度分析，对年度热点问题进行专题解读，为研判全球发展趋势提供事实和数据支持。

法律声明

"皮书系列"（含蓝皮书、绿皮书、黄皮书）之品牌由社会科学文献出版社最早使用并持续至今，现已被中国图书行业所熟知。"皮书系列"的相关商标已在国家商标管理部门商标局注册，包括但不限于LOGO（ 🖌 ）、皮书、Pishu、经济蓝皮书、社会蓝皮书等。"皮书系列"图书的注册商标专用权及封面设计、版式设计的著作权均为社会科学文献出版社所有。未经社会科学文献出版社书面授权许可，任何使用与"皮书系列"图书注册商标、封面设计、版式设计相同或者近似的文字、图形或其组合的行为均系侵权行为。

经作者授权，本书的专有出版权及信息网络传播权等为社会科学文献出版社享有。未经社会科学文献出版社书面授权许可，任何就本书内容的复制、发行或以数字形式进行网络传播的行为均系侵权行为。

社会科学文献出版社将通过法律途径追究上述侵权行为的法律责任，维护自身合法权益。

欢迎社会各界人士对侵犯社会科学文献出版社上述权利的侵权行为进行举报。电话：010-59367121，电子邮箱：fawubu@ssap.cn。

社会科学文献出版社